패닉에서 벗어나기

When Panic Attacks

패닉에서 벗어나기

데이비드 번즈 지음 | 박지훈 옮김

끌Clema
끌레마

추천의 글

위대한 심리치료 서적은 좀처럼 찾기 어렵다. 이 책이야말로 몇 안 되는 위대한 심리치료 서적이라고 자신 있게 말할 수 있다. 불안증을 비롯한 모든 형태의 감정문제를 다스릴 방법을 알려주는 명료하고, 매력적인 책이다.

—앨버트 엘리스, 합리적 정서행동치료 창시자

『필링 굿』을 통해 수많은 우울증 환자들을 치료한 번즈 박사의 또 다른 걸작이다. 번즈 박사의 우아한 문체, 애정 어린 태도, 유머감각 덕분에 불안증에 시달리는 수많은 사람들을 위한 강력한 심리치료법을 친근하고, 실용적이고, 유용한 방식으로 접할 수 있다.

—헤니 웨스트라, 요크대학 불안연구클리닉 대표 겸 부교수

번즈 박사는 매력적이고, 호소력 있고, 읽기 쉽고, 효과적인 방식으로 불안 치료법을 소개하는 독특한 능력을 가졌다. 독자들은 번즈 박사가 소개하는 원리와 전략을 곧바로 실생활에 옮길 수 있다. 이 책이 수많은 사람들의 삶을 바꿀 것이라 확신한다.

—재클린 퍼슨스, 샌프란스시코 베이 인지치료센터장 겸 UCLA 의과대학 부교수

이 책은 훌륭한 글솜씨로 수많은 환자들의 경험을 생생하고 이해하기 쉽게 소개해 흥미를 불러일으킨다. 부정적인 기분을 호전시킬 방법을 정확히 짚어낸다.

—라이브러리 저널

CONTENTS

서문

자가치유법을 다룬 서적이 과연 도움이 될까? 지난 15년간, 앨라배마대학 의료센터의 포레스트 스코긴(Forrest Scogin) 박사팀은 이 질문에 대한 답을 찾기 위해 획기적인 실험을 수행했다. 그들은 우울증에 시달리는 60명의 환자를 두 그룹으로 나눈 다음, 의사를 만나려면 4주를 기다려야 한다고 말했다. 기다리는 동안 한 그룹에게만 내 책『필링 굿』을 나눠주면서 의사를 만나기 전까지 꼭 한 번 읽어보기를 권했다. 다른 그룹의 환자들은 책을 받지 못했다. 연구조교는 매주 환자들에게 전화해 우울증 수치의 변화를 측정하는 테스트를 실시했다.

연구자들은 실험결과에 눈이 휘둥그레졌다. 4주가 지나자『필링 굿』을 읽은 환자들 가운데 2/3가 어떤 약제도, 어떤 심리치료도 받지 않았는데도 우울증 수치가 대폭 하락하거나 완전히 회복했다. 그들은 증상이 눈에 띄게 좋아져 더 이상 치료를 받을 필요가 없었다.

반면『필링 굿』을 읽지 않은 환자들은 수치에 변화가 없었다. 연구자들은 책을 받지 않은 그룹에게『필링 굿』을 한 권씩 나눠주면서 4주간 읽어보라고 말했다. 그들 가운데 2/3가 회복했고 더 이상 치료가 필요 없었다. 게다가『필링 굿』을 읽고 효과를 본 환자들은 3년이 흐른 지금까지 우울증이 재발하지 않고 정상 상태를 유지하고 있다.

이는 내 공명심을 채우려고 소개하는 것이 아니라 최고의 심리학 저널과 의학 저널에도 실린 검증된 연구사례이다. 학자들은 『필링 굿』 독서 요법이 약이나 심리치료보다 훨씬 빨리 효과를 발휘하므로 대다수의 우울증 환자들에게 첫 번째 처방책이 되어야 한다고 결론 내렸다. 나아가 이 요법은 매우 경제적이며 체중 증가, 불면증, 성적장애, 중독과 같이 약제 처방에서 비롯되는 부작용을 겪지 않아도 된다.

내가 『필링 굿』에서 소개한 치료법은 인지행동치료법이라 부르는데, 자기패배적 행동을 비롯해 우울증을 유발하는 부정적인 생각이나 '인지'를 바꾸는 기술을 습득하는 방법이다. 이 분야의 신기원을 연 스코긴 박사의 연구는 약제나 치료 전문가의 도움 없이도 인지행동치료가 가능하다는 사실을 보여준다.[1]

치료 전문가들의 인지행동치료 처방 또한 이와 마찬가지로 효과적이라는 사실이 정식으로 발간된 수십 편의 논문에 나와 있다. 단기적으로는 최고의 항우울제로 활용 가능하며, 장기적으로도 효과적이다. 예컨대 펜실베이니아대학과 반더빌트대학에서는 경미한 우울증에서 중증 우울증에 이르기까지 총 240명의 외래 환자들에게 인지행동치료 처방, 파록세틴(paroxetine, 항우울제, 일명 팍실) 처방, 플라시보 처방을 무작위로 행한 후 이들 치료법의 장단기 효과를 상호 비교했다. 이 기념비적 연구는 정신의학계에서 최고의 권위를 자랑하는 『일반정신의학회보(Archives of General Psychiatry)』에 두 편의 논문으로 실렸다.[2] 이 연구에서는 인지행동치료가 단기적으로도 항우울증 약제 못지않은 효과를 발휘할 뿐 아니라, 장기적으로는 훨씬 더 효과적이라는 사실이 드러났다.

펜실베이니아대학 심리학부 학장인 로버트 드루베이스(Robert DeRubeis) 박사는 인지행동치료가 환자들이 시달리는 문제를 제어하고 감정을 조절할 수 있는 방법을 제시해주므로 효과가 쉽게 사라지지 않는다고 설명했다. 그는 경미한 우울증 환자에서 중증 우울증 환자에 이르기까지 모든 환자를 약이 아닌 인지행동치료 기법으로 치료해야 한다는 결론에 도달했다. 그는 이렇게 말했다. "우울증에 시달리는 환자들은 종종 인생을 살면서 약제가 해결할 수 없는 요인에 휘둘린다. 인지치료는 사람들이 감당할 수 있는 기술을 가르치므로 성공률이 높다."[3]

인지행동치료가 불안 치료에 효과적이라는 사실 또한 밝혀졌다. 캐나다 핼리팩스 소재 댈하우지대학의 세리 스튜어트(Sherry Stewart) 박사와 토론토 소재 요크대학의 헤니 웨스트라(Henny Westra) 박사는 국내외의 각종 문헌을 검토한 결과 다음과 같은 결론에 도달했다.

- 인지행동치료는 모든 불안증 치료의 절대표준이다.
- 인지행동치료는 여타 심리치료나 약제 요법보다 훨씬 효과적이다. 약제를 동반하지 않은 인지행동치료 요법은 약제 복용을 병행하는 인지행동치료 요법에 비해 효능이 우수하다.[4]

내가 환자를 치료하면서 쌓은 경험 또한 이런 결론과 다르지 않았다. 하지만 의문은 남아 있다. 인지행동치료에 관해 책을 읽는 독서 요법이 불안증 해결에도 효과적일까? 수줍음, 만성근심, 공황장애, 공포증, 발표불안증, 시험불안증, 외상후스트레스장애, 강박장애에 시달리고 있다면 이 책이 쓸모가 있을까? 이 질문에 대해 여러 연구사례에서 '예'라는 답을 제시했다. 런던대학 심리학 연구소의 아이작 마크(Isaac Marks) 박사는 많은 사람들이 정신치료나 약 처방 없이도 인지행동치료 기법을 활용해 불안장애를 극복할 수 있다는 사실을 보여주었다. 『필링 굿』이 우울증에 시달리는 사람들에게 도움을 주었던 만큼이나 이 책 또한 불안증에 시달리는 사람들을 도울 수 있을 것이라 나는 확신한다. 그러나 어떤 책도, 어떤 기법도, 어떤 약도 모든 사람에게 효과를 발휘할 수는 없다. 사람에 따라서는 이 책에 나온 방법에 더해 다정다감하고 노련한 치료 전문가의 도움이 필요하다. 그렇다고 부끄러워할 필요는 없다. 그러면 정신건강 전문가를

언제 찾아야 할까? 정해진 규칙은 없다. 하지만 다음에 소개하는 지침은 참조할
가치가 있다.

문제가 얼마나 심각한가? 스스로 부담을 견디기 힘들거나 희망을 찾지 못한다면, 대면 요
법, 즉 전문가를 만나는 방법이 큰 효과를 발휘할 수 있다.

자살충동을 느끼는가? 스스로 목숨을 끊고 싶다는 충동이 인다면, 혼자 문제를 해결하려
하지 마라. 이런 경우 반드시, 신속히 전문가를 찾아야 한다. 주치의가 있다면 바로 전화해
서 기분을 털어놓아라. 주치의가 없다면 119를 부르거나 가까운 병원의 응급실로 달려가
라. 러시안 룰렛의 대상으로 삼기에는 인생이 너무나 소중하다.

살인충동을 느끼는가? 화가 치밀어 올라 사람들을 해치거나 죽이고 싶다는 충동이 인다
면, 전문가를 만나는 것이 필수적이다. 충동에 대들지 마라!

어떤 문제에 시달리는가? 다른 문제에 비해 다루기가 더 어려운 문제가 있기 마련이다. 예
컨대 양극성장애와 같이 제어하기 힘든 심각한 조울증에 시달리고 있다면, 리튬(lithium)
처럼 마음을 안정시키는 약제가 필요할지도 모른다.

얼마나 오래 시달렸는가? 3~4주 가까이 이 책에서 소개한 기법을 시도했으나 증상이 나아
지지 않는다면, 전문가를 찾아가 도움을 받는 것이 좋다. 이는 어떤 것을 배울 때와 비슷하
다. 테니스를 칠 때 자꾸 서브가 빗나가도 자기 눈으로 볼 수가 없으므로 무엇이 잘못되었
는지 알기가 어렵다. 혼자서는 잘못된 점을 교정하기 어려울 수 있다. 하지만 좋은 코치는
문제를 재빨리 진단하고 교정법을 가르쳐준다.

우울증과 불안증에 시달리는 많은 사람들이 약제 처방 없이도 인지행동치료

를 통해 신속한 효과를 얻을 수 있고, 완치를 향한 예후가 긍정적이라는 점은 좋은 소식이다. 의사나 전문가에게 의지하든, 약제를 복용하든, 혼자 힘으로 두려움을 물리치든, 이 책에서 소개한 기법들은 매우 중요하다. 최종적인 목표는 단순히 증상을 없애는 것이 아니라, 생각하고 느끼는 방식을 근본적으로 바꾸는 일이다.

제1부

기본 원리
이해하기

恐慌
panic disorder

{ 나는 생각한다.
고로 두렵다 }

불안하고, 걱정되고, 초조하고, 무섭고, 화나고, 공황상태에 빠진 듯한 느낌은 누구에게나 익숙하다. 불안이란 성가신 감정에 지나지 않을 수도 있지만 때로는 살면서 꼭 하고 싶은 일을 못하게 만들거나 인생의 장애물이 될 수도 있다. 하지만 감정이란 얼마든지 바뀔 수 있기에 희망을 버리기는 이르다.

약을 먹지 않아도 되는 효과만점의 치료법들이 우울증, 만성근심, 대인기피증, 발표불안증, 시험불안증, 공포증, 공황발작 등을 위해 개발되었다. 이들 치료법의 목적은 부분적인 개선을 넘어서는 완전한 회복에 있다. 나는 여러분들이 아침에 두려움 없이 눈뜨고, 삶에 감사하며 하루를 즐거운 마음으로 시작하기를 진심으로 바란다.

불안증과 공포증은 다양한 형태로 나타난다. 다음 사항 중 당신에게 해당하는 것이 있는지 살펴보기 바란다.

만성근심 가족, 건강, 직장, 돈 등의 문제로 끊임없이 걱정한다. 복통에 시달리고, 뭔가 나쁜 일이 일어날 것만 같다. 하지만 정확히 무엇이 문제인지는 모른다.

두려움과 공포증 바늘, 피, 높은 곳, 엘리베이터, 운전, 비행, 물, 거미, 뱀, 개, 폭풍, 교각, 폐쇄된 장소 등에 공포를 느낀다.

수행불안 시험을 볼 때, 사람들 앞에 설 때, 운동 경기를 할 때 몸이 얼어붙는다.

발표불안 사람들 앞에서 말할 때 긴장한다. 스스로 이렇게 생각한다. '내가 떠는 모습이 보일 테고 사람들은 내가 얼마나 긴장했는지 알게 될 거야. 머릿속이 하얘지고 나는 웃음거리가 될 거야. 다들 나를 비웃고 신경과민이라고 생각하겠지.'

수줍음 사람들을 만날 때마다 심하게 긴장하고 남의 시선을 의식한다. 스스로 이렇게 생각한다. '다른 사람들은 모두 매력이 넘치고 여유가 있는데 나는 할 말이 없어. 사람들은 내가 수줍음을 타고 어색해한다고 생각하겠지. 특이한 사람이라거나 인생의 패배자라고 생각할 거야. 왜 나만 이런 걸까? 대체 뭐가 잘못된 걸까?'

공황발작 예상하지 못한 순간 갑작스레 찾아오는 공황발작이 두렵다. 공황발작이 찾아올 때마다 어지럽고 심장이 쿵쾅거리고 손가락이 아리다. 스스로 이렇게 생각한다. '심장마비가 오는 것 같아. 정신을 잃거나 죽으면 어떡하지? 숨을 제대로 쉴 수가 없어! 숨이 막히면 어떡하지?' 하지만 살기 위해 안간힘을 쓴다. 곧 언제 그랬냐는 듯 공포가 온데간데없이 사라지고 나면 당혹스럽고, 겁에 질리고, 창피한 느낌이 든다. 무슨 일이 있었는지, 언제 다시 공포가 찾아올지 종잡을 수 없다.

광장공포증 뭔가 끔찍한 일이 일어날 것만 같아 집을 떠나 있기가 두렵다. 공황발작이 찾아올 것만 같고, 아무도 도와주지 않을 것만 같다. 광장이나 다리에 서 있는 것이 두렵다. 사람들이 모여 있는 곳에 가기 싫고, 가게에서 물건을 사거나 대중교통을 이용하기 위해 줄을 서 있는 것도 두렵다.

강박장애 특정한 생각이 머릿속에서 떠나지 않는다. 두려움을 없애기 위해 미신적인 의식에 의지하고 싶다. 예를 들어, 세균이 두렵다는 생각에 사로잡혀 계속 손을 씻지 않으면 견딜 수가 없다. 또 잠자리에 든 다음에도 가스 불을 켜놓지 않았을까 하는 생각에 사로잡혀 몇 번이고 자리에서 일어나 가스 불을 확인한다.

외상후스트레스장애 몇 달 혹은 몇 년 전에 있었던 끔찍한 사건(강간, 강제추행, 학대, 살인 등)이 끊임없이 머릿속에 떠오른다.

외모에 대한 근심(신체이형장애증후군) 자신의 외모 일부가 기이하거나 비정상이라는 느낌에 사로잡혀 있다. 친구와 가족들이 아무리 괜찮다고 말해도 소용이 없다. 코가 비뚤어져 있다거나, 머리카락이 가늘다거나, 피부가 엉망이라고 생각한다. 외모의 흠을 바로잡으려고 성형외과 의사와 상담하는 데 많은 시간을 쏟고, 사람들의 시선을 의식하느라 시간을 거울을 보는 데 많은 시간을 소비한다.

심기증 통증, 피로, 어지럼증 등의 증상을 호소하며 여기저기 의사를 찾아 헤맨다. 스스로 어떤 무서운 병에 걸렸다고 확신하지만 의사는 건강에 전혀 문제가 없다고 말한다. 그런 말을 들으면 며칠간은 안심하지만, 이내 다시 걱정이 찾아온다.

만일 이런 두려움에 사로잡혀 있다면, 다음 질문에 답해보길 바란다. 내가 이런 두려움들을 극복하는 방법을 보여주면 어떨까? 많은 사람들 앞에서 발표를 해야 하거나 중요한 시험을 앞두고 있어도, 전혀 배가 아프지 않고 걱정 없이 편히 잠자리에 들고 자신감을 가진, 여유로운 자신의 모습을 상상해보라.

지금 외롭다고 느끼고 있고 수줍어하는 감정과 싸우고 있다면, 어떤 사람과 어디에서든 편안하고 자연스럽게 대화를 나누게 되는 것이 얼마나 좋은 경험일까? 공포증, 공황발작, 강박장애에 시달리고 있다면 이런 두려움을 영원히 없애는 것만큼 훌륭한 일이 또 있을까?

지금 당신에게는 이 목표가 불가능해 보일 수 있다. 오랜 기간 불안증과 공포증에 시달려왔다면 더욱 그럴 것이다. 하지만 약을 먹지 않고, 오랜 기간 치료를 받지 않아도 이런 문제를 해결할 수 있다고 나는 확신한다. 이런 이야기가 생소하게 들릴지도 모른다. 아마 당신이 불안증과 공포증 때문에 의사를 찾아가면 의사는 뇌 속의 화학물질이 균형을 잃었으므로 약을 먹어야 한다고 말할 것이다. 하지만 최근의 연구결과를 보면 내 임상경험이 옳다는 사실이 명확히 드러난다. 약을 먹지 않아도 여러 종류의 두려움을 없앨 수 있다.[1] 약간의 용기와 상식, 이 책에서 소개하는 기법들만 있으면 얼마든지 가능하다.

불안증과 공포증의 원인을 설명하는 가설은 매우 많다. 하지만 여기에서는 대표적인 4가지만 소개한다.

인지 모델에 의한 설명

인지 모델은 부정적인 생각이 불안증과 공포증을 유발한다는 발상에 근거한다. '인지'란 생각 또는 사고를 멋있게 표현한 단어에 지나지 않는다. 걱정이나 두려움이 생기는 것은 스스로에게 끔찍한 일이 일어날 것이라고 주문을 걸기 때문이다. 예컨대 비행공포증이 있는 사람은 비행기가 난기류에 휩싸일 때 공포에 떤다. '비행기가 추락하려나 봐!' 하고 생각하기 때문이다. 그는 화염에 휩싸인 채 땅에 추락하는 비행기 안에서 승객들이 비명을 지르는 모습을 상상한다. 이런 두려움은 난기류에서 비롯되는 것이 아니라 스스로에게 주입하는 부정적인 메시지에서 비롯된다. 생각하는 방식을 바꾸면 느끼는 방식 또한 바꿀 수 있다.

노출 모델에 의한 설명

노출 모델은 불안증과 공포증의 원인이 문제를 회피하려는 태도에 있다는 발상에 근거한다. 즉, 내가 두려워하는 것을 피하기 때문에 불안이 시작된다는 것이다. 만일 고소공포증이 있다면 사다리를 타지 않거나, 높은 산에 올라가지 않거나, 밖이 내다보이는 엘리베이터를 타지 않으려 할 것이다. 사람들 앞에 나서는 것이 부끄럽다면, 사람들을 피하려 할 것이다. 이 이론에 따르면 도망치지 않고 가장 두려운 괴물에 맞서야 두려움을 극복할 수 있다. 오히려 두려움의 원인에 스스로를 노출하는 것이다. 자신을 괴롭히는 악당에게 이렇게 말하는 것이다. "해볼 테면 해봐. 더 이상 물러서지 않을 테니!"

숨겨진 감정 모델에 의한 설명

숨겨진 감정 모델은 공손함이 모든 불안증의 원인이라는 발상에 근거한다. 틈만 나면 불안이 고개를 드는 사람들을 보면 싸우기 싫어하고 분노와 같은 부정적인 감정 자체를 꺼리는 사람들이 대부분이다. 이들은 항상 남의 비위를 맞추려고 하기에 화가 나도 갈등을 일으키지 않으려고 문제를 덮어둔다. 이런 과정은 순식간에 이루어져 심지어 스스로 깨닫지 못하는 경우도 많다. 하지만 부정적인 감정이 불안, 걱정, 두려움, 공포와 같이 왜곡된 형태로 고개를 든다. 이경우 문제 자체를 해결하거나 숨겨진 감정을 겉으로 드러내 보이면, 불안이 사라질 수 있다.

생물학적 모델에 의한 설명

생물학적 모델은 불안증과 우울증이 뇌 속 화학물질의 불균형에서 비롯된다는 발상에 근거한다. 이에 따르면 약을 복용해야 불안증과 우울증을 없앨 수 있다. 흔히 권하는 약제에는 2가지 유형이 있다. 자낙스(Xanax), 아티반(Ativan), 발리움(Valium) 같은 신경안정제와 프로작(Prozac), 팍실, 졸로프트(Zoloft) 같은 항우울제이다. 대부분의 의사는 아마도 이런 약제가 불안증과 공포증을 없앨 수 있는 유일한 처방이며, 남은 인생을 약에 의지해 살아야 한다고 말할 것이다. 당뇨병 환자들이 혈당수치를 조절하기 위해 평생 인슐린 주사를 맞는 것과 다르지 않다.

이 4가지 이론은 불안증과 공포증에 대한 원인과 치료법을 각기 다르게 설명한다. 어떤 이론이 정답일까? 인지 모델에 따르면 생각하는 방식을 바꿔야 한다. 노출 모델에 따르면 도망치지 말고 두려워하는 대상에 맞서야 한다. 숨겨진 감정 모델에 따르면 감정을 표출해야 한다. 생물학적 모델에 따르면 약을 먹어야 한다.

4가지 이론 모두 그럴듯한 근거가 있다. 나는 인지 모델, 노출 모델, 숨겨진 감정 모델로 문제를 해결하려는 것은 옳지만, 생물학적 모델은 논란의 여지가 다분하다고 생각한다. 나 또한 정신약리학자로서 병원을 개원한 이후 많은 환자들에게 약을 처방해왔다. 하지만 불안증과 우울증, 공포증에 대해서는 약을 복용하지 않는 새로운 치료법을 강력히 지지한다. 경험상 그런 방법들이 훨씬 효과적이고, 신속하다. 또한 고통스러운 감정의 기복을 잠깐 줄여주는 것이 아니라, 평생에 걸쳐 극복할 수 있도록 해주기 때문에 멀리 보면 훨씬 나은 방법이다.

이것은 선택의 문제가 아니다. 의사나 당신이 약이 필요하다고 느낀다면, 그리고 항우울제 처방을 받고 싶다면, 정신 치료와 함께 약을 복용해도 된다. 하지만 약으로 효과를 보지 못한 수많은 사람들과 약을 먹기 싫은 사람들은 새로운 방법이 매우 반가울 것이다. 이 방법을 통해 어떻게 효과를 볼 수 있는지 살펴보자.

인지 모델 기법으로 극복하기

인지 모델 기법은 다음의 3가지 발상에 근거를 둔다.

1. 사람은 자신이 생각하는 대로 느낀다.
2. 불안과 공포를 느끼는 것은 스스로를 속이고 있다는 증거다. 불안과 공포는 왜곡을 거친 비논리적 사고에서 비롯된다. 불안과 공포는 정신의 사기극이다.
3. 생각하는 방식을 바꾸면 느끼는 방식 또한 바꿀 수 있다.

프랑스 철학자 데카르트는 이렇게 말했다. "나는 생각한다. 고로 존재한다." 인지 모델 기법에서는 "나는 생각한다. 고로 두렵다"라고 말한다. 달리 말하면 불안이 생각과 인식에서 비롯된다는 것이다.

예를 들어, 이 책을 읽고 있는 당신도 책의 내용에 대해 일정한 생각을 품고 있을 것이다. 이렇게 생각하는 사람이 있을지도 모르겠다. '바보 같은 자가치유 책이 또 나왔네. 돈만 버렸군!' 당신이 이렇게 생각한다면, 실망스럽고, 좌절하며, 화가 날 수도 있을 것이다.

또 이렇게 생각할 수도 있을 것이다. '이 책을 읽어도 별 도움이 안 될 거야. 내 문제는 보통 심각한 게 아니거든.' 당신이 이렇게 생각한다면, 울적하고 희망을 잃은 상태일 것이다. 아니면 이렇게 생각할 수도 있다. '이 책 재미있는데? 일리가 있는 이야기를 써 놓았어. 도움이 될 만한 책이야.' 당신이 이렇게 생각한다면, 흥분되고 호기심에 차 있을 것이다.

어떤 경우에 해당하든 상황은 동일하다. 모든 사람들은 같은 책을 읽고 있다. 당신이 느끼는 감정은 전적으로 생각하는 방식에서 비롯되며, 종이에 쓰인 글자에서 비롯되는 것이 아니다.

우리는 어떤 감정이 일어났는지는 끊임없이 해석하지만, 자동적으로 일어나는 이런 과정을 의식하지는 못한다. 생각은 단지 우리 의식 속에 있지만 긍정적인 감정과 부정적인 감정을 형성하는 힘을 지닌다.

인지치료[1]는 일정한 생각 또는 인지가 일정한 감정을 유발한다는 생각에 근거한다. 펜실베이니아 의과대학의 아론 벡 박사는 이것을 가리켜 인지 특정성 이론(Theory of Cognitive Specificity)이라 이름 지었다. 예컨대 어떤 이가 슬프거나 우울하다면, 사랑하는 사람을 잃었다거나 자존심에 상처를 입었다는 생각에 빠져 있을 것이다. 죄의식이 들거나 수치심을 느낀다면 자신이 나쁘고 부족하다는 생각에, 절망감을 느낀다면 상황이 결코 바뀌지 않을 것이라는 생각에 빠져 있을 것이다. 화가 난다면 누군가에게 푸대접을 받거나 이용당했다는 생각을 하고 있을 것이다. 자신을 화나게 한 사람에게 이기적인 인간이라는 평가를 내릴지도 모른다.

불안, 걱정, 공포나 두려움은 어떨까? 어떠한 생각이 이런 감정을 유발할까? 잠시 멈추고 다음의 공란에 당신의 생각을 적어보라. 책을 읽으면서 글을 쓰는 일이 익숙하지는 않을 것이다. 직접 써보게 하는 이유는 단지 생각을 공유하려는 것이 아니라 당신에게 인생을 바꿀 수 있는 새로운 기술을 알려주기 위해서다. 어떤 생각이 불안과 공포를 유발하는지 잘 떠오르지 않아도 추측해보기 바란다. 추측이 틀리더라도, 이런 훈련이 두뇌회전을 촉진할 것이다. 추측을 적은 다음, 해답을 읽어라. 내 생각을 여러분에게 나누어줄 차례다.

1) 인지치료(Cognitive Therapy)와 인지행동치료(Cognitive Behavior Therapy; CBT)는 동일한 의미다. 나는 이 책에서 이 두 용어를 적절히 번갈아가며 사용한다.

현재 당신이 불안하고, 걱정되고, 무섭고, 공포를 느낀다면 자신이 위험에 처해 있고 뭔가 끔찍한 일이 일어날 것이라는 주문을 외우고 있는 것이다. 예컨대 공황발작이 있다면 자신을 제어하지 못하고 곧 정신을 잃을 것이라고 스스로에게 말하고 있는 것이다. 운전하기가 두렵다면, 몸이 얼어붙어 핸들을 놓칠 것이고 결국 끔찍한 사고가 날 것이라고 믿고 있는 것이다.

일단 공포를 느끼기 시작하면, 부정적인 생각과 감정이 서로를 증폭시키며 악순환을 이룬다. 끔찍한 생각이 불안과 공포를 만들고, 이런 감정은 부정적인 생각을 끌어낸다. 스스로에게 이렇게 말하는 것이다. "겁나 죽겠네. 겁이 나니까 위험한 것이 분명해. 위험하지 않다면 내가 이렇게 겁이 날 리가 없지."

불안하거나 긴장될 때 머릿속에 어떤 생각이 떠오르는지 스스로에게 질문해 보라. 끔찍한 생각이 감정을 일으킨다는 사실을 알게 될 것이다. 그 생각은 지극히 현실적인 것처럼 보이지만 알고 보면 그렇지 않다. 불안이 찾아온다면 현실과는 다른 것을 스스로에게 말하고 있는 것이다.

이것은 신경증적 불안과 건전한 두려움의 가장 큰 차이점이다. 신경증적 불안과 건전한 두려움은 모두 생각에서 비롯된다. 하지만 건전한 두려움을 유발하는 생각은 왜곡된 형태가 아니다. 건전한 두려움은 위험을 제대로 인식하기 때문에 나타난다. 건전한 두려움은 치료할 필요가 없다. 정말 위험하다면, 건전한 두려움 덕분에 목숨을 건질 수도 있다. 이와 반대로, 신경증적 불안은 아무 쓸모가 없다. 현실의 위협과 아무런 관련이 없기 때문이다. 이런 신경증적 불안을 유발하는 생각은 예외 없이 비논리적이고, 왜곡되어 있다.

27페이지의 **인지 왜곡 체크리스트**는 불안증, 공포증, 우울증, 분노와 같은 감정을 유발하는 왜곡의 10가지 유형을 소개한다. 항목 간에 중복되는 부분도 있다. 이런 왜곡의 유형 가운데 일부는 불안하고, 걱정되고, 수줍고, 두려울 때 나타나는 아주 흔한 사례에 속한다. 몇 가지를 소개하면 다음과 같다.

주술적 주문 뭔가 끔찍한 일이 곧 일어날 것이라는 주문을 외운다. 예컨대 고소공포증이 있다면 사다리 꼭대기에 올라가 이렇게 말한다. "이거 정말 위험한데, 떨어지고 말 거야!" 수줍음을 탄다면 파티에 참석한 누군가에게 말을 건넬 때 이런 주문을 외운다. "분명히 바보 같은 소리만 하게 될 거야. 날 바보로 취급하겠지."

넘겨짚기 다른 사람들이 자기를 평가하거나 깔볼 것이라고 아무런 근거도 없이 넘겨짚는다. 버클리대학으로 전학한 캐리는 대학원에 등록하는 과정에서 문제가 생기자 이렇게 걱정했다. '학교에서 날 원하지 않는 게 분명해. 여기 못 들어가면 어떡하지?' 하지만 문제는 금세 해결되었다. 이번에는 담당교수가 3학년 수업 조교를 맡기로 했던 캐리에게 2학년 수업 조교를 맡겼다. 그러자 그녀는 다시 불안에 시달리며 이렇게 생각했다. '내가 실망스러웠던 게 분명해. 그래서 더 쉬운 업무를 맡긴 거야.'

과장 위험을 과장한다. 면도하다가 살갗을 베인 남자가 이렇게 말하면서 불안에 휩싸인다. "오 이런! 피가 정말 많이 나네. 백혈병에 걸렸으면 어떡하지?" 그는 두려움을 떨칠 수가 없어서 병원에 가서 검사를 받는다. 물론 검사 결과는 정상이다.

감정추론 느낌을 통해 추론한다. "두려워 죽겠어. 따라서 나는 위험에 처한 것이 분명해" 또는 "미쳐버릴 것 같아. 이런 느낌이 드는 것을 보니 정말 미치기 직전인 것이 분명해."

당위진술 불안해하거나, 수줍어하거나, 자신감이 없어서는 안 된다고 생각한다. 다른 사람들은 모두 여유 있고 자신만만할 것이라고 믿기 때문이다.

낙인찍기 스스로를 '바보,' '신경증 환자', '패배자'라고 낙인찍는다.

자기비난　　걱정하고 있다는 사실을 비롯해 사소한 잘못이나 단점에도 자신을 책망한다.

여러분에게도 해당하는 항목이 있는지 살펴보라. 이 항목들이 익숙하게 느껴진다면 바람직한 현상이다. 생각하는 방식을 바꾸면 느끼는 방식 또한 바꿀 수 있기 때문이다. 왜곡된 생각을 물리치는 순간, 두려움은 사라질 것이다.

나는 화려한 경력에 집착해 만성근심에 시달리는 변호사 제프리를 치료한 적이 있다. 제프리는 LA에서 이름을 날리는 변호사로, 패한 소송이 단 한 건밖에 없었다. 하지만 이런 눈부신 성공에도 그는 인생이 전혀 행복하지 않았다. 걱정이 끊이지 않아 한순간도 편히 쉴 수가 없었기 때문이다. '내가 소송에서 지면 어떡하지? 정말 끔찍할 거야!'라는 생각이 끊임없이 그를 괴롭혔다.

제프리는 소송에서 질까 봐 두려워 일주일 내내 한순간도 쉬지 않고 강박적으로 일에 몰두했다. 심지어 그는 휴가도 포기했다. 휴가를 내봤자 편히 쉴 수가 없기 때문이었다. 제프리의 인생은 일과 걱정이 꼬리에 꼬리를 물었다. 그는 자신이 평화로운 느낌과 행복한 감정을 한순간도 누리지 못한 채 생을 마감하지 않을까 두려웠다.

제프리는 약도 엄청나게 먹었고 35년간 정신분석을 받았다. 하지만 그 어떤 방법을 써도 쉬지 않고 엄습하는 불안감을 떨치기 어려웠다. 제프리 스스로도 인정했지만, 그가 5살에 여동생을 뇌염으로 잃은 경험이 문제의 일부로 자리 잡고 있었다. 제프리의 정신분석을 담당한 전문가는 제프리를 괴롭히는 열등감과 무능감이 여동생의 죽음에서 비롯된 죄의식 탓일 수 있다고 말했다. 제프리는 어릴 때 부모가 여동생에게만 관심을 쏟는 것이 싫어 종종 여동생이 죽어버렸으면 좋겠다고 생각했다. 전문가는 이런 이유로 제프리가 의식 깊은 곳에서 여동생의 죽음을 자기 탓으로 돌리고 있다는 견해를 피력했다. 물론 제프리는 여동

인지 왜곡 체크리스트

1. **흑백사고**: 매사를 극단적인 흑백논리로 바라본다. 완벽하게 성공하지 못하면 완벽하게 실패했다고 생각한다.

2. **성급한 일반화**: 하나의 부정적인 사건을 계속되는 패배의 양상으로 바라본다. 스스로에게 이렇게 말한다. "매일 일어나는 일이야." "내 힘으로는 어찌해볼 수 없어."

3. **생각 거르기**: 잉크가 한 방울만 떨어져도 비커에 가득 담긴 물의 색깔이 변화는 것과 같은 원리이다. 단 한 번의 실수에 집착한 채 자신이 한 옳은 일은 모두 무시한다.

4. **장점 폄하**: 자신이 이룬 성취나 긍정적인 자질을 깎아내린다.

5. **결론 도약**: 사실에 근거하지 않은 채 성급히 결론 내린다. 2가지 유형이 있다.
   - 넘겨짚기: 사람들이 자기를 제멋대로 재단하고, 깔본다고 생각한다.
   - 주술적 주문: "다음 주에 보는 시험을 망칠 게 뻔해"처럼 뭔가 끔찍한 일이 일어날 것이라고 스스로에게 주문을 건다.

6. **과장과 축소**: 매사를 과장하거나 축소한다. 이것은 두 눈을 뜨고도 속아 넘어가는 트릭 같아서 망원경 속임수(binocular trick)라고도 부른다. 망원경을 바로 보면 모든 단점이 태산만 해지고 거꾸로 보면 모든 장점이 좁쌀만 해진다.

7. **감정추론**: "이렇게 걱정되는 걸로 보아 위험한 상황인 것이 분명해", "패배자 같은 느낌이 드니까 나는 분명 패배자야"처럼 자신의 감정을 통해 결론을 추론한다.

8. **당위진술**: "해야 한다"거나 "하지 말아야 한다"는 말로 자기 자신이나 다른 사람들을 비난한다. 예를 들면 이렇다. "수줍어하거나 긴장하지 말아야 하는데, 도대체 뭐가 잘못된 걸까?"

9. **낙인찍기**: 사소한 단점 하나로 자신의 정체성을 단정한다. "실수했네"라고 하기보다는 '패배자'라고 단정한다. 성급한 일반화의 극단적 형태다.

10. **비난**: 문제를 해결하기보다는 누군가를 비난한다. 2가지 유형이 있다.
    - **자기비난**: 자신의 책임이 아닌데도 자책하거나 실수를 저지를 때마다 스스로를 책망한다.
    - **타인비난**: 자신의 실수는 제쳐놓고 다른 사람을 탓한다.

생의 죽음에 아무런 책임이 없었다. 하지만 여동생을 질투했던 기억은 사라지지 않고 생생했다.

안타깝게도 상황을 이런 식으로 바라보면 마음의 평화를 얻지 못한다. 제프리는 여전히 자신이 '나쁜' 사람 같다는 느낌에 휩싸여 있었다. 그리고 그를 담당한 정신분석 전문가는 제프리가 이 문제를 극복하는 방법을 알려주지 않았다. 제프리는 자신의 감정이 비합리적이라는 것을 알고 있지만, 자신이 더럽고 창피한 인간이라는 생각을 떨칠 수가 없고, 이런 내면을 들키는 순간 사람들이 자신을 따돌릴 것이라고 생각했다. 따라서 그는 살아가는 내내 감정을 포장하고 다른 사람들에게 가공된 인상을 심어주려 애썼다. 그는 열심히 공부해서 UCLA 로스쿨을 수석으로 졸업했고 탁월한 변호사가 되었다.

제프리는 법정의 투사로 명성을 떨쳤다. 그는 홀홀단신으로 환경오염 분쟁 건을 맡아 대기업을 무릎 꿇렸다. 그 누구라도 제프리와 법정에서 맞서기를 두려워했다. 하지만 그는 법정만 나서면 극도로 어색하고 불안했다. 제프리의 비서, 아내, 딸은 항상 그에게 지나치게 참견했다. 그는 주변 사람들이 자신을 내치고, 마음대로 할까 봐 두려웠다.

나는 제프리에게 '만약에 기법'을 적용해보자고 제안했다. 이 기법은 공포를 유발하는 믿음과 환상을 발견하도록 돕는다. 우리는 '소송에서 지면 정말 끔찍할 거야'라는 생각부터 고쳐보기로 했다. 우리는 다음과 같이 대화했다.

번즈 박사: 제프리, 당신이 소송에서 졌다고 생각해봅시다. 무슨 일이 일어날까요? 뭐가 가장 두려운가요?

제프리: 소문이 퍼지고 사람들이 내가 패소했다는 사실을 알게 되겠죠.

번즈 박사: 사람들이 당신이 패소했다는 사실을 알게 되요? 그다음에 일어날 수 있는 가장 끔찍한 시나리오는 뭔가요?

제프리: 사람들이 내가 생각만큼 뛰어나지 않다는 사실을 깨닫게 될 테고 더 이상 소송을 맡기

려 하지 않겠죠.

번즈 박사: 그래요. 그럼 사람들이 당신에게 더 이상 사건을 맡기지 않는다고 상상해봅시다. 그
다음에는 무슨 일이 일어날까요?

제프리: 아마 파산하게 되겠죠.

번즈 박사: 물론 파산하고 싶은 사람은 아무도 없을 거예요. 파산이 당신 인생에 어떤 영향을 미
치는지 잘 생각해보죠. 파산하면 무슨 일이 일어날까요? 당신이 가장 두려운 것이 뭔가
요?

제프리: 아내와 딸이 더 이상 나를 사랑하지 않을 것 같아요.

번즈 박사: 그다음에는요?

제프리: 아내와 딸이 나를 떠나겠죠. 나는 빈털터리가 되고 혼자 남겨질 거예요.

번즈 박사: 그 다음에는 무슨 일이 일어날까요? 당신의 두려움의 끝은 어디인가요? 상상해볼 수
있겠어요?

제프리: 아마 길바닥에 나앉을 거예요. 로스앤젤레스 거리의 노숙자가 되겠죠.

제프리는 거리에 주저앉아 동전을 구걸하는 자신의 모습을 상상했다. 법정에
서 무너뜨린 상대 변호사들이 2,000달러(약 220만 원)짜리 정장을 입고 지나가
면서 그를 경멸한다. "오! 그 대단한 제프리 아니신가. 저 꼴을 좀 봐. 인생의 패
배자 같으니라고!" 제프리는 머리로는 이런 두려움이 얼마나 비합리적인지 알
고 있지만, 가슴으로는 마치 현실인 것처럼 느껴졌다. 그는 실패하는 즉시 사람
들이 자신을 깔보고 경멸할 것이라고 믿었다.

32페이지에 23가지의 '일반적인 자기패배 신념' 목록을 소개했다. 이 목록의
개별 항목들은 사람들을 불안증, 공포증, 우울증에 빠지게 하고, 타인과 마찰을
일으키게 하는 태도와 생각들을 정리한 것이다. 이 목록을 살펴본 다음, 제프리
의 자기패배 신념에 해당되는 항목이 있는지 분석해보라. 제프리의 생각이 '내
가 소송에서 지면 정말 끔찍할 거야'에서 출발해 집도 잃고, 가정도 잃은 불쌍한
인간으로 전락하고 말 것이라는 믿음으로 끝맺었다는 사실에 유념해야 한다. 제

프리의 상상에는 어떤 자기패배 신념이 포함되어 있나? 당신의 생각을 자유롭게 적어보기 바란다.

제프리와 내가 확인한 자기패배 신념은 다음과 같다.

수행 완벽주의 제프리는 자신이 결코 실패하거나 실수를 저지르지 않아야 한다고 믿는다.

지각(知覺)한 완벽주의 제프리는 자신이 스스로에게 엄격하듯, 다른 사람들 또한 자신을 엄격하게 재단할 것이라 믿는다. 따라서 그는 항상 큰 성취를 통해 다른 사람에게 뚜렷한 인상을 남겨야 하고, 그렇지 못할 경우 사람들이 자신을 버릴 것이라고 생각한다. 사람들이 자신을 실수투성이의 연약한 인간으로 받아주고, 있는 모습 그대로 사랑해줄 것이라고 생각하지 않는다.

성취 중독 제프리는 자신의 존재 가치를 성취에 둔다. 그는 자신이 위대한 성취를 이루어야 하고, 자신이 이룬 바가 위대하지 못하다면 존재 자체가 아무 의미 없다고 생각한다.

인정 중독 제프리는 자신이 가치 있는 인간이 되려면 모든 사람으로부터 인정받아야 한다고 생각한다.

거절공포 제프리는 단 한 사람이라도 자신을 거절한다면, 빈털터리가 되고 인생이 비참해질 것이라 믿는다.

비위 맞추기 제프리는 자신이 바라는 것, 자신이 느끼는 것을 포기하는 일이 있더라도 주변 사람이나 가족이 원하는 바를 항상 따라야 한다고 믿는다.

무가치함/열등감 제프리는 자신이 결점이 많은 부족한 사람이라고 믿기 때문에 항상 자신의 본모습을 포장하려 든다.

지각(知覺)한 자기애 제프리는 자신이 신경을 쓰는 사람들이 하나같이 영악하고 바라는 게 많다고 믿는다.

들불 오류 제프리는 사람들이 똑같이 생각하고 행동할 것이라 믿는다. 누군가가 자신을 깔보면 말이 금방 퍼져 모든 사람이 자신을 깔보고 자신을 버릴 것이라 확신한다.

슈퍼맨 제프리는 자신이 항상 이길 것이고 결코 지지 않을 것이라 믿는다.

자신이 이룬 온갖 성취에도 제프리는 스스로를 부족하다고 생각했다. 그는 자신의 본모습은 형편없고 단점이 너무 많아 결코 사랑받을 수 없다고 생각했다. 동시에 그 또한 가족과 동료를 얕보는 것 같았다. 그가 상상하는 세상은 온통 남을 재단하는 결점투성이의 사람들로 가득 차 있었다. 제프리의 눈에 그들은 조금만 허점을 보여도 자신에게 등을 돌릴 준비가 되어 있는 사람들이었다. 제

일반적인 자기패배 신념

성취	우울
1. **수행 완벽주의** 나는 결코 실패하거나 실수를 저질러서는 안 된다. 2. **지각(知覺)한 완벽주의** 내가 결점이 있거나 나약하다면 사람들이 나를 싫어하고 받아들이지 않을 것이다. 3. **성취 중독** 나의 인간으로서의 가치는 성취, 지력, 재능, 지위, 수입, 외모에 달려 있다.	13. **절망** 내 문제는 결코 해결할 수 없다. 내 인생은 결코 행복할 수도, 만족스러울 수도 없다. 14. **무가치함/열등감** 나는 기본적으로 무가치하고, 결점투성이고, 다른 사람에 비해 열등하다.

사랑	불안
4. **인정 중독** 나는 가치 있는 사람이 되기 위해 모든 사람으로부터 인정받아야 한다. 5. **애정 중독** 사랑받지 않으면 성취감이나 행복을 느낄 수 없다. 사랑받지 못하는 인생은 살 가치가 없다. 6. **거절공포** 상대가 나를 거절하면 나에게 문제가 있다는 뜻이다. 홀로 남겨진다면 비참하고 가치 없는 인간이라는 느낌이 들 것이다.	15. **감정적 완벽주의** 나는 항상 행복하고 자신감 넘치고 자제력을 갖춰야 한다. 16. **분노공포증** 분노는 위험하며 어떤 희생을 치러서라도 피해야 한다. 17. **감정공포증** 슬프고, 불안하고, 무능하고, 부럽고, 나약한 느낌이 들어서는 안 된다. 내 감정을 숨겨야 하며, 다른 사람에게 화를 내서는 안 된다. 18. **지각(知覺)한 자기애** 내가 신경을 쓰는 사람들은 바라는 게 많고, 영악하고, 영향력이 있다. 19. **들불 오류** 사람들은 똑같이 생각하고 행동한다. 누군가 나를 깔본다면, 말이 들불처럼 퍼져 모든 사람이 나를 깔보게 될 것이다. 20. **주목 오류** 사람들 앞에서 말하는 것은 밝은 스포트라이트 밑에서 행동하는 것과 같다. 능수능란하고 위트 있고 즐거운 인상을 주지 못하면, 그들은 나를 싫어할 것이다. 21. **마술적 사고** 충분히 고민한다면, 모든 일이 잘 풀릴 것이다.

굴종	
7. **비위 맞추기** 설사 내가 비참해지더라도, 항상 다른 사람의 마음에 들어야 한다. 8. **갈등공포** 서로 사랑하는 사람들은 결코 싸우거나 말다툼해서는 안 된다. 9. **자기비난** 인간관계에서 발생하는 문제들은 모두 내 탓이다.	

부담	기타
10. **타인비난** 인간관계에서 발생하는 문제들은 모두 상대방 탓이다. 11. **특권의식** 상대는 항상 내가 바라는 대로 나를 대해야 한다. 12. **진실** 나는 옳고 너는 틀렸다.	22. **좌절에 대한 인내 결여** 결코 좌절해서는 안 된다. 인생은 항상 쉽게 흘러가야 한다. 23. **슈퍼맨/슈퍼우먼** 나는 항상 강해야 하고, 약해져서는 안 된다.

프리의 걱정이 끊이지 않은 것은 어찌 보면 당연했다.

앞으로 '만약에 기법'을 비롯해 자기패배 신념을 확인할 수 있는 수많은 방법을 소개할 것이다. 27페이지의 '인지 왜곡 체크리스트' 목록을 검토해보면 당장이라도 몇 가지를 찾아낼 수 있다. 해당하는 항목에 동그라미를 표시하기 바란다. 이런 시각으로 문제를 보는 것은 무척 흥미진진하다. 하지만 우리의 목표는 여기에 그치지 않는다. 우리는 본능적으로 진정한 변화를 추구한다. 제프리가 오랜 세월 갇혀 있던 덫에서 벗어나 기쁨과 자존감을 찾도록 도울 방법은 무엇일까?

나와 치료를 해나가던 중, 제프리는 소송에서 패소했다. 그의 생애 두 번째 패소였다. 친구를 위해 무료로 수임한 작은 사건이었고, 제프리가 변호한 피고인은 죄를 범한 것이 분명했다. 하지만 제프리는 수치심을 느끼고 불안해했다. 그리고 아무도 자신이 패소했다는 사실을 모르게 하고 싶어 했다.

나는 오히려 이 사건을 좋은 기회로 만들었다. 나는 제프리에게 실패한다면 모든 사람들이 자신에게서 등을 돌릴 것이라는 신념을 실험해보자고 제안했다. 제프리는 당시 캘리포니아변호사협회의 회장을 맡고 있었다. 나는 그에게 다음번 변호사협회 모임에 인덱스 카드를 가지고 가서 코트 주머니에 넣어두라고 했다. 그리고 명성이 자자한 동료 변호사 10명에게 자신이 얼마 전 소송에서 패소했다는 사실을 말한 다음 대화를 마칠 때마다 그들이 긍정적인 태도로 응하는지, 부정적인 태도로 응하는지, 중립적인 태도로 응하는지를 카드에 표시하라고 시켰다. 이 방법을 통해 제프리가 완벽하지 않다는 것을 알게 된 동료들이 제프리를 깔보는지를 확인할 수 있었다.

제프리는 진심으로 내켜 하지 않았다. 생각만 해도 불안해지는 모양이었다. 하지만 그는 너무나 오랜 세월 고통에 시달려왔고, 지푸라기라도 잡고 싶은 심정이었기에 결국 고집을 꺾고 시도해보기로 마음먹었다.

제프리는 실험결과에 큰 충격을 받았다. 자신이 소송에서 졌다는 말을 10명의 변호사에게 마지못해 꺼냈지만 다음 주에 그들 중 5명을 다시 만났을 때 그들은 그 사실을 기억조차 못했고, 정신없이 자신들의 이야기만 늘어놓았다.

이렇게 안심일 수가! 제프리는 자신이 27페이지 목록의 6번 항목인 '과장과 축소'에 사로잡혀 있다는 사실을 깨달았다. 그는 다른 사람들의 눈에 비친 자신의 모습을 지나치게 과장해서 생각했고, 변호사들 대부분이 얼마나 자아도취에 빠져 있고 자기중심적인지는 축소했다. 그는 사람들이 자신에게 별 관심이 없다는 사실을 깨닫자 얼마나 마음이 편한지 모르겠다고 말했다.

나머지 변호사 5명의 반응은 한층 더 놀라웠다. 예상과는 달리 그들은 제프리에게 등을 돌리기는커녕 제프리를 감싸주려 했다. 그들은 제프리도 소송에서 질 때가 있다는 말을 들으니 위안이 된다고 위로하며, 더 나아가 자신들의 패소 경험과 부부갈등, 자식 문제 등의 골칫거리를 털어놓았다. 제프리는 처음으로 동료들에게 친밀감을 느끼는 동시에 자신도 남에게 뭔가를 해줄 수 있다는 느낌이 들었다고 고백했다.

제프리는 진실이 자기가 항상 믿어왔던 것과는 반대라는 사실을 깨달았다. 지금까지 그는 자신의 약점을 수치스럽게 생각해 항상 숨기려고만 했다. 그래서 상당한 재산, 권력, 사회적 성공에도 불구하고 제프리는 사람들에게 가까이 다가서지 못하고 내면의 평화와 행복을 발견하지 못했다. 하지만 오히려 인간적이고 연약한 면이 그가 가진 가장 큰 자산으로 드러난 것이다.

나는 이를 가리켜 '수용 역설'이라 부른다. 이는 인지치료 기법의 일종으로, 다양한 종교적 믿음의 중심에 자리 잡고 있다. 예컨대 초기 그리스도교의 핵심 인물인 성 바오로는 이른바 '몸속의 가시'로 고통받았다. 성경학자들은 그 가시가 구체적으로 무엇인지 밝히지 못했다. 일부는 양극성장애(조울증), 성 정체성 혼란, 말더듬 병으로 추정한다. 절망한 성 바오로는 하느님에게 가시를 없애달라고 기도했다. 하지만 하느님은 그의 기도를 들어주지 않았다. 마침내 성령이 바오로에게 이렇게 말했다. "너는 내 은총을 넉넉히 받았다. 나의 힘은 약한 데에서 완전히 드러난다.(2코린도 12:9)"

제프리는 자라면서 이런 가르침을 항상 들어왔지만, 자신에게는 아무 소용이 없었다고 고백했다. 그는 약함이 곧 힘이라는 말을 어불성설이라고 생각하고 전혀 믿지 않았다고 말했다. 하지만 어느새 그는 이 말이 의미하는 바를 깨닫게되었다. 그는 자신의 '약점'이 실제로 자신의 가장 큰 강점이며 그의 '강점'이 그의 가장 큰 약점이었다는 사실을 깨달았다. 자신이 항상 내세우려 했던 강점(말쑥한 외모, 값비싼 옷, 소송에서의 승리)은 그에게 어떤 평화도 가져다주지 못했다. 오히려 그의 약점(항상 숨기려 했던 불안과 스스로에 대한 회의)이 난생처음으로 그를 다른 사람과 이어주었다.

이 과정을 거치기 전까지, 나는 제프리와 함께 있기가 불편했다. 내심 그를 흠모했지만 한편으로는 겁이 났다. 값비싼 정장을 걸친 그는 세션을 시작하기 전에 언제나 깍듯이 인사했고, 떠나기 전에는 모든 과정을 꼼꼼히 기록하고 요약했다. 다음 세션에 그는 세심하게 타이핑해 정리한 요약본을 가져와 내 검토와 승인을 구했다. 그것은 마치 법률 문서와 다를 바 없었다. 가끔 그가 나를 고소할 생각이 있는 것이 아닌지 의심할 정도였다! 하지만 그가 돌파구를 찾은 다음에는 별안간 인간으로 변해 현실로 돌아온 것 같았다. 나 역시 그를 훨씬 좋아하게되었다.

내가 인지치료를 선호하는 이유 가운데 하나는 종교적 신념을 보완해준다는 것이다. 어떤 종교를 믿건, 회복하는 즈음에 당신은 자신의 종교적 신념의 뿌리가 더 깊어졌다는 사실을 깨닫게 될 것이다. 종교가 없고 신을 믿지 않더라도 마찬가지다. 인간이라면 누구나 억압과 불안, 자유와 즐거움의 원천이 되는 어떤 가치와 믿음을 품고 살기 때문이다.

제프리의 변화를 불교적 관점에서 바라볼 수도 있다. 불교에서는 고통은 현실이 아니라 현실에 대한 우리의 판단에서 비롯된다고 가르친다. 스님들은 성공이나 실패, 강함과 약함 따위는 실제로 존재하지 않는다고 말한다. 그것은 우리가 자신의 경험을 재단하는 낙인찍기에 불과하며, 자칫 상처를 주거나 우리를 그릇된 길로 인도할 수 있다. '낙인찍기'는 인지 왜곡 체크리스트의 9번 항목에 해당하며 우울증, 불안증, 분노를 유발할 수 있다.

불교의 가르침은 얼핏 들으면 터무니없어 보이기도 한다. '성공은 성공이요, 실패는 실패로다. 강함은 강함이요, 약함은 약함이다.' 이보다 당연한 말이 있을까? 하지만 극적인 자기 변화를 겪는다면, 어느새 깊은 내면에서 고승들이 말한 이치를 이해할 수 있게 된다. 제프리의 패소가 그의 확신대로 진정한 '실패'였을까? 아니면 항상 그를 비켜갔던 내면의 평화와 기쁨으로 이어지는 통로였을까?

노출 모델 기법으로 극복하기

제프리의 극적인 회복은 인지 모델의 좋은 실례다. 생각하는 방식을 바꾸면 느끼는 방식도 바꿀 수 있다. 노출 모델은 사람에 따라 다르게 작용한다. 우리는 걱정이 생기면 항상 두려워하는 대상을 피하려 한다. 하지만 가장 두려운 괴물에 맞서면, 두려움을 이길 수 있다.

제프리의 갑작스런 회복이 '노출'에서 비롯된 것이라 주장할 수도 있다. 그가 마음을 열고 동료 변호사들에게 다가가 패소 사실을 말함으로써 그는 항상 두려워하던 괴물에 맞섰고 괴물이 전혀 무섭지 않다는 사실을 깨달을 수 있었다.

두려움과 맞서는 방법은 여러 가지다. 나는 어릴 때부터 피를 보면 두려움에 떨었다. 의과대학에 입학할 때까지는 이것이 큰 문제가 되지 않았다. 하지만 2학년이 되어 사람들의 팔에서 피를 뽑는 실습을 하게 되자 의대생활에서 완전히 손을 떼고 싶다는 생각밖에 들지 않았다! 그래서 나는 1년간 의대를 휴학했다.

학교를 쉬면서 무엇을 할 수 있을지 고민한 결과, 나는 그래도 의사가 되고 싶다는 결론에 다다랐다. 곧 이를 악물고 피에 대한 두려움을 극복해야 한다는 현실에 직면했다. 인턴 과정을 시작하기에 앞서, 나는 캘리포니아 오클랜드에 있는 하이랜드 종합병원의 응급실에 자원하기로 마음먹었다. 이곳은 매달 8,000명에 가까운 응급 환자를 수용하는 외상치료전문센터였다. 많은 사람들이 피투성이 상태로 응급실을 찾았다. 따라서 나는 그곳이 피에 대한 두려움을 극복하기에 가장 적합한 장소라고 생각했다.

내가 응급실에 처음으로 걸어 들어갔을 때, 너무 두려워 마치 천장 위를 둥둥 떠다니는 기분이었다. 무슨 일이 벌어질지 도통 알 수가 없었다. 하지만 상황은 그다지 나쁘지 않았다. 알코올 진전섬망증에 시달리는 2명의 알코올 중독자와 세균에 감염된 환자와 뼈가 부러진 환자 몇 명이 찾아왔을 뿐이다. 피가 나거나 외상을 입은 사람은 아무도 없었다.

하지만 곧 멀리서 사이렌 소리가 들려오자 순간 두려움이 밀려왔다. 사이렌 소리가 점점 커지자, 불안감이 치솟으며 머리가 어지럽기 시작했다. 곧 나는 경찰관과 앰블런스에 탄 사람들이 피로 범벅이 된 환자를 바퀴 달린 들것에 싣고 정신없이 소리를 지르며 응급실 복도를 뛰어가는 소리를 들었다. 그들은 응급실로 향했고 의사와 간호사 12명이 들이닥쳐 환자의 생명을 살리려 필사적으로 노력했다. 그들은 대형 주삿바늘을 환자의 팔과 다리에 꽂고 급속히 떨어져가는 혈압을 유지시키려 최대한 신속하게 수액을 주입했다.

나는 복도에서 이 광경을 지켜보다가 간호사에게 상황을 물어보았다. 간호사는, 환자는 시청 건물을 폭파시키려던 폭파범으로, 폭발물을 설치하려다가 실수로 손에서 폭탄이 터졌다고 말했다. 그는 간신히 목숨을 건졌으나, 얼굴, 가슴, 팔에 극심한 화상을 입고 상반신의 피부 대부분을 잃어, 눈으로 차마 볼 수 없을 정도였다. 간호사는 곧 내 소매를 잡아끌며 말했다. "좀 도와주셔야겠어요."

나는 아직 경험이 부족한 의대생이므로 할 줄 아는 것이 없다고 말했다. 그녀는 나에게 칫솔을 건네주며 말했다. "자, 당신 할 일이 여기 있어요!"

나는 말했다. "지금 목숨이 오락가락하는 사람을 두고 이를 닦아주라는 건가요?"

그녀는 말했다. "아니에요! 피부에 붙은 검정 반점들이 안 보이세요? 화약이에요. 이걸 닦아내지 않으면 중독될 거예요."

정말 소름 끼치는 일이었다. 남자의 가슴은 피범벅이 된 살점 조각 상태였기 때문이다. 나는 피투성이가 된 피부를 손으로 만지며 칫솔로 화약 파편들을 떼어냈다. 당시는 반드시 장갑을 끼지 않았던 시절이라 더 겁이 났다. 하지만 사람의 목숨이 달린 일이었기에 멈출 수가 없었다. 그가 의식이 없고 아무것도 느낄 수가 없어 다행이라고 생각했다. 그렇게 10분 가까이 극도의 공포와 현기증에 시달리자, 이상한 일이 일어났다. 불안감이 줄어들기 시작하면서 갑자기 피에 대한 공포증이 '치유'되었다.

이후 나는 응급실에서 일하는 것을 좋아하게 되었다. 더 이상 피를 봐도 당황하지 않았다. 의사와 간호사들이 팀을 이뤄 희생정신과 전문지식을 발휘해 생명이 왔다갔다하는 응급상황들을 다루는 것이 기적같이 느껴졌다. 내가 그 팀의 일원이 되고, 내가 할 일이 생기고, 진정한 의사의 길을 배워가고 있다는 사실이 믿기지 않았다. 내가 정신의학에 몰두하지 않았다면, 응급실이나 외과 수술실에서 근무했을지도 모른다.

숨겨진 감정 모델 기법으로 극복하기

숨겨진 감정 모델은 인지 모델 및 노출 모델과는 확연히 다르다. 이 모델은 '예의 바름'이 모든 불안의 원인이라는 발상에 근거한다. 사실 나는 불안증을 '공손증'이라 생각한다. 불안으로 가득 찬 사람 수백 명 있다면, 나는 그들 모두가 가장 예의 바른 사람들이라는 사실을 보여줄 수 있다!

나는 불안증을 주제로 강의할 때마다, 공손함과 불안증에 대한 이론을 연구하기 위해 약간의 리서치가 필요하다고 말하면서, 2가지를 질문한다. 첫째, 인생을 살면서 한 번이라도 불안에 시달린 적이 있었다면 손을 들어보라고 말한다. 그러면 거의 모든 사람들이 손을 든다.

나는 그들에게 손을 내리지 말라고 부탁한 다음 두 번째 질문을 던진다. "스스로를 예의 바른 사람이라고 생각하는 분은 손을 계속 들고 계세요." 그들 중 손을 내리는 사람은 아무도 없다. 그리고 킥킥거리며 웃기 시작한다. 그러면 나는 이렇게 말한다. "무슨 말인지 아시겠어요? 공손함과 불안증이 100%의 상관관계를 보이고 있어요!"

물론, 이는 진정한 리서치라기보다는 재미있는 사례에 가깝다. 하지만 이 사례는 불안증의 근본적인 속성을 보여준다. 어느 날 갑자기 불안이 찾아온다면 의식하지 못한 사이 스스로를 괴롭히는 문제를 항상 피해왔을 가능성이 높다. 좋은 사람이 되고 싶고, 말썽을 일으키기 싫고, 사람들을 화나게 만들기 싫어 문제를 의식의 범위 밖으로 밀어내왔던 것이다. 별안간 불안이 찾아오는 이유를 알기는 힘들다. 갑자기 공포증이 생기거나 공황발작이 일어나거나 가족, 돈, 건강에 대한 강박적인 생각이 들기 시작할 수도 있다. 우리를 엄습하는 불안은 종류를 가리지 않는다. 하지만 불안의 동력은 거의 비슷하다. 어떤 것에 화가 나 있지만, 인정하기 싫은 것이다.

숨겨진 문제는 과거에만 머물지 않고 지금 이 순간에도 생생하게 존재하는 것이다. 상사에게 화가 나거나 친구나 가족들에게 짜증이 났을 수도 있다. 숨겨진 갈등이나 감정을 찾아내면, 자신이 왜 그토록 불안, 두려움, 공포에 시달려왔는지 이해하게 될 것이다. 자신을 괴롭히는 감정을 솔직히 말하고 나면 불안은 사라지는 경우가 많다.

필라델피아의 한 대학병원 인지치료 그룹에서 일할 때 나는 브렌트라는 남자를 치료했다. 불안증에 시달리던 그는 자신이 흉포해지기 일보 직전이라고 확신해 그날 아침 일찍 응급실의 입원병동에 입원해 있었다. 브렌트는 어떠한 정신과 치료도 받은 적이 없었고, 과거에 감정과 관련된 문제로 고민해본 적도 없었으며, 고등학교 생물 선생님으로 행복한 결혼생활을 하고 있었다. 그는 자신의 직업을 사랑하며, 매주 60시간을 수업을 준비하고 학생들을 가르치는 데 쓴다고 말했다. 게다가 학생들이 지난 5년간 한 해도 거르지 않고 자신을 '올해의 선생님'으로 선정했다고 자랑했다.

브렌트와 아내는 가장 바라는 일을 앞두고 있었다. 그들은 아이를 갖고 싶어 했다. 그들은 오랜 기간 노력했지만 아이가 잘 생기지 않았다. 그의 아내는 나이가 마흔에 가까웠고, 그들은 날이 갈수록 초조해졌다. 절박해진 그들은 의사의 도움을 받으려는 생각에 내가 일하는 종합병원의 불임클리닉을 찾았다.

브렌트 부부가 크리스마스 파티를 위해 아내의 친정집으로 차를 몰고 가던 중, 아내는 특별한 크리스마스 선물이 있다고 말했다. 의사가 아침에 전화를 걸어 임신 소식을 알려준 것이다. 그런데 이 말을 들은 브렌트는 갑자기 공황발작이 찾아와 차를 운전할 수가 없었다. 그는 간신히 갓길에 차를 댄 다음, 아내에게 불안해서 운전할 수가 없다고 하소연했다. 아내는 브렌트가 걱정되어 대신 운전하겠다고 말했다. 잠시 후 브렌트는 안정을 찾았지만, 여전히 극도로 불안했다.

이틀이 지난 이후에도 브렌트는 여전히 엄습하는 불안과 공포에 몸부림치고 있었다. 어느 날 그는 패스트푸드 식당에 가서 메가부리토를 주문하면서 부리토에 콩을 넣는 게 싫어 콩을 빼달라고 두 번이나 똑똑히 말했다. 주문을 받는 남자는 영어를 잘하지 못했지만 무슨 말인지 알아들은 것처럼 보였다. 브렌트가 부리토를 집어 들었을 때 계산대에는 다른 남자가 서 있었다. 그래서 브렌트는 재차 확인했다. "콩 뺀 것 맞죠?" 그 남자는 공손하게 고개를 끄덕였고 다른 사람에게 스페인어로 다시 말했다. 그러자 그는 콩을 빼달라는 말을 알아들었고 주문대로 콩을 뺐다고 말했다. 브렌트가 계산을 마치자 계산원은 메가부리토를 담은 봉투를 건네주었다.

집에 돌아온 브렌트는 부엌 테이블에 앉아 기대에 부풀어 봉투를 열었다. 하지만 봉투 안에는 콩이 가득 담긴 부리토가 들어 있었다. 그는 화가 치밀어 올라 칼로 부리토를 마구 찍었고, 몇 번이고 부리토를 난도질하며 식탁과 벽에 내던졌다.

브렌트는 〈콜드 케이스 파일〉 같은 법의학 추리 드라마의 팬인 터라 혈흔 패턴 분석에 익숙했다. 사방에 묻은 부리토 내용물을 보자 갑자기 이런 생각이 들었다. '오 이런! 마치 혈흔 패턴과 유사하잖아. 내가 닥치지 않고 사람을 죽이는 연쇄살인범이 되면 어떡하지? 난 아버지가 될 자격이 없는 인간일지도 몰라! 정말 미쳐버릴 것 같아!'

이런 공포는 오후 내내 브렌트를 따라다녔다. 그는 그날 밤 잠을 이룰 수가 없어 계속 뒤척이며 살인자로 변하는 망상에 시달렸다. 심지어 다음 날 아침 신문 헤드라인에 이런 기사가 나오는 상상마저 들었다. "부리토 난도질꾼이 살인행각을 시작하다! 인간 사냥이 시작되다!"

다음 날 아침 브렌트는 아내에게 자신이 완전히 망가져가므로 정신병원에 가서 구속복을 입고 있어야 할 것 같다고 말했다. 아내는 브렌트를 스탠퍼드대학 병원의 응급실로 데려가 정신병동에 넣고 외부와 격리시켰다.

브렌트는 과거에 폭력을 행사하거나 공격적인 성향을 보인 적이 없었고 친절하고 온화한 성품의 소유자였다. 그는 자신이 항상 아이를 갖기 원했고 결국에는 꿈이 현실로 이루어졌는데, 왜 이렇게 이상하고 끔찍한 생각이 드는지 도무지 모를 일이라고 말했다. 왜 이런 일이 일어난 걸까?

여기에서 브렌트의 공포를 이해할 수 있는 요소를 추리해보자. 아주 헌신적이고, 성실한 고등학교 선생님이자 사랑받는 남편이 갑자기 부엌칼로 부리토를 난도질하는 모습을 상상해보라. 그는 아내에게 자신이 흉포해지기 직전이라고 말한다. 뭐가 잘못된 걸까? 그에게 감추고 싶은 숨은 문제나 감정이 있는 걸까?

당신은 브렌트의 사례를 설명할 이론을 모를 수도 있다. 물론 답을 말해줄 수 있는 사람은 브렌트밖에 없을 것이다. 생각이 잘 떠오르지 않더라도, 추측해보기 바란다. 어떤 것이라도 적은 후에 해답을 읽어보라.

해답

　도저히 생각이 떠오르지 않는다면, 힌트를 하나 주겠다. 브렌트의 고민이 시작된 시점을 생각해보라. 그가 공포를 느낀 시점에 무슨 일이 있었나? 아내가 브렌트에게 임신했다는 소식을 알려주었다. 브렌트는 아빠가 된다는 사실에 마음이 복잡해진 걸까? 만일 그렇다면 이유는 무엇일까? 어쨌건 그가 아이들을 사랑하고 학생들에게도 헌신한 사실은 분명하다.

　다시 한번 추리력을 발휘할 때다. 브렌트는 최고의 선생님이 되기 위해서 일주일에 60시간을 일한다고 말했다. 그런 상황에서 기저귀를 가는 일이나, 아버지가 되면서 맡는 새로운 책임을 감당할 수 있을까? 이 상황이 좋은 걸까, 싫은 걸까? 브렌트는 한편으로는 무척 아이를 원했지만 막상 현실이 닥치자 두려워지기 시작했다. 그는 혼란스러웠고 어떻게 대처해야 할지 갈팡질팡했다. 아이를 낳으면 새벽 3시에 누가 기저귀를 갈아야 하는 걸까?

　브렌트에게 이런 이야기에 수긍이 가느냐고 묻자, 마치 자기 생각을 속속들이 읽고 있는 것 같다고 고백했다. 그는 아이가 생기면 어떻게 모든 일들을 지금처럼 유지할 수 있을지 혼란스럽다고 시인했다. 하지만 그는 이런 생각을 결코 아내에게 드러내지 않았다. 왜냐하면 이런 부정적인 감정을 느끼고 아버지가 되는 것에 의구심을 품는 것은 부적절하다고 생각했기 때문이다. 그는 아버지라면 자식을 사랑해야 하고, 부정적인 감정이나 의구심을 가져서는 안 된다고 여겼다. 그는 자신의 혼란스러운 감정을 아내가 알게 된다면 얼마나 충격을 받을지 두려웠고 아내를 화나게 만들고 싶지 않았다.

브렌트의 환상은 그의 생각을 대변하고 있었다. 브렌트의 환상은 다음과 같은 메시지를 강력하고 또렷하게 전달하고 있었다. '내가 아버지가 될 자격이 있는지 모르겠어. 아이를 갖게 되면 모든 일을 지금처럼 해나갈 수 있을지 자신이 없어. 아버지가 된다는 생각만 하면 돌아버릴 것 같아!'

브렌트가 느낀 공포가 아버지가 되기 싫다거나 아이를 갖고 싶지 않다는 것이었을까? 결코 아니다. 브렌트는 아내를 사랑했고 아이를 너무 갖고 싶어 했다. 단지 마음의 부담을 털어내기만 하면 될 일이었다.

나는 그의 의구심이 너무나 자연스러운 생각이라는 것을 알려주고 싶었다. 그래서 나는 다른 그룹에 속한 사람들에게 가서 아이가 있는 사람들은 손을 들어보라고 말했다. 거의 모두 손을 들었다. 곧 나는 이렇게 질문했다. "아이들 때문에 좌절하거나 짜증이 난 적이 있는 분은 손을 들어보세요." 거의 모두 손을 들었다. 곧이어 다음 질문을 던졌다. "아이 때문에 미쳐버릴 것 같아 아이를 죽여버리고 싶다는 생각이 든 적이 있는 분은 손들어보세요." 한 명도 빠짐없이 손을 들었다. 그리고 모두들 킥킥 웃기 시작했다.

나는 브렌트에게 모든 부모가 때로는 그와 같은 생각을 하고 있다고 알려주었다. 그리고 부부가 서로 사랑하는 팀을 이뤄 새로운 도전에 어떻게 대처할 것인지 의논한다면 서로를 더 가깝게 느낄 수 있을 것이라고 조언했다. 브렌트는 얼굴이 밝아졌고 곧 마음의 평화를 찾았다고 고백했다. 하지만 여전히 아내가 자신의 의구심을 알게 된다면 몹시 충격을 받을지도 모른다고 걱정했다.

나는 브렌트가 아내에게 말하기 전까지 아내의 반응을 알 수 없으며, 아내 또한 당연히 그와 비슷한 생각을 했을 것이라고 말했다. 나는 브렌트에게 아내가 그의 생각처럼 연약하지 않으며 서로 터놓고 이야기하면 관계가 더 의미 있고 깊어질 것이라고 설명하면서, 그녀가 인지치료 세션 뒤에 있는 가족치료 세션에 참석하러 올 것이라고 알려주었다. 브렌트는 그 자리에서 내 제안을 시도해보기로 했다. 브렌트는 자신의 감정을 밝히기가 두려웠지만, 용기를 내어 말해보기로 마음먹었다.

아니나 다를까, 브렌트의 아내는 브렌트의 감정을 알고 나서도 전혀 불편해하지 않았다. 그녀는 이미 브렌트가 부담감을 느끼고 있다는 사실을 알고 있었고 그가 속내를 밝힌 것에 안도했다. 브렌트는 어느새 아기를 가진 것에 기뻐하며 걱정을 완전히 떨쳐냈다. 그는 입원할 필요 없이 그날 오후에 퇴원할 수 있었다.

지금까지 걱정을 떨쳐내는 3가지 강력한 방법을 배웠다. 인지 모델 기법은 걱정스럽고 우울하게 만드는 부정적인 생각과 태도를 물리치도록 도와줄 것이다. 노출 모델 기법은 지금껏 피해오던 두려움이라는 괴물에 맞서도록 도와줄 것이다. 숨겨진 감정 모델 기법은 지금까지 무시하고 감춰두었던 숨은 감정, 또는 갈등을 집어내도록 도와줄 것이다.

이 가운데 어떤 방법을 써야 할까? 3가지 모두 훌륭한 방법이다. 나는 나를 찾는 모든 환자에게 3가지 방법을 전부 이용한다. 나는 우울증과 불안증에 시달리는 환자들을 치료하며 사람은 모두 다르다는 사실을 확인했다. 어떤 사람에게 어떤 방법이 효과가 있을지 그 누구도 알 수 없으며, 모든 사람에게 효과가 있는 방법은 존재하지 않는다. 항상 시행착오가 따른다. 하지만 끈기를 갖고 노력하면 효과적인 방법을 반드시 발견할 수 있다.

2장

{ 불안한가?
우울한가? }

대부분의 경우, 부정적인 감정은 한 가지 형태로 찾아오지 않는다. 사실 불안증과 우울증은 대부분 나란히 찾아온다. 그러나 이런 감정들은 서로 확연히 다르다. 불안은 위험을 인식하는 것에서 비롯된다. 스스로에게 어떤 끔찍한 일이 일어날 것이라는 생각을 하지 않는다면 걱정도 생기지 않을 것이다. 예컨대, 고소공포증이 있는 사람이 산악자전거를 타고 가파른 산을 올라간다면, 언제든 발을 헛디뎌 추락할 수 있다는 생각이 들기에 공포에 사로잡히는 것이다.

　반면 우울하다면 이미 뭔가 비극적인 일이 일어난 것처럼 느끼게 된다. 마치 절벽에서 떨어져 돌이킬 수 없는 상처를 입고 협곡의 밑바닥에 쓰러져 있는 것과 같다. 이때는 우울하고, 침울해질 수밖에 없다. 자신이 무가치한 인간이자, 인생의 패배자이며, 기대에 부응하지 못하는 인간이라고 자책하게 된다. 삶에 흥미를 잃고 사람들과 어울리고 싶지도 않고 자신이 한때 몸담았던 활동들이 쓸모없다고 느끼게 된다. 어떤 일에도 흥미를 느끼지 못한다. 삶의 무게가 버겁고 인생이란 단지 지루하기 이를 데 없는 기나긴 여정인 것만 같다. 가장 힘든 부분은 절망감이다. 아무것도 바뀌지 않을 것 같고 측은한 인생이 영원할 것만 같은 느낌이 드는 것이다.

　우울한 사람은 불안하기 마련이며, 불안한 사람도 우울하기 마련이다. 왜 그럴까? 과학자들은 왜 우울증과 불안증이 나란히 오는지 정확히 알지 못한다. 이와 관련해 4가지 가설이 대립한다. 첫 번째는 대부분의 사람들이 서로 다른 감정을 구분하지 못한다는 것이다. 그들은 단지 화가 났다고 느낀다. 유사한 사례를 들면, 사막에서 사는 사람들에게는 눈을 지칭하는 용어가 단 하나밖에 없다. 사막에서는 눈을 거의 볼 수 없기 때문이다. 하지만 에스키모 이누이트 족은 눈을 여러 가지 단어로 지칭한다. 항상 눈을 다뤄야 하므로 각양각색의 눈을 지칭하는 세련된 단어가 필요하기 때문이다.

두 번째는 우울증이 불안증을 유발한다는 것이다. 예컨대 우울하다면 자신이 무능하고, 열등하고, 열정이 없다는 사실을 걱정할 것이다. 우울증이 일과 삶을 방해할 수도 있다는 생각에 두렵고, 인생의 목표를 이루지 못하고 다시 행복해지지 못할까 봐 불안할 수도 있다.

세 번째는 불안증이 우울증을 유발한다는 것이다. 불안, 수줍음, 공포, 공황발작이 일과 삶에 악영향을 미친다는 사실은 의심의 여지가 없다. 불안증이 심각할 경우에는 특히 그렇다. 당연히 의욕이 없고 우울해질 수 있다. 어떤 사람들은 약물 요법과 치료 요법에도 불구하고 오랜 기간, 때로는 수십 년 가까이 불안증에 시달려왔다. 아무 효과를 보지 못한 그들은 결국 침울해지고 우울해진다. 수치심은 불안감의 근간을 이루기도 한다. 다른 사람들이 자신의 생각을 알아챈다면 자신을 깔보거나 이상하게 생각할 것이라고 믿으며, 불안한 마음이나 공포를 숨기려 들 수도 있다. 혼자라는 느낌, 열등하다는 느낌은 우울증을 쉽게 유발할 수 있다. 따뜻하고 열린 마음으로 다른 사람들과 교류하기가 더욱 힘들어지기 때문이다.

불안증과 우울증을 설명하는 마지막 가설은 보통 '일반 원인 이론(Common Cause Theory)'이라 부른다. 이 이론에 따르면 불안증과 우울증은 각자의 고유한 원인에 덧붙여 최소한 한 가지 이상의 공통 원인을 갖고 있다. 나는 이 가설에 동의하는 편이다. 나를 찾아오는 환자들 대부분은 우울증, 죄의식, 절망감, 불안, 분노, 좌절 같은 각양각색의 부정적인 감정들을 동시에 갖고 있다.

기분 점검표

날짜를 반드시 적으세요. 그날 기분에 따라 각 항목별 점수를 아래의 박스에 기입하고, 합산한 점수를 맨 아래 박스에 기입하세요. 모든 항목을 빠짐없이 기입해야 합니다.	날짜							

아래 각 항목에 다음과 같이 점수를 매기세요. 0=전혀 아님 1=약간 2=보통 3=많음 4=매우 많음

불안증

1. 불안								
2. 긴장								
3. 걱정								
4. 두려움 또는 초조함								
5. 안절부절못하는 느낌								
오늘의 합계→								

불안증 신체 증상

1. 심장박동이 불규칙하고, 빨리 뛰고, 쿵쾅거린다.								
2. 땀이 나고, 오한이 들고, 얼굴이 빨개진다.								
3. 떨린다.								
4. 숨이 가쁘고, 숨 쉬기가 힘들다.								
5. 질식할 것 같다.								
6. 가슴이 아프고, 답답하다.								
7. 복부에 경련이 있고, 구역질이 난다.								
8. 어지럽고, 현기증이 나고, 몸의 균형을 잃는다.								
9. 현실에서 벗어난 것 같은 느낌이 든다.								
10. 감각이 없거나 얼얼한 느낌이 든다.								
오늘의 합계→								

우울증

1. 슬프고 기분이 가라앉는다.								
2. 의욕이 없고, 절망감에 시달린다.								
3. 자존감이 떨어진다.								
4. 무가치하고, 뒤떨어진 사람이라는 생각이 든다.								
5. 인생이 즐겁거나 만족스럽지 않다.								
오늘의 합계→								

자살충동

1. 자살하고 싶다는 생각이 든 적이 있습니까?								
2. 인생이 끝났으면 좋겠습니까?								
오늘의 합계→								

지금 당신의 기분은 어떠한가? 50페이지의 '기분 점검표'를 채워보라. 기껏해야 1~2분밖에 걸리지 않을 것이다. 모두 완성했다면 각각의 점수해석표를 이용해 점수를 해석해보라. 자신의 기분을 수시로 점검해보면, 이 책을 읽으면서 따라 하게 될 요법들이 얼마나 효과적인지 알 수 있다. 내 환자들 대부분은 이 검사를 최소한 일주일에 한 번씩 실시한다.

기분 점검은 간단해 보이지만 사소한 감정의 변화를 감지할 수 있는 유효하고, 믿을 만한 방법이다. 이 테스트는 대중 잡지에서 흔히 볼 수 있는 퀴즈와는 다르다. 연구결과 이 테스트는 요즘 시행되는 연구 사례에서 흔히 쓰는 여러 방법들에 비해 훨씬 정확하다는 사실이 밝혀졌다.

이 기분 점검표 한 장만 있으면, 테스트를 8번까지 해볼 수 있다. 다음에 소개하는 한 여성은 2주간 심각한 불안에 시달렸고 6월 1일과 6월 8일에 16점이 나왔다. 다음 주에는 상당한 개선을 보여 10점으로 떨어졌다. 6월 22일에 점수가 6점으로 떨어졌고 그 다음 주에는 3점밖에 되지 않았다. 7월 5일의 점수는 겨우 1점이었고, 걱정이 거의 다 사라진 듯했다. 하지만 그 다음 주에 다시 걱정이 시작돼 점수가 11점으로 치솟았다. 흔히 있는 일이지만, 곧 그녀는 자신이 도움을 받았던 동일한 기법을 활용했고, 그 결과 점수는 7월 19일에 0까지 떨어졌다.

불안증 검사 점수를 해석하는 방법

'기분 점검표'의 '불안증' 부문의 수치는 불안 증상을 측정한다. 점수가 높을수록, 더 불안한 것이다. 이 점수는 수시로 변할 수 있다. 어느 날은 불안하고 안절부절못하다가 다음 날은 자신감이 넘치고 여유로워질 수도 있다. 이 검사를 반복하면 감정이 어떻게 변하는지 알 수 있을 것이다. 나아가 불안증은 우리가 처한 다양한 환경에 따라 다르게 나타난다. 수줍음을 타는 사람이 혼자 있다면

기분 점검표

일러두기	날짜							
날짜를 반드시 적으세요. 그 다음 그날 기분에 따라 각 항목별 점수를 아래의 박스에 기입하고, 합산한 점수를 맨 아래 박스에 기입하세요. 모든 항목을 빠짐없이 기입해야 합니다.	6/1	6/8	6/15	6/22	6/29	7/5	7/12	7/19
각 항목에 다음과 같이 점수를 매기세요. 0=전혀 아님 1=약간 2=보통 3=많음 4=매우 많음								

불안증

	6/1	6/8	6/15	6/22	6/29	7/5	7/12	7/19
1. 불안	3	3	2	1	1	0	2	0
2. 긴장	2	2	2	2	1	0	1	0
3. 걱정	4	4	3	1	0	0	3	0
4. 두려움 또는 초조함	4	3	2	1	0	0	3	0
5. 안절부절못하는 느낌	3	4	1	1	1	1	2	0
오늘의 합계→	16	16	10	6	3	1	11	0

그다지 불안할 이유가 없을 것이다.

불안의 강도와 회복의 예후는 상관관계를 찾기 힘들다. 나는 극도로 불안하지만 빨리 회복하는 환자들을 여럿 보았다. 반면, 가벼운 불안인데도 극복하는 데 상당한 인내와 끈기가 필요한 경우도 있다. 불안증이 찾아오면 두려울 수 있다. 하지만 위험한 것은 아니며, 점수와 관계없이 양호한 예후를 기대할 수 있다. 연구결과, 불안증에 시달리는 많은 환자들이 이 책에서 소개한 방법을 활용해 스스로 문제를 극복할 수 있다는 사실이 밝혀졌다. 하지만 진전이 없거나 부담이 과도할 때, 불안증이 심각할 때에는 전문적인 치료가 더 유익할 수 있다. 항상 스스로의 힘으로 견뎌야 한다는 규칙은 어디에도 없다!

불안증 신체 증상 점수를 해석하는 방법

이 수치는 불안할 때 신체에 나타나는 증상을 말해준다. 점수가 높을수록, 더 많은 신체 증상을 경험하는 것이다. 점수가 높으면 위험한 걸까? 점수가 높으면 심각한 정신적 문제가 있고 개선되기 어려운 걸까?

결코 그렇지 않다. 불안은 흔히 신체적 증상으로 나타나며, 불안의 종류에 따라서 신체 증상과 더 깊은 연관관계를 보이기도 한다. 예컨대 공황발작이 찾아오면 어지럽거나 숨이 가빠지고 가슴이 답답해지기도 한다. 공황발작에 시달리는 대부분의 사람들은 이런 증상을 더 많이, 더 심각하게 경험하는 것뿐이다.

하지만 공황발작을 다루는 새롭고 강력한 기법이 있다. 많은 환자들은 몇 가지 치료과정만으로 회복했고, 단 1회만으로 회복한 환자들도 있다.

5가지 불안증 검사 점수해석표

	점수	의 미
정상범위	0~1	불안증이 전혀 없거나 거의 없음: 가장 바람직한 점수다. 지금 당장 불안이나 걱정에 사로잡혀 있지 않다.
	2~4	경미한 불안: 불안의 징후가 약간 있지만, 이 책에 나온 방법을 통해 도움을 받을 수 있는 정도다.
임상범위 (치료가 필요함)	5~8	가벼운 불안: 점수가 특별히 높지는 않지만, 불안이 고통이나 불편을 유발할 수 있다.
	9~12	상당한 불안: 최소한 2가지 항목 이상에 답한 경우이다. 상당한 고통을 유발할 수 있으나 충분히 개선할 수 있다.
	13~16	심각한 불안: 심각한 불안 상태로, 기분이 매우 불편하다. 하지만 약간만 용기를 내어 열심히 노력하면 좋은 예후를 얻을 수 있다.
	17~20	극도의 불안: 강력한 불안에 휩싸여 있고 매우 고통받고 있다. 전문적인 치료와 함께 이 책에 소개한 방법을 시도해보면 큰 도움을 받을 수 있을 것이다.

불안으로 발현되는 신체 증상이 불안증 검사에 열거한 증상처럼 구체적이라는 법은 없다. 예컨대 화가 많이 날 경우 근육이 긴장되거나, 뜀박질을 할 때처럼 숨이 가빠지고 가슴이 쿵쾅거리기도 한다. 하지만 이런 증상은 불안보다는 분노를 가리킨다. 이와 마찬가지로 당신이 복통에 시달리는 것은 불안보다는 감기몸살 때문일 수 있다.

사람에 따라서는 불안으로 발현되는 신체 증상을 몸이 아픈 것으로 착각하기도 한다. 예컨대 공황발작에 시달리는 환자들은 몸 어딘가가 아프다고 믿는다. 그들은 공황발작이 찾아오면 보통 죽는다거나, 미쳐버린다거나, 심장이 마비되는 등의 끔찍한 재앙이 눈앞에 닥쳤다고 믿는다. 하지만 의사에게 가면 몸에 아무 이상이 없다는 말을 들을 뿐이다.

심기증에 시달리는 사람들은 두통, 복통, 피로, 멍 같은 자연스러운 신체 증상을 암 같은 심각한 건강 문제가 드러난 것으로 해석한다. 그들은 몸이 아픈 것보다 감정이 고통을 받아 증상이 나타난다는 사실을 깨닫지 못하므로 진단을 받으러 끊임없이 의사를 찾아 나선다.

10가지 불안증 신체 증상 검사 점수해석표

점수	의 미
0~2	신체 증상이 없거나 매우 적음
3~6	경미한 신체 증상이 있음
7~10	가벼운 신체 증상이 있음
11~20	상당한 신체 증상이 있음
21~30	강력한 신체 증상이 있음
31~40	심각한 신체 증상이 있음

우울증 검사 점수를 해석하는 방법

50페이지 '기분 점검표'의 '우울증' 부문의 수치는 삶의 즐거움이나 만족감 상실을 비롯해 슬프고, 의욕이 없고, 열등하고, 무가치한 느낌 같은 우울증의 주된 증상을 측정한다. 점수가 높을수록 우울증이 심각하다는 뜻이다.

점수가 2 이상이라면, 죄의식, 불면증, 피로와 같은 전형적인 우울증 증상을 경험할 수 있다. 친구나 가족과 시간을 보내는 일이나 업무, 스포츠, 취미와 같이 한때 즐겼던 일에 의욕을 잃기도 한다.

우울증은 자존감을 앗아가므로 최악의 고통에 속한다. 또한 우울증으로 인한 절망감은 고통이 영원할 것만 같은 착각을 불러일으킨다. 나는 수시로 우울증이란 세상에서 가장 오래되고 잔인한 속임수라고 말한다. 왜냐하면 진실이 아닌 것을 진실이라 착각하기 때문이다. 우울증에 시달리는 사람들은 스스로에게 형편없다는 주문을 걸며, 지금보다 나아져야 한다고 자책하고, 진정한 즐거움, 만족감, 창의성, 친밀감을 결코 느끼지 못할 것이라고 혼잣말을 하게 된다. 나아가 스스로와 인생에 대해 끔찍한 진실을 깨달았다고 굳게 믿게 된다.

하지만 우울증은 충분히 개선할 수 있다. 사실 우울증에서 벗어나는 것은 인간이 할 수 있는 가장 즐거운 경험에 속한다. 내 환자들 대부분은 우울증을 극복한 뒤 마치 다시 태어난 것 같고, 일생을 통틀어 가장 행복한 순간을 경험했다고 말했다.

자살충동 검사 점수를 해석하는 방법

자살충동은 대개 절망감에서 비롯된다. 우울하다면 상황이 전혀 나아지지 않

5가지 우울증 검사 점수해석표

	점수	의 미
정상 범위	0~1	**우울증이 없거나 거의 없음** 우울증이 없다고 생각되는 가장 바람직한 수치다. 우울증에 시달려왔다면, 이 점수에 도달하기 위해 노력해야 한다. 이 점수를 받으려면 꽤 시간이 필요하지만 열심히 노력하면 달성할 수 있다.
	2~4	**경미한 우울증** 경미한 우울증이 있지만, 마음을 다잡기만 하면 치료할 가능성이 높다. 이 점수대는 정상적인 감정기복에 속한다. 이 점수대를 받은 사람은 살짝 열이 나는 감기 환자에 비유할 수 있다. 열이 펄펄 끓지는 않아도 기운을 내기 어렵고 의욕도 떨어진다. 나아가 경미한 우울증이 계속되면, 악화되는 경우가 많다. 이 책은 불안증과 공포증에 초점을 맞추고 있지만, 많은 기법들이 우울증 치료에도 도움이 될 수 있다.
임상 범위 (치료가 필요함)	5~8	**가벼운 우울증** 가벼운 증상들에 시달리며, 심한 증상 한두 가지가 난다. 우울증의 정도는 가볍지만, 일상생활에서 즐거움과 자존감을 갉아먹기에는 충분하다.
	9~12	**상당한 우울증** 우울증의 정도가 상당하다. 많은 사람들은 몇 달 혹은 몇 년간 이 단계에 머무르기도 한다. 예후는 매우 양호하다. 하지만 안타깝게도 우울증에 시달리는 많은 사람이 이 사실을 깨닫지 못하거나 믿으려 들지 않는다. 그들은 진심으로 열등하거나 모자란 인간이라는 느낌에 시달리며 자신의 운명에는 행복이나 성취가 존재하지 않는다고 믿는다. 당신은 그런 생각의 노예가 되지 않기를 바란다. 왜냐하면 그런 생각 자체가 자성 예언으로 작용하기 때문이다. 이들은 인생에서 바뀌는 것은 없으므로 만사가 희망이 없다고 결론짓는다. 하지만 나는 우울증에 시달리는 모든 사람들이 회복할 수 있고 즐거움과 자존감을 느낄 수 있다고 확신한다.
	13~16	**심각한 우울증** 이 점수대에 속한 사람들은 극도로 우울하고, 의욕이 없고, 쓸모없는 인간이라는 생각에 휩싸여 세상 그 어느 것도 보람이 없고 만족을 안겨주지 못한다고 느낀다. 이들은 다른 사람들이 이해하기 어려울 정도로 큰 고통에 시달린다. 친구들이나 가족들에게 털어놓으면 기운을 차리고 밝은 면만 생각하라고 말해줄 것이다. 물론 그런 수박 겉핥기식 조언은 상황을 더 악화시킬 뿐이다. 거절당한 느낌, 무시당한 느낌이 들기 때문이다. 비록 지금은 거리가 먼 이야기처럼 들리겠지만 사실 심각한 우울증에서 회복된 뒤의 예후는 매우 좋다.
	17~20	**극심한 우울증** 이 단계에 다다른 사람들은 상상하기 힘들 정도로 극심한 고통을 느낀다. 하지만 예후는 여전히 매우 양호하며 개선과 완치가 가능하다. 이 단계는 자가치유 기법이 유용하게 쓰이지만, 전문적인 치료법 또한 필요하다. 마치 숲속에서 길을 잃은 느낌과 비슷하다. 어두워지고 추워지면서 공포를 느끼고, 집에 돌아오는 길이 막막하다. 이 경우 당신이 좋아하는 유능한 가이드가 당신을 안전한 길로 인도할 수 있다.

을 것이라는 확신에 짓눌려 있기 마련이다. 그러면 고통으로부터 벗어나는 유일한 돌파구로 자살을 선택할 수 있다.

사실 절망감은 결코 타당한 감정이 아니다. 나는 스스로를 쓸모없는 인간이며 결코 나아질 수 없을 것이라 철석같이 믿는 심각한 우울증 환자들을 수도 없이 치료했다. 그들 가운데 일부는 수십 년간 우울증에 시달려왔고 약이란 약은 모조리 복용해보았지만 아무런 효과가 없었다. 하지만 그들은 결국 회복했고 인생의 즐거움과 스스로에 대한 자존감을 되찾을 수 있었다. 당신 역시 가능할 것이라 확신한다.

불안증 검사나 우울증 검사에서 '임상 범위'로 수치가 나왔다는 사실은 무엇을 의미할까? 일상생활에 불편함을 느끼고 전문적인 치료가 필요하다는 뜻일까? 아니다. 이 범주에 속한 사람들 가운데 이 책에 나온 여러 가지 기법들을 스스로 시도하는 것만으로도 효과를 보거나 완전히 회복한 사람도 많다. 하지만 전문적인 지도가 필요한 사람들도 있다. 이런 문제들을 극복하려 안간힘을 써보아도 아무 소용이 없거나 불안증과 우울증이 인생에 문제를 일으켰다면, 정신건강 전문가와 상담을 해볼 필요가 있다. 이에 덧붙여 자살하고 싶다는 생각이나 느낌이 든다면 실력 있는 정신건강 전문가에게 당장 치료를 받아야 한다.

동전의 양면을 생각해보자. 점수가 적게 나왔다고 상상해보라. 불안증 검사나 우울증 검사에서 2~4점이 나왔다면, 도움이 필요 없거나 이 책에 나온 기법이 아무 소용없다는 뜻일까? 아니다. 나라면 0점을 받기 위해 노력할 것이다. 적당히 타협하지 말라. 0점을 받으면 지금과 엄청난 차이를 느끼게 될 것이다.

항상 행복한 기분을 느낄 수 있는 것은 아니다. 그리고 그런 상태가 바람직한 것도 아니다. 삶이란 스트레스의 연속이며, 때로는 스스로에 대한 회의와 고민의 구렁텅이로 빠져들기도 한다. 중요한 것은 고통스러운 감정의 소용돌이를 다스릴 무기가 있다는 사실을 알고, 그런 감정을 두려워하거나 그런 감정에 사로잡힐 필요가 없다는 것을 깨닫는 일이다.

자살충동 검사 점수해석표

	의 미
1번 질문	우울하거나 의욕이 없으면 이 항목의 수치가 높기 마련이다. 대부분의 우울증 환자들은 때로 자살에 대한 생각을 품는다. 이런 생각을 실행으로 옮길 계획이 아니라면 괜찮다. 하지만 자살에 대한 강력한 환상이나 충동이 일거나, 의욕이 없고 우울한 기분이 몇 주 이상 지속된다면 정신건강 전문가와 상담하는 편이 낫다. 러시안 룰렛의 대상으로 삼기에는 인생이 너무나 소중하다.
2번 질문	이 항목은 자살충동에 대해 묻는다. 점수가 1보다 높으면 위험하며, 전문적인 치료법이 필수적이다. 자살하고 싶은 욕망이 인다면 119를 부르고 즉시 비상 치료법을 찾아야 한다.

3장

불안장애가 있는가?

불안은 여러 가지 형태로 찾아온다. 어떤 이들은 만성적인 불안에 시달린다. 공황발작, 강박증, 공포증, 심기증으로 발전하는 사람도 있다. 많은 사람들이 청중 앞에서 말할 때 극도로 수줍어하거나 여지없이 몸이 굳는다. 가장 흔히 나타나는 불안증 유형을 일반적인 명칭 및 공식적인 진단용어와 함께 63페이지 표에 나열했다. 진단용어는 DSM-IV(디에스엠 포)라고도 알려진 『정신장애의 진단 및 통계 편람』 제4판에서 인용했다. 이런 진단용어가 무엇을 의미하고, 무엇을 의미하지 않는지 생각해보자.

당신이 최근 어떤 일에 대해 걱정하고 있다고 가정해보자. 당신은 그저 쓸데없는 걱정을 하고 있는 걸까? 아니면 이른바 범불안장애(GAD)에 시달리고 있는 걸까? 또는 당신이 사람들을 대할 때 어색하고 남의 시선이 신경 쓰여 사회생활을 하기가 불편하다고 가정해보자. 당신은 단지 수줍음을 타는 걸까? 아니면 사회불안증후군에 시달리고 있는 걸까? 수줍음의 단계를 넘어 사회불안증후군이 시작되는 지점은 어디일까? 표에 열거된 모든 종류의 문제에 대해 이런 질문을 던져볼 수 있다. 예컨대 우리 대부분은 자신의 외모에 대해 어느 정도 불만을 갖고 있다. 이런 불만이 어느 시점에 신체이형장애증후군으로 발전하게 되는 걸까?

의사들은 범불안장애, 사회불안증후군, 신체이형장애증후군 같은 진단용어

대표적인 불안증 유형과 명칭

해당하는 사항에 체크 표시하세요.

불안의 유형	증상	(√)	공식적인 진단
1. 만성근심	일, 건강, 돈, 학교, 가족들에 대해 항상 걱정이 끊이지 않는다.		범불안장애(GAD)
2. 불안발작	정신을 잃거나, 미쳐버리거나, 죽거나, 통제 불능 상태가 될 것 같다는 느낌에 갑자기 휩싸인다.		공황장애(PD)
3. 광장공포증	집에 혼자 있으면 뭔가 끔찍한 일이 일어날 것 같아 두렵다.		광장공포증
4. 두려움과 공포증	뭔가 구체적인 것, 예를 들면 거미, 피, 높은 곳, 운전, 비행, 좁은 장소가 극도로 두렵다.		특정 공포증
5. 수줍음	종종 긴장되거나 다른 사람이 신경 쓰인다.		사회불안장애
6. 과민성방광 증후군	공중화장실을 쓰기가 불안하다.		특별한 진단상의 정의가 없으며, 사회불안장애의 유형으로 취급된다.
7. 시험불안	휴식을 취할 때 긴장되고 몸이 굳는다.		
8. 발표불안	청중들 앞에서 말할 때 불안하다.		
9. 수행불안	사람들 앞에서 공연을 하거나 시합을 할 때 긴장되거나 불안하다.		
10. 강박적 사고	이성을 잃고 다른 사람을 해칠지도 모른다거나, 하지도 않은 범죄를 시인한다거나, 오물이나 세균에 감염될지도 모른다는 생각이 끊이지 않는다.		강박장애
11. 강박적 행동	물건의 수를 센다거나, 여러 번 씻는다거나, 기도한다거나, 정해진 방식으로 주변을 정리한다거나, 조용히 같은 말을 반복하는 등 특정한 의식을 행하고 싶은 충동이 인다.		
12. 외상후스트레스 장애	강간, 사망, 폭력, 고문, 치명상처럼 트라우마를 유발하는 사건의 기억이 출몰한다.		외상후스트레스장애 (PTSD)
13. 건강염려증	의사가 괜찮다고 말해도 심각한 건강문제가 있거나 질병에 걸렸을지도 모른다고 걱정한다.		심기증
14. 외모에 대한 근심	아무도 그렇게 생각하지 않는데도, 외모에 뭔가 이상하고 기괴한 구석이 있다고 믿는다.		신체이형장애증후군

주의: 사람에 따라 불안과 근심에 쉽게 노출되기도 한다. 한 가지 불안증에 시달리는 사람은 동시에 몇 가지 불안증에 시달리고 있을 가능성이 높다.

를 사용하기 좋아한다. 환자의 문제를 더 정확하게 규정하고 쉽게 의사소통할 수 있기 때문이다. 나아가 이런 전문용어는 증상의 가장 효과적인 치료법이 무엇인지 힌트를 주기도 한다. 예컨대 공황발작에 효과적인 기법은 수줍음, 강박장애, 우울증을 다스리는 기법과는 상당히 다르다.

각 유형을 나눠 진단명을 붙이면 증상을 연구하기에 유리하다. 명확히 한정된 그룹에 새로운 처방을 시도했을 때 효과가 있는지, 없는지를 확인할 수 있기 때문이다. 예컨대 내가 수줍음을 치료하는 새로운 방법의 효과에 대해 논문을 발표했다고 가정해보자. 다른 연구자들은 유사한 그룹의 환자들에게 동일한 방법을 사용해 증상이 개선되는지를 알아봄으로써 새로운 방법이 효과가 있는지 시험할 수 있다. 동일한 결과가 나온다면 이 치료법이 경험상으로 유효하다고 말할 수 있다. 이것이 바로 행동과학이 진보하는 방식이다. 사실 이 책에서 소개하는 방법은 수많은 실험을 거친 결과 단기, 장기를 가리지 않고 다양한 우울증과 불안증 치료에 매우 효과적이라는 사실이 증명된 것들이다.

하지만 이런 진단명에는 몇 가지 골치 아픈 문제가 있다.

- 불안과 근심은 매우 흔한 것인데도, 진단명을 붙임으로써 마치 환자처럼 규정하게 된다.
- 의사에게서 한 가지 이상의 불안장애에 시달리고 있다는 말을 들으면, 스스로가 결함투성이고 수치스럽다는 느낌이 들 수 있다. 하지만 불안장애에 시달리는 대부분의 사람들은 의사의 말을 듣기 전부터 이미 그런 느낌에 시달리고 있다. 따라서 진단을 통해 이런 감정이 더욱 강해진다.
- 뇌질환이나 정신질환이 있다고 성급하게 결론 내리게 된다. 앞으로 설명하겠지만, 이는 사실과는 거리가 멀다.
- 자신의 의지로 어찌할 수 없는 힘에 휘둘리고 있다는 느낌이 들고, 회복하려면 약을 복용하는 수밖에 없다고 넘겨짚게 된다. 이런 생각은 대부분 진실과는 거리가 멀다.

DSM-IV의 불안장애 기준을 검토해보면, 기준 자체가 매우 혼란스럽다는 사실에 놀라게 된다. 예컨대 범불안장애를 효과적으로 진단하기 위해 필요한 사항을 소개하면 다음과 같다.

- 최소한 6개월 이상의 긴 시간 동안 과도하게 근심한다.
- 근심을 다스리기 어렵다.
- 근심이 인생에 '심각한 고통'을 유발한다.
- 근육이 긴장되는 것처럼 불안이 신체적 증상으로 나타난다.

　　이런 기준은 얼핏 합리적인 것처럼 보여서 비판적인 시각으로 바라보기가 쉽지 않다. 예컨대 이 기준에 따르면 매사를 '과도하게' 근심하지 않으면 범불안장애로 진단할 여지가 없다. '과도하게'의 기준은 무엇일까? 범불안장애라고 부르려면 왜 6개월의 시간이 필요한 걸까? 4개월, 2개월, 이틀은 왜 안 되는 걸까? 5개월 29일을 근심했다면 범불안장애가 아닌 걸까? 6개월이 되는 날 자정에 갑자기 범불안장애로 발전하는 걸까? 만일 그렇다면, 그 전까지 나타나던 증상은 과연 무엇일까? 사실 6개월 이후에 계속되는 근심은 그 전부터 있었던 근심과 다를 게 없다.

　　범불안장애의 다른 기준 역시 이상하기는 마찬가지다. 근심을 다스리기 어렵다는 사실을 어떻게 판단할 수 있을까? 항상 근심을 다스리기 어렵다는 말일까? 아니면 종종 그렇다는 말일까? 항상 근심하지만 별로 고통스럽지 않다면 어떨까? 사실 사람에 따라서는 근심을 즐기는 경우도 있다. 예컨대 끊임없이 아이에 대해 걱정함으로써 아이를 위험으로부터 보호하는 것이 자식을 사랑하는 어머니의 역할에 충실한 자세라고 생각할 수도 있다. 이런 경우는 범불안장애가 아닌 걸까?

　　의사들이 질병을 진단할 때는 이처럼 주관적이고 모호한 기준을 따르지 않는다. 고열과 기침에 시달리는 환자가 숨이 가빠져 응급실에 입원했고 엑스레이 검사 결과 폐렴으로 밝혀진다면, 당장 폐렴 치료를 시작할 것이다. 그는 이렇게 말하지 않을 것이다. "증상에 시달린 기간이 이틀밖에 안 돼요. 일주일간 계속되지 않으면 폐렴이라고 진단하기 힘들어요. 다음 주 금요일까지 살아계신다면, 다시 오셔서 폐렴 진단을 받으세요." 얼마나 말도 안 되는 소리인가! 하루, 1시간, 아니 1분만 폐렴 증상을 보여도 기간에 상관없이 폐렴으로 진단해야 한다.

DSM-IV 진단기준 또한 이에 못지않게 비합리적이다. 마치 〈이상한 나라의 앨리스〉의 동화 속 이야기 같은 느낌이다. 이에 따르면 근심이 6개월간 지속된다면 범불안장애로 진행된 것이라고 추정한다. 이것이 바로 DSM-IV의 공식적인 정의이기 때문이다. 하지만 6개월의 기준이 제멋대로라는 사실에 유념해야한다. 폐렴은 진짜 질병이지만, 범불안장애는 진짜 질병이 아니다. 근심에 시달리지만 범불안장애가 아닐 수 있다. 수줍음을 느끼지만 사회불안장애가 아닐 수있다. 이런 진단기준은 처음 어디에서 시작되었을까? 이 기준이 엄격한 과학적 기초에 의해 수립된 것이 아니라는 사실을 아는 사람은 많지 않다. 실제로는 일부 정신과 의사들이 모인 위원회에서 최신의 진단기준을 투표를 통해 갱신하고 있다.

그럼, 불안장애를 진단하는 기준이 왜 이토록 제멋대로인 걸까? 정신과 의사들이 '불안장애'라고 분류하는 감정의 대부분이 우리가 흔히 느끼는 정상적인 감정에 불과하기 때문이다. 수시로 변하는 우리의 감정을 일련의 '장애'로 바꾸려고 하면 인식에 심각한 문제가 생길 수 있다. 진짜 장애를 겪고 있는지 아닌지 실체가 불명확한 상태에서 기준점을 만들어야 하기 때문이다. 이것이 바로 문제의 핵심이다. 대부분의 '불안장애'는 그것을 불안장애라고 규정한 정신과 의사들의 의식에만 존재하는 허상에 불과하다. 따라서 불안장애는 뇌질환이라고 말하기 어렵다.

많은 치료 전문가들이 자신 또한 수줍음, 발표불안, 공포증, 강박 같은 증상과 싸워왔다고 밝혔다. 그들도 무가치한 존재라는 느낌, 절망, 극심한 자기 회의 같은 부정적인 감정에 익숙하다. 치료 전문가들 또한 인간이다. 이런 부정적인 감정은 인간의 보편적인 감정이다. 그렇다고 우리 모두가 뇌질환에 시달린다는 뜻일까?

보통 사람들보다 불안과 자기 회의에 더 심하게 시달리는 사람이 있다는 사실은 분명하다. 반면 불안을 거의 느끼지 못하고, 태어나면서부터 낙천적이고, 자신감 넘치고, 활달한 사람도 있다. 과학자들은 왜 어떤 사람은 특히 더 불안해하는지 알지 못한다. 하지만 유전적 요인, 환경적 요인은 분명히 중요한 역할을 담당한다. 쉽게 불안해한다고 해서 뇌질환이나 불안장애가 있는 것은 아니다. 이런 흑백사고적인 접근방식은 인간의 감정을 제대로 파악하는 데 별 도움이 되지 못한다.

불안과 근심, 우울 같은 부정적인 감정을 치료하기 위해서는 다음과 같은 사실을 알아두어야 한다.

- 불안증과 우울증은 현실이다.
- 이런 감정은 고통스럽고 장애를 유발한다.
- 불안증과 우울증으로 고통받는 사람들은 치료가 필요하다.
- 약을 먹지 않아도 되는 새롭고 효과적인 치료법이 있다. 예후 역시 양호해서 완벽히 회복할 수 있다.
- 불안증과 우울증을 효과적으로 다스리려면 '장애' 또는 '뇌질환'으로 취급해서는 곤란하다.

물론 뇌질환은 분명히 존재한다. 정신분열증이나 조울증 같은 심각한 정신질환은 의심할 여지 없이 뇌의 생물학적 결함에서 비롯된다. 하지만 대부분의 정신질환을 규정하는 기준은 임의적이다.

질병이라고 규정하는 순간 사람들의 의식은 권위에 지배당한다. 의사가 폐렴에 걸렸다고 한다면, 병리학적 관점에서 치료받아야 하는 질병에 걸린 것이 확실하다. 환자는 자신이 갖추지 못한 풍부한 경험과 지식을 가진 의사의 말을 신뢰해야 한다. 하지만 의사가 범불안장애, 강박장애, 외상후스트레스장애, 사회불안증후군이라고 한다면, 그것은 새로운 정보가 아니라 환자가 이미 알고 있는 사실을 말하는 것에 지나지 않는다. 즉, 의사가 불안장애라고 진단한다면 그것은 환자가 불안한 기분을 느낀다는 사실을 대신 말하는 것일 뿐이다.

그런데 우리는 대부분 불안이 뇌의 화학적 불균형에서 비롯되며 약으로 치료할 수 있다는 관념에 사로잡혀 있다. 그 때문에 불안장애라는 진단을 받을 경우 약에 대한 의존도가 높아질 수 있다. 다음 장에서 이 주제를 다루기로 한다.

플라세보 세상
—항 우울제와 항불안제의 진실

우울증과 불안증이 뇌 속 화학물질의 불균형에서 비롯되며, 이에 맞는 약제 처방을 통해 불균형을 바로잡을 수 있다는 말을 들어보았을 것이다. 친구나 가족 가운데 팍실이나 프로작을 복용하면 우울한 기분에서 벗어날 수 있다고 맹신하는 사람이 있을지도 모른다. 하지만 우울증과 불안증이 뇌 속 화학물질의 불균형에서 비롯된다는 사실을 의심할 만한 몇 가지 강력한 근거가 있다. 또한 일부 연구결과를 보면 놀랍게도 항우울제가 일반적인 통념과는 달리 그다지 효과적이지 않다는 사실을 알 수 있다. 이에 관한 몇 가지 정보를 소개할 것이다. 이런 정보는 당신의 마음에 들 수도 있고, 그렇지 않을 수도 있다.

TV에서 다음과 같은 광고를 본 적이 있을 것이다.

다른 사람들 앞에 서면 수줍은가요? 그렇다면 사회불안장애에 시달리고 있다는 뜻입니다. 학자들은 사회불안장애가 뇌 속 화학물질의 불균형에서 비롯된다고 말합니다. 당신은 행운의 주인공입니다! 이 약이 당신 뇌 속의 불균형을 바로잡아 줄 것입니다. 오늘 당장 의사에게 처방해달라고 요구하십시오!

곧이어 등장하는 애니메이션에는 세로토닌 분자가 시냅스 사이를 행복하게 헤엄치며 즐거움을 관장하는 뇌 속 중추를 자극하는 장면이 나온다. 그리고 X약제 덕분에 '사회불안증후군'에서 벗어난 행복한 커플이 손을 잡고 신나게 해변을 뛰어다니고, 미친 듯이 사랑에 빠지는 장면을 보여준다. 이런 광고는 아주 교묘하고, 유혹적이며, 당장이라도 약을 복용하고 싶도록 만든다. 멋진 여성과 해변을 뛰어다니는 것을 마다할 남자가 어디 있겠는가?

그런데 이런 메시지가 과연 얼마나 유용할까? 불안증과 우울증이 정말 뇌 속 화학물질의 불균형에서 비롯되는 걸까? 약제가 정말 가장 효과적인 치료법일까?

사람들은 생물학적 원인 때문에 문제가 생겼다면 약으로 다스려야 한다고 생각한다. 반면, 심리적 원인에서 비롯되었다면 대화 요법으로 치료할 수 있다고 생각한다. 하지만 이런 추론은 우리를 엉뚱한 길로 인도할 여지가 있다. 때로 약제는 정신적 문제를 해결하기 위한 가장 훌륭한 치료법일 수 있다. 스트레스를 받아 머리가 아프다고 가정해보자. 아스피린을 먹으면 마법 같은 효과가 나타나 1시간 안에 두통이 사라진다. 두통이 심리적 문제에서 비롯되었다 하더라도 약을 먹으면 효과가 있다. 이것은 약제가 뇌 속의 아스피린 결핍을 치료했다는 의미가 아니다. 아스피린은 두통을 치료하는 가장 빠르고 쉬운 방법일 뿐이다.

반면, 심리치료는 생물학적 문제를 다스리는 최고의 치료법이기도 하다. 유전적 요소가 여러 가지 형태의 우울증과 불안증에 상당한 역할을 담당한다는 사실이 수많은 연구를 통해 밝혀졌다. 예컨대 일부 학자들은 혈액공포증이 전적으로 유전 탓이라고 확신한다. 분명 사람이 부모로부터 물려받는 것은 모두 생물학적 원인을 갖고 있다. 따라서 혈액공포증도 어느 정도 생물학적 원인이 있기 마련이다. 앞에서 내가 인턴과정을 시작하기 전, 응급실에서 피투성이가 된 환자들을 돌보며 몇 분 만에 피에 대한 공포를 극복한 경험을 소개했다. 이 사례에서 나는 이른바 '홍수법'이라는 심리치료법으로 생물학적 문제를 치료했다. 여기에서 본격적인 질문이 등장한다. 우울증과 불안증을 극복하는 최선의 방법은 무엇일까? 약제일까, 심리치료일까, 2가지 방법을 병용하는 걸까?

화학적 불균형 이론에 따르면, 약제는 불안증과 우울증을 치료하는 가장 훌륭한 방법이다. 이 이론은 오랜 기간 입지를 굳혀왔다. 실제로 화학적 불균형 이론은 현대 의학의 아버지인 히포크라테스 시절까지 거슬러 올라간다. 그는 쓸개에서 분비된 검은 독에서 우울증이 비롯된다고 생각해서 우울증을 '멜랑콜리아(melancholia)'라고 불렀다. 멜라닌은 검은 색소를, 콜리아(cholia)는 쓸개를 의미한다. 최근에도 과학자들은 우울증과 불안증을 유발하는 화학적 불균형 상태를 연구하는 중이다. 하지만 그들은 쓸개보다는 뇌 속을 관찰하고 있다.

연구자들의 관심을 한몸에 받는 화학물질은 세로토닌이다. 세로토닌은 뇌신경 사이에 전기 신호를 전달하는 수많은 화학물질 가운데 하나다. 많은 심리학자들은 뇌에 세로토닌이 바닥나면 우울증과 불안증이 찾아오며, 세로토닌이 넘치면 조증(극도의 환희에 차 있는 상태)이 된다고 말한다. 만일 그렇다면, 뇌의 세로토닌 수치를 높이는 약제 처방은 우울증과 불안증을 막아줄 수 있다. 또한 세로토닌을 행복을 가져다주는 분자라고 생각해도 무리가 없을 것이다.

나는 펜실베이니아 의과대학에서 정신과 레지던트로 근무하며 화학적 불균형 이론을 몇 년에 걸쳐 연구했다. 당시 나는 학회지에 연구결과를 발표하고, 정신약리학 교과서를 집필하고, 미국을 비롯한 세계 각국의 과학 회의에서 강연을 했다. 나는 뇌의 세로토닌 대사체계를 연구해 기초 정신의학 연구 분야에서 세계적인 상에 속하는 A.E. 베네트 상(A.E. Bennett Award)을 수상하는 행운을 누리기도 했다.

1970년대에 나와 동료들은 우울증이 뇌의 세로토닌 결핍에서 비롯된다는 이론을 검증하기 위해 다양한 실험을 했다. 하지만 실험결과는 부정적이었다. 예컨대, 한 연구에서 우리는 뇌 속으로 재빠르게 퍼져 세로토닌으로 변하는 핵심 아미노산인 L-트립토판 보충제를 우울증 환자에게 다량으로 매일 제공해 뇌 속 세로토닌 수치를 높였다. 하지만 그들은 기분이 도통 좋아지지 않았다. 우리는 이 실험결과를 뇌 과학 분야 최고의 연구지 가운데 하나인 『일반정신의학회보』에 발표했다.[1] 나는 뇌 속 세로토닌에 대한 국내외 문헌을 샅샅이 탐독했지만 세로토닌 부족이나 뇌 속 화학물질의 불균형 상태가 우울증, 불안증, 기타 정신질환을 유발한다는 증거를 단 하나도 찾을 수 없었다. 지금까지도 나는 화학적 불균형 이론을 입증하는 연구결과를 한 건도 보지 못했다.

1980년대 후반에 출시되기 시작한 프로작 같은 항우울제는 '선택적 세로토닌 재흡수 억제제(selective serotonin reuptake inhibitors; SSRIs)'라 불린다. 이런 약제들은 뇌 속 세로토닌 체계에 지대한 영향을 미치기 때문이다. 세로토닌 결핍 이론이 타당하다면, 이런 신종 약제들은 의심의 여지 없이 탁월한 항우울, 항불안 효과를 보여야 한다. 달리 말하면, SSRIs를 복용한 환자들은 신속히 우울증에서 회복해야 한다. 이런 약제들이 뇌 속 세로토닌 체계에 강력한 영향을 미치기 때문이다. 하지만 현실은 정반대였다. 실제로 최신 연구사례들은 이런 신종 항우울제가 플라세보 효과를 넘는 진정한 항우울 효과를 조금이라도 보여줄 수 있는지를 두고 심각한 의문을 제기한다.

많은 신경과학자들이 더 이상 화학적 불균형 이론으로는 우울증과 불안증을 제대로 설명할 수 없다고 생각하고 있고, 화학적 불균형보다는 뇌의 신경망 연구에 초점을 맞춘다. 뇌는 자동차의 브레이크처럼 압력으로 작동하는 기관이 아니라, 생각하고 느낄 수 있는 슈퍼컴퓨터처럼 엄청나게 정교하고 복잡한 정보처리 기관이다. 하지만 뇌가 컴퓨터와 구별되는 가장 큰 차이점은 새로운 뇌세포와 전기회로망을 매일 생성한다는 점이다. 실제로 누구나 매일 아침 잠에서 깨면 조금은 다른 사람이 되어 있다. 뇌가 지난 24시간 동안 변했기 때문이다.

우울증과 불안증에 시달리는 수많은 사람들은 여전히 기분의 문제가 뇌 속 화학물질의 불균형에서 비롯된다고 믿는다. 이해할 수 없는 일이다. 아마도 담당 의사가 그렇게 말했거나 TV 프로그램을 보고 그렇게 믿게 됐을 가능성이 크다. 하지만 의사가 뇌 속 화학물질이 균형을 잃었다고 말했다면, 그는 이론과 실제를 혼동하고 있을 확률이 높다. 대부분의 의사는 좋은 의도를 갖고 있고 환자를 위해 최선을 다하지만, 종종 화학적 불균형 이론에 세뇌되어 있다.

화학적 불균형 이론은 확고한 과학적 증거보다는 제약회사의 마케팅에 힘입은 측면이 크다. 항우울제, 항불안제를 팔아 벌어들이는 연간 수십억 달러의 이익이 사라지는 것을 두고 볼 제약회사가 어디 있겠는가? 따라서 제약회사들은 화학적 불균형 이론을 퍼트리기 위해 천문학적인 돈을 아끼지 않는다. 그들은 미국 정신의학협회의 예산을 상당 부분 지원하고 의과대학에도 연구비와 교육비 명목으로 엄청난 금액을 기부한다.

물론 의학 연구와 교육을 지원하는 것은 나쁜 일이 아니다. 하지만 돈에는 영향력이 수반되며, 제약회사들은 약제를 마케팅하는 데 혈안이 되어 있다. 학문 연구는 진실을 추구하는 활동이지만, 제약회사의 연구는 신제품을 팔기 위한 활동이다.

만일 의사가 증거 없이 주장을 펼친다면 곤란할 것이다. 심한 피로를 느낀 환자를 진단하며 철결핍성 빈혈이라고 추측했다면, 의사는 몇 가지 혈액검사를 권할 것이다. 검사 결과 철결핍성 빈혈이 맞다면 철분 보충제를 처방할 것이고 환자는 곧 활기를 되찾을 것이다. 하지만 의사가 우울증이나 공황발작이 뇌 속 화학물질의 불균형에서 비롯된다고 추측한다면, 이는 확인해볼 방법이 없다. 뇌 속 화학물질이 불균형하다는 사실을 보여줄 실험 수단이 존재하지 않기 때문이다.

화학적 불균형 이론이 다수 견해를 이루고 널리 알려져 있기 때문에 사람에 따라서는 내 설명을 믿지 않을 수도 있다. 예컨대 대중잡지나 TV에서 우울증이나 불안증에 시달리는 사람들의 뇌 스캔 사진을 본 독자도 있을 것이다. 어떤 사람들은 이런 영상을 보면 뇌 속 화학물질의 불균형이 우울과 불안을 유발한다는 사실을 확인할 수 있다고 생각한다. 이는 우울증, 불안증, 심지어 주의력결핍 과잉행동장애를 비롯해 모든 감정과 행동의 문제가 약을 먹어 치료해야 하는 뇌질환이라는 사실을 '입증'하는 셈이다.

과학자들이 MRI나 SPECT/PET 같은 새로운 신경 영상에 흥분하는 것은 당연하다. 이런 기술을 통해 처음으로 살아 있는 뇌를 들여다 볼 수 있게 되었기 때문이다. 신경 영상은 뇌 속에서 혈류가 어떻게 흐르고 산소가 어떻게 활용되는지를 보여준다. 영상을 보면 뇌의 각 부위가 활발하게 활동할 때 혈액과 산소를 더 많이 사용한다는 사실을 알 수 있다. 따라서 혈류량과 소비되는 산소의 양을 측정하면 어떤 행동과 감정을 보일 때 뇌의 특정 부위가 더 활성화된다는 사실을 간접적으로 알 수 있다.

하지만 뇌에서 혈액이 흐르는 패턴은 의식에 떠오르는 생각이나 감정과는 상당히 다르다. 뇌 영상만으로는 정상과 비정상을 구분할 수 없고 어떠한 '화학적 불균형'도 탐지할 수 없다. 뇌 영상은 뇌 속에서 일어나는 인과관계를 설명해주지 못한다. 단지 뇌가 활동하는 모습과 제 할 일을 하고 있다는 사실을 보여줄 뿐이다. 슬픔을 느끼는 경우 뇌는 한 가지 패턴을 보여준다. 행복하거나 흥분되면 다른 패턴이 나타난다. 하지만 영상이 그렇게 나타난다고 해서 슬픔, 행복, 흥분이 뇌질환이라고 말할 수는 없다. 그리고 뇌가 어떻게 이런 감정을 만들어내는지도 알 수 없다. 사실 우리는 뇌가 어떻게 의식을 만드는지 알지 못한다. 우울증, 분노, 공황발작 같은 비정상적인 의식 상태를 어떻게 만드는지 또한 미지의 영역이다.

그럼, 불안증과 우울증에 어떻게 맞서야 할까? 대부분의 사람들은 약제가 가장 효과적인 치료법이라고 생각한다. 사실 이는 미국 정신의학협회의 공식적인 입장이고, 미국 내과의사 상당수가 이를 불변의 진리로 생각한다.

1장에서 언급한 것처럼, 2가지 유형의 약 처방이 불안증과 우울증에 대한 처방으로 권장되고 있다. 여기에는 자낙스, 아티반, 발리움 같은 경온정제(약 신경

안정제)와 프로작, 팍실, 졸로프트 같은 항우울제가 포함된다. 경온정제는 벤조디아제핀이라고도 불리는데, 이 약은 정말로 강력한 항불안 효과가 있다. 걱정 때문에 잠을 이루기가 어렵다고 가정해보자. 자낙스정 0.25mg을 복용할 경우, 한 번도 벤조디아제핀을 복용해본 적이 없다면 신기한 효과를 발휘할 것이다. 바로 잠에 빠져들고 다음 날 아침 상쾌한 기분으로 자리에서 일어날 수 있다. 마치 기적의 약과 같다.

자낙스가 뇌의 화학적 불균형 상태를 치료한 걸까? 아니다. 자낙스는 단지 몸을 이완시키고 수면을 도와주었을 뿐이다. 독한 술을 마셔도 효과는 같을 것이다. 하지만 술이 뇌의 화학적 불균형을 바로잡지는 못한다!

안타깝게도, 자낙스 용액에는 약점이 있다. 자낙스나 기타 벤조디아제핀을 주기적으로 복용할 경우, 약 3주 내에 몸이 이런 약제에 의지하게 된다. 약을 끊기로 마음먹으면 금단증상에 시달릴 것이고, 양을 늘릴수록 금단증상은 더 심해질 것이다. 약을 처음 먹었을 때 전형적으로 나타나는 문제들이다. 그러면 아직 회복하지 못한 상태에서 의사와 환자 모두 약제를 끊어야 한다고 결론 내릴 수 있다. 이러다 보면 사람들은 벤조디아제핀의 노예가 된다. 실제로 일부 전문가들은 자낙스를 끊는 것이 헤로인을 끊는 것만큼이나 힘들다고 말한다. 이런 이유 때문에 나는 불안증과 우울증에 결코 벤조디아제핀을 처방하지 않는다.

물론 모든 규칙에는 예외가 있고, 경우에 따라서는 이런 약제가 대단히 유용하게 쓰일 수 있다. 예컨대 의사가 대장내시경 검사를 받아야 하는 환자에게 검사 중에 몸이 이완되도록 벤조디아제핀을 주사하겠다고 말한다면, 마다할 이유가 없다! 그러면 환자는 구름 위를 걷는 듯한 기분을 느낄 테고 대장내시경 검사를 사랑하게 될지도 모른다. 매주 한 번씩 검사를 받고 싶어질지도 모른다! 하지만 불안증, 불면증, 우울증에 시달리고 있다면, 벤조디아제핀은 그다지 좋은 선택이 아니다.

항우울제는 불안증과 우울증을 다스리는 약제로 널리 알려져 있다. 프로작을 들어보지 못한 사람은 드물 것이다. 항우울제는 벤조디아제핀에 비해 중독성이 없다는 큰 장점이 있다. 하지만 항우울제가 정말 효과가 있을까? 최신 자료는 어떤 결과를 보여주는가?

이 질문에 답하기에 앞서, 이른바 플라세보 효과를 검토할 필요가 있다. 플라세보 효과란 약제 성분이 일체 들어 있지 않은 알약을 복용해도 증상의 개선 효과가 나타나는 현상을 말한다.

이런 시나리오를 상상해보라. 몇 달 동안 울적하고 침울해진 채로 지내던 한 남자가 집 근처에 있는 신경정신과를 찾는다. 의사는 그가 우울증에 시달리고 있으며 뇌 속 화학물질의 불균형이 원인이라고 설명한다. 의사는 그를 안심시키고 뇌 속 불균형을 바로잡을 항우울제를 처방한다.

4주가 지나, 그 남자는 기분이 훨씬 좋아졌다고 말한다. 잠도 더 잘 자고, 기분도 좋아지고, 인생의 활력이 샘솟는다고 한다. 의사와 환자 모두 항우울제 덕분에 극적으로 호전되었다고 생각한다. 이것이 과연 올바른 결론일까? 그렇다면 다음과 같은 생각은 합리적일까?

- 우울증이 뇌 속 화학물질의 불균형에서 비롯되었다.
- 항우울제가 화학적 불균형을 바로잡았다.
- 남자가 호전된 것은 항우울제 덕분이다.

많은 사람들이 위와 같이 생각하지만, 이 남자가 개선된 사실이 위 항목들의 증거가 되지는 못한다. 분명하게 말할 수 있는 것은 우울했던 그가 지금은 나아졌다는 사실이다. 바람직한 결과다. 하지만 우울증이 왜 생겼고 어떻게 개선되었는지를 알 방법이 없다. 시간이 지나면서 나아졌을 수도 있고, 생각지 못한 사건 덕에 나아졌을 수도 있고, 더 활동적으로 변하면서 나아졌을 수도 있고, 약제나 플라세보 효과 덕분에 나아진 것일 수도 있다.

플라세보 효과가 왜 이토록 중요한 걸까? 우리가 어떤 것을 기대하면 그것이 생각이나 느낌, 행동에 강력한 영향을 미친다. 어떤 것이 치료에 도움이 될 것이라 확신하면 실제로 아무런 약효가 없더라도 증상이 나아질 가능성이 크다. 나와 당신이 제약회사의 마케팅 이사로 근무한다고 가정해보자. 우리 두 사람이 어느 날 기자회견을 열고 플라세빈이라는 기적의 항우울제를 발표한다. 우리는 새로 출시하는 약제의 우수성을 강조하며 부작용이 거의 없고 독성 또한 미미하다고 설명한다. 잔뜩 흥분한 채로 약제의 신기원을 예찬하며 국가적 규모의 임상실험을 위해 수많은 우울증 환자들에게 무료로 플라세빈을 공급하겠다고 떠벌린다. 사람들은 플라세빈을 얻으려 아우성칠 테고, 회사의 시가총액은 하룻밤 새 10억 달러가 폭등한다.

물론 새로운 약제가 플라세보 약제일 뿐이라는 말은 아무에게도 하지 않는다. 얼마나 많은 환자들이 플라세빈을 복용하고 회복할까?

우울증에 시달리는 사람들에게 플라세보 약제를 투여하면 최소한 30~40%가 회복한다는 사실이 수많은 연구를 통해 밝혀졌다. 실제로 위와 같은 임상실험을 한다면 단 몇 주 만에 30~40만 명이 회복할 수 있다는 것이다. 실험에 참여한 사람들은 플라세빈의 약효를 맹신하고 친구들에게 얼마나 대단한 약인지 침이 마르도록 칭찬할 것이다. 어떤 사람들은 〈오프라 윈프리 쇼〉에 출연해 플라세빈이 뇌의 화학적 불균형을 어떻게 바로잡아 그들의 삶을 변화시켰는지 열정적으로 증언할 것이다. 방송사들은 이 놀라운 신약을 광고하는 데 전파를 아끼지 않을 것이며 수많은 사람들이 의사에게 달려가 플라세빈을 처방해달라고 애걸할 것이다. 과연 이처럼 강력한 '행복약'을 복용하는 것이 윤리에 어긋나는 일이 아닌지 시비를 거는 책들도 출판될 것이다.

하지만 플라세빈은 아무것도 한 일이 없다. 환자들을 호전시킨 것은 환자들의 기대일 뿐, 약이 아니다. 환자들은 스스로를 치유하고, 그것을 깨닫지 못한 것

뿐이다. 희망은 현존하는 가장 강력한 항우울제다.

플라세보 효과는 어떻게, 왜, 약제와 심리치료가 효과를 발휘하는지의 문제에 엄청난 혼란을 가져온다. 만일 당신이 불안증과 우울증을 치료하는 기괴한 치료법을 만들어 효과가 있다고 사람들을 납득시킨다면, 그것이 뻔한 돌팔이 짓이라 하더라도 일부 환자들을 치료할 수 있다. 그 결과 당신이 사용한 치료법이 실제로는 효과가 없어도 불안증과 우울증에 강력한 효과가 있다고 평가받을 수도 있다. 이런 속임수는 수천 년의 역사를 자랑한다. 과거에 뱀기름 판매상들은 마법의 영약을 팔면서 플라세보 효과를 이용했다. 사람들은 괴로운 일을 겪을 때마다 쉽고 빠르게 치료할 수 있는 기적 같은 처방을 원했고, 이런 바람을 이용하는 사람들도 있었다.

당신은 지금 이런 생각을 할지도 모른다. '에이, 단지 이론일 뿐이야. 항우울제가 효과가 있다는 사실은 FDA도 인정하고 있어.' 하지만 현실은 당신의 생각처럼 단순하지 않다. 최근 연구에 따르면 현재 처방되는 모든 항우울제에는 플라세보 효과를 뛰어넘는 치료 효과가 거의 없다. 예컨대 미 국립정신보건원이 재정을 지원한 최근 대학 간 연구 프로젝트에서 다음과 같은 실험이 진행됐다.

먼저 심각한 우울증에 시달리는 320명의 환자를 세인트존스워트 허브 티(우울증에 효과가 있다고 알려진 약초) 그룹, 서트랄린(졸로프트라는 이름의 항우울제) 그룹, 플라세보 그룹으로 나눠 임의로 배정했다. 연구자들은 세인트존스워트가 항우울 효과가 있는지 알기 위해 '진짜' 항우울제인 서트랄린과 약효가 없는 플라세보를 비교 대상으로 삼았다.

실험 결과, 항우울제나 세인트존스워트 모두 별 효과가 없었다. 플라세보 약제를 복용한 환자들 가운데 32%가 회복한 반면, 항우울제를 복용한 환자는 25%, 세인트존스워트를 복용한 환자는 24%만 회복했을 뿐이다.[2] 이 실험결과를 보면 세인트존스워트에 플라세보 효과를 넘어서는 항우울 효과가 전혀 없다는 사실을 분명히 알 수 있다. 세인트존스워트가 별 효과가 없다는 사실은 이제 널리 알려진 것 같다. 제약업계가 사람들에게 세인트존스워트보다 항우울제를 복용하게 만들고 싶어 하기 때문이다. 하지만 제약회사들은 항우울제가 세인트존스워트와 마찬가지로 별 효과가 없다는 사실은 숨겼다. 항우울제나 세이트존스워트는 플라세보 효과를 넘어서는 항우울 효과가 전혀 없었다!

이 프로젝트는 항우울제의 효과를 연구한 사례 가운데 가장 훌륭한 사례에 속한다. 그리고 이런 실험결과는 항우울제라 불리는 화학물질이 강력하고 특화된 항우울 효과를 낼 수 있다는 통념과는 배치된다. 이런 결과를 단지 예외적인 실험결과라고 치부할 수 있을까? 코네티컷대학의 어빙 키르슈(Irving Kirsch) 연구팀은 지난 수십 년간 FDA에 제출된 자료뿐 아니라 국내외 문헌을 검토해본 결과, 이 실험결과가 결코 이례적인 것이 아니라는 결론에 도달했다. 그들이 분석한 자료를 보면 항우울제와 플라세보의 차이는 극히 미미하고, 항우울제의 효과 가운데 75~80%는 플라세보 효과에 지나지 않는다는 사실을 알 수 있다.[3]

83페이지 상단의 '항우울제 vs 플라세보: 가장 높은 수치의 연구결과'가 이를 잘 보여준다. 이 도표에는 신종 항우울제를 승인받기 위해 제약회사가 FDA에 제출한 데이터가 나와 있다. 제약회사가 실시한 연구에서는 보통 단계의 우울증 환자부터 심각한 단계의 우울증 환자까지 여러 환자들에게 플라세보나 항우울제를 무작위로 처방했다.[4] 이들의 우울증 수치를 해밀턴 우울척도로 측정하자 평균 수치가 25로 나왔다. 점수가 높을수록 더 심한 우울증에 시달린다. 이 도표에 나온 것처럼, 25점이 떨어져야 완전히 회복된 것으로 간주되는데, 항우울제를 처방받은 환자들은 우울증 수치가 10점 떨어졌고, 플라세보 약제를 복용한 환자들은 8점이 떨어졌다.

이 결과에는 3가지 놀라운 사실이 숨어 있다. 첫째, 항우울제나 플라세보 모두 우울증에 특별한 효과가 없다는 사실이다. 제약회사가 실시한 가장 우호적인 연구결과가 그렇다는 사실을 생각하면 더욱 당황스러운 일이다.

둘째, 항우울제 그룹과 플라세보 그룹의 차이가 겨우 2점밖에 되지 않는다는

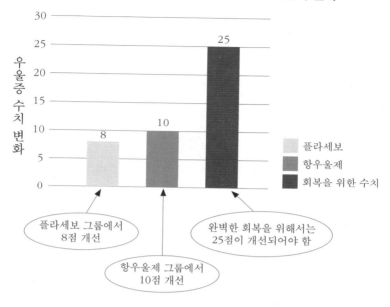

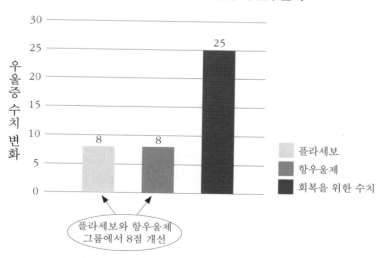

사실이다. 약제의 효과라고 말할 수 있는 최대치가 2점에 지나지 않는 것이다. 우울증을 완전히 회복하려면 25점이 줄어들어야 한다는 사실을 생각해보면 이는 너무나 미미한 수치다. 일부 학자들은 심각한 부작용과 독성, 약제성분이 미치는 해악을 감안하면 겨우 이 정도 수치를 줄이기 위해 항우울제를 복용할 필요가 없다고 주장한다.[5] 어떤 기법이 겨우 2점밖에 효과를 내지 못한다면, 필자가 선별한 100가지 치료 기법 목록에는 결코 포함될 수 없을 것이다! 다른 수많은 기법이 환자의 기분에 더 신속한 영향을 미칠 수 있기 때문이다.

결국, 약제 그룹에서 나타난 10점의 개선 수치 가운데 80%에 해당하는 8점은 약제가 아닌 플라세보 효과에서 비롯된 것이 분명하다. 나는 이 결과가 의미하는 바를 명확히 하고 싶다. 왜냐하면 이는 매우 중요한 사실이고, 연구결과를 해석하는 데 익숙하지 않은 사람이라면 혼란을 느낄 수 있기 때문이다.

우울한 사람에게 플라세보 약제를 처방하면서 진짜 항우울제라고 속인다면, 평균 8점의 개선효과를 얻을 수 있을 것이다. 그리고 프로작 같은 '진짜' 항우울제를 처방하면 평균 10점의 개선효과를 얻을 것이다. 이것은 프로작을 처방했을 때 나타나는 효과의 80%가 사실은 프로작 자체가 아닌 플라세보 효과에서 비롯된다는 사실을 보여준다. 즉, 항우울제로 효과를 보았다고 믿는 대부분의 사람들은 약제가 아닌 플라세보 효과의 덕을 본 것이다.

83페이지 상단의 '항우울제 vs 플라세보: 가장 높은 수치의 연구결과'가 제약회사들이 공개한 가장 유리한 수치라는 사실을 유념해야 한다. 제약회사들은 자신의 입맛에 맞지 않는 다수의 연구결과를 숨기기 때문이다.

83페이지 하단의 '항우울제 vs 플라세보: 통상의 연구결과'를 보면 실제 수치가 어떻게 나타났는지 알 수 있다. 보다시피 항우울제와 플라세보 약제 간에는 아무런 차이점이 없다.

제약회사들은 이런 결과가 일반적이라고 시인하면서도 발표하기를 꺼린다. 자신들이 판매하는 약제에 불리한 실험결과를 소비자들에게 숨기려고 한다. 따라서 연구문헌에 편견이 개입되기 쉽다. 공개하는 자료를 극도로 선별하기 때문이다. 이로써 항우울제의 효과에 대해 잘못된 관념이 자리 잡게 된다. 현재 발간된 연구 보고서들은 거의 모두 플라세보보다는 약제 처방에 유리한 내용을 담고 있다.

제약회사들은 약제 처방에 유리한 결과를 끌어내려고 모든 종류의 트릭을 이용한다. 예컨대 제약회사의 임상연구에 참가하는 환자들은 신약이나 플라세보 약제를 무작위로 배정받을 것이라는 말을 듣는다. 그들은 자신이 어떤 그룹에 속해 있는지 모르고, 그들의 기분을 평가하는 연구자들 또한 그들이 어떤 그룹에 속해 있는지 알지 못한다. 이를 '이중 맹검' 연구라 부른다. 의사뿐만 아니라 환자 또한 환자가 어떤 그룹에 속해 있는지 알지 못한다는 뜻이다. 여기까지는 좋다. 최소한 과학적인 방법이라고 할 수 있다.

하지만 환자들은 플라세보가 완벽히 비활성이라 아무런 증상이 나타나지 않고, 플라세보 약제를 복용할 경우 약효가 없으며 부작용 또한 없다는 말을 듣는다. 반면 항우울제를 복용하면 배탈, 설사, 신경질, 불면증, 성욕감퇴 같은 부작용이 나타날 수 있다는 말을 듣는다. 연구가 시작되면 부작용을 경험하는 환자들은 대개 항우울제를 받았다고 추정하고, 부작용을 전혀 경험하지 않는 환자들은 플라세보 그룹에 배정되었다고 추정한다. 환자들에게 어떤 그룹에 속해 있냐고 묻는다면, 80%는 어떤 그룹에 속해 있는지 정확히 맞춘다. 진행상황을 모니터링하는 연구자들에게 같은 질문을 하면, 그들이 추정하는 답 또한 대개 정확하다.

이 사실은 무엇을 의미할까? 이 연구가 실제로는 이중 맹검이 아니라는 뜻이다. 환자와 연구자 모두 누가 항우울제를 복용하고, 누가 플라세보 약제를 복용하는지 알고 있기 때문이다. 부작용에 시달리는 환자들은 보통 강력한 신종 항우울제를 처방받고 있다고 믿기 때문에, 희망에 부풀고 낙천적으로 변해간다. 그 결과 우울증 수치는 떨어진다. 반면 플라세보 약제 그룹에 배정되었다고 생각하는 환자들은 스스로 이렇게 말하며 낙담한다.

"이거 참! 플라세보 그룹에 들어가버렸네. 아무 도움도 못 받겠군. 난 맨날 이렇지 뭐!"

그 결과 우울증 수치는 올라간다. 이는 약제와 플라세보 그룹 사이에 인위적이지만 통계적으로 간과할 수 없는 차이점을 만든다. 실제 약효는 아무런 차이가 없는데도 개선 효과에는 차이가 발생하는 일이다.

이런 연구는 허점투성이다. 문제를 손쉽게 정정할 수 있는데도 그렇게 하지 않는다는 점에서 특히 야비하다. 예컨대 제약회사들은 비활성 플라세보가 아닌 활성 플라세보 약제를 쓸 수도 있었다. 실험 대상 약제에 졸리게 만드는 성분이 있다면, 플라세보 그룹에 베나드릴(Benadryl) 같은 항히스타민제를 쓸 수 있다. 베나드릴은 사람을 졸리게 만들기 때문이다. 또는 실험 대상 약제가 프로작과 같이 조급증, 신경과민, 설사를 유발한다면 플라세보 그룹에 카페인을 쓸 수도 있다. 이런 경우 환자들은 자신이 어떤 그룹에 속해 있는지 알기가 훨씬 힘들 것이다.

왜 제약회사들은 연구과정에서 이런 문제점을 바로잡지 않는 걸까? 여기에서 마케팅의 문제와 과학의 문제가 충돌한다. 만약 실제로 제약회사들이 신약과 플라세보 사이에 통계적으로 상당한 차이점을 보이는 2가지 연구사례만 확보한다면, 그들은 마케팅에 이용하기 위해 FDA에 승인을 신청할 것이다. 회사의 주가는 폭등할 것이고 이런 연구가 '적절한' 방식으로 결과가 나오도록 유도할 수 있는 대규모 자금을 끌어들일 것이다.

항우울제에 대한 최신의 연구결과를 보면 더욱 골치가 아프다. 신종 항우울제가 어린이들의 자살률을 심각하게 높이고 있다는 사실은 이미 잘 알려져 있다. FDA는 최근 이런 약제에 이른바 블랙박스 경고를 기재하도록 요청했다. 블랙박스 경고란 가장 위험한 약제에 붙이는 라벨을 말한다.[6] 하지만 성인들도 항우울제를 복용하면 자살률이 높아진다는 사실은 잘 알려져 있지 않다.

웨일즈대학 의과대학의 데이비드 힐리(David Healey) 박사는 정보자유법에 근거해 국내외 제약회사들의 연구결과를 입수했다. 그는 플라세보나 프로작 같은 '선택적 세로토닌 재흡수 억제제'와 항우울제를 무작위로 처방받은 성인들에 관한 자료를 확보할 수 있었다. 그는 항우울제를 처방받은 환자의 자살률이 플라세보 약제를 복용한 환자에 비해 3배가 높다는 사실을 발견했다.[7] 이런 약제가 실제로 항우울 효과가 있다면, 왜 아이들과 성인들의 자살률이 비약적으로 증가하는 걸까? 이런 사실을 근거로 우울한 사람들에게 항우울제를 절대 처방하면 안 된다는 주장을 할 수도 있는 것이다!(SSRI 항우울제를 복용한 환자들의 자살률이 얼마나 늘어났는지를 다룬 기사: www.ohri.ca/newsroom/02172005.asp.)

이런 연구결과는 항우울제의 치료 효과가 아예 없을 수도 있다는 사실을 시사한다. 프로작과 팍실 같은 화학물질은 항우울제라고 불린다. 하지만 이 약제들의 항우울 효과는 미미한 수준에 불과하다. 많은 사람들은 이런 연구결과를 받아들이기 힘들어하며 처음에는 아예 믿지도 않는다. "프로작은 효과만점이었어. 내 인생을 구했어"라고 말하는 사람도 있다. 하지만 플라세보 약제를 복용한 사람들 가운데 30~40% 또한 똑같은 말을 한다는 사실을 기억할 필요가 있다.

내가 오랫동안 환자들은 치료하며 쌓은 임상 경험은 새로운 연구결과의 내용과 일치했다. 앞서 언급한 것처럼 나는 펜실베이니아대학 의과대학의 정서질환 연구분과에서 정신약리학을 공부하고 두뇌를 연구했다. 당시 나는 항우울제를 엄청나게 처방했다. 몇몇 환자들은 많은 도움을 받았고, 일부는 약간 도움을 받았지만, 많은 사람들은 전혀 도움을 받지 못했다. 이것은 내가 제약회사들이 후원한 미국 정신의학협회 연례회의나 뒤이은 교육 심포지엄에 참가해 들은 바와는 정면으로 배치되는 경험이었다. 우울증과 불안증 환자의 80%는 항우울제로 효과를 볼 수 있다고 귀에 못이 박히도록 들어왔는데, 왜 내 환자들만 그렇지 못한지 도통 모를 일이었다. 내가 약제 처방에 서툰 탓은 분명 아니었다. 우리 팀은 세계적으로도 최고 수준이었다.

정신약리학에 몸담았던 기간에, 나는 처방하는 약제에 보충적으로 사용할 만한 심리치료법을 찾고 있었다. 나는 인지행동치료(Cognitive Behavior Therapy; CBT)를 처음 접했을 때, 마음이 확 끌렸다. 내 환자들은 '아무런 희망을 찾지 못하겠어. 다시 좋아질 수 없을 거야!' 같은 부정적인 생각으로 스스로를 끊임없이 괴롭히고 있었다. 하지만 나는 그들이 생각하는 방법을 바꾸는 것만으로 회복할 수 있다고 믿지 않았다. 그것은 노먼 빈센트 필 박사의 『긍정적 사고의 힘(Power of Positive Thinking)』의 논리와 다를 바 없는 것처럼 보였고, 우울증과 불안증은 그보다 훨씬 심각한 문제이므로 그렇게 단순한 방법으로 접근하기에는 무리라고 생각했다.

하지만 상태가 심한 환자들 몇몇에게 인지행동치료법을 시도해보면서 내 생각은 바뀌기 시작했다. 쓸모없는 존재라는 느낌에 빠져 희망을 잃고 자포자기한 환자들이 조금씩 회복하기 시작한 것이다. 처음에는 나도 이런 기법이 효과를 발휘한다는 사실을 믿기 어려웠다. 하지만 환자들이 부정적인 생각을 물리치자 증상이 호전되기 시작한다는 사실을 부인하기 어려웠다. 때때로 치료과정이 진행되는 와중에 내 눈앞에서 회복하는 환자들도 있었다. 오랜 기간 울적하고 희망을 잃은 환자들이 갑자기 문제의 고비를 넘었다. 50년 넘게 우울증에 시달려온 한 프랑스인 할머니가 아직도 기억난다. 세 차례나 자살 문턱까지 갔던 그 할머니는 별안간 진료실에서 "산다는 것이 이렇게 기쁠 수가! 이렇게 기쁠 수가!"라고 외쳤다. 나는 이 경험에 깊은 영향을 받아 두뇌 연구보다는 환자 치료를 직업으로 삼아야겠다고 마음먹었다. 치열한 자기 성찰을 거친 다음, 나는 학자의 길을 포기하고 전업 임상의가 되었다.

오랜 세월, 나는 우울하고 불안한 환자를 상대로 3만 5,000회가 넘는 치료 세션을 진행했다. 나는 처음 인지행동치료를 배우기 시작하면서 대단한 열정을 가졌다. 오늘날의 인지행동치료 기법은 1970년대 중반, 정신의학자들이 이 기법을 처음 시도할 때보다 훨씬 효과적이고 세련되어졌다. 지난 40년간, 무수히 많은 연구사례가 우울증과 불안증을 치료하는 데 인지행동치료가 효과적이라는 사실을 증명했다. 사실 인지행동치료란 지금까지 개발된 심리치료 가운데 가장 폭넓게 연구된 분야이며, 오늘날 미국에서 가장 널리 사용되는 심리치료 기법이다.

이 책의 서문에서 헤니 웨스트라와 세리 스튜어트의 최신 연구를 언급했다. 그들은 약제나 인지행동치료로 불안증을 치료한 국내외 문헌을 샅샅이 검토한 다음, 약제가 아닌 인지행동치료의 효과가 가장 탁월하다고 결론 내렸다. 그리고 이를 불안장애를 치료하는 절대표준으로 권고했다.[8] 데이비드 안토누치오(David Antonuccio) 박사 연구팀은 국내외의 문헌을 탁월한 시각으로 분석해 우울증 치료에 인지행동치료가 효과적인지, 약제 처방이 효과적인지를 비교했다. 그들은 약제 처방이 아닌 인지행동치료를 어린이, 청소년, 성인들의 우울증 치료법으로 활용해야 한다고 결론 내렸다.[9] 최근의 연구사례는 인지행동치료가 단기적으로 기분을 회복시킬 뿐 아니라 장기적으로도 항우울제보다 낫다는 사실을 보여주고 있다.[10]

이런 연구사례는 필자의 임상경험과 완벽하게 일치한다. 필자가 모든 환자들에게 세심한 재발 예방 훈련을 시키고 퇴원시킨 다음부터는, 우울증이 재발해 다시 병원을 찾는 환자들의 수를 손가락으로 셀 수 있을 정도였다. 다시 병원을 찾는 환자들 또한 대부분 한두 가지 과정만 거치면 재발의 싹을 도려낼 수 있었고 다시 기분이 좋아졌다. 환자들이 약제 처방만 받을 경우 우울증과 불안증이 만성화되고 재발하기 쉽다는 점에서 이는 매우 고무적인 사실이다.

인지행동치료를 당신 혼자만의 힘으로 할 수 있을까? 아니면 좋은 치료 전문가와 함께해야 할까? 서문에서 나는 앨라배마대학 의료센터의 스코긴 박사팀이 진행했던 최신 연구를 언급했다. 이 연구에서는 우울하고 불안한 사람들 다수가 책에서 설명한 내용을 시도하는 것만으로 약제와 심리치료의 도움 없이 스스로

인지행동치료 기법을 활용할 수 있다는 사실을 분명히 보여주었다.[11] 이런 치료법을 독서 요법(bibliotherapy)이라 부른다. 나는 스코긴 박사의 연구가 매우 고무적이며 중요하다고 생각한다. 불안증과 우울증을 겪고 있는 이들 중에는 형편이 넉넉하지 못하거나 집 근처에 유능한 치료 전문가가 없는 경우도 많기 때문이다. 그러나 모든 사람들이 스스로 불안증과 우울증을 치료할 수 있다는 말은 아니다. 더 심각한 문제에 시달리는 많은 사람들은 정신건강 전문가의 지도와 도움이 필요하다. 부끄럽게 생각할 필요가 전혀 없다. 다정한 보살핌과 숙련된 지도가 당신의 삶을 완전히 뒤바꿀 수 있다!

약이냐 인지행동치료 기법이냐? 번즈 박사의 처방

- 유전적, 환경적 요인은 분명 우리의 생각, 감정, 행동에 지대한 역할을 담당한다. 하지만 우울증과 불안증이 뇌 속 화학물질의 불균형에서 비롯된다는 확실한 증거는 전혀 없다. 과학자들은 무엇이 우울증과 불안증을 유발하는지 아직도 모른다.
- 약제가 우울증과 불안증에 가장 효과적인 치료법이라는 주장은 합리적이지 않다. 제약업계가 미국 정신의학협회의 이런 주장을 널리 퍼뜨리고 있으나, 이는 항우울제나 벤조디아제핀의 효용과 안전성에 심각한 의문을 제기하고 있는 최신 연구결과와 모순된다. 이 연구에 따르면 약제가 아닌 인지행동치료가 우울증과 모든 유형의 불안장애에 장기, 단기 모두 가장 효과적인 치료법이라는 사실을 알 수 있다.
- 모든 규칙에는 예외가 있다. 약제는 심각한 우울증과 불안증에 시달리는 일부 사람들에게 도움을 주거나 때로는 생명을 구할 수도 있지만, 최고의 효과를 얻기 위해서는 인지행동치료와 병행되어야 한다.
- 정신분열증이나 조울증 같은 일부 심각한 정신질환의 경우 약제 처방이 필요하지만 인지행동치료 또한 도움이 될 수 있다.
- 보통은 항우울제를 오랜 기간 처방할 필요가 없다. 우울증과 불안증에서 완벽하게 회복했다면, 인지행동치료를 실시하거나 이 책에서 소개한 기법을 습득함으로써 항우울제 복용을 중단할 수 있다.
- 많은 사람들은 치료 전문가의 도움 없이 이런 기법을 성공적으로 활용한다. 하지만 문제가 심각한 경우 훌륭한 치료 전문가의 도움을 받으면 회복을 앞당길 수 있다.
- 약제 처방을 받건, 심리 치료를 받건, 2가지 방법을 혼합하건, 스스로 이런 기법을 활용하건, 호전되는지를 알기 위해 50페이지에 나온 '기분 점검표'를 최소한 1주일에 한 번씩 작성해보아야 한다. 여러 가지 치료법이 지향하는 유일한 목표는 바로 완치가 아니겠는가?
- 자낙스, 발리움, 아티반과 같은 벤조디아제핀을 멀리하라. 이런 약제들은 중독성이 있다.
- 가능하면 다제요법(몇 가지 약을 병용하는 방법)을 피하라. 약물끼리 위험한 상호작용이 일어날 수 있고, 환자는 약에 취하고 과잉진료의 희생양이 될 수도 있다.
- 항우울제를 복용하고 있다면, 자살충동이 일어나지 않는지 세심히 관찰하고 이런 충동이 일어나는 즉시 도움을 청해야 한다.(물론 항우울제를 복용하지 않는 사람들 또한 이 조언에 귀를 기울여야 한다.)
- 어떤 약제도 의사의 처방 없이 복용해서는 안 된다. 항상 의사에게 상담해야 한다. 팀워크와 신뢰는 치료의 효과적인 열쇠다.

5장

{ 삶을 바꿀 방법을
알게 되는 값어치 }

불안증과 우울증은 전 세계적으로 가장 흔한 정신건강 문제에 속하며, 극도의 고통을 유발한다. 이 두 증상은 자신감과 생산성을 좀먹고, 마음의 평화를 앗아갈 수 있다. 이로 말미암아 사람들과의 관계가 삐걱댈 수도 있다. 하지만 희소식이 있다. 약제를 복용하거나 장기간 치료를 받지 않아도 불안하거나 우울한 기분을 바꿀 수 있다. 지금부터 나는 두려움을 물리치고 우울증을 극복할 수 있는 여러 가지 강력한 기법들을 보여주려 한다. 여러 실제 사례를 통해 생각보다 빨리 유용한 기법을 습득할 수 있게 될 것이다.

하지만 세상에 공짜란 없다. 이런 기법을 단순히 아는 것만으로는 효과를 보기 힘들다. 이런 기법을 이해하는 것은 중요하지만, 그것만으로는 불안증과 우울증을 치유하지 못한다. 인생을 바꾸고자 한다면 자신에게 맞는 기법을 선택해 직접 해보아야 한다. 이를 위해 다음의 3가지 과제를 수행해야 한다.

1. 불안증과 우울증으로 얻을 수 있는 장점을 포기해야 한다. 때로 손실을 감수해야 할 수도 있다.
2. 가장 두려운 괴물과 맞서야 한다. 어느 정도의 용기와 결단이 필요하다.
3. 이 책에서 소개하는 쓰기 실습을 해야 한다. 이를 위해서는 적극적인 노력이 필요하다.

당신은 인생에서 진정한 변화가 일어날 수 있다는 사실을 믿기 어려울 수도 있다. 만일 가능하다면 변화가 일어나기를 원하는가? 내가 방법을 알려준다면 당장 인생을 바꿔볼 의향이 있는가?

생각 실험을 통해 방법을 찾아보자. 당신이 내 치료 세션에 참여하고 있고 책상 위에 마법의 버튼이 있다고 상상해보자. 버튼을 누르면 아무런 노력 없이도 순식간에 고민이 사라지고, 신나는 기분으로 치료 세션을 마칠 수 있다. 이 버튼을 누르겠는가?

"물론이에요. 당연히 버튼을 누를 거예요!"라는 반응이 정답이라고 생각할 것이다. 하지만 많은 사람들이 이와 정반대로 행동한다. 그들은 버튼을 누르기를 주저한다. 그들은 정말 고통받고 있지만 변화에 대해 확신이 없어서 현 상황에 안주하려 한다. 치료 전문가들은 오래전부터 이런 알쏭달쏭한 현상을 가리켜 '저항'이라 불렀다. 이 장에서는 이처럼 환자들을 옴짝달싹 못 하게 만드는 '숨은 힘'을 어떻게 끄집어내는지를 알아보기로 한다. 이런 숨은 힘을 끄집어내 밝은 빛 아래에 가져다 놓으면 힘을 잃게 되는 경우가 많다.

나는 워싱턴의 패스트푸드 식당에서 일하는 샘이란 청년을 치료한 적이 있다. 어느 날 밤, 무장 강도 두 명이 침입해 가게 문을 닫고 있던 샘에게 총부리를 겨누고 돈을 빼앗았다. 그들은 식당의 냉동 창고에 샘을 가둬놓고 얼어 죽도록 방치한 다음, 돈을 가지고 달아났다. 다음 날 매니저가 샘을 발견했을 때 그는 냉동 창고 안에서 몸을 옹송그리고 오들오들 떨고 있었다. 얼어 죽기 직전이었고, 정신적 충격 또한 엄청났다.

몇 달이 지나 샘은 전형적인 외상후스트레스장애를 치료하기 위해 나를 찾아왔다. 몸은 완전히 회복했으나, 정신은 강한 불안과 분노에서 벗어나지 못하고 있었다. 끔찍하고 생생한 그날의 기억이 불현듯 그를 엄습했다. 이런 회상은 샘을 공포에 사로잡힌, 무력하고 연약한 청년으로 만들었다. 그날 이후 샘은 강도들에게 복수하는 상상에서 빠져나오지 못했다.

샘은 눈을 뜬 매 순간 괴로워했고 필사적으로 인생을 되찾고 싶어 했다. 나는 샘이 무섭고 수치스러운 경험을 했다 하더라도 완전히 회복할 수 있다고 말했다. 나는 그에게 부정적인 생각은 의식에 줄곧 떠오르는 생생한 환상과 무서운 생각에서 비롯되며, 여러 가지 강력한 새 기법의 도움을 받아 생각하고 느끼는 방법을 바꿀 수 있다고 설명했다. 약간의 운만 따르면, 샘의 불안과 분노를 완전히 없앨 수 있다는 말도 빠뜨리지 않았다.

나는 샘이 이 말을 듣고 몹시 기뻐할 것이라 생각했다. 하지만 그는 오히려 내가 쓴 기법이 도움이 될 리가 없다고 버럭버럭 우기며 나와 싸우려 들었다. 순간 나는 그가 아군이 아닌 적군이라는 느낌이 들었다. 샘은 보기가 안쓰러울 정도로 마음의 평화를 찾기 위해 필사적이었다. 하지만 내가 도움을 주려 하면 나를 반박하기 시작했다.

샘이 왜 나를 거부했을까? 잠시 생각해본 다음, 당신의 생각을 아래 공란에 적어보라. 다 적고 난 다음에 해답을 읽어보라.

─────────────────────────

─────────────────────────

─────────────────────────

─────────────────────────

해답

나는 샘이 자신의 불안과 분노가 한편으로 스스로에게 도움을 주고 있다고 생각하고 있는 것이 아닌지 궁금했다. 만일 그렇다면, 왜 그가 나에게 저항하는지 설명할 수 있을 것이다. 이를 알아내기 위해 나는 샘을 사로잡고 있는 숨은 힘을 끄집어내도록 도와줄 '비용편익분석'을 제의했다. 비용편익분석은 문제를 일으키는 생각, 감정, 습관의 이익과 손해를 빠짐없이 열거해보는 기법이다. 이익과 손해를 비교해봄으로써 문제가 되는 생각, 감정, 습관을 바꿔야 할지, 그대로 둘지 현명하게 결정할 수 있다.

나는 샘에게 끊임없이 분노와 불안을 느낄 때 얻는 이익이 무엇인지 물어보았다. 98페이지에서 소개한 것처럼 샘은 몇 가지 이익을 떠올렸다. 첫째, 그는 불안감이 자신을 주의 깊게 만들어 위해를 입지 않도록 보호해준다고 믿었다. 불안감과 싸우는 사람들은 흔히 이렇게 믿는다. 나는 이를 가리켜 '마술적 사고'라 부른다. 불안으로 고통받고 있다 하더라도, 어떤 면에서는 불안이 자신에게 도움이 되고 스스로를 보호한다고 생각하는 것이다.

샘의 분노에도 일부 숨은 이점이 있었다. 샘의 분노는 샘이 강인한 남자이므로 두 악당이 그를 함부로 하지 못하고 강도행각을 벌이기 쉽지 않다는 의식을 심어주었다. 한편 그의 복수에 대한 환상은 자부심과 자존감을 북돋아 잔인한 무장 강도들이 그를 짓밟지 못할 것이라는 의식을 심어주었다.

샘의 불안과 분노에 내포된 이익을 보니 그가 왜 치료를 거부하는지 확실해졌다. 그는 비합리적이거나 성미가 고약하거나 완고하지 않았고, 나를 이기기 위해서 억지를 부리는 것도 아니었다. 그는 스스로 책임감 있고, 도덕적이고, 남자답고, 현실적이라고 생각했다.

나는 샘에게 항상 불안을 느낄 때 생기는 손해가 무엇인지 물어보았다. 불안을 느낄 때 치러야 하는 대가가 있을까? 아래의 비용편익분석 결과처럼, 샘은 줄곧 비참한 기분에 시달리는 것을 비롯해 상당한 손해 몇 가지를 언급했다. 그는 불안감이 위험으로부터 자신을 보호해주고, 다시 발생할지 모를 강도사건에 더 잘 대처하도록 도와줄 것이라는 견해에도 의문을 품었다.

샘의 분노 때문에 생기는 손해는 무엇일까? 그는 강도들이 샘이 화가 났다는 사실조차 모르고 있다는 사실이 싫어, 끊임없는 분노와 복수에 대한 환상으로

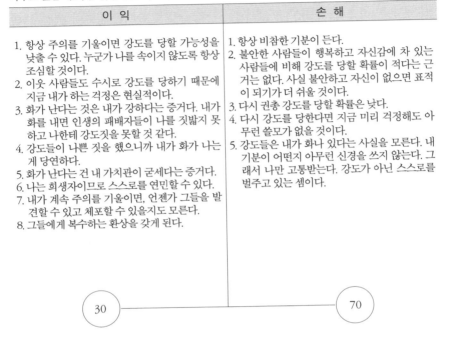

비용편익분석—샘

바꾸고 싶은 태도, 감정, 습관을 적으세요: 항상 분노를 느끼고 강도를 당하지 않을까 걱정한다.

이 익	손 해
1. 항상 주의를 기울이면 강도를 당할 가능성을 낮출 수 있다. 누군가 나를 속이지 않도록 항상 조심할 것이다. 2. 이웃 사람들도 수시로 강도를 당하기 때문에 지금 내가 하는 걱정은 현실적이다. 3. 화가 난다는 것은 내가 강하다는 증거다. 내가 화를 내면 인생의 패배자들이 나를 짓밟지 못하고 나한테 강도짓을 못할 것 같다. 4. 강도들이 나쁜 짓을 했으니까 내가 화가 나는 게 당연하다. 5. 화가 난다는 건 내 가치관이 굳세다는 증거다. 6. 나는 희생자이므로 스스로를 연민할 수 있다. 7. 내가 계속 주의를 기울이면, 언젠가 그들을 발견할 수 있고 체포할 수 있을지도 모른다. 8. 그들에게 복수하는 환상을 갖게 된다.	1. 항상 비참한 기분이 든다. 2. 불안한 사람들이 행복하고 자신감에 차 있는 사람들에 비해 강도를 당할 확률이 적다는 근거는 없다. 사실 불안하고 자신이 없으면 표적이 되기가 더 쉬울 것이다. 3. 다시 권총 강도를 당할 확률은 낮다. 4. 다시 강도를 당한다면 지금 미리 걱정해도 아무런 쓸모가 없을 것이다. 5. 강도들은 내가 화나 있다는 사실을 모른다. 내 기분이 어떤지 아무런 신경을 쓰지 않는다. 그래서 나만 고통받는다. 강도가 아닌 스스로를 벌주고 있는 셈이다.

30 ———————— 70

자신을 괴롭히고 있었다. 그리고 이로 인해 강도들의 인생이 아니라 샘의 인생이 무너지고 있었다.

나는 샘에게 끊임없이 생기는 불안과 분노에 점수를 매겨보라고 했다. 100점을 만점으로 이익과 손해에 점수를 배분해보도록 했다. 이익이 손해를 초과했을까? 열거한 이익이 더 많았음에도, 샘은 손해가 더 크다고 결론 내렸다. 따라서 그는 오른쪽 공란에 70점을, 왼쪽 공란에는 30점을 적어넣었다. 강력한 손해 한 가지가 몇 가지 이익을 능가할 수도, 그 반대일 수도 있다.

나는 샘에게 집에서 해올 과제를 내주었다. 샘이 위험한 동네에 살고 있으므로, 인근 경찰서에 가서 강도에 당하지 않기 위한 요령이 있는지 물어보라고 했다. 한 경찰관이 강도의 공격을 피하는 8가지 안전 수칙이 적힌 브로셔를 그에게 건네주었다. 샘은 이 수칙 가운데 '끊임없이 걱정하기'가 없다는 사실을 발견하고 정신이 번쩍 뜨였다. 샘이 다음 주에 나를 찾아왔을 때 그의 태도는 완전히 바뀌어 있었다. 그는 더 이상 내 말에 반발하지 않았고, 우리는 같은 팀이 되었다. 몇 가지 세션을 마치자, 샘의 불안과 분노는 말끔히 사라졌고 치료를 마칠 수 있었다.

샘의 이야기는 저항이 어떻게 작용하는지를 보여주는 좋은 실례다. 어떤 단계에서는 회복에 별 노력이 들지 않는데도 환자가 회복하기를 거부할 수 있다.

물론 사람에 따라, 문제에 따라 저항의 원인은 다를 수 있다. 예컨대 시험불안증에 시달리는 사람은 시험을 치를 때 머릿속이 하얘지고 몸이 얼어붙을지도 모른다는 걱정을 끊임없이 할 수 있다. 하지만 그는 좋은 결과를 얻으려면 불안을 겪어야 한다고 스스로 믿고 있는 것일지도 모른다. 끊임없는 걱정이 열심히 노력하고 최선을 다하는 동기가 된다고 생각할 수도 있다. 하지만 이는 근거 없는 생각일 뿐이다. 약간의 불안은 동기를 유발할 수 있지만 이내 수익 체감점에 도달할 것이다. 지나친 불안은 일을 망칠 수 있다. 나 또한 끊임없이 걱정하고 불안할 때가 아닌, 여유 있고 자신감이 넘칠 때 최선의 결과가 나온다는 사실을 확인했다.

한편, 두려움을 극복하고 싶지만 그것을 위해 필요한 일을 하기는 꺼리는 이들도 있다. 회복의 대가가 너무 버겁게 느껴지기 때문이다. 불안에 시달리는 사람들이 회복을 위해 해야 할 유일한 일은 그들이 결코 하고 싶어 하지 않은 일이다. 그것이 무엇일까? 계속 읽기에 앞서 다음 공란에 당신의 생각을 적어보라.

해답

당신은 정답을 바로 맞추었을지도 모른다. 불안을 극복하고 싶다면 두려움에 맞서 가장 두려운 괴물과 대적해야 한다. 예컨대 폐쇄공포증이 있다면, 옷장같이 작고 밀폐된 공간에 스스로를 가둬 불안감의 홍수에 직면해야 한다. 당신이라면 할 수 있겠는가?

물론 두려운 대상에 스스로를 노출시키는 것이 유일한 방법은 아니다. 지금부터 나는 두려움을 없애줄 강력한 방법 40가지를 가르쳐줄 것이다. 앞으로 활용하게 될 기법들은 대부분 무섭지 않고 오히려 흥미로운 것들이다. 하지만 노출 기법은 치료 계획에 중대한 부분을 차지하고, 처음 시도하면 두려울 수도 있다. 때때로 엄청난 용기와 결단이 필요할 수도 있다.

나는 최근 5년간 데이트를 한 번도 못해본 트레버라는 청년을 치료한 적이 있다. 그것은 아주 놀라운 일이었다. 서른 살의 트레버는 키가 크고 미남에, 아주 다정다감하고 매력적이었기 때문이다. 나는 내가 사람 보는 눈이 특이할 수도 있다는 생각에 딸에게 확인을 받기로 마음먹었다. 딸은 그해 여름 병원의 수납 창구에서 일을 도와주고 있었다. 나는 딸에게 트레버에 대해 어떤 말도 하지 않았다. 내 딸이 그에게 관심을 갖거나 특별한 인상을 받았을까? 내 딸은 분명 그에게 관심을 가졌고 너무나 멋지다고 감탄하며 마치 〈GQ〉의 모델 같다고 호들갑을 떨었다.

트레버처럼 잘생기고 매력적인 청년이 왜 데이트 한 번 못 해봤을까? 트레버는 자신의 다한증이 너무나 신경 쓰였고, 여성들이 자신의 셔츠 겨드랑이에 생긴 둥근 땀자국을 본다면 혐오스러워할 것이라고 확신했다. 그는 땀이 날까 봐 걱정되어 한여름에도 거의 집안에 틀어박혀 있었다.

트레버는 혼자 있는 것에 너무 지쳐 사회생활에 복귀하고 싶다고 애원했다. 나는 그 방법을 알고 싶으냐고 그에게 물었다. 그는 자신이 너무나 간절하기 때문에 뭐든 할 수 있다고 대답했다. 바로 내가 듣고 싶은 말이었다. 나는 트레버에게 진료실에서 이야기할 것이 아니라 진료 일정을 늘려 잡은 다음, 밖에 나가서 '수치심 공격 훈련'을 해보자고 제안했다. 나는 수치심 공격 훈련을 하는 방법을 설명했다. 일부러 사람들 앞에서 바보 같은 행동을 한 다음, 그래도 세상이 끝나지 않는다는 사실을 깨닫는 것이다. 나는 트레버에게 수치심 공격 훈련이 무시무시하게 느껴질 수 있지만, 두려움을 극복하는 데 도움이 될 것이라고 조언했다.

다음 날 트레버는 이 훈련을 하기 위해 오후 2시에 진료실을 찾았다. 필라델피아의 8월은 뜨겁고 습했다. 수치심 공격 훈련을 하러 병원을 나설 때, 나는 병원 연구실에서 분무기를 빌려 물을 가득 채웠다. 나는 트레버에게 땀을 내기 위해 근처 편의점까지 가볍게 뛰어가자고 제안했다. 그는 긴장한 듯 보였지만 애써 고개를 끄덕였다. 우리는 함께 뛰기 시작했다.

몇 분이 지나 편의점에 도착했을 때, 우리 둘은 땀으로 흥건히 젖어 있었다. 나는 트레버에게 완전히 땀에 젖은 것처럼 보이도록 겨드랑이를 물로 적시고, 땀이 얼굴에서 떨어지는 것처럼 보이도록 머리에도 물을 부으라고 말했다. 그리고 편의점에 들어가 모든 사람이 그를 볼 수 있도록 계산원 옆에 서라고 지시했다. 그 다음 팔꿈치를 옆으로 들어 오른손을 머리 뒤로 올리고 완전히 드러난 겨드랑이를 왼손으로 가리키며 모든 사람이 들을 수 있도록 큰 소리로 말하라고 주문했다. "아, 날씨 한 번 정말 덥네! 내 꼴 좀 봐! 완전 땀투성이야!"

경악을 금치 못한 트레버는 내 요구를 믿지 못했다. 그는 편의점에 있는 모든 사람이 땀범벅이 된 자신을 보면 극도로 혐오스러워할 것이므로 차마 그 짓은 못 하겠다고 우겼다. 나는 그가 아무리 두려운 일이라도 마다하지 않겠다고 말한 사실을 일깨우며, 이것이 두려움을 물리치고 인생을 바꾸기 위해 반드시 넘어야 할 산이라고 말했다.

우리는 몇 분에 걸쳐 수치심 공격 훈련의 효과에 대해 갑론을박했다. 할 것인가, 말 것인가? 결국 트레버는 다음과 같이 제안했다. "좋아요, 그렇게 쉬운 일이라면, 선생님이 직접 하는 걸 보고 싶어요!"

나는 대답했다. "그럼요, 못할 거 없죠." 나는 겨드랑이와 얼굴에 물을 잔뜩 뿌리고 머리에서 물이 뚝뚝 흐르는 채로 편의점에 들어갔다. 머리 뒤로 손을 올리고 겨드랑이를 가리킨 다음, 날씨가 덥고 땀범벅이 되었다고 크게 소리 질렀다. 편의점에 있던 사람들은 아무 관심 없이 물건을 고르고 있을 뿐이었다. 나는 마치 없는 사람이나 다름없었다.

마침 편의점 정문 옆 인도에서 한 노숙자가 오리처럼 꽥꽥대고 있었다. 사람들이 그에게도 아무 관심이 없기는 마찬가지였다!

나는 트레버에게 다가가 이제 당신 차례라고 말했다. 그는 겁에 질린 듯 보였으나, 침을 꿀꺽 삼키고 시키는 대로 했다. 역시나 그의 땀에 젖은 겨드랑이에 혐오감을 느끼거나 충격을 받은 사람은 아무도 없었다. 단지 나와 달랐던 점은 편의점에서 장을 보던 몇 사람이 꽃미남인 그에게 말을 붙인 사실이다. 그들은 마치 오래 전 친구를 찾은 듯 반갑게 트레버를 대했다! 트레버는 눈앞에서 벌어지고 있는 일이 믿기지 않는 듯했다.

우리는 곧 근처에 있는 다른 편의점들을 번갈아 들어가며 이 훈련을 반복했다. 사람들은 우리의 익살이 즐거운 듯했다. 아무도 우리를 피하지 않았다. 많은 사람들이 더운 날씨에 대해 우리와 잡담을 나눴다. 이는 트레버에게 신의 계시나 다름없었다. 모든 사람들이 하나같이 그처럼 친밀한 반응을 보인다는 사실은 그에게 큰 충격이었다.

마침내 우리는 화려한 여성 스포츠웨어를 취급하는 부티크에 들렀다. 나는 한 매력적인 젊은 여성이 트레버에게 눈길을 주는 것을 알아챘다. 하지만 트레버는 전혀 이를 의식하지 못하는 것 같았다. 나는 트레버에게 그녀를 향해 다가가 손을 머리 뒤로 올리고 겨드랑이를 가리키며 아까 편의점에서 소리쳤던 말을 반복하라고 주문했다.

그는 도저히 못 하겠다고 고집을 피우며 그녀가 자신을 혐오스러워할 거라고 우겼다. 나는 이번이 마지막이고, 두려움에서 완전히 해방되기 위해 반드시 그렇게 해야 하며, 이번만 따라준다면 다시는 수치심 공격 훈련을 하지 않겠다고 설득했다.

그는 마지못해 그녀에게 다가가 겨드랑이를 가리키며 땀범벅이라고 수줍게 말했다. 그녀는 땀에는 전혀 관심이 없고 트레버가 자신에게 말을 걸어줘서 너무나 기쁜 눈치였다. 곧 두 사람은 깊은 대화에 빠져들었다. 몇 분이 지나 그녀는 트레버에게 나중에 만나서 커피 한 잔 하면 좋겠다고 제안했다. 트레버는 꿈인지 생시인지 모르겠다는 표정으로 기꺼이 그러겠다고 대답했다. 그녀는 말했다. "그럼 제 전화번호를 알려드릴게요." 그녀는 종이에 전화번호를 적은 다음, 트레버의 손에 쥐어주며 말했다. "곧 전화 주세요!" 트레버는 구름 위를 걷는 듯한 기분으로 가게에서 나왔다. 그는 할 말을 잃은 듯했다.

수치심 공격 훈련이 왜 이처럼 효과적이었을까? 트레버는 이 훈련을 통해 자신의 부정적인 생각이 완전히 틀렸다는 사실을 확인했다. 그동안 스스로 주문을 걸어왔던 생각을 믿지 않게 되자, 그의 수치심은 기억 속으로 사라졌다.

많은 전문가들은 노출 기법이 이와 같은 방식으로 작용한다고 믿는다. 사실 노출 자체로는 두려움을 없애지 못한다. 처음 두려움을 유발했던 왜곡된 생각을 물리치는 순간 불안이 사라지는 것이다. 두려움에 맞서는 것은 쉬운 일이 아니다. 그러나 두려움에 맞서는 순간 공포를 꼼짝 못 하게 만들 정신적 마취제를 얻게 된다.

지금까지 우리는 부정적인 생각의 숨은 이점을 버리고 두려움에 맞서는 방법에 대해 논의했다. 하지만 두려움을 극복하고 자존감을 높이기 위해 할 일이 남아 있다. 지금부터 다룰 것은 '쓰기 실습'이다. 이것이야말로 성공의 열쇠다.

앞에서 제시한 여러 가지 쓰기 실습을 빠짐없이 해보았는가? 아니면 그냥 건너뛰었는가? 문제를 해결하고 싶다면, 쓰기 실습을 빠짐없이 해보는 것이 매우 중요하다.

다음 장에서는 인지행동치료의 근간인 '오늘의 기분 일지'를 활용하는 방법을 배울 것이다. '오늘의 기분 일지'는 불안증과 우울증을 유발하는 생각을 골라내 바꾸도록 도와줄 것이다. 하지만 실제로 효과를 보기 위해서는 지속적인 노력이 필요하며, 반드시 직접 해보아야 한다. 그동안의 임상경험과 수많은 문헌들 에 따르면 치료과정에서 주어진 과제를 소홀히 하는 사람은 대개 우울증과 불안증이 낫지 않으며, 더 악화되기도 한다. 반면 소매를 걷어붙이고 열심히 노력하는 사람은 빠르고 지속적인 개선효과를 얻는다. 이들처럼 당신도 책에서 제시하는 과제를 적극적으로 실천하기를 바란다.

많은 사람들이 쓰기 실습을 거부한다. 쓰기 실습이 별로 필요가 없다고 생각해 펜을 들지 않으려 한다. 그들은 수동적인 사고 체계에 익숙하다. 노력 없이 기적을 바라는 것이다. 하지만 진정한 감정의 변화를 원한다면 노력과 실천이 필요하다.

나는 한때 아일린이라는 여성을 치료한 적이 있다. 스스로 극도로 불행하다고 느꼈던 그녀는 치료과정을 거치며 줄곧 '오늘의 기분 일지'를 '깜빡 잊고' 기입하지 않았다. 치료과정에서 그녀는 자신을 우울하게 만드는 사람들에 대해 불평했지만, 문제를 해결하기 위해 특정한 생각을 골라내기 주저했다. 어느 날 아일린은 이렇게 말했다. "아마, 나는 우울하고 불안한 기분을 좋아하나 봐요."

나는 아일린이 스스로 그 이유를 알고 있을 것이라 말하면서, 우울하고 불안한 상태일 때 얻는 모든 이익과 기분이 호전되었을 때 예상되는 모든 손해를 적어보라고 했다. 이는 샘이 했던 비용편익분석과 유사하지만, 문제상황에서 얻는 이익만 검토하며 회복 후의 이익은 고려하지 않는다는 점에서 다르다.

아일린은 비참한 기분이 들 때의 이익을 상당히 많이 찾아냈다. 아일린이 든 예는 다음과 같다.

- 화가 나면 남편이 더 많은 관심을 보인다.
- 요리나 집안일을 할 필요가 없다. 남편이 모든 일을 알아서 해준다.
- 밖에 나가 일거리를 찾을 필요가 없다. 일하는 게 두렵다.
- 희생자 역할을 담당하며 자기연민에 빠질 수 있다.
- 나를 사랑하지 않는 모든 사람들에 대해 불평할 수 있다. 아버지와 오빠가 대표적이다.
- 항상 화를 낼 수가 있다.
- 특별한 존재라는 느낌이 든다.
- 번즈 박사님을 실망시키고, 그가 나를 바꾸려 하거나 나에게 무엇을 하라고 지시해봤자 별 소용이 없다는 사실을 보여줄 수 있다.
- 언제든 마음이 내킬 때 술을 마셔도 되고 진정제를 복용해도 된다.

아일린은 다음 항목을 비롯해, 증상이 호전될 경우 생기는 손해를 여러 가지 언급했다.

- 치료를 받으면서 집에서 해야 하는 심리치료 과제를 열심히 해야 한다.
- 술을 끊고 단주 모임에 참가해야 한다.
- 요리와 집안일을 해야 한다.
- 일을 찾아야 할지도 모른다.
- 번즈 박사님을 다시 만날 수가 없다.
- 특별한 존재라는 느낌이 들지 않을 것이다. 다른 사람들처럼 평범한 사람이 되고 말 것

이다.

- 사람들과 교류해야 하고, 교류를 시작하면 불안감이 고개를 들 것이다.
- 미루어놓았던 일들을 해야 한다.
- 나한테 잘못한 사람들을 더 이상 비난할 수 없을지도 모른다.
- 더 이상 희생자 역할을 맡을 수 없다.

나는 아일린에게 그녀의 우울증은 분명 우리 둘 다에게 이익이라고 말했다. 나는 우울증에 그처럼 많은 이익이 있고, 회복 후에는 손해가 생긴다는 사실을 알고 나니 매우 안심이 된다고 했다. 특히 그녀가 치료비를 성실히 납부하는 환자이며, 매주 긴 시간을 예약한다는 점에서 그렇다고 했다. 치료과정에서 종종 싸우기도 하고 언쟁을 벌이기도 하지만, 싸우더라도 만나고 싶은 사람이기에 그녀가 회복해서 다시 볼 수 없게 된다면 몹시 그리울 것이라고 했다. 그리고 솔직히 몇 년이고 계속 볼 수 있도록 그녀가 과제를 잊어버리기를 내심 바랐다고 맞장구를 쳤다.

일주일 뒤 치료를 받으러 다시 병원을 찾을 때 아일린은 날마다 최소 30분 정도 '오늘의 기분 일지'를 작성했다고 말했다. 그녀는 술도 끊고 알코올중독자 단주 모임에 이미 참가했다고 자랑하면서 기분이 많이 좋아졌고 곧 치료를 끝낼 수 있을 것 같다고 고백했다. 아일린은 불안증과 우울증으로 큰 고통을 겪었으나, 오랫동안 치료를 거부해왔다. 그녀가 과제를 거부한 것은 치료가 효과를 발휘해 믿을 만한 오랜 친구와 작별할지도 모른다는 두려움의 결과였다.

많은 사람들이 아일린 같은 생각을 품는다. 한마디로 양다리를 걸치는 것이다. 한편으로는 필사적으로 인생을 바꾸려 하지만, 다른 한편으로는 변화에 저항한다. 사람마다 변화에 저항하는 이유는 조금씩 다르다. 문제가 무엇이건, 인생을 바꾸려면 숨은 이익을 포기하고 대가를 치러야 한다.

이 사례에서 알 수 있듯이, 효과적인 치료는 소파에 누워 감정을 표현하거나 두려움이 어디에서 비롯되었는지를 이해하는 것이 아니라 직접 실행에 옮기는 것이다. 당신이라면 다음 3가지 질문에 어떻게 대답하겠는가?

- 마법의 버튼을 눌러 불안증, 우울증, 분노가 당장 사라진다면, 그 버튼을 누르겠는가?
- 처음에는 아무리 큰 불안을 유발한다 하더라도, 가장 두려운 대상과 기꺼이 맞서겠는가?
- 힘들어도 이 책을 읽으면서 쓰기 실습을 할 준비가 되어 있는가?

이 3가지 질문에 "예"라고 대답한다면, 불안증을 곧 정복할 수 있을 것이다!

6장

{ **오늘의 기분 일지** }

최근 뉴욕에서 개최된 워크숍에서, 나는 청중을 향해 개인적인 문제를 의뢰할 자원자가 있느냐고 물었다. 그러자 마르샤라는 심리치료사가 손을 들고 자신이 26살인 딸 레슬리에 대해 끊임없이 걱정하고 있는 것에 대해 질문했다. 마르샤는 자신을 '유태인 어머니'라 묘사하면서 강박적인 근심 때문에 스스로 당황스럽고, 때로는 딸도 짜증나게 만든다고 고백했다.

　레슬리가 어릴 때부터 마르샤는 딸의 체중 문제와 싸워왔다. 딸이 청소년기가 되자, 문제는 더 심각해졌다. 다이어트를 해도 소용이 없었고 레슬리는 병적인 수준으로 비만해졌다. 최근에 레슬리는 최후의 수단으로 위 절제술을 받고 뚜렷한 성과를 얻었다. 그녀는 31kg을 감량하였고 그 사실에 무척 기뻐했다. 하지만 마르샤는 여전히 딸에 대해 걱정하면서 하루 종일 다음과 같은 생각을 했다. '레슬리가 약을 빠뜨리지 않고 먹고 있을까? 식염수는 충분히 먹고 있을까?' 마르샤는 신경이 곤두서 하루에 몇 번이고 전화해 딸의 상태를 체크했다.

　어머니의 강박적인 걱정과 반복적인 전화가 거슬렸지만, 레슬리는 항상 유머와 인내로 이를 받아넘겼다. 마르샤는 딸과 사랑스럽고 끈끈한 관계라고 말했다.

　사랑하는 부모라면 누구나 자식에 대해 걱정하기 마련이므로, 마르샤의 기분을 이해할 수는 있다. 하지만 레슬리가 스스로를 책임질 줄 알고 잘하고 있는데도, 마르샤는 딸을 지나치게 걱정했다. 심리치료사인 마르샤는 자신이 매일 불안증 환자들을 치료하고 있기 때문에 이런 상황이 더욱 당황스럽다고 말했다. 그녀는 환자들에게 많은 조언을 해주는데 정작 자신은 그런 조언을 실천하지 못해서 스스로가 사기꾼 같다고 하소연했다. 마르샤는 스스로에 대해 실망하고 있었다.

나는 마르샤에게 '오늘의 기분 일지'를 작성해보라고 지시했다. '오늘의 기분 일지'는 생각하는 법을 바꾸면 감정을 바꿀 수 있다는 발상에 기초를 둔다. 112페이지에 샘플을 소개했다. 다음과 같은 5가지 단계를 밟아야 한다.

1단계 문제적 사안 '오늘의 기분 일지' 맨 위에 문제라고 생각하는 일을 간략히 적는다. 불안하거나 속상한 기분을 느꼈던 순간을 선택해 쓴다.

2단계 감정 당시 어떤 기분을 느꼈는지 묘사하는 단어에 동그라미를 치고 각 기분에 0%에서 100%까지 점수를 매긴다. 이 점수를 '이전' 항목에 적는다.

3단계 부정적인 생각 각 감정에 연관된 부정적인 생각을 선별한다. 스스로 이런 질문을 해본다. "내가 슬프고 우울하다면, 무슨 생각을 하고 있을까? 내 의식에는 어떤 생각이 떠오를까?" 또는 "불안하고 걱정에 사로잡혀 있다면, 나 스스로에게 무슨 말을 하고 있을까?" 예컨대 우울하다면, 자신은 쓸모없는 존재라거나 결코 사랑받을 수 없을 거라고 생각하고 있을지 모른다. 이런 생각에 얼마나 치우쳐 있는지 0%에서 100%까지 점수를 배분한다. '이전' 항목에 점수를 기입하면 된다.

4단계 왜곡 본인의 생각을 왜곡시키는 요소를 확인하도록 만든 왜곡 체크리

오늘의 기분 일지

문제적 사안:

감정	이전 (%)	이후 (%)	감정	이전 (%)	이후 (%)
슬픈, 침울한, 우울한, 울적한, 불행한			**당황스러운**, 바보 같은, 창피한, 수줍은		
불안한, 걱정되는, 공황상태에 빠진, 긴장되는, 끔찍한			**희망이 없는**, 의욕이 없는, 비관적인, 절망적인		
죄스러운, 후회되는, 미안한, 수치스러운			**좌절한**, 꺾인, 실패한, 패배한		
열등한, 무가치한, 뒤떨어진, 모자란, 무능한			**화난**, 미칠 것 같은, 원통한, 짜증나는, 예민한, 속상한, 분한		
외로운, 사랑받지 못하는, 소외된, 거절당한, 쓸쓸한, 버려진			기타:		

부정적인 생각	이전 (%)	이후 (%)	왜곡	긍정적인 생각	믿음 (%)
1.				1.	
2.				2.	
3.				3.	
4.				4.	
5.				5.	
6.				6.	
7.				7.	
8.				8.	

인지 왜곡 체크리스트

1. 흑백사고 매사를 극단적인 흑백논리로 바라본다.	**6. 과장 및 축소** 매사를 과장하거나 축소한다.
2. 성급한 일반화 하나의 부정적인 사건을 계속되는 패배의 양상으로 바라본다. 예를 들면 다음과 같다. "항상 이렇지 뭐!"	**7. 감정추론** 감정으로부터 일정한 결론을 추론한다. 예를 들면 다음과 같다. "난 바보 같다는 느낌이 들어. 따라서 나는 바보가 분명해."
3. 생각 거르기 부정적인 생각에 빠져 긍정적인 면을 무시한다.	**8. 당위진술** '해야 한다', '해서는 안 된다'와 같이 생각하고 말한다.
4. 장점 폄하 자신이 이룬 성취나 긍정적인 자질을 깎아내린다.	**9. 낙인찍기** "실수를 저질렀어"라고 말하지 않고, "난 얼간이야", "난 패배자야" 같은 식으로 말한다.
5. 결론 도약 사실에 근거하지 않은 채 성급히 결론 내린다. **-넘겨짚기** 사람들이 자신을 제멋대로 재단하고 깔본다고 넘겨짚는다. **-주술적 주문** 매사를 망칠 것이라 스스로에게 주문을 건다.	**10. 비난** 문제를 해결하기보다는 누군가를 비난한다. **-자기비난** 자신이 책임이 아닌 일에 대해 자기 자신을 비난한다. **-타인비난** 자신의 실수는 제쳐놓고 다른 사람을 비난한다.

스트를 이용해 부정적인 생각들에 어떤 왜곡이 포함되어 있는지 확인한다.

5단계 긍정적인 생각 더 긍정적이고 현실적인 새로운 생각으로 부정적인 생각을 바꾸는 데 도전한다. 긍정적인 생각을 얼마나 믿고 있는지 0%(전혀 믿지 않음)에서 100%(전적으로 믿음)까지 점수를 매긴 다음 이 점수를 '믿음' 항목에 기입한다. 다음으로 부정적인 생각을 얼마나 믿고 있는지 재차 점수를 매기고 '이후' 항목에 새로운 점수를 기입한다.

1단계가 매우 중요하다. 모든 문제는 불안하거나 속상했던 순간에 단단히 자리 잡기 때문이다. 그 순간 찾아왔던 생각과 느낌을 어떻게 바꾸는지 배운다면, 당신의 문제를 해결할 방법을 찾게 될 것이다.

마르샤는 115페이지처럼 '오늘의 기분 일지'를 작성했다. 마르샤는 자신의 문제를 단순히 '워크숍 중에 레슬리를 걱정한다'로 기재했다. 나는 마르샤에게 부정적인 감정을 확인하고 점수를 매기도록 주문했다. '오늘의 기분 일지'는 10가지 감정의 종류를 열거하고 있다.

첫 번째 카테고리는 '슬픈, 침울한, 우울한, 울적한, 불행한'이다. 그녀는 깊은 슬픔을 느꼈기에 '슬픈'에 동그라미를 치고 '이전' 느낌을 100%로 평가했다. 또한 '슬픈, 불안한, 죄스러운, 수치스러운, 뒤떨어진, 무능한, 외로운, 당황스러운, 의욕이 없는, 꺾인, 예민한, 짓눌린'에 표시했다.

가장 강력한 감정은 '꺾인'과 '짓눌린'이었다. 그녀는 여기에 200%의 점수를 매겼다. 이 느낌은 정상치를 훨씬 초과했다! 다음에 마르샤는 '부정적인 생각'의 공란에 다음 생각들을 썼다.

1. 어리석고 바보 같은 사람이 되어서는 곤란하다. 레슬리를 너무 많이 걱정해서도 안 된다.
2. 나는 심리치료사이므로 이런 상태에서 벗어나야 한다. 신경과민이 되어서는 안 된다.
3. 내가 지나치게 간섭이 심해서 일을 망치고, 레슬리가 나를 존경하지 않을 수 있다.

〈오늘의 기분 일지—마르샤 (1)〉에 소개한 것처럼, '이전' 항목의 수치를 보면 마르샤가 첫 번째와 두 번째 부정적인 생각은 100%, 세 번째 생각은 50%를 믿었다는 사실을 알 수 있다. 마르샤에게는 2가지 문제가 있었다. 그녀는 일단 걱

오늘의 기분 일지—마르샤 (1)

문제적 사안: 워크숍 중에 레슬리를 걱정한다.

감정	이전 (%)	이후 (%)	감정	이전 (%)	이후 (%)
(슬픈) 침울한, 우울한, 울적한, 불행한	100%		(당황스러운) 바보 같은, 창피한, 수줍은	60%	
(불안한) 걱정되는, 공황상태에 빠진, 긴장되는, 끔찍한	100%		희망이 없는, (의욕이 없는) 비관적인, 절망적인	90%	
(죄스러운) 후회되는, (수치스러운) 미안한	90%		좌절한, (꺾인) 실패한, 패배한	200%	
열등한, 무가치한, (뒤떨어진) 모자란 (무능한)	75%		화난, 미칠 것 같은, 원통한, 짜증나는 (예민한) 속상한, 분한	25%	
(외로운) 사랑받지 못하는, 소외된, 거절당한, 쓸쓸한, 버려진	90%		기타 (짓눌린)	200%	

부정적인 생각	이전 (%)	이후 (%)	왜곡	긍정적인 생각	믿음 (%)
1. 어리석고 바보 같은 사람이 되어서는 곤란하다. 레슬리를 너무 많이 걱정해서도 안 된다.	100%			1.	
2. 나는 심리치료사이므로 이런 상태에서 벗어나야 한다. 신경과민이 되어서는 안 된다.	100%			2.	
3. 내가 지나치게 간섭이 심해서 일을 망치고, 레슬리가 나를 존경하지 않을 수 있다.	50%			3.	
4. 자식을 또 잃는다는 것은 너무나 힘든 일이다.	100%			4.	
5. 엘리사의 죽음은 내 탓이다. 나는 이기적이고 딸의 기대를 저버렸다.	100%			5.	
6. 다시 일을 망쳐서는 안 된다!	100%			6.	

정한 다음에, 걱정한 사실을 탓하며 자책했다.

마르샤가 동료들 앞에서 공개적으로 자신의 문제를 질문했다는 점에서 개선하고자 하는 의욕이 충만하다는 것을 알 수 있다. 하지만 모든 일은 겉보기와 달리 단순하지 않은 법이다. 마르샤는 왜 끊임없이 자신을 괴롭히는 걱정과 자기비판을 떨쳐버려도 될지 확신하지 못하는 걸까? 마르샤가 변화를 거부할 이유가 있는 걸까? 당신의 생각을 적어보라. 잘 떠오르지 않더라도, 추측해보기 바란다.

_____

_____

_____

_____

해답

마르샤는 다음과 같은 이유로 걱정과 자기비판을 떨쳐내기를 거부했을 수 있다.

- 마르샤는 사랑을 베푸는 어머니가 되려면 당연히 자식에 대해 걱정해야 한다고 생각하는 듯하다. 걱정함으로써 레슬리를 보호한다고 느낄 수 있다.
- 마르샤는 걱정을 멈추면 무언가 끔찍한 일이 일어날 것 같다는 미신에 사로잡혀 있을 수 있다.
- 마르샤는 죄의식과 자기비난이 문제를 극복하도록 도울 것이라 생각할 수 있다.
- 마르샤는 부정적인 생각을 절대적 진실이라 생각할 수 있다.
- 딸에 대해 끊임없이 걱정하면 가정불화나 외로움 같은 다른 문제들을 잊을 수 있다.

물론 이 모든 것은 추정에 불과하다. 마르샤에게 물어볼 때까지는 확실히 알 수 없다. 나는 이렇게 말했다. "마르샤, 레슬리에 대해 더 이상 걱정하지 않도록 불안증을 극복할 방법을 알려준다면, 당장 실행할 의향이 있나요?"

마르샤는 그렇게 하겠다고 대답했다. 나는 확실히 다짐받고 싶어 질문을 살짝 바꿔보았다. "그렇게 하면 위험하지 않을까요? 레슬리가 약 먹는 시간을 놓친다거나 물을 많이 마시지 않도록 계속 돌봐줘야 하지 않겠어요? 걱정을 그만 둔다면, 그렇게 챙겨주지 못할 텐데요. 게다가 걱정을 한다는 건 자식에게 관심을 갖고 있고, 자식을 사랑한다는 표시잖아요."

마르샤는 내 말의 의도를 알겠다고 말했다. 그리고 레슬리가 스스로 자신을 책임질 줄 알고, 부모가 옆에서 항상 챙겨줄 필요가 없다는 점을 인정하면서, 부끄러운 듯 말없이 고개를 숙였다. 조심스런 목소리로 그녀는 말했다. "하지만 내 자식을 또 잃는다면 너무 힘들 거예요." 마르샤는 눈물이 그렁그렁 맺힌 채, 태어나면서부터 뇌수종을 앓았던 첫째 딸 엘리사를 언급했다. 뇌수종이란 뇌실 폐색으로 뇌가 팽창하는 질병이다. 당시 의사는 뇌실 폐색을 뚫기 위해 갓 태어난 엘리사의 머리에 션트(수술 때 피나 체액이 흐를 수 있도록 몸속에 끼워 넣는 작은 관_역주)를 넣었다.

이런 문제에도 엘리사는 정상적으로 발육했고, 밝게 적응했다. 그녀는 고교 시절을 성실히 보냈고 코넬대학 의학부에 입학했다. 어버이날에 마르샤는 엘리사를 만나러 맨해튼에서 이타카로 차를 몰고 갔다. 엘리사는 어머니를 보고 기뻐했으나, 두통과 구역질이 난다고 불평했다. 마르샤는 다시 뇌실 폐색이 될 경우 그런 증상이 나타난다는 사실을 알고 엘리사에게 션트를 깨끗이 씻었느냐고 물었다.

엘리사는 엄마에게 션트에는 아무 문제가 없다고 대답했다. 마르샤는 장시간 운전으로 피곤했으나, 딸에게 외식하러 나가자고 제안했다. 엘리사는 다음 날 중요한 시험이 있어 공부해야 한다고 대답했다. 마르샤 또한 호텔에서 쉬고 싶어서 엘리사의 대답에 내심 안도했다.

마르샤는 잠시 말을 멈추고, 눈에 고이는 눈물을 애써 참았다. 깊은 정적을 깨고 그녀는 울부짖었다. "엘리사는 그날 밤 세상을 떠났어요!" 그리고 걷잡을 수 없이 울기 시작했다.

그녀가 한참을 울고 나자 나는 마르샤에게 엘리사의 죽음 때문에 슬퍼하는 것이 괴로우냐고 물었다. 그녀는 고개를 끄덕였다. 나는 다시 마르샤에게 엘리사의 죽음에 죄의식을 느끼느냐고 물었다. 그녀는 고개를 끄덕이며 자신이 이기적이었고 조금만 더 딸과 같이 있었다면 딸이 세상을 떠나지 않았을 것이라 말했다. 마르샤는 자신이 딸의 기대를 저버린 느낌이며, 두 번 다시 같은 실수를 저지르기 싫다고 고백했다.

나는 마르샤에게 '오늘의 기분 일지'의 부정적인 생각란에 이 생각들을 적으라고 했다. 115페이지에 실은 것처럼 마르샤는 모두 100%라는 점수를 매겼다.

나는 마르샤에게 가장 먼저 어떤 생각부터 없애고 싶으냐고 물었다. 그녀는 다섯 번째 생각을 꼽았다. "엘리사의 죽음은 내 탓이다. 나는 이기적이고 딸의 기대를 저버렸다." 119페이지 표를 보면서 마르샤의 생각에 어떠한 왜곡이 깃들어 있는지 체크해보라. 113페이지의 '인지 왜곡 체크리스트'를 참조해도 좋다. 부정적인 생각에 포함된 왜곡을 알아내는 것은 과학이라기보다는 예술에 가깝다. 따라서 정확히 찾아내지 못해도 걱정할 필요가 없다.

해답

10가지 왜곡에 대응하는 설명을 충분히 적었을 것이라고 생각한다.

121페이지(마르샤(2))에 마르샤가 자신의 부정적인 생각에 어떤 왜곡이 포함되어 있는지 기재한 내용을 그대로 실었다. 그녀는 약자를 써 생각 거르기를 '생거', 장점 폄하를 '장폄' 등으로 표시했다.

왜곡	(✓)	설명
1. 흑백사고	✓	마르샤는 엘리사의 죽음이 자기 탓이라고 생각한다. 하지만 엘리사가 죽은 이유에는 여러 가지가 있다.
2. 성급한 일반화	✓	마르샤는 그날 밤 자신의 행동이 자신의 이기심 때문이라고 성급하게 일반화하고 있다. 엘리사가 죽은 날 밤 마르샤는 긴 여행으로 지쳐 있었고 쉬고 싶었다. 이 때문에 마르샤는 스스로 이기적인 사람이라고 생각한다.
3. 생각 거르기	✓	마르샤는 그날 밤 자신이 저지른 '실수'를 끊임없이 떠올리며 엘리사를 돌보지 못했다는 생각만 하고 있다.
4. 장점 폄하	✓	마르샤는 자신이 오랜 세월 딸들을 위해 희생했던 사실을 폄하한다.
5. 결론 도약 -넘겨짚기 -주술적 주문	✓	마르샤는 무슨 일이 일어날지 예상했다면 딸의 죽음을 막을 수 있었을 것이라 생각한다(주술적 주문). 물론 엘리사가 위험에 빠진 사실을 알았다면, 위험을 막을 수도 있었을 것이다. 하지만 현실적으로 그것은 불가능했다. 마르샤는 엘리사의 기대를 저버렸다고 말하지만(넘겨짚기), 마르샤가 엘리사의 기대를 저버렸다고 생각할 만한 아무런 이유가 없다.
6. 과장 및 축소	✓	마르샤는 부모로서 자신의 역할을 과장하며, 엘리사가 스스로에 대한 책임의식이 투철하고 자존감이 넘쳤다는 사실을 축소한다.
7. 감정추론	✓	마르샤는 자신이 죄의식을 느끼므로 실제로 죄를 지었다고 추정한다.
8. 당위진술	✓	마르샤는 그날 밤 자신이 다른 일을 했어야 한다고 생각한다.
9. 낙인찍기	✓	마르샤는 스스로를 '이기적'이라고 낙인찍는다.
10. 비난 -자기비난 -타인비난	✓	마르샤는 엘리사의 죽음이 자기 탓이라고 생각한다.

부정적인 생각에 포함된 왜곡을 확인하면 어떤 이득이 있을까? 첫째, 부정적인 생각이 현실과 더 많이 동떨어졌다는 사실을 알게 된다. 마르샤는 부정적인 생각 대부분에 100%라는 점수를 매겼다. 하지만 그처럼 많은 왜곡이 포함된 생각이 과연 현실적일까? 둘째, 왜곡은 부정적인 생각을 물리치는 방법에 상당한 길잡이가 될 수 있다. 나는 불안증, 공포증, 우울증에 마침표를 찍도록 도와줄 여

러 가지 기법을 알려주려 한다. 어떤 왜곡이 작용하는지 알면, 어떤 기법을 시도할지 추측하기가 쉽다.

마르샤의 다섯 번째 생각에는 분명 '자기비난'이 깃들어 있었다. 따라서 나는 '이중 기준 기법'부터 시도하기로 마음먹었다. 이 기법은 많은 사람들이 이중 기준에 따라 움직인다는 사실을 이용한다. 우리는 화가 나면 스스로를 마구 헐뜯는다. 하지만 같은 문제에 시달리는 친한 친구에게는 훨씬 객관적이고 동정 어린 태도를 취한다. 나는 마르샤에게 비슷한 일로 딸을 잃은 친구에게 어떤 말을 해주겠느냐고 물었다. 설마 이렇게 말할 리는 없지 않겠느냐고 했다.

"딸이 세상을 떠난 건 당신 탓이네요. 당신이 이기적이고 딸에게 무심했던 거예요."

마르샤는 자신이 결코 친구에게 그렇게 말할 리 없다는 사실을 깨닫자 정신이 번쩍 드는 듯했다. 나는 친구에게 어떻게 말하겠느냐고 물었다. 마르샤는 이렇게 대답했다. "아마 나는 이렇게 말할 것 같아요. '넌 신이 아니야. 단 한 순간도 놓치지 않고 아이를 도와줄 수는 없는 거잖니.' 그리고 이렇게 일깨워줄 것 같아요. '만일 그날 밤 네 딸이 도움이 필요하다는 것을 알았다면, 넌 분명 아이 곁을 지켰을 거야. 항상 그렇게 해왔잖아.' 또 친구가 몹시 친절하고 남에게 잘 베푸는 사람이며, 헌신적인 어머니이므로 스스로를 이기적이라고 규정짓는 것은 어불성설이라고 말해줄 것 같아요."

나는 마르샤에게 그저 말로만 변화를 원한다고 하는 것인지, 아니면 진실로 그렇게 생각하고 있는지 물어보았다. 마르샤는 진실이라고 장담했다. 나는 마르샤에게 다섯 번째 '부정적인 생각'에 대응하는 '긍정적인 생각'을 해당 항목에 기입하라고 주문했다. 118페이지에 그녀가 쓴 내용을 실었다. 그녀는 "엘리사가 그날 밤 도움이 필요하다는 것을 알았다면, 나는 여느 자상한 어머니들과 마찬가지로 옆에 있었을 것이다"라고 적었다. 나는 마르샤에게 이 생각을 얼마나 강하게 믿고 있는지 물었다. 그녀는 이 생각을 전적으로 확신했으므로 100%라고

오늘의 기분 일지—마르샤 (2)

문제적 사안: 워크숍 중에 레슬리를 걱정한다.

감정	이전 (%)	이후 (%)	감정	이전 (%)	이후 (%)
(슬픈) 침울한, 우울한, 울적한, 불행한	100%		(당황스러운) 바보 같은, 창피한, 수줍은	60%	
(불안한) 걱정되는, 공황상태에 빠진, 긴장되는, 끔찍한	100%		희망이 없는, (의욕이 없는) 비관적인, 절망적인	90%	
(죄스러운) 후회되는, (수치스러운) 미안한	90%		좌절한, (꺾인) 실패한, 패배한	200%	
열등한 무가치한, (뒤떨어진) 모자란, (무능한)	75%		화난, 미칠 것 같은, 원통한, 짜증나는, (예민한) 속상한, 분한	25%	
(외로운) 사랑받지 못하는, 소외된, 거절당한, 쓸쓸한, 버려진	90%		기타: (짓눌린)	200%	

부정적인 생각	이전 (%)	이후 (%)	왜곡	긍정적인 생각	믿음 (%)
1. 어리석고 바보 같은 사람이 되어서는 곤란하다. 레슬리를 너무 많이 걱정해서도 안 된다.	100%		생거, 장폄, 감추, 당진, 낙인, 자비	1.	
2. 나는 심리치료사이므로 이런 상태에서 벗어나야 한다. 신경과민이 되어서는 안 된다.	100%		당진, 낙인, 자비	2.	
3. 내가 지나치게 간섭이 심해서 일을 망치고, 레슬리가 나를 존경하지 않을 수 있다.	50%		짚기, 주문, 당진, 낙인	3.	
4. 자식을 또 잃는다는 것은 너무나 힘든 일이다.	100%		주문	4.	
5. 엘리사의 죽음은 내 탓이다. 나는 이기적이고 딸의 기대를 저버렸다.	100%		흑백, 성급, 생거, 장폄, 짚기, 주문, 과축, 감추, 당진, 낙인, 자비	5.	
6. 다시 일을 망쳐서는 안 된다!	100%		타비, 감추, 당진, 낙인, 자비	6.	

1. 흑백사고—흑백 2. 성급한 일반화—성급 3. 생각 거르기—생거 4. 장점 폄하—장폄
5. 넘겨짚기—짚기 / 주술적 주문—주문 6. 과장 및 축소—과축 7. 감정추론—감추
8. 당위진술—당진 9. 낙인찍기—낙인 10. 자기비난—자비 / 타인비난—타비

기입했다.

나는 그녀의 긍정적인 생각이 부정적인 생각과는 완전히 모순된다는 사실을 지적했다. 그녀는 자신이 이기적이고 엘리사의 죽음이 자기 탓이라고 주문을 걸고 있었다. 하지만 딸의 목숨을 살리기 위해서는 자신이 어떤 일도 마다하지 않을 것이라는 사실 역시 알고 있었다. 모순되는 일을 동시에 믿을 수는 없다. 따라서 그녀는 긍정적인 생각과 부정적인 생각 둘 중에 하나는 포기해야 했다.

마르샤는 자신의 부정적인 생각이 더 이상 현실적으로 보이지 않는다고 고백했다. 나는 마르샤에게 지금은 생각이 어느 정도 바뀌었는지 0%에서 100%까지 점수를 매겨보라고 말했다. 123페이지의 일지(마르샤 (3))를 보면 '이후' 항목에 5%를 기재한 내역이 보인다. 마르샤는 더 이상 다섯 번째의 부정적인 생각을 믿지 않게 된 것이다.

긍정적인 생각이 우울하고 비참한 기분을 완전히 바꾸려면 2가지 조건을 충족해야 한다.

필요조건 긍정적인 생각이 100% 진실이거나 100% 진실에 가까워야 한다. 그렇지 않으면 효과가 없다. 자기 합리화나 반쪽짜리 진실은 생각하고 느끼는 방식을 바꾸지 못한다.

충분조건 긍정적인 생각이 부정적인 생각을 물리쳐야 한다. 생각하는 방식을 바꾸면 느끼는 방식을 바꿀 수 있다는 사실을 명심하라.

마르샤의 긍정적인 생각은 효과만점이었다. 마르샤는 부정적인 생각을 완전히 물리치고, 자신이 이기적이어서 엘리사가 죽었다는 사실을 더 이상 믿지 않게 되었다. 이는 긍정적인 생각이 감정의 변화에 필요한 필요충분조건을 충족시켰다는 사실을 의미한다. 실제로 마르샤의 마음 한편에는 안도가 밀려왔고 더

오늘의 기분 일지—마르샤 (3)

문제적 사안: 워크숍 중에 레슬리를 걱정한다.

감정	이전 (%)	이후 (%)	감정	이전 (%)	이후 (%)
(슬픈) 침울한, 우울한, 울적한, 불행한	100%	15%	(당황스러운) 바보 같은, 창피한, 수줍은	60%	0%
(불안한) 걱정되는, 공황상태에 빠진, 긴장되는, 끔찍한	100%	5%	희망이 없는, (의욕이 없는,) 비관적인, 절망적인	90%	0%
(죄스러운) 후회되는, (미안한,) 수치스러운	90%	5%	좌절한, (겪인) 실패한, 패배한	200%	0%
열등한, 무가치한, (뒤떨어진,) 모자란, (무능한)	75%	0%	화난, 미칠 것 같은, 원통한, 짜증나는, (예민한) 속상한, 분한	25%	0%
(외로운,) 사랑받지 못하는, 소외된, 거절당한, 쓸쓸한, 버려진	90%	0%	기타: (짓눌린)	200%	0%

부정적인 생각	이전 (%)	이후 (%)	왜곡	긍정적인 생각	믿음 (%)
1. 어리석고 바보 같은 사람이 되어서는 곤란하다. 레슬리를 너무 많이 걱정해서도 안 된다.	100%	10%	생거, 장펼, 감추, 당진, 낙인, 자비	1. 끊임없이 걱정해 봤자 아무 소용이 없고 바보 같은 짓일 뿐이다. 걱정은 사랑이나 관심의 표현이 아니다.	100%
2. 나는 심리치료사이므로 이런 상태에서 벗어나야 한다. 신경과민이 되어서는 안 된다.	100%	10%	당진, 낙인, 자비	2. 심리치료사도 감정을 느낄 수 있다.	100%
3. 내가 지나치게 간섭이 심해서 일을 망치고, 레슬리가 나를 존경하지 않을 수 있다.	50%	5%	짚기, 주문, 당진, 낙인	3. 레슬리에게 전화하고 간섭하는 것을 그만두어야 한다. 그래도 꾸준히 관심과 애정을 보인다면 레슬리로부터 계속 존중받을 것이다.	100%
4. 자식을 또 잃는다는 것은 너무나 힘든 일이다.	100%	0%	주문	4. 가능성이 희박하다. 레슬리는 지금도 잘하고 있다.	100%
5. 엘리사의 죽음은 내 탓이다. 나는 이기적이고 딸의 기대를 저버렸다.	100%	5%	흑백, 성급, 생거, 장펼, 짚기, 주문, 과축, 감추, 당진, 낙인, 자비	5. 엘리사가 그날 밤 도움이 필요하다는 것을 알았다면, 나는 여느 자상한 어머니들과 마찬가지로 옆에 있었을 것이다.	100%
6. 다시 일을 망쳐서는 안 된다!	100%	0%	타비, 감추, 당진, 낙인, 자비	6. 너무 가혹한 생각이며, 이런 생각을 하면 항상 살얼음판 위에 서 있다는 느낌이 든다. 나는 애당초 '망친' 적이 없다.	100%

이상 딸의 죽음에 대해 죄의식과 수치심을 느끼지 않게 되었다. 나는 마르샤에게 엘리사의 죽음으로 느꼈던 죄의식과 레슬리에 대한 끊임없는 걱정이 서로 연관성이 있다고 생각하는지 물었다. 둘째 딸 레슬리를 어떤 일이 있어도 잃지 않기 위해 끊임없이 걱정하고 있었던 것이 아닐까?

다른 사람들의 눈에는 두 사건의 연관성이 명백해 보일지 모르나, 마르샤는 내 질문을 큰 충격으로 받아들였다. 직업이 심리치료사인데도 이런 가능성을 조금도 생각지 못했던 것이다. 다른 사람들의 문제에는 대단한 통찰력을 발휘해도, 정작 자신의 문제가 되면 '중이 제 머리 못 깎는 것'처럼 되기 마련이다.

새로운 사실에 눈뜬 그녀는 자신의 고민을 다른 시각에서 바라볼 수 있었다. 극복해야 할 강박적인 신경증이 아니라, 두 딸에 대한 사랑의 표현으로 바뀐 것이다. 나는 마르샤의 죄의식과 수치심이 엘리사의 죽음을 애도하기 위한 것이거나 혹은 엘리사를 마음에서 떠나보내지 못하도록 막고 있는 것은 아닌지 물었다. 마르샤는 고개를 끄덕이고 다시 울음을 터뜨렸다.

분노와 죄의식같이 풀리지 않은 감정 탓에 마음껏 슬퍼하지 못하는 경우가 있다. 이런 감정은 세상을 떠난 사람들을 마음에서 떠나보내지 못하게 방해하며, 그들의 죽음은 현재의 시간 속에 머물게 된다. 더 이상 죄의식을 느끼지 않자, 마르샤는 오랫동안 봉인되었던 깊은 슬픔과 상실감을 경험할 수 있게 되었다.

실컷 울고 나서, 마르샤는 기분이 현저히 좋아졌다. 나는 그녀에게 바로 '오늘의 기분 일지'에 나온 다른 생각들에 도전할 수 있느냐고 물어보았다. 123페이지(마르샤 (3))에서 소개한 것처럼, 그녀는 자신을 괴롭히던 모든 부정적 생각들을 반박하는 확실한 긍정적인 생각들을 가질 수 있었다. '믿음' 항목에 기입한 수치는 전부 100%였다. '이후' 항목에서 볼 수 있듯이, 부정적인 생각에 대한 믿음은 비약적으로 감소했다. 긍정적인 생각이 감정 변화를 위한 필요충분조건을 충족시킨 셈이었다.

마르샤가 기분이 개선되었는지 확인하기 위해 나는 그녀에게 부정적인 감정들을 0%(전혀 없음)에서 100%(최고 수준)까지 다시 점수를 매겨보라고 했다. 감정란의 '이후' 항목에서처럼, 마르샤의 모든 부정적인 생각들은 극적으로 개선되었다. 그녀는 여전히 슬픔, 불안, 죄의식을 다소 느꼈지만, 이는 지극히 자연스러운 감정이었다. 마침내 그녀는 딸의 죽음을 받아들이게 된 것이다.

나는 마르샤에게 엘리사의 죽음에 대한 자신의 감정을 레슬리와 터놓고 대화한 적이 있는지 물었다. 한 번도 그렇게 해본 적이 없었던 그녀는 워크숍을 마친 그날 저녁 바로 레슬리와 엘리사의 죽음에 대해 대화를 시도했다.

마르샤가 수년간의 근심과 죄의식을 떠나보내는 데에는 겨우 45분밖에 걸리지 않았다. 물론 모든 사람이 45분 만에 마음의 평화를 찾을 수 있다는 뜻은 아니다! 하지만 불안증과 우울증에 시달리는 모든 사람이 마르샤처럼 도움을 받을 수 있다고 나는 확신한다.

마르샤의 빠른 회복에는 몇 가지 비결이 있었다. 첫째, 마르샤는 불안이 시작되는 특정한 시점에 집중했다. 둘째, 그녀는 '오늘의 기분 일지'에 걱정, 죄의식, 수치심을 유발하는 부정적인 생각들을 기록하고 자신의 기분을 정확히 지적했다. 이를 통해 우리 둘은 그녀의 속마음을 정확히 알 수 있었다. 모든 사람은 제각기 다르며, 매사를 다르게 생각한다. '오늘의 기분 일지'의 가장 큰 장점 가운데 하나는 자신만의 특정한 생각과 감정을 드러낼 수 있다는 것이다.

셋째, 우리는 마르샤의 두려움을 부채질하는 숨은 감정을 노출시킬 수 있었다. 처음에 마르샤는 자신이 엘리사의 죽음에 대한 죄의식과 수치심 때문에 끊임없이 걱정하고 있다는 사실을 깨닫지 못하고 있었다. 마르샤는 죄의식과 수치심이 슬픈 감정을 억눌러 상실감을 유발한다는 사실을 알지 못했다.

넷째, 마르샤는 자신이 피해 다니던 괴물과 과감히 맞서려 했다. 그녀는 너무 고통스러워 당시의 기억과 감정이 되살아나는 것을 두려워했다. 하지만 실체를 밝히고 당당히 맞서자 회복할 방법이 보였다.

마지막으로 마르샤가 부정적인 생각을 물리치자 스스로를 용서하고 마음껏 슬퍼할 수 있게 되었다. 그 순간 그녀는 깊이 안도하고 회복하기 시작했다. 인생에서 중요한 것을 깨우치는 순간, 스스로와 세상을 보는 시각에 극적인 변화가 생기기 마련이다.

'오늘의 기분 일지'는 간단해 보이지만 생각하고 느끼는 방법을 바꾸는 매우 정교한 수단이며, 치료법의 기초를 형성한다.

이제 '오늘의 기분 일지'를 적는 5단계를 설명하며 사람들이 각 단계에서 가장 흔히 범하는 실수를 알아볼 것이다. 당장 '오늘의 기분 일지'를 작성해보라. 112~113페이지의 표를 참조해도 된다. 단, 종이에 직접 써보아야 한다. 머리로 생각하는 것만으로는 별 효과가 없다. 부정적인 생각이 꼬리에 꼬리를 물기 때문이다. 책에 낙서하기를 주저하지 말라. '오늘의 기분 일지'를 여러 장 복사해서 사용하는 것도 좋은 방법이다.

제1단계 문제적 사안

제1단계는 '오늘의 기분 일지' 맨 위에 속상했던 순간을 간단히 적는 것이다. 문제와 관련된 사람, 장소, 시간을 구체적으로 적어야 한다. 우울하고, 걱정되고, 두려웠던 모든 순간을 적으면 된다. 다음과 같이 자문해보라.

- 언제 일어났지?
- 어디에서 일어났지?
- 무슨 일이 있었지?

모든 문제가 고통을 느끼는 바로 그 순간에 있다는 사실을 기억하라. 마르샤가 워크숍 중에 느꼈던 부정적인 생각과 감정을 지적하는 순간, 고민의 원인을 이해할 열쇠를 찾을 수 있었다. 그리고 생각하고 느끼는 방식을 바꾸는 순간, 인생 전반에 엄청난 영향을 미칠 깊은 변화를 겪게 되었다.

제1단계에서 사람들이 범하는 가장 큰 실수는 머릿속에서 문제를 해결하려 한다는 것이다. 이미 말한 것처럼, 이런 방법은 쓸모가 없다. 부정적인 생각과 감정이 너무 크고 확실해 헛수고만 하게 될 것이다. 부정적인 생각과 감정을 종이에 쓰면 한결 단순해진다. 그리고 하나씩 차례로 해결해나갈 수 있다.

많은 사람들이 당연한 듯 보이는 이런 조언을 간과하며, 자신이 겪는 문제에 대한 불평만 늘어놓는다. 물론 우리 모두 화가 날 때 받아줄 사람이 필요하다. 하지만 인생을 바꾸기 위해서는 화가 나는 특정한 순간에 집중해야 한다. 모든 고통을 해결해줄 열쇠는 바로 그 순간 속에 있다.

이는 전통적인 치료법과는 확연히 다르다. 일반적인 치료법을 쓰는 치료 전문가들은 계속되는 환자의 말을 주의 깊게 경청하고 때로 고개를 끄덕이며 "더 말해보세요"라고 요청한다. 전통적인 치료법은 환자가 자신의 감정을 직접 말하고 과거를 되짚다 보면 결국에 어떤 식으로든 깊은 변화가 일어날 것이라는 발상에 근거한다. 이런 치료 모델은 〈굿 윌 헌팅〉이나 〈보통사람들〉과 같이 정신치료를 다룬 거의 모든 영화나 TV쇼에서 묘사된다. 이런 영화들을 보면 전통적인 치료 모델이 몹시 그럴듯해 보인다. 하지만 내 경험에 따르면 체계적이지 못한 대화 요법은 끝없이 늘어질 뿐, 아무것도 바꾸지 못한다. 오랫동안 심리치료를 받아온 친구나 가족이 있다면 내 말을 이해할 수 있을 것이다.

당신이 불안증이나 우울증으로 고생하고 있다면, 아침에 일어나 이렇게 말하고 싶을 것이다. "살아 있다는 사실이 이렇게 좋을 수가!" 이런 목표를 달성하려면 '오늘의 기분 일지'를 집어든 다음 소매를 걷고 당장 쓰기 시작해야 한다.

제2단계 감정

제2단계는 자신의 감정을 묘사하는 모든 단어에 동그라미를 치고, 각 감정에 0%에서 100%까지 점수를 매기는 것이다. '이전' 항목에 점수를 기입하면 된다. '오늘의 기분 일지'를 모두 완성했을 때 123페이지의 마르샤의 오늘의 기분 일지 (3)처럼 '이후' 항목에 변화된 점수를 기입하게 될 것이다.

특정한 감정은 특정한 부정적인 생각에서 비롯될 수 있으므로 부정적인 감정을 확인하고 점수를 매겨야 한다. 이로서 제3단계 과정에서 부정적인 생각을 확인하기가 쉬워진다. '오늘의 기분 일지'에 나오는 감정들은 다음과 같다.

불안, 긴장, 근심 위험에 처해 있고 어떤 끔찍한 일이 일어날 것 같다.

공황 죽을 것 같고, 숨이 막히고, 이성과 통제력을 잃고, 미쳐버릴 것 같다.

당황 다른 사람들에게 바보처럼 보일 것 같다.

수줍음 다른 사람들이 내가 긴장하고 불안해하는 모습을 보고 나를 깔볼 것이다.

외로움 나는 사랑받을 수 없고 영원히 혼자일 수밖에 없다.

우울 나는 인생을 실패했고 자존감에 상처를 입었다.

무력감 나는 결코 문제를 풀 수 없고 고통이 영원할 것이다.

죄의식 나는 나쁜 사람이며, 스스로 내 가치체계를 무너뜨렸다.

수치심 다른 사람들이 내가 얼마나 나쁘고, 모자라고, 결점투성인지 알고 나를 깔볼 것이다.

열등감 나는 다른 사람들에 비해 무능하며, 평균 이하다.

좌절 다른 사람들의 행동이나 일어나는 일들이 내 기대에 어긋나서는 안 된다.

분노 이기적인 사람들이 나를 푸대접하고 나를 이용하고 있다.

구속감 배우자, 애인, 친구, 가족에게 휘둘리고 있다.

제3단계 부정적인 생각

제3단계는 속상할 때 의식에 떠오르는 부정적인 생각을 적는 것이다. 스스로에게 이렇게 질문해보기 바란다. "울적하고 절망적인 기분이 들 때 스스로에게 무슨 말을 하고 있을까? 공포를 느낄 때, 나 자신에게 무슨 말을 하고 있을까?"

'오늘의 기분 일지'의 부정적인 생각란에 이런 항목들을 나열하고, 각각의 생각을 얼마나 믿고 있는지 0%에서 100%까지 점수를 매겨보라. 매긴 점수는 '이전' 항목에 기입해야 한다. 제3단계에서 유념해야 할 요령은 다음과 같다.

- 완전한 문장으로 적어야 한다. 부정적인 생각란에 '미쳐가는 중'이라고 쓰면 곤란하다. 이것은 아무것도 의미하지 않기 때문이다. 그 대신 이렇게 써야 한다. "나는 미치기 직전이다."

- 각각의 부정적인 생각을 간략하게 기술해야 한다. 한 문장이면 족하다. 길고, 장황한 생각을 고치기는 힘들다.

- "왜 내가 항상 불안한 걸까?" 또는 "내가 뭐가 문제인 걸까?" 같은 수사 의문문을 피해야 한다. 이런 질문은 반박할 수 없기 때문이다. 이런 수사 의문문은 "나는 항상 근심해서는 안 된다"라거나 "내가 뭔가 잘못된 게 분명하다" 같은 부정적인 생각으로 쉽게 바뀔 수 있다.

- 부정적인 생각란에 감정을 기입하지 않아야 한다. "시험 때문에 걱정된다", "지금 공포를 느낀다" 같은 진술을 피하라. 감정은 '오늘의 기분 일지'의 감정 항목에 기입해야 한다. 부정적인 생각 항목에 느낌을 기재하면, 감정이 틀렸다는 것을 입증할 수 없어 효과가 없다. 여기에는 부정적인 감정을 일으키는 왜곡된 생각을 적어야 한다.

- 부정적인 생각을 기재하며 사건을 언급해서는 안 된다. 예컨대 "트리샤가 나를 거부해서 비참하다" 같은 말을 부정적인 생각란에 기재해서는 곤란하다. 사건(트리샤가 나를 거부했다)과 감정(비참하다)을 섞어 기재하는 것이기 때문이다. '오늘의 기분 일지'의 맨 위에 사

건을 적고, 바로 밑에 감정(외로운, 울적한, 열등한, 거절당한, 사랑받지 못하는)을 열거하라. 그리고 부정적인 생각란에 이런 감정을 유발한 생각을 기록하라. 예를 들면 다음과 같다.

1. "다 내 탓이다." 100%
2. "어떤 여자도 나를 좋아하지 않을 것이다." 100%
3. "나는 영원히 혼자일 것이다." 100%

제4단계 왜곡

제4단계는 부정적인 생각들에 포함된 왜곡을 찾아내 기입하는 것이다. 113페이지 '인지 왜곡 체크리스트'에 10가지 왜곡의 정의가 소개되어 있다. 부정적인 생각들을 기입한 다음 이 리스트를 참조해 각각의 생각에 포함된 여러 가지 왜곡을 찾아보라.

'오늘의 기분 일지'에 왜곡 내용을 열거할 때, 편의를 위해 약자를 쓸 수도 있다. 예컨대 성급한 일반화에 '성급', 낙인찍기에 '낙인', 당위진술에 '당진', 자기 비난에 '자비'식으로 써도 좋다.

제5단계 긍정적인 생각

제5단계는 부정적인 생각을 물리칠 수 있는 긍정적이고 현실적인 생각을 적는 것이다. 이렇게 자문해보라. "더 건설적이고 현실적인 방법으로 이 문제를 생각할 수 없을까?" 그리고 감정 변화를 위한 필요조건과 충분조건을 떠올려보기 바란다.

필요조건 긍정적인 생각은 100% 진실이어야 한다.

충분조건 긍정적인 생각은 부정적인 생각을 물리칠 수 있어야 한다.

제5단계는 어려운 과정이다. 부정적인 생각을 쉽게 물리칠 수 있다면, 이 책이 필요가 없을 것이다! '믿음' 항목에 긍정적인 생각을 얼마나 신뢰하는지 기재하고, 부정적인 생각에 대응하는 믿음을 다시 평가하라.

당신이 내가 오랜 기간 치료해온 많은 환자들과 다르지 않다면, 2가지 이유 때문에 처음에는 노력해도 별 효과가 없을 것이다. 긍정적인 생각이 100% 진실이 아니어서 감정 변화를 위한 필요조건을 충족시키지 못하거나, 긍정적인 생각이 부정적인 생각을 물리치지 못해서 감정 변화를 위한 충분조건을 충족시키지 못하는 경우다. 하지만 너무 걱정하지 말라! 이는 자연스러운 현상일 뿐이다. 이제부터 불안하고, 걱정되고, 당황스럽고, 우울하게 만드는 부정적인 생각을 물리칠 강력한 기법들을 소개할 것이다. 당신에게 평생에 걸쳐 가장 잘 맞는 인지행동치료 기법을 고르는 방법 또한 알려줄 것이다.

제2부

인지 모델 기법으로 극복하기

恐慌
panic disorder

7장

자기패배 신념 밝히기

인지행동치료는 우울증, 불안증, 공포가 지금 이 순간의 왜곡된 부정적인 생각에서 비롯된다는 발상에 근거한다. 이 이론은 우리가 왜 그렇게 느끼는지를 설명해주지만, 몇 가지 중요한 질문에는 답변을 주지 못한다.

- 왜 어떤 사람은 고통스러운 감정의 기복에 쉽게 무릎 꿇는 반면, 어떤 사람은 항상 행복하고 자신감에 차 있는 걸까?
- 왜 사람마다 시달리는 문제가 다른 걸까? 예컨대 어떤 사람은 비난받을 때마다 좌절하지만, 어떤 사람은 차가 막힐 때 누군가 끼어들면 화가 날까?
- 우울증, 불안증, 공포가 어느 시점에 나타나며, 무엇이 이런 문제를 처음으로 유발할까?

위와 같은 질문에 자기패배 신념이 답을 제공한다. 한 사람의 태도와 가치관은 그의 정신적인 약점을 설명해준다. 자기패배 신념을 정확히 알면, 화가 나는 이유와 시기도 알 수 있다.

자기패배 신념에는 2가지 유형이 있다. 개인적 자기패배 신념과 상호적 자기패배 신념이다. 개인적 자기패배 신념은 쓸모 있는 인간이 되기 위해 무엇을 해야 하고 어떻게 변해야 하는지를 알려주는 자존감 등식과 같다. 기본 공식은 "내가 행복해지고 성취감을 느끼려면 X가 필요해"이다. X는 완벽해지고, 더 많이 성취하고, 사랑받고, 인정받는 일이다. 다음에 자기패배 신념의 몇 가지 실례를 소개한다.

완벽주의: 항상 완벽하도록 노력해야 한다고 믿는다. 실패하거나 목표에 못 미칠 때마다 끊임없이 스스로를 열등한 인간으로 여기고 자학한다.

지각(知覺)한 완벽주의: 사람들이 나를 좋아하고 인정하게 하려면 재능이나 성취를 통해 상대를 감동시켜야 한다고 생각한다. 친구나 동료들이 내가 빈틈이 많고 결점 투성이라는 사실을 알게 된다면 나를 존경하지 않을 것이라 믿는다.

성취 중독: 지능, 재능, 성취, 생산성을 통해 자존감을 찾는다.

인정 중독: 쓸모 있는 인간이 되려면 모든 사람들로부터 인정받아야 한다고 생각한다. 누군가 나를 비난하거나 반대하는 견해를 표명하면 방어적으로 변하고 위협을 느낀다.

상호적 자기패배 신념은 종종 다른 사람들과 마찰을 일으키게 만든다. 상호적 자기패배 신념은 주로 가깝고 친밀한 사람들에게 갖는 기대의 형태로 나타난다. 상대에게 사랑과 존경을 받기 위해 무엇을 해야 하는지, 상대가 나를 어떻게 대해야 하는지 대한 믿음과 관련이 있다. 다음에 상호적 자기패배 신념의 몇 가지 사례를 소개한다.

비난: 스스로 결백하다고 믿는다. 나를 비난하는 것은 상대가 나와 친하지 않기 때문이라고 생각한다.

진실: 내가 옳고 다른 사람은 틀렸다고 생각한다.

특권의식: 사람들이 내 생각대로 생각하고, 느끼고, 행동할 것이라 믿는다. 그렇지 않을 경우, 화를 내고 좌절한다.

애정 중독: 진정한 행복은 사랑하는 사람에게 사랑받는 것이고, 거절당하거나 외로움을 느

긴다면 허탈감과 무력감에 꼼짝없이 사로잡힐 것이라 믿는다.

굴종: 내가 비참해지더라도 모든 사람의 필요와 기대를 충족시켜야 한다고 믿는다. 사랑받기 위해서는 항상 베풀어야 한다고 생각하기 때문에 사랑이 하나의 족쇄가 된다.

지각(知覺)한 자기애: 내가 신경 쓰는 사람들은 바라는 게 많고, 영악하고, 영향력이 있다고 생각한다. 그들이 화를 내고 받아주지 않을 것이라 생각해서 내면의 감정을 터놓고 말하기 힘들다.

갈등공포: 타인 간의 분노, 대립, 다툼은 위험한 것이고 모든 희생을 치러서라도 피해야 한다고 믿는다.

많은 사람들이 부정적인 생각과 자기패배 신념의 차이를 잘 이해하지 못하는데, 실제로는 아주 간단하다. 자기패배 신념은 항상 존재하지만 부정적인 생각은 화가 날 때만 드러난다.

예컨대 성취 중독에 사로잡혀 있다고 가정해보자. 이는 자존감을 생산성, 지위, 지능, 성취에서 찾는다는 증거다. 학교나 직장에서 잘 지낼 때는 행복과 만족을 느끼지만, 실패를 경험하거나 성과가 목표에 미치지 못할 때는 고통스러운 감정의 기복에 쉽게 노출된다. 이처럼 고통스러운 감정에 노출되는 순간, 우리 의식은 부정적인 생각에 휩싸인다. '나는 인생의 패배자야. 왜 이토록 한심한 걸까? 실수를 저지르지 않았어야 하는데!' 같은 생각을 하는 것이다.

자기패배 신념의 바탕이 되는 정신적인 약점은 이와 다르다. 예컨대 애정 중독에 시달린다면, 자신이 아끼는 사람과 사랑하는 관계를 유지해야만 행복과 성취감을 느낄 수 있다. 외롭고, 소외당하고, 사랑받지 못한다고 느끼면, 자신이 쓸모없는 인간이라는 기분에 빠져 심각한 우울증을 겪게 된다.

자기패배 신념을 확인하면 자신을 아는 것 이상의 것을 할 수 있다. 자기패배 신념을 수정함으로써 이후 고통스러운 감정의 기복에 더 잘 대처할 수 있고 창조성과 생산성, 즐거움과 친밀감을 갖게 될 것이다.

자기패배 신념은 '하방 화살표 기법'을 이용해 알아낼 수 있다. '오늘의 기분 일지'에서 부정적인 생각을 고른 다음, 그 밑에 아래쪽 방향을 가리키는 화살표를 그리는 것이다. 화살표는 다음 질문을 기호로 나타낸 것이다. "이런 생각이 진실이라면, 왜 내 기분이 엉망이고, 그것이 나에게 어떤 의미일까?"

스스로에게 이런 질문을 던져보면, 새로운 부정적인 생각이 의식에 떠오를 것이다. 화살표 밑에 부정적인 생각을 적은 다음, 그 아래에 또 다른 화살표를 그려라. 그리고 같은 질문을 다시 한 번 던져보라. 이런 과정을 수차례 반복하면, 부정적인 생각의 사슬이 만들어진다. 그 생각들을 검토하면, 자기패배 신념을 쉽게 짚어낼 수 있다.

다음 사례를 통해 하방 화살표 기법을 구체적으로 살펴보자. 파일럿의 꿈을 품고 공부하던 청년 라쉬드는 6개월 후에 치를 FAA 시험을 앞두고 무척 초조했다. 라쉬드는 성적이 최상위권이었으나, '시험을 망치면 어떡하지?'라는 생각 때문에 한순간도 긴장을 놓지 못했다.

6장에서 '오늘의 기분 일지'의 '부정적인 생각' 항목에 기재할 때 '만약에'라는 수사 의문문을 평서문으로 바꾸는 것이 좋다고 설명했다. 그러면 부정적인 생각에 도전하는 것이 더 쉬워진다. 143페이지 상단의 '오늘의 기분 일지—라쉬드'를 보자. 라쉬드는 '부정적인 생각'란에 "시험을 망칠지도 모른다"라고 기재했다.

나는 라쉬드에게 이 생각 바로 아래에 하방 화살표를 그리라고 한 다음 이렇게 물었다.

"라쉬드, 당신이 최고의 우등생이라는 사실은 누구나 알고 있어요. 따라서 시험도 당연히 잘 볼 거예요. 하지만 이와 반대 상황을 가정해보죠. 앞으로 6개월 후에 있을 FAA 시험을 정말 망친다고 상상해봅시다. 시험에 낙제한다는 사실이 당신에게 무엇을 의미하나요? 왜 속상한 거죠?"

그가 말했다. "그러면 내 친구들 앞에서 체면이 안 서겠죠."

나는 이 생각을 화살표 밑에 적고 그 아래쪽에 또 다른 화살표를 그리라고 말했다. 우리는 이 과정을 수차례 반복했고 결국 라쉬드는 마지막에 다음의 생각을 적었다. "내가 쓸모없는 인간이라는 사실을 의미할 거예요."

다음과 같은 생각에 이르면 하방 화살표 기법을 마쳐도 된다.

- 내가 쓸모없는 존재라는 것을 의미한다.
- 인생이 살 가치가 없다는 사실을 의미한다.
- 다시는 행복해질 수 없을 것이다.

라쉬드와 내가 유도한 부정적인 생각의 연결고리를 143페이지 하단에 실었다. 이런 생각들을 통해 라쉬드가 어떤 자기패배 신념을 가지고 있는지 살펴보자. 144페이지에 소개한 23가지의 '일반적 자기패배 신념' 목록이 도움이 될 것이다. 해답을 읽기에 앞서 라쉬드가 어떤 자기패배 신념을 가졌는지 추측해서 적어보라.

해답

다음은 라쉬드와 내가 떠올린 자기패배 신념들이다.

- 완벽주의
- 지각한 완벽주의
- 인정 중독

140

- 성취 중독
- 주목 오류
- 들불 오류

이런 신념은 성취 불안에 시달리는 사람들에게 매우 흔하게 나타난다. 라쉬드의 불안은 시험을 치러야 한다는 사실이 아니라, 시험에 대한 그의 생각에서 비롯되었다. 그는 자신이 이룬 성취와 사람들로부터 받는 인정을 통해 자존감을 느끼는 것 같았다. 그는 매우 완벽주의적이고 동기들 또한 자신처럼 상대를 재단하고 비판적일 것이라고 생각했다. 그는 마치 스포트라이트 밑에서 연기하는 주인공 같은 느낌에 휩싸여, 사랑받기 위해서는 다른 친구들을 감동시켜야 한다고 넘겨짚었다. 또한 그는 친구들이 모두 같은 반응을 보일 것이라 생각했다. 누군가가 자신을 깔보면, 모두가 그럴 것이라 생각했다. 물론 이런 태도 때문에 그는 엄청난 중압감을 느꼈다.

자기패배 신념은 때로 어느 정도는 진실을 포함하지만 많은 경우 우리를 잘못된 생각으로 이끌 수 있다. 첫째, 라쉬드는 동기들 가운데 최우수생으로 시험에서 떨어질 확률이 낮았다. FAA 시험을 보는 학생의 상당수는 첫 시험에 실패한다. 하지만 다시 응시할 기회가 있으므로 라쉬드의 끔찍한 생각은 현실적이지 않았다. 첫 시험에서 떨어진다 해도 경력을 망치거나 인생을 실패하는 것은 아니다. 라쉬드의 친구들은 라쉬드의 생각과는 달리 훨씬 너그럽고, 라쉬드의 성적보다는 자신의 성적에 관심이 더 많았다.

나는 라쉬드에게 친구들 몇 명을 골라 다음과 같이 질문해보라고 권했다.

"내가 시험에서 떨어져 다시 시험을 치러야 한다면 나한테 실망할 것 같니?"

그는 이 경험을 통해 친구들 또한 자신만큼이나 시험을 걱정하고 있다는 사실을 알게 되었다. 또 친구들이 그토록 자신만만해 보이는 라쉬드가 자신들처럼 시험을 걱정하고 있다는 사실을 알고 안도하는 것을 알게 되었다. 결국 라쉬드는 첫 시험을 멋지게 통과했다.

하방 화살표 기법은 무척 쉽고, 자신의 태도와 신념에 대한 귀중한 정보를 제공해준다. 항상 '오늘의 기분 일지'에 부정적인 생각을 적어넣는 것부터 시작하라. 어떤 생각을 골랐는지는 중요하지 않다. 가장 끌리는 것부터 고르면 된다. 그 밑에 하방 화살표를 그리고 스스로에게 물어보라. "이런 생각이 진실이라면, 왜 내 기분이 엉망이고, 그것이 나에게 어떤 의미일까?" 새로운 생각이 떠오르면 화살표 밑에 적으면 된다.

이런 과정을 몇 차례 반복하면, 문제의 근원에 도달하게 될 것이다. '일반적 자기패배 신념'의 목록을 참조하는 것도 괜찮다. 하방 화살표 기법을 통해 자신을 괴롭히는 감정 문제에 왜 그토록 무력했는지를 이해하게 될 것이다. 물론 아는 것만으로는 부족하다. 다음 장에서 더 효과적인 가치체계를 형성하는 방법을 보여줄 것이다.

오늘의 기분 일지—라쉬드

문제적 사안: 6개월 후에 치를 FAA 시험 생각하기

감정	이전 (%)	이후 (%)	감정	이전 (%)	이후 (%)
슬픈, 침울한, 우울한, 울적한, 불행한	50%		**당황스러운**, 바보 같은, 창피한, 수줍은	0%	
불안한 걱정되는, 공황상태에 빠진, 끔찍한, 긴장되는	85%		**희망이 없는**, 의욕이 없는, 비관적인, 절망적인	80%	
죄스러운, 후회되는, 미안한, 수치스러운	25%		**좌절한** 꺾인, 실패한, 패배한	50%	
열등한, 무가치한, 뒤떨어진, 모자란, 무능한	90%		**화난**, 미칠 것 같은, 원통한, 짜증나는, 예민한, 속상한, 분한	0%	
외로운, 사랑받지 못하는, 소외된, 거절당한, 쓸쓸한, 버려진	80%		기타:		

부정적인 생각	이전 (%)	이후 (%)	왜곡	긍정적인 생각	믿음 (%)
1. 시험을 망칠지도 모른다.	100%			1.	
2.				2.	
3.				3.	

하방 화살표 기법—라쉬드

부정적인 생각	이전 (%)	이후 (%)	왜곡	긍정적인 생각	믿음 (%)
1. 시험을 망칠지도 모른다.	100%			1.	
2. 친구들 앞에서 체면이 안 설 것이다.	100%			2.	
3. 친구들이 나를 무시할 것이다.	100%			3.	
4. 시간과 돈만 낭비한 꼴이다.	100%			4.	
5. 내가 목표로 삼았던 것들이 수포로 돌아간 셈이다.	100%			5.	
6. 그렇다면 나는 인생의 패배자다.	100%			6.	
7. 결국 나는 쓸모없는 인간이다.	100%			7.	

일반적 자기패배 신념

성취	우울
1. **수행 완벽주의** 나는 결코 실패하거나 실수를 저질러서는 안 된다. 2. **지각(知覺)한 완벽주의** 내가 결점이 있거나 나약하다면 사람들이 나를 싫어하고 받아들이지 않을 것이다. 3. **성취 중독** 나의 인간으로서의 가치는 성취, 지력, 재능, 지위, 수입, 외모에 달려 있다.	13. **절망** 내 문제는 결코 해결할 수 없다. 내 인생은 결코 행복할 수도, 만족스러울 수도 없다. 14. **무가치함/열등감** 나는 기본적으로 무가치하고, 결점투성이고, 다른 사람에 비해 열등하다.

사랑	불안
4. **인정 중독** 나는 가치 있는 사람이 되기 위해 모든 사람으로부터 인정받아야 한다. 5. **애정 중독** 사랑받지 않으면 성취감이나 행복을 느낄 수 없다. 사랑받지 못하는 인생은 살 가치가 없다. 6. **거절공포** 상대가 나를 거절하면 나에게 문제가 있다는 뜻이다. 홀로 남겨진다면 비참하고 가치 없는 인간이라는 느낌이 들 것이다.	15. **감정적 완벽주의** 나는 항상 행복하고 자신감 넘치고 자제력을 갖춰야 한다. 16. **분노공포증** 분노는 위험하며 어떤 희생을 치러서라도 피해야 한다. 17. **감정공포증** 슬프고, 불안하고, 무능하고, 부럽고, 나약한 느낌이 들어서는 안 된다. 내 감정을 숨겨야 하며, 다른 사람에게 화를 내서는 안 된다. 18. **지각(知覺)한 자기애** 내가 신경을 쓰는 사람들은 바라는 게 많고, 영악하고, 영향력이 있다. 19. **들불 오류** 사람들은 똑같이 생각하고 행동한다. 누군가 나를 깔본다면, 말이 들불처럼 퍼져 모든 사람이 나를 깔보게 될 것이다. 20. **주목 오류** 사람들 앞에서 말하는 것은 밝은 스포트라이트 밑에서 행동하는 것과 같다. 능수능란하고 위트 있고 즐거운 인상을 주지 못하면, 그들은 나를 싫어할 것이다. 21. **마술적 사고** 충분히 고민한다면, 모든 일이 잘 풀릴 것이다.

굴종	
7. **비위 맞추기** 설사 내가 비참해지더라도, 항상 다른 사람의 마음에 들어야 한다. 8. **갈등공포** 서로 사랑하는 사람들은 결코 싸우거나 말다툼해서는 안 된다. 9. **자기비난** 인간관계에서 발생하는 문제들은 모두 내 탓이다.	

부담	기타
10. **타인비난** 인간관계에서 발생하는 문제들은 모두 상대방 탓이다. 11. **특권의식** 상대는 항상 내가 바라는 대로 나를 대해야 한다. 12. **진실** 나는 옳고 너는 틀렸다.	22. **좌절에 대한 인내 결여** 결코 좌절해서는 안 된다. 인생은 항상 쉽게 흘러가야 한다. 23. **슈퍼맨/슈퍼우먼** 나는 항상 강해야 하고, 약해져서는 안 된다.

8장

{ **자기패배 신념 고치기** }

자기패배 신념을 어떻게 바꿀 수 있을까? 이를 위한 3가지 단계를 소개한다.

1. **비용편익분석**: 자기패배 신념의 이익과 손해를 따져보는 단계로, 모든 작업의 첫 단계에 해당한다. 손해가 이익보다 크지 않다면 신념을 바꿀 생각이 들지 않을 것이다.
2. **신념 수정하기**: 자기패배 신념의 이익은 유지하면서 손해는 없애는, 새로운 신념으로 바꿀 수 있는지 확인하는 단계이다.
3. **신념 실험하기**: 자기패배 신념이 현실적이거나 효과가 있는지 알기 위해 실험을 해보는 단계이다. 이 과정을 통해 지적인 이해의 차원을 넘어 진정한 감정 변화를 이끌어낼 수 있다.

제1단계 비용편익분석

앞에 제시한 비용편익분석 표를 보라. 상단에 바꾸고 싶은 태도로, "나는 항상 완벽해지려 애쓴다"라는 신념이 적혀 있다. 이 신념이 갖는 이익은 무엇인가? 스스로에게 물어보라. "이런 태도가 나에게 어떤 도움을 줄 수 있을까? 이

완벽주의에 대한 비용편익분석

바꾸고 싶은 태도, 감정, 습관을 적으세요: 나는 항상 완벽해지려 애쓴다.

이 익	손 해

신념이 가져다줄 이익은 무엇일까?" 이익 항목에 떠오르는 것을 적어라. 그리고 이 신념이 나에게 어떤 손해를 끼치는지 자문해보라. 완벽해지려고 애쓸 때 생기는 손해는 무엇일까? 어떤 대가를 치러야 할까? 손해 항목에 완벽주의로 인한 손해를 적어라.

완벽해지려 애쓰는 태도의 이익과 손해, 자존감을 '완벽함'에 의지할 때 생기는 이익과 손해를 적어야 한다. 완벽한 상태의 이익과 손해를 적는 것이 아니다. 완벽한 상태라면 손해가 있을 리 없다. 따라서 선택 사항이 아닌 것이다!

비용편익분석 양식을 지금 바로 작성하라. 완벽해지려 애쓰는 태도의 이익과 손해를 모두 적어야 한다. 이 작업이 끝나면 하단의 빈 원에 점수를 기입하라. 점수의 합계가 100이 되어야 한다. 이익이 손해에 비해 크다면, 왼쪽 원의 점수가 오른쪽 원의 점수보다 높을 것이다. 커다란 이익 한 가지가 다수의 손해를 능가할 수 있고, 그 반대의 경우 역시 가능하다. 이 작업이 끝나면 151페이지의 완성된 비용편익분석 양식을 참조해보라.

151페이지의 비용편익분석 양식을 작성한 이는 완벽을 지향할 때 생기는 손해가 이익보다 많다고 생각해서 좌측 원에 35, 우측 원에 65를 적었다. 이 결과는 사람마다 다르다. 만약 이익의 점수가 더 크다면, 이 신념이 긍정적인 효과를 발휘하므로 바꾸거나 포기할 이유가 없다는 것을 의미한다. 반면 손해가 더 크다면, 긍정적인 효과가 없다는 뜻이다. 이럴 경우 신념을 바꿀 필요가 있다.

제2단계 신념 수정하기

자기패배 신념이 한편으로는 긍정적이고, 한편으로는 부정적인 양면성을 지닌다는 사실을 깨닫는다면 신념을 수정하는 것이 더 쉽다. 자신의 가치관이 완전히 비합리적이고 우스꽝스럽다고 생각하지 않아도 되고, 모든 신념을 포기할 필요도 없다. 단지 약간의 정신적 조율을 거치면 된다. 그러면 긍정적인 면을 유지하면서 자기패배 신념의 불리한 면을 제거할 수 있다.

완벽해지려고 애쓰는 태도의 손해가 이익보다 크다고 가정해보자. "나는 항상 완벽해지려 노력해야 한다"라고 말하는 대신 다른 말을 찾아보자. 잠깐 글에서 눈을 떼고 당신의 생각을 아래 공란에 적어보기 바란다.

완벽주의에 대한 비용편익분석

바꾸고 싶은 태도, 감정, 습관을 적으세요: 나는 항상 완벽해지려 애쓴다.

이 익	손 해
1. 더 열심히 일할 것이다. 2. 대단한 일을 할 때는 기분이 아주 좋다. 3. 평범한 인간이 되거나 이류 인생을 살기 싫다. 4. 높은 이상을 가진다는 것은 내가 매우 특별하고 재능이 넘치는 사람이며, 다른 사람에 비해 우수하다는 사실을 보여준다. 누구나 평범한 사람에게 완벽을 기대하지는 않는다. 5. 완벽주의의 정도로 자존감을 가늠할 수 있다. 6. 언제나 성실한 자세로 부지런히 일하면 다른 사람들이 나를 존경할 것이다.	1. 완벽주의는 나의 스트레스와 걱정의 원천이다. 2. 실패하거나 실수를 저지르면 비참하고 끔찍한 기분이 든다. 3. 완벽주의는 실패를 두려워하게 만들어서 창의력을 발휘하거나 위험을 감수하지 못하도록 방해한다. 4. 비판을 받으면 겁이 나고 방어적으로 변하므로 비판으로부터 어떤 것을 배우기 어렵다. 내 자존감은 항상 위태롭다. 5. 여유를 갖고 적당히 노력할 때 최상의 결과가 나오는 경우가 있다. 6. 나무에 신경을 쓰다보면 숲을 보지 못한다. 7. 완벽을 지향하고 매사에 불만을 가지면 사람들과 쉽게 어울리지 못한다. 8. 내 일을 자랑하기보다, 다른 사람들에게 관심을 가질 때 사람들에게 호감을 얻는다. 9. 모든 일이 벅차게 느껴져 시간을 끌게 된다. 10. 100% 완벽은 존재하지 않기 때문에 결코 성공했다는 느낌을 갖지 못한다. 항상 아쉬운 부분이 남는다.

35   65

해답

완벽주의 같은 자기패배 신념을 수정하는 방법은 많다. 예를 들어 다음과 같이 생각하는 것이다.

> 돋보이는 성과를 이루고 싶어 하는 것은 당연하다. 하지만 완벽해지려 한다면 엄청난 스트레스, 끊임없는 걱정과 실망 속으로 스스로를 몰아가게 된다. 실수를 저지르거나 목표에 미달하더라도 부끄럽거나 쓸모없다고 느낄 필요가 없다. 누구나 항상 아쉬운 구석은 있기 마련이다. 실수를 배움과 개인의 성장을 위한 기회로 받아들일 수 있다.

이런 태도를 취하면, 스트레스, 긴장, 자기 회의 말고는 아무것도 잃을 것이 없다. 여유를 찾게 되고, 생산성과 창의력이 늘어나며, 자존감이 위기를 겪지 않게 된다.

제3단계 신념 실험하기

자기패배 신념을 수정하면 생각이 바뀌면서 의지할 대상이 생긴다. 하지만 의식 깊은 곳에서는 여전히 자기패배 신념이 진실이라는 믿음을 버리지 못할 수 있다. 예컨대 완벽주의가 자신을 우울하고 불안하게 만든다는 사실을 깨달아도 여전히 완벽해지려 노력해야 한다고 느낄 수 있다. 목표에 미치지 못할 때마다 스스로를 자학하는 습관을 멈춘다면 뭔가 더 끔찍한 일이 벌어질 것이라 믿고 있을 수도 있다. 제3단계는 근본적인 변화를 유도한다. 자기패배 신념이 실제로 긍정적인 효과가 있는지 알기 위해 자기패배 신념을 실험해보는 것이다.

『필링 굿 핸드북』에서 나는 만성불안에 시달리는 의대 교수 네이트의 사례를 소개했다. 그는 언제나 낮은 자존감과 열등하다는 느낌에 시달렸다. 어느 날 네이트는 나에게 이력서 한 부를 가져왔다. 나는 그의 이력서를 보고 입이 떡 벌어졌다. 학술논문, 수상 경력, 세계적인 학술회의에서 맡았던 기조연설을 열거한 이력서는 60페이지가 넘었다. 나는 이렇게 훌륭한 성취에도 불구하고 어떻게 네이트가 자존감이 부족할 수 있는지 의아했다. 이에 대해 묻자 그는 이력서를 볼 때마다 침울해지고, 동료 학자들의 연구성과가 자신의 것에 비해 훨씬 정밀하고 중요해 보인다고 말했다. 그는 자신이 쓴 논문이 '가볍고', 강력한 실험실 연구보다는 이론적인 작업들로만 구성되어 있다고 고백했다.

네이트가 말했다. "번즈 박사님, 내가 아무리 많은 성취를 이루더라도, 별 볼일 없어 보여요. 가장 높은 산의 꼭대기를 향해 끊임없이 올라가고 있는 느낌이에요. 정상에 도착해도 성취감을 느끼기보다는 멀리 더 높은 산이 보이고 다시 그 산을 올라야 한다는 생각에 가슴이 무너져요. 노력의 대가를 어디에서 찾을 수 있을까요? 보상을 받을 수 있는 날은 언제일까요?"

분명 완벽주의는 네이트의 자기패배 신념 중 하나였다. 그는 스스로 이렇게 생각했다. "무엇이든 완벽하게 하지 못하면, 하지 않느니만 못하다." 그는 이런 태도가 자신의 인생을 비참하게 만들고 있다는 사실을 알고 있었지만 떨쳐내기가 어려웠다. 그는 완벽주의를 버리면 인생이 평범해질 수밖에 없다고 생각했다.

나는 네이트에게 이런 신념을 실험하기 위해 '기쁨 – 만족 양식'을 이용해보자고 제안했다. 155페이지의 양식처럼, 나는 그에게 양식의 맨 위에 "무엇이든 완벽하게 하지 못하면, 하지 않으니만 못하다"라는 신념을 적으라고 했다. 그리고 왼쪽 항목에 즐겁고, 뭔가를 배울 수 있고, 개인적 성장을 고취하고, 성취를 안겨줄 수 있는 몇 가지 활동을 적어보라고 지시했다. 나는 그에게 업무에만 국한시키지 말고 범위를 넓혀 여러 가지 활동을 포함시켜도 좋다고 말했다.

그리고 그에게 각각의 활동이 얼마나 만족스럽고, 보람 있는지를 예측한 다음 0%(전혀 만족스럽지 않음)에서 100%(가장 만족스러움)까지 점수를 매겨보라고 했다. 각 활동을 하기 전에 예측 점수를 적고, 각 활동을 마치고 나서 실제로 얼마나 만족스럽고 보람을 느꼈는지 다시 점수를 매겼다.

나는 네이트에게 0%(전혀 하지 않음)에서 100%(완벽하게 수행함)까지 각 활동을 얼마나 완벽히 수행했는지 점수를 배분해보라고 주문했다. 이 방법을 통해 그는 다음과 같은 사항들을 발견할 수 있었다.

- 상황을 그 자체로 즐겼다면, 완벽하게 수행한 것이라는 사실
- 예측한 만족 수준과 실제의 만족 수준의 차이
- 가장 보람 있는 활동, 가장 보람 없는 활동

다음 주에 네이트는 몇 가지 재미있는 결과를 나에게 보여주었다. 그가 선정한 활동 중에는 신입생들에게 환영 강의를 하는 일이 들어 있었다. 네이트는 의대에서 가장 카리스마가 넘치는 교수로 인정받았다. 따라서 이 강의는 해마다 네이트의 몫이었다.

네이트는 강의가 70% 정도 만족스러울 것이라 예상했으나, 실제의 만족도는 20%에 불과했다. 알 수 없는 일이었다. 왜냐하면 그는 30초의 기립박수를 받았기 때문이다. 또한 그는 강의의 완성도에 90%의 점수를 매겼다.

나는 만족도가 왜 이처럼 낮으냐고 물었다. 네이트는 자신은 항상 기립박수를 받기 때문에 으레 시간을 재본다고 대답했다. 지난해에는 그의 강의가 끝난

후 학생들이 1분 넘게 기립박수로 환호했지만, 올해는 겨우 30초에 지나지 않았다. 네이트는 실망했고 자신이 한물간 것이 아닌지 걱정하기 시작했다.

나는 이런 생각이 들었다. '잠깐, 나도 강의하러 다니잖아. 난 기립박수를 받은 적이 한 번도 없는데, 이 사람은 기립박수를 겨우 30초 받았다고 불평이네!'

네이트의 '기쁨 – 만족 양식' 두 번째 항목 또한 흥미로웠다. 토요일 오후, 네이트가 화장실 바닥을 보니 배수관이 망가져 물이 차 있었다. 그는 배관공을 부

기쁨 – 만족 양식─네이트

신념: 무엇이든 완벽하게 하지 못하면, 하지 않느니만 못하다.

활동	예상 만족도 (0%~100%)	실제 만족도 (0%~100%)	완성도 (0%~100%)	비고
1. 의대 신입생들에게 환영 강의를 한다.	70%	20%	90%	나는 늘 기립박수를 받는다. 하지만 이번에는 학생들이 겨우 30초밖에 기립박수를 치지 않았다.
2. 화장실의 배관을 수리한다.	10%	100%	5%	시간이 오래 걸리고, 많은 실수를 저질렀지만 결국에는 해냈다!
3. 아들과 스쿼시를 친다.	75%	90%	40%	특별히 잘하지는 못했으나 즐거운 시간을 보냈다.
4. 조깅을 한다.	50%	85%	50%	일상적인 조깅에 불과했지만, 어쨌든 해냈다.
5. 아이스크림을 먹으러 가족과 시내로 나간다.	60%	90%	50%	가족들 모두 즐거운 시간을 보냈다.
6. 학술 저널에 기고할 논문 초안을 준비한다.	50%	50%	75%	흥미로운 논문 같아 보이지는 않아도, 그럭저럭 윤곽은 나왔다.
7. 토요일에 아내와 함께 숲속을 거닌다.	50%	100%	25%	두 사람 모두 경보 선수는 아니지만, 즐거운 시간을 보냈다.

르지 않고 직접 고쳐보기로 마음먹었다. 그의 예상 만족도는 10%에 지나지 않았다. 집기를 수리하는 데 별로 소질이 없고 한 번도 배관 공사를 해본 경험이 없었기 때문이다.

그는 근처 철물점 몇 군데를 돌아다니며 도구와 부품을 구입하고 어떻게 고치는지 배우느라 밤 10시까지 배관을 고치지 못했다. 그는 배관공이 왔으면 5분 만에 수리를 마쳤을 거라고 말하며 완성도 수치에 5%의 점수를 매겼다. 하지만 이 활동에 대한 만족도 수치는 100%였다. 정말 그는 기분이 들떠 있었다. 네이트는 그가 몇 년 동안 한 일 중에 이 일이 가장 만족스러웠다고 말했다.

나는 이렇게 말했다. "네이트, 당신의 문제는 직업을 잘못 선택한 것이었네요. 당신 직업으로는 배관공이 안성맞춤이에요!"

네이트의 실험결과는 '완벽하게 하지 않으면 하지 않느니만 못하다'라는 신념과는 배치되었다. 그는 지금까지 몰랐던 많은 것들에서 만족을 느낄 수 있다는 사실을 알게 됐다. 후끈한 여름날 저녁에 가족들과 나가서 아이스콘을 사 먹는 일이라든가, 아내와 숲속을 거닐거나 아들과 스쿼시를 치는 일이었다. 아내는 세계적인 자전거 선수가 아니며, 아들 또한 스쿼시 세계 챔피언이 아니었다. 네이트 또한 마찬가지였다.

이런 실험은 네이트의 자존감과 직장생활에 상당한 영향을 미쳤다. 네이트는 더 이상 자신이 매사를 완벽하게 처리하려 노심초사하지 않게 되었고, 불안감과 열등감이 줄어들고, 생산성이 증가했다고 말했다.

당신의 자기패배 신념은 네이트의 것과 다를 수 있다. 하지만 자기패배 신념을 고치고 실험하는 기초 과정은 비슷할 것이다. 당신에게 문제를 유발한다고 생각되는 자기패배 신념을 확인했다면, 비용편익분석을 시도할 수 있다. 신념의 손해가 이익보다 크다면, 이익을 유지하면서 손해를 제거하도록 신념을 수정해보라. 또한 신념이 진실인지 알기 위해 실험을 해볼 수 있다. 어느 유형의 실험을 시도하느냐는 어떤 신념을 대상으로 실험하는지, 어떤 상황이 기분을 망가뜨리는지에 따라 다르다. 1장에서 변호사 제프리는 단 한 번 소송에서 진 사실을 10명의 동료에게 이야기했다.

자기패배 신념을 수정하는 3단계를 연습해보자. 다음 목록에서 흥미롭다고 생각하는 자기패배 신념 하나를 골라보라.

애정 중독(158페이지). 나는 사랑받지 못하면 참된 행복과 성취감을 느낄 수 없다. 거절당하거나 혼자 남겨진다면, 비참한 기분, 쓸모없는 인간이 된 기분이 들 수밖에 없다.

지각(知覺)한 완벽주의(159페이지). 내가 결점투성이라는 사실을 알면 사람들이 나를 사랑하거나 존경하지 않을 것이다.

특권의식/비난(160페이지). 사람들은 내 기대를 벗어나지 않아야 한다.

당신이 선택한 신념을 비용편익분석 양식에 적어라. 158페이지 등의 비용편익분석 빈 양식을 사용하면 된다. 해당 신념이 자신에게 어떤 도움과 고통을 주는지 질문해보라. 생각할 수 있는 모든 이익과 손해를 열거하고, 어떤 감정이 우세한지 동그라미에 점수를 기입하라. 양쪽 점수의 합은 100이어야 한다.

먼저 애정 중독을 해결하는 과정을 연습해보자. 해당 신념의 이익과 손해를 적어라. 자존감과 행복을 타인의 사랑에 의지하는 것의 이익과 손해를 적어야 한다. 사랑받는 것의 이익과 손해를 적어서는 안 된다. 사랑받는 일은 손해가 없다. 최소한 내가 알기로는 그렇다.

하지만 다른 사람으로부터 사랑받는 일에 자존감을 의지한다면, 긍정적 결과뿐 아니라 부정적 결과도 많이 나타날 것이다. 긍정적인 면을 예로 들면, 사랑받는다고 느끼면 기분이 좋아지는 것이다.

부정적인 면을 예로 들면, 거절당하면 비참한 기분이 들고 너무 애정에 굶주린 것처럼 보이면 사람들이 오히려 자신을 멀리할 수 있다는 것이다. 더 많은 이

비용편익분석—애정 중독

바꾸고 싶은 태도, 감정, 습관을 적으세요: 나는 사랑받지 못하면 참된 행복과 성취감을 느낄 수 없다.
거절당하거나 혼자 남겨진다면, 비참하고 쓸모없는 인간이 된 기분이 들 수밖에 없다.

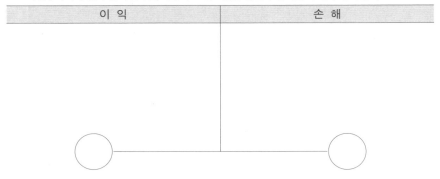

이 익	손 해

비용편익분석—애정 중독

바꾸고 싶은 태도, 감정, 습관을 적으세요: 나는 사랑받지 못하면 참된 행복과 성취감을 느낄 수 없다.
거절당하거나 혼자 남겨진다면, 비참하고 쓸모없는 인간이 된 기분이 들 수밖에 없다.

이 익	손 해
1. 사랑받는다고 느끼면 기분이 좋아진다. 2. 참된 행복과 자존감이 타인의 사랑에서 비롯된다고 믿으면, 행복해지기 위한 책임을 내가 떠맡을 필요가 없다. 3. 대부분의 사람들은 사랑받지 못하면 참된 행복과 성취감을 느끼지 못할 것이라 생각한다. 따라서 많은 사람들이 나와 비슷한 신념을 품을 것이다. 4. 이런 신념은 꼭 진짜 같다. 따라서 나는 정직한 사람이라는 느낌이 든다. 5. 나 스스로 '사교적인 사람'이 되어 다른 사람들이 나를 좋아하도록 열심히 노력할 수 있다. 6. 불행한 원인을 남 탓으로 돌릴 수 있다. 7. 누군가 나를 거부하면 피해자가 된 것 같고 나 자신을 연민할 수 있다. 8. 이런 신념은 사람들과 만나 어울리도록 나를 자극할 것이다. 9. 내 마음을 훔치고 꿈을 현실로 만들 왕자(혹은 공주)님을 떠올리면 로맨틱하고 흥분된다.	1. 혼자 있으면 우울하다. 2. 애정에 굶주린 사람처럼 보이면 사람들이 나를 멀리할 것이다. 3. 거절당하면 비참한 기분이 든다. 4. 다른 사람들과 충돌하거나 의견이 다르면 과도하게 예민해진다. 가만히 듣기보다는 방어하려 든다. 위협을 느끼기 때문이다. 자존감 또한 항상 위태롭다. 5. 상대방을 졸라서 자존감을 찾을 수 있다고 믿는다면, 스스로 해결할 수 있는 것을 남이 대신 해주기를 바라게 된다. 6. 내 기분과 자존감을 남들이 좌지우지하게 될 것이다. 7. 항상 다른 사람을 바라보고 있어야 하는 열등한 지위에 처하게 된다. 나보다 강한 사람들은 나를 존중하지 않을 것이다.

비용편익분석—지각한 완벽주의

바꾸고 싶은 태도, 감정, 습관을 적으세요: 내가 결점투성이라는 사실을 알면 사람들이 나를 사랑하거나 존경하지 않을 것이다.

이 익	손 해

비용편익분석—지각한 완벽주의

바꾸고 싶은 태도, 감정, 습관을 적으세요: 내가 결점투성이라는 사실을 알면 사람들이 나를 사랑하거나 존경하지 않을 것이다.

이 익	손 해
1. 사람들의 눈에 들기 위해 열심히 일하게 된다. 2. 사람들은 승자를 좋아한다. 따라서 내가 일을 잘하면 사람들이 나를 존경할 것이다. 3. 내 기분을 다른 사람과 나누거나 내면의 느낌을 말하지 않아도 된다. 4. 거절당할 위험을 감수하지 않아도 된다. 5. 내 약점을 숨기고 나를 잘 포장할 수 있다. 6. 희생자라는 느낌을 가질 수 있다. 비판적인 사람들이 나를 있는 그대로 받아들이지 않는 것에 불만을 품을 수 있다. 7. 침착하고 절제된 사람으로 보일 수 있다. 8. 정직한 사람, 인생의 진리를 아는 사람이라는 느낌이 든다. 사람들은 일을 망친 사람들을 거부하기 때문이다.	1. 사랑받으려면 완벽해야 한다는 생각이 든다. 2. 다른 사람을 진솔하게 대할 수가 없다. 3. 누군가 나를 비난하면 방어적으로 변한다. 내가 항상 옳아야 한다고 느끼기 때문이다. 사람들이 내가 그들의 말을 듣지 않는다고 느껴 실망할 것이므로 갈등이 생길 것이다. 4. 사람들은 진정한 내 모습을 모를 것이다. 5. 다른 사람이 주변에 있을 때마다 불안하다. 6. 사람들과 거리감을 느낀다. 7. 내가 바라는 정도의 친밀한 관계를 형성하지 못할 것이다. 8. 실제로는 너그러운 사람들인데, 그들을 무시하거나 오해할 수 있다. 9. 항상 완벽한 모습을 유지하려면 엄청나게 많은 시간과 에너지가 소요된다. 진이 빠진다. 10. 내가 기분에 따라 행동하고 풀어진 모습을 보일 때 사람들이 나를 더 좋아한다. 11. 솔직히 사람들이 비판적이고 많은 것을 요구한다는 사실이 싫다.

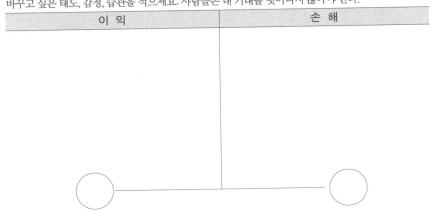

비용편익분석—특권의식/비난

바꾸고 싶은 태도, 감정, 습관을 적으세요: 사람들은 내 기대를 벗어나지 않아야 한다.

이 익	손 해

비용편익분석—특권의식/비난

바꾸고 싶은 태도, 감정, 습관을 적으세요: 사람들은 내 기대를 벗어나지 않아야 한다.

이 익	손 해
1. 도덕적으로 우월한 기분을 느낄 수 있다. 2. 사람들과 거리를 유지할 수 있다. 사람들과 가깝게 지내지 않아도 된다. 3. 대인관계의 문제를 남 탓으로 돌릴 수 있다. 4. 내가 문제에 어떤 책임이 있는지 살피지 않아도 된다. 5. 이런 신념은 내가 상처받지 않도록 도와준다. 일이 뜻대로 되지 않을 때 상처를 받거나 실망하는 대신 화를 낼 수 있다. 6. 내가 옳고 다른 사람이 틀렸다는 확신이 든다. 7. 복수나 공격적 행동을 정당화하는 환상을 품을 수 있다. 8. 분노를 품으면 힘을 느낄 수 있고, 흥분된다. 존재 가치를 느낄 수 있다. 9. 친구들에게 다른 사람이 얼마나 얼간이이고 패배자인지 말해줄 수 있다. 10. 나 자신을 변호하고 다른 사람이 나를 괴롭히도록 방어할 수 있다.	1. 항상 화가 나고, 좌절하고, 스트레스를 받아지친다. 2. 내가 항상 옳아야 하므로 갈등과 대립을 풀기 어렵다. 상대방을 방어적으로 만들 것이다. 3. 친구들이 나의 부정적인 태도와 불평 때문에 내게 등을 돌릴 것이다. 4. 항상 냉소적이고 시큰둥한 기분일 것이다. 5. 기쁘거나 창조적인 기분을 느끼지 못할 것이다. 6. 분노는 사람을 지치게 만든다. 7. 다른 사람을 비난하기 시작하면 그들 또한 완고해질 것이므로 결국 나만 손해다. 그들은 모든 게 내 탓이라고 주장할 것이다. 8. 적이 많아질 것이다. 9. 고혈압이나 심장마비와 같은 건강 문제가 생길 것이다. 10. 아무리 화를 내고, 기대한다고 해도 세상은 내 생각대로 흘러가지 않을 것이다.

익과 손해가 분명히 떠오를 것이다. 당신만의 분석을 작성하고 나서 하단에 있는 완성본 비용편익분석을 검토해보라. 일부러 점수를 매기는 두 칸을 공란으로 남겨두었다. 왜냐하면 이 평가는 매우 주관적이므로 정답이 없기 때문이다. 이 작업을 마치면 문제를 유발하는 자기패배 신념을 어떻게 바꿀지 논의할 수 있다.

비용편익분석에 익숙해지면, 다른 자기패배 신념들도 시도해보고 싶은 생각이 들 것이다. 이로부터 많은 것을 배울 수 있다. 당신의 신념에 따른 이익과 손해가 한두 가지가 아니라는 사실을 알면 매우 놀랄 것이다.

신념으로 인한 손해가 이익에 비해 크다고 가정해보자. 이런 경우 손해가 사라지도록 신념을 수정할 수 있다. "나는 사랑받지 못하면 참된 행복과 성취감을 느낄 수 없다. 거절당하거나 혼자 남겨진다면, 비참하고 쓸모없는 인간이 된 기분이 들 수밖에 없다" 같은 애정 중독 신념을 수정할 수 있는지 알아보자. 당신이 직접 수정해본 신념을 아래 공란에 적어보라.

....

....

....

....

해답

좋은 실례 하나를 소개한다.

다른 사람에게 의지하면, 상대가 나를 거절했을 때 세상이 무너지는 기분이 든다. 따라서 행복한 기분을 느끼고 존재 가치를 찾기 위해 다른 사람에게 기대는 것은 현명하지 못한 일이다. 나아가 내가 지나치게 애정에 굶주린 사람처럼 보이면 사람들이 나를 멀리하고 인간관계를 망치게 될 것이다. 사랑하는 사람과 같이 있는 것은 행복한 일이다. 하지만 스스로의 힘으로 뭔가를 하는 것도 이에 못지않게 보람 있는 일이다.

다음과 같이 신념을 수정하는 것도 효과가 있을 것이다.

상대에게 의지하지 않아도 사랑하는 관계를 만들 수 있다. 다른 사람으로부터 사랑받는다고 해서 내가 가치 있는 인간이 되는 것은 아니며, 거절당한다고 해서 쓸모없는 인간이 되는 것도 아니다. 누군가 나에게 화가 나 있다면, 그들이 어떻게 느끼는지 알아보거나 내 행동으로 인해 그들이 짜증나거나 기분이 상했는지 물어볼 수 있다. 무엇이든 대화를 시도하면 더 친밀해질 수 있다. 상대방이 대화를 거절하고 나를 거부한다면 실망스럽겠지만 그것이 세상의 끝은 아니며, 내가 쓸모없는 인간이 되는 것도 아니다. 실상은 상대방이 그 편에 더 가깝다.

자기패배 신념을 수정하면, 창조성과 개성을 더 많이 펼칠 수 있다. 가치관과 신념을 포기할 필요 없이, 어려운 상황이 닥쳐도 굴하지 않는 굳세고 현실적인 가치관을 형성할 수 있을 것이다.

일단 신념을 수정하면, 여기에서 나아가 신념을 근본적으로 바꾸고 싶어질 것이다. '나는 사랑받지 못하면 참된 행복과 성취감을 느낄 수 없다. 거절당하거나 혼자 남겨진다면, 비참하고 쓸모없는 인간이 된 기분이 들 수밖에 없다' 같은 신념이 실제로 도움이 되는지 알아보려면 어떤 실험을 해야 할까? 당신의 생각을 아래에 적어보라.

혼자 하는 실험과 상대가 있는 실험을 계획할 수 있다. 그 다음 얼마나 보람 있고 만족스러운지 양자를 비교해본다. 이 실험을 할 때 164페이지의 '즐거움 예측 양식'을 이용하라. 상단에 실험하고자 하는 신념을 미리 적어두었다. 좌측 '활동' 항목에 즐거움, 배움, 성장을 위한 여러 가지 활동을 적어라. 조깅이나 책상을 정리하는 일처럼 혼자 할 수 있는 활동과, 영화를 보거나 친구와 산책하는 것처럼 다른 사람들과 함께하는 활동을 모두 적어야 한다. '친구' 항목에는 활동을 같이하고 싶은 사람을 적으면 된다. 혼자 할 계획이라면, '나'라고 적어라. '혼자'라고 적으면 안 된다. 왜냐하면 나는 혼자가 아니기 때문이다. 나는 항상 나와 함께 있는 것이다.

'예상 만족도' 항목에서, 각 활동이 얼마나 만족스럽고 보람 있을지 0%에서 100%까지 점수를 매겨보라. 각 활동을 하기에 앞서 이 항목을 기입해야 한다. 각 활동을 마친 다음에 '실제 만족도' 항목에 실제로 얼마나 만족스러웠는지 같은 방식으로 점수를 매겨보라.

이렇게 하면 실제로 느낀 만족도와 예측했던 만족도를 비교할 수 있다. 종종 많은 활동이 생각했던 것보다 훨씬 보람 있고 만족스럽다는 사실이 드러날 것이다. 이 사실을 발견하면 훨씬 더 의욕이 생길 것이다. 혼자 할 때와 사람들과 같이할 때 만족도가 어떻게 다른지를 비교해볼 수도 있다. 혼자 있는 순간이 가장 행복했다는 사실을 발견할 수도 있다.

다른 사람과 어울리는 일이 중요하지 않다는 것이 아니다. '즐거움 예측 양식'은 자신의 행복이 다른 사람에게 달려 있는 것이 아니라는 사실을 보여줄 수 있다는 뜻이다. 이런 사실을 깨달으면 자존감을 다른 사람에게 의지하지 않게 되며, 오히려 다른 사람들과 더 만족스러운 관계를 맺을 수 있다.

즐거움 예측 양식

신념: 나는 사랑받지 못하면 참된 행복과 성취감을 느낄 수 없다. 거절당하거나 혼자 남겨진다면, 비참하고 쓸모없는 인간이 된 기분이 들 수밖에 없다.

활동 즐거움, 배움, 개인적 성장을 추구할 수 있는 활동을 계획한다.	친구 혼자 할 계획이라면 '나'라고 적는다.	예상 만족도 (0%~100%) 활동하기 전의 만족도	실제 만족도 (0%~100%) 활동한 후의 만족도

9장

{ 만약에 기법 }

'하방 화살표 기법'은 불안증, 우울증, 대인관계 문제에 약점을 노출시키는 자기패배 신념을 정확히 골라내는 데 도움이 된다. 한편, '만약에 기법'은 불안증을 유발하는 끔찍한 환상을 발견하는 데 도움이 된다. 이런 환상에 대면하면, 영원히 두려움을 물리칠 수 있다.

　남편과 이혼한 크리스틴은 9살, 11살 난 두 아들과 함께 필라델피아에서 살고 있었다. 그녀는 좋은 집안에서 태어났고 봉사활동에 열심이었다. 하지만 그녀는 오랫동안 광장공포증에 시달렸고 아이들이나 친한 친구 없이는 집 밖으로 나가기가 힘들었다.

　나는 그녀가 두려움을 갖는 대상이 무엇인지 알기 위해 그녀에게 '오늘의 기분 일지'를 채워보라고 주문했다. '오늘의 기분 일지' 상단에 그녀가 기재한 문제적 사안은 '혼자 가게에 간다'였다. 그녀는 단지 그것만으로 우울하고, 불안하고, 죄스럽고, 부끄럽고, 모자라고, 쓸쓸하고, 당황스럽고, 의욕이 없고, 패배자가 된 듯한 기분에 휩싸였다. 크리스틴은 다음과 같은 주문을 외우고 있었다. "가게에 혼자 걸어 들어가면 뭔가 끔찍한 일이 일어날 것 같아."

　나는 '만약에 기법'을 이용해 그녀의 두려움을 파헤쳐보기로 했다. 이 기법은 '하방 화살표 기법'과 유사하지만 특히 불안증에 초점을 맞추고 있다. '오늘의 기분 일지'에 적은 부정적인 생각 가운데 하나를 골라 바로 밑에 아래쪽을 향하는 화살표를 그린다. 그리고 스스로에게 이렇게 질문해보라. "이 생각이 진실이라면 발생 가능한 최악의 상황은 무엇일까? 내가 가장 무서워하는 대상은 무엇일까?"

새로운 환상이 당신의 의식을 파고들 것이다. 화살표 아래에 새로 떠오른 환상을 적은 다음, 그 밑에 또 다른 화살표를 그려라. 동일한 질문을 계속해보라. "이 일이 일어난다면 어떻게 될까? 내가 가장 무서워하는 대상은 무엇일까?" 이를 몇 번 반복한다면, 두려움을 유발하는 환상의 핵심에 다다를 수 있을 것이다.

나는 크리스틴에게 부정적인 생각을 적고 그 밑에 하방 화살표를 그려보라고 주문하며 질문했다. "혼자 가게에 걸어 들어가려 마음먹었다고 가정해봅시다. 발생 가능한 최악의 상황은 무엇일까요? 무엇이 가장 두려운가요?"

크리스틴은 "나도 모르게 인도에 손수건을 떨어뜨릴 수도 있어요"라고 대답했다. 나는 그녀에게 170페이지처럼, 자신의 생각을 직접 화살표 밑에 써넣은 다음, 그 밑에 또 화살표를 그리라고 지시했다. 크리스틴과의 대화를 소개한다.

번즈 박사: 가정해봅시다. 가게로 걸어가다가 손수건을 떨어뜨렸어요. 무슨 일이 일어날까요? 뭐가 가장 두려운가요?

크리스틴: 음, 내가 손수건을 떨어뜨린 곳에서 끔찍한 범죄가 일어날 수도 있겠죠. 그곳에서 살인사건이 일어날 수도 있잖아요.

번즈 박사: 좋아요. 그 생각을 화살표 밑에 적고, 그 밑으로 화살표를 또 그리세요. 실제로 그런 일이 벌어졌다고 상상해봅시다. 손수건을 떨어뜨린 장소에서 살인사건이 일어났어요. 그 다음에는요? 그 다음으로 뭐가 가장 두렵나요?

크리스틴: 경찰이 범죄현장에서 손수건을 발견하고 나를 추적할 거예요. 예를 들어 DNA 샘플링 조사를 할 수도 있겠죠.

번즈 박사: 좋아요. 그 생각을 아래에 적고 그 밑으로 또 화살표를 그리세요. 경찰이 당신의 손수건을 발견했다고 가정해봅시다. 그 다음에는요?

크리스틴: 경찰이 내가 범인이라 단정하고 나를 체포할 거예요. 나는 혼자 있었기 때문에 알리

바이를 댈 수 없을 거예요.

번즈 박사: 좋아요. 경찰이 당신을 체포하고 심문해서 알리바이가 없다는 사실이 드러났어요.

그럼 어떻게 될까요? 뭐가 가장 두렵나요?

크리스틴: 나를 재판에 넘기고 살인죄로 기소하겠죠.

만약에 기법—크리스틴

부정적인 생각	이전 (%)	이후 (%)	왜곡	긍정적인 생각	믿음 (%)
1. 가게에 혼자 들어가면 뭔가 끔찍한 일이 생길 것 같다.	100%				
2. 나도 모르게 인도에 손수건을 떨어뜨릴지도 모른다.	100%				
3. 내가 손수건을 떨어뜨린 장소에서 살인사건과 같은 끔찍한 범죄가 일어날 수도 있다.	100%				
4. 손수건을 찾은 경찰이 나를 추적할 수도 있다.	100%				
5. 경찰은 나를 범인으로 지목하고 체포할 것이다.	100%				
6. 나는 살인죄로 기소될 테고 여생을 감옥에서 보내게 될 것이다.	100%				
7. 내 두 아들이 엄마 없이 혼자 크게 될 것이다.	100%				

번즈 박사: 그 다음에는요?

크리스틴: 남은 일생을 감옥에서 보내게 되겠죠.

번즈 박사: 일생을 감옥에서 보내고 싶은 사람은 아무도 없을 거예요. 하지만 감옥에서 사는 것
이 당신에게 어떤 의미를 갖는지 말해주겠어요? 왜 감옥에 갇히는 게 그토록 두려운 거
죠?

크리스틴은 이렇게 말했다. "내 아들들이 엄마 없이 혼자 크게 될 거예요. 두 아들을 생각하면 내가 감옥에 있어서는 안 돼요." 그녀는 울기 시작했다. 그제야 우리는 공감을 이룬 것 같았다.

한참을 울고 나서, 나는 크리스틴에게 이런 공포에 대해 좀 더 말해달라고 부탁했다. 물론 그 어떤 어머니도 감옥에 갇힌 채 아이들과 떨어지기를 원하지 않는다. 하지만 크리스틴의 가정은 몹시도 비현실적이었다. 그녀는 왜 그토록 아들을 걱정한 걸까?

크리스틴은 올해 11살이 된 아들 톰이 학교에서 말썽을 피운다고 고백했다. 게다가 이웃들이 누군가 밤에 유리창을 깨고 다닌다고 경찰에 민원을 넣었다. 며칠 후, 경찰은 옆집 유리창에 돌을 던지고 있는 톰을 잡아 자백하지 않으면 소년원에 보내버리겠다고 겁을 줬다. 또한 크리스틴은 학교로부터 톰이 성적은 바닥이고, 싸움질만 하러 다닌다는 연락을 받았다. 그녀는 톰에게 화가 났지만, 법적인 이유를 들이밀고 싶지는 않았다. 그녀는 톰을 사랑과 말로 교육하려 했다. 하지만 그녀의 방식은 별 효과가 없었다. 크리스틴은 전남편이 두 아들을 망쳐 놓았다고 생각했고, 아이들의 버릇을 고치려 안간힘을 쓰는 자신에게 아무런 도움을 주지 않아 몹시 좌절했다. 하지만 착한 크리스틴은 분쟁을 일으키는 게 싫어 이런 감정을 표현하지 못했다.

크리스틴의 두려움 이면에는 특정한 감정이 숨어 있었다. 그녀는 아무 죄 없이 억울하게 기소되는 일을 상상했다. 하지만 내면에서는 톰이 정말 범죄자가

되지 않을까 두려웠다. 그녀는 아들에게 화가 났음에도 한편으로는 죄의식을 느끼고 있었다. 그래서 환상 감옥에 갇힌 사람은 크리스틴 자신이었다. 이는 동시에 그녀가 톰을 벌주는 방식이었다. 어머니가 감옥에 갇히면 톰은 혼자 커야 했기 때문이다.

정신분석학자들은 이를 가리켜 '마조히즘적 해답'이라 부른다. 달리 말하면, 스스로를 혹독히 벌주는 방식으로 다른 사람을 벌주는 것이다.

크리스틴이 억지로 분노를 감추자, 이 분노는 무서운 환상으로 탈바꿈해 수면 위로 떠올랐다. 분노를 아무리 외면하려 해도, 외면당한 분노는 항상 간접적으로 드러나기 마련이다. 불안증은 우리가 내면에서 진정으로 느낀 것이 상징적으로 드러난 결과다.

크리스틴과 나는 엄격함을 잃지 않으면서도 사랑을 담아 톰을 훈육할 방법이 없을지 논의했다. 무른 성격 탓에 자신이 엄하게 자식을 키우지 못한다는 사실을 알고 있었던 크리스틴은 이 기법을 몹시 배우고 싶어 했다. 내가 크리스틴에게 전남편과 더 효과적으로 의사소통할 수 있는 방법을 알려주자, 두 사람은 다투지 않고 협심해 톰의 문제에 대처할 수 있었다. 그러면서 크리스틴은 사람을 대하는 기술과 자신감을 향상시켜 나갔다. 톰의 선생님은 톰의 품행이 개선되고 성적도 많이 올라갔다고 알려주었다. 몇 달 후에 톰은 반장에 당선되었다.

이면의 문제 일부를 해결했지만, 크리스틴은 여전히 홀로 집 밖으로 나서기를 두려워했다. 그녀가 다시 이런 두려움에 맞닥뜨리는 것은 시간문제였다. 나는 그녀에게 토요일 아침에 혼자 집 밖으로 나가서 집에서 몇 블록 떨어진 공원 벤치에 앉아 있으라고 지시했다. 그리고 시간이 아무리 많이 걸려도 불안증이 사라지거나 상당히 좋아질 때까지 걸음을 멈추지 말라고 강조했다. 또한 노트를 들고 가서 몇 분 간격으로 불안증이 얼마나 심하게 나타나는지 0%(전혀 불안하지 않음)에서 100%(극도로 불안함)까지 점수를 매겨보라고 말했다. 점수 외에 떠오르는 무서운 생각이나 환상도 적게 했다. 이 방법을 '자기 모니터링 기법'이라 부른다.

크리스틴은 이 과제가 너무나 무섭지만, 광장공포증을 극복하기로 마음먹었기에 시도해보겠다고 했다. 나는 그녀에게 불안이 시작되면 정신을 집중해야 할 일을 정해서 몰두함으로써 불안감을 떨쳐낼 수 있다고 알려주었다. 크리스틴은 그런 상황에 대비해 루빅스 큐브를 가져가겠다고 말했다.

대망의 날이 밝았다. 크리스틴은 혼자 공원으로 가 벤치에 앉았다. 불안 수치는 90%에 달했고 그녀는 자신이 체포되어 감옥에 갈지도 모른다는 환상에 휩싸였다. 하지만 그녀는 일어나지 않고 불안감을 참으며 20분간을 버텼다.

갑자기 15미터 앞에 경찰관이 보였다. 그녀의 불안 수치는 100%까지 치솟았고 집으로 도망치고 싶다는 충동이 일어 견딜 수가 없었다. 하지만 아무리 불안해도 자리를 뜨지 않겠다고 약속했기에 고개를 푹 숙이고 눈에 띄지 않으려 안간힘을 쓰며, 경찰관을 흘끔흘끔 보면서 그가 멀리 가버리기를 필사적으로 바랐다.

경찰관은 멀리 가기는커녕 몸을 돌려 천천히 그녀 쪽으로 다가왔다. 이 상황이야말로 공포 그 자체였다! 그녀는 루빅스 큐브를 꺼내 맞추기 시작했다. 하지만 경찰관은 더 가까이 다가왔다. 눈앞에 검은 신발 한 켤레가 들어오는 순간, 그녀는 경찰관이 자기를 내려다보고 있다는 사실을 깨달았다.

크리스틴은 다 틀렸다고 체념하며 루빅스 큐브를 무릎 위에 올려놓고 고개를 들었다. 그리고 수갑을 채우도록 팔을 내밀었다. 하지만 위를 올려다 보자, 어릴 때부터 알고 지낸 아일랜드 출신 경찰관 할아버지 오릴리가 서 있었다. 그는 부드럽게 웃으며 말했다. "좋은 아침이야, 크리스틴! 날씨가 정말 좋은데. 널 밖에서 보니 정말 반갑구나!"

어느새 크리스틴의 공포는 사라졌다. 그녀는 오릴리와 몇 분간 수다를 떤 다음, 필라델피아 시내를 거닐며 쇼핑을 하고 몇 년 동안 하지 못했던 여러 일들을 하면서 몇 시간을 보냈다. 크리스틴은 돌아다니는 내내 불안을 전혀 느끼지 못했다고 말했다. 그녀의 광장공포증은 영영 사라졌다.

5가지 기법이 크리스틴의 회복에 도움을 주었다. 첫째, '만약에 기법'을 활용해 공포의 뿌리에 깃든 환상을 밝혀냈다. 동시에 '숨겨진 감정 기법'을 이용해 공포를 조장하던 좌절과 분노의 근원을 밝혀냈다. 그리고 가장 두려운 괴물과 맞서 극도의 노출에 직면하는 '홍수법'과 '자기 모니터링', '주의력 분산 기법'이 효과를 발휘했다.

'만약에 기법'은 공포를 유발하는 환상을 발견하도록 도와준다. 하지만 환상을 아는 것만으로는 충분치 않다. 크리스틴처럼 언젠가는 이런 공포에 직접 맞서야 한다. 자신을 어떻게 노출하느냐는 공포의 성질에 따라 다르다. 제3부에서 여러 가지 획기적인 노출 기법을 다룰 것이다.

10장

{ 연민 기반 기법 }

많은 사람들은 이중적 기준에 따라 행동한다. 화가 나면 끊임없이 자신을 비난하고 자학한다. 하지만 친한 친구가 같은 문제를 겪는 것을 보면, 더 친절하고 객관적으로 변한다. '이중 기준 기법'을 이용하면 이중 기준을 포기하고 자신을 비롯한 모든 사람을 진실과 연민이 깃든 한 가지 기준으로 대할 수 있다.

이 원리는 다음과 같다. 우울하거나 불안하면 우리의 의식은 항상 자기 자신과 인생에 대한 부정적인 생각으로 넘쳐나기 마련이다. 별 볼 일 없는 자신이 모든 일을 망쳤고, 상황이 바뀌지 않을 것이라고 자학하게 된다. 이때 이런 질문을 던져보라. "비슷한 문제를 가진 친한 친구에게 어떻게 말할까? 친구에게 그처럼 심한 말을 할 수 있을까? 못 한다면, 그 이유는 무엇일까?"

친구에게 그런 말을 하는 것이 잔인하게 느껴지거나, 자신의 생각이 비현실적으로 느껴져서 차마 말하지 못할 것이다. 만일 그렇다면, 친구에게 어떤 말을 해줄 것인지 자문해보라. 그리고 나서 그와 똑같이 동정 어린 마음으로 스스로에게 말해줄 준비가 되어 있는지 생각해보라.

몇 년 전, 나는 플로리다의 소규모 정신치료학자 그룹과 함께 3일간 집중 워크숍을 진행했다. 워크숍은 심리치료 훈련 및 개인 치유에 초점을 맞췄다. 주제는 "의사여, 그대 자신부터 치료하라"였다.

결혼가족상담사인 월터는 8년간 동거했던 폴이 새 애인을 찾아 자기를 떠난 후 몇 달이 넘도록 불안증과 우울증에 시달려왔다고 말했다. 폴이 새 애인과 함께 생일파티를 하기 위해 하와이로 여행을 떠났다는 사실을 안 뒤 월터는 비참한 기분에서 헤어나올 수 없었다. 그는 수치스러운 기분에 폴과 헤어졌다는 말을 부모에게조차 하지 못했다. 그는 가슴에 손을 얹고 말했다. "뭔가 가슴을 짓누르는 것 같아요. 무엇을 해도 외로움과 공허감만 밀려와요. 내 인생은 원래 안정적이고 앞날을 예측할 수 있었어요. 그런데 이 모든 것이 갑자기 오래 전 이야기가 되고 말았어요. 너무 외로워요. 온통 이 느낌뿐이고 변하지 않을 것 같아요. 이 고통이 영원할 것만 같아요."

나는 월터가 진심으로 걱정되었다. 친절하고 상냥한 월터가 그토록 심한 고통에 시달리는 사실을 보고 있기 힘들었다. 물론 깊이 사랑하는 사람을 잃었을 때 상실감을 느끼는 것은 당연하다. 하지만 사랑을 거절당하면서 받은 고통은 거절 자체가 아닌 자신의 생각에서 비롯된다. 때로 이런 생각은 극도로 왜곡된 형태로 나타나 깊은 상처를 안겨준다.

나는 월터에게 폴과 헤어지면서 어떤 생각과 느낌을 가졌는지 설명해보라고 말했다. 그는 이렇게 말했다. "말로 표현하기 힘든 죄의식을 느끼고 몹시 부끄러웠어요. 모든 게 내 잘못이라는 생각이 들었어요. 내가 세련되고, 매력적이고, 쾌활하지 못한 탓인 것 같아요. 내가 모든 걸 망쳤다는 느낌이 들었어요. 내가 잘했다면 폴이 나를 떠나지 않았을 거예요. 종종 내가 사기꾼 같다는 느낌마저 들었어요. 제 직업이 결혼가족상담사잖아요. 그런데 내 앞가림조차 제대로 못하고 있는 거죠. 난 정말 인생의 패배자라는 느낌이 들어요."

월터는 슬프고, 불안하고, 죄스럽고, 무가치하고, 외롭고, 당황스럽고, 희망이 없고, 좌절하고, 화난 기분에 사로잡혀 있었다. 이런 감정 대부분은 너무나 강렬했다. 그는 5가지 부정적인 생각을 '오늘의 기분 일지'에 기록했다.

1. 나는 다시는 사랑을 못하게 될 것이다.

2. 누군가와 같이 산다거나 관계를 맺기가 불가능할 것이다.

3. 나에게 뭔가 문제가 있다.

4. 인생이 완전히 망가졌다.

5. 늙고, 뚱뚱하고, 머리는 하얗게 샌 외로운 게이 남성으로 인생을 마감하게 될 것이다.

월터의 부정적인 생각에 어떤 왜곡이 포함되어 있는지 찾아 아래 공란에 적어보기 바란다. 113페이지의 '인지 왜곡 체크리스트'를 참조할 수 있다.

해답

181페이지처럼, 월터와 나는 월터의 생각에 포함된 10가지 왜곡을 찾아냈다.

월터의 고통 대부분은 거절당할까 봐 두렵다는 비논리적 사고에서 비롯되었다는 사실을 알 수 있었다. 월터가 폴보다 훨씬 자학적이라고도 말할 수 있다. 나는 월터가 따뜻하고 상냥해 보였으므로 '이중 기준 기법'이 도움이 될 수 있을 것이라 생각했다. 나는 월터에게 '친한 친구가 8년간 같이 산 사람에게 버림받았다면, 그에게 어떤 말을 해줄 것이냐'고 물어보았다. 나는 이렇게 질문했다. "친구가 뭔가 큰 잘못을 했고, 같이 살기 힘든 사람이고, 그는 인생을 영원히 망치게 되었다고 말해줄 생각인가요?"

월터는 몹시 놀란 듯 보였고 친구에게 그런 말을 결코 하지 않을 것이라고 대답했다. 나는 월터가 자신 같은 상황에 있는 친구에게 어떤 말을 해줄지 알아보기 위해 역할극을 해보자고 제안했다. 월터에게 커크란 이름의 친구가 있다고 상상해볼 것을 주문했다. 커크는 월터의 분신이나 다름없는 존재다. 그 또한 결혼가족상담사다.

커크는 월터와 나이도 같고 강점과 약점도 비슷하며, 최근 8년간 동거한 애인 제이크와 헤어졌다. 나는 월터에게 내가 커크의 역할을 맡겠다고 말했다. 우리

왜곡─월터

왜곡	(√)	설명
1. 흑백사고	√	월터는 흑백논리로 세상을 바라본다. 대인관계가 완전히 실패했고, 그 원인이 전적으로 자신에게 있다고 생각한다.
2. 성급한 일반화	√	월터는 거절당한 경험을 일반화해 자신의 전체 모습을 규정한다. 스스로를 쓸모없고, 사랑받지 못하고, 부족한 인간이라고 생각한다. 이런 까닭에 월터는 수치심과 절망감을 느낀다.
3. 생각 거르기	√	월터는 자신의 단점에만 초점을 맞추고 장점은 외면한다.
4. 장점 폄하	√	월터는 스스로를 깎아내리며 자신이 따뜻하고, 충실하고, 다정다감한 사람이라는 사실은 간과한다.
5. 결론 도약 -넘겨짚기 -주술적 주문	√	월터는 다시는 누군가와 사랑할 수 없고 뚱뚱하고 외롭게 인생을 마무리할 것이라는 주술적 주문의 굴레에 사로잡혀 있다.
6. 과장 및 축소	√	문제의 원인에서 자신의 역할을 과장하고 상대방의 역할을 축소한다. 헤어지는 데 스스로 어떤 역할을 담당했는지 알고자 하는 태도는 훌륭하지만, 쌍방 모두에게 책임이 있다는 사실은 이해하지 못하고 있다.
7. 감정추론	√	죄의식을 느낀다. 따라서 헤어진 것이 자기 탓이라고 넘겨짚는다. 쓸모없는 인간이라는 느낌이 들기 때문에 인생의 패배자라고 결론 내린다. 절망감을 느끼기 때문에 영원히 혼자일 것이라고 생각한다.
8. 당위진술	√	월터는 자신이 어떤 결함이나 단점도 있어서는 안 된다고 생각한다. 그는 사랑하는 사이라면 그 관계가 영원해야 한다고 믿는다.
9. 낙인찍기	√	월터는 자신이 사기꾼이자 인생의 패배자라고 생각한다.
10. 비난 -자기비난 -타인비난	√	월터는 자신이 특별히 잘못한 것을 찾을 수 없는데도 대인관계의 실패가 전적으로 자기 탓이라고 생각한다.

가 나눈 대화는 다음과 같다.

커크(번즈 박사가 연기): 월터, 1분간 대화 가능해?

월터: 무슨 일인데?

커크: 소식 들었는지 모르겠는데, 나 한 달 전에 제이크와 헤어졌어. 그리고 방금 제이크가 새 애
인과 함께 생일파티를 하러 하와이로 여행을 떠났다는 말을 들었어. 나 미쳐버릴 것 같
아.

월터: 아, 정말 마음이 아프다. 너 정말 괴롭겠구나.

커크: 괴로워 미치겠어. 영원히 인생을 망친 것 같아. 나한테 뭔가 문제가 있는 것 같아. 다시는
사랑을 못할 것만 같아. 네 생각도 그래?

월터: 제이크가 널 떠났을 때 얼마나 큰 충격을 받았을지 이해가 돼. 하지만 네 말에 동의할 수
없어. 왜 너한테 문제가 있고 다시는 사랑하지 못할 것이라고 생각하는 거야?

커크: 내가 쓸모없는 인간이라는 느낌이 들고, 죄책감에 시달려. 그리고 수치스러운 느낌도 들
어. 모든 게 내 탓인 것 같아. 난 형편없는 인간이고 내게 뭔가 문제가 있는 것 같아.

월터: 너 자신에게 너무 가혹한 것 같은데. 제이크를 화나게 하기라도 했어? 왜 네 잘못이라고
생각하는 거야?

커크: 특별한 이유는 떠오르지 않아. 그냥 내가 별로라서 나를 떠난 것 같아. 그거 말고 다른 이
유가 있을까?

월터: 제이크가 떠난 건 정말 유감이야. 정말 안타깝고, 네가 얼마나 기분이 비참할지 잘 알 것
같아. 하지만 사람들이 헤어지는 이유는 여러 가지야. 제이크는 그저 권태로웠을 수도 있
고, 화가 났을 수도 있어. 제 기분을 이기지 못했을 수도 있고, 다른 사람의 매력에 끌렸을
수도 있어. 가능성은 여러 가지야. 두 사람 사이에 마찰이 있었다 하더라도, 문제를 풀지
않고 떠난 건 네가 아니라 그 사람이야.

커크: 그래 네 말이 맞을지도 몰라. 하지만 진실은 어떤 이유든 그가 나를 떠났다는 거야. 나는
다시 누군가를 사랑할 수 없을 것 같아. 내 인생은 끝났고, 남은 건 오직 외로움, 수치심,
비참한 기분밖에 없어.

월터: 다시는 사랑하지 못하게 될 거라는 생각은 어떻게 하게 된 거야? 너무 극단적인 생각이잖

아. 누군가와 사랑에 빠진 게 이번 한 번뿐이었어?

커크: 아니. 8년 전에도 사랑에 빠진 적이 있었지. 그 전에도 있었고.

월터: 그럼 그 전에도 여러 번 연애를 한 거구나. 맞아?

커크: 그래, 맞아.

월터: 그렇다면 다시는 사랑할 수 없을 거라는 주장은 틀린 것 같은데. 네 말이 앞뒤가 잘 안 맞는 것 같아.

커크: 과거에도 여러 번 연애를 했으니까 앞으로도 다시 사랑할 수 있을 거라는 말이야? 지금 내 기분이 이렇게 비참해도?

월터: 바로 그거야!

커크: 그냥 날 위로하려고 그렇게 말하는 거야, 아니면 정말 그렇게 생각하는 거야?

월터: 그게 객관적인 사실이라서 그렇게 말하는 거야. 넌 지금까지 많은 사람을 사귀었으니까 앞으로도 얼마든지 사랑할 수 있을 거야.

번즈 박사(다시 현실로 돌아와서): 당신 말에 전적으로 동의합니다, 월터. 당신한테도 마찬가지죠? 당신 친구 커크가 바로 당신 아니겠어요?

월터: 아! 무슨 말씀인지 알겠습니다.

나와 월터가 역할극을 했다는 사실에 주목하라. 월터는 그의 첫 생각 "나는 다시는 사랑을 못하게 될 것이다"가 매우 비현실적이라는 주장을 상당히 설득력 있게 펼쳤다. 이중 기준 기법은 분명 그에게 효과가 있는 것처럼 보였지만, 나는 확실하게 확인하고 싶은 마음에 '오늘의 기분 일지'의 첫 번째 부정적인 생각을 물리칠 수 있는 긍정적인 생각을 찾아낼 수 있는지 월터에게 물었다. 월터가 찾은 긍정적인 생각이 아래에 나와 있다. 월터는 긍정적인 생각이 현실적이라고 여겼다. 따라서 '믿음' 항목에 95%를 기재했다. 이는 감정 변화에 필요한 필요조건이 달성되었다는 사실을 의미했다. 나아가 부정적인 생각에 대한 월터의 믿음 수치는 95%에서 15%까지 낮아졌고, 이는 긍정적인 생각이 감정 변화에 필요한 충분조건마저 충족시켰다는 사실을 의미했다.

왜 갑자기 이런 변화가 일어났을까? 월터는 역할극 속에서 거절당한 친구에게 조언을 해주면서, 훨씬 현실적이고 동정 어린 방법으로 자신의 상황을 파악할 수 있었다. 결국 월터는 스스로에게 조언했던 셈이다.

　나는 월터가 자신을 비판하는 머릿속의 상대와 싸워서 진짜 승리했는지 확인하고 싶었다. 따라서 이중 역할극을 계속 진행했다. 이번에는 월터의 두 번째 부적정인 생각, "누군가와 같이 산다거나 관계를 맺기가 불가능할 것이다"에 집중했다. 나는 월터의 승리를 진심으로 바랐기에 있는 힘을 다해 월터를 설득했다. 그래서 다시 한 번 월터의 친구, 커크의 역할을 맡았다.

커크(번즈 박사가 연기): 월터, 한번 달리 생각해봐. 넌 내가 다른 사람과 잘 어울릴 수 없다는 사실을 몰라. 내 기분이 엉망인 이유는 바로 그 때문이야. 난 남은 평생을 혼자 지낼 수밖에 없을 거야.

월터: 음, 네가 그렇게 말하니 놀라운 걸. 우린 오랜 친구였지만 네가 그렇게 느끼고 있을 거라곤 상상하지 못했어. 사실 넌 항상 따뜻하고 개방적이고 성실한 친구였잖니. 대체 어떻게 그런 생각을 품을 수가 있어?

부정적인 생각	이전 (%)	이후 (%)	왜곡	긍정적인 생각	믿음 (%)
1. 나는 다시는 사랑을 못하게 될 것이다.	95%	15%	일반, 생거, 장편, 짚기, 주문, 과축, 감추, 당진, 자비	1. 다시 사랑할 수 없다는 생각은 아무런 근거가 없다. 나는 과거에도 많은 사람들과 사랑을 나눴다. 지금은 상처를 받아 다시는 사랑할 수 없다는 느낌이 들지만, 이런 감정은 곧 사라질 것이고 과거에 그랬던 것처럼 곧 다른 사람들과 교류를 시작할 것이다.	95%

커크: 난 제이크와 깨졌어. 그걸 보면 내가 다시는 사랑할 수 없다는 사실을 알 만 하잖아.

월터: 솔직히 말해서 네 말은 그다지 설득력이 없어. 우선 연애는 너 혼자 하는 게 아니잖아. 제이크 또한 책임이 있어. 게다가 넌 8년간 제이크와 충분히 좋은 사이였다고. 그런데도 네가 곁에 두기 힘든 사람이라는 주장이 말이 된다고 생각해?

월터: 네 말이 맞아. 정신이 번쩍 뜨인다!

그 순간 월터는 망치에 한 대 얻어맞은 것처럼 얼굴이 갑자기 밝아졌고, 우리 둘은 웃기 시작했다. 월터는 자신의 부정적인 생각이 터무니없게 느껴졌고, 순식간에 기분이 좋아졌다. 나는 두 번째 부정적인 생각에 대응하는 긍정적인 생각을 '오늘의 기분 일지'에 적으라고 월터에게 지시했다. 그는 "나는 8년간 폴과 충분히 잘 사귀어왔다"라고 적었다. 그는 '믿음' 항목에 100%를 기입했다. 이제 더 이상 두 번째 부정적인 생각을 믿지 않게 된 것이다.

월터가 나머지 부정적인 생각을 어떻게 물리쳤는지 소개한다. 세 번째 부정적인 생각, "나에게 뭔가 문제가 있다"에 대한 월터의 반응은 흥미롭다. 그는 자신이 떠올린 긍정적인 생각 3가지를 100% 신뢰했다. 첫 번째 긍정적인 생각은 "폴의 행동은 내 존재 가치를 가늠할 척도가 되지 못한다"였다. 이런 생각은 약간의 도움밖에 주지 못했고, 월터의 부정적인 생각에 대한 믿음은 50%밖에 떨어지지 않았다.

그 다음에는 이렇게 썼다. "너무 극단적이고 균형을 잃은 생각 같다. 폴 또한 이별에 책임이 있다." 이렇게 적자 믿음 수치가 30%로 떨어졌다. 세 번째 반응이 종지부를 찍었다. 그는 이렇게 썼다. "내가 문제가 많았던 것은 인정한다. 하지만 앞으로도 얼마든지 기회가 있다." 바로 이 생각이 월터의 부정적인 생각을 완전히 깨뜨렸고, '믿음' 수치가 0%까지 떨어졌다.

당신의 부정적인 생각을 해결하는 과정에서 유사한 패턴을 발견할 수 있을

오늘의 기분 일지—월터

문제적 사안: 폴이 새 애인과 함께 생일파티를 하러 하와이로 여행을 떠났다.

감정	이전 (%)	이후 (%)	감정	이전 (%)	이후 (%)
슬픈, **침울한**, 우울한, 울적한, 불행한	80%	20%	**당황스러운**, 바보 같은, 창피한, 수줍은	100%	0%
불안한, **걱정되는**, 공황상태에 빠진, 긴장되는, 끔찍한	100%	10%	**희망이 없는**, 의욕이 없는, 비관적인, 절망적인	60%	5%
죄스러운, 후회되는, 미안한, 수치스러운	100%	10%	**좌절한**, 꺾인, 실패한, 패배한	100%	0%
열등한, **무가치한**, 뒤떨어진, 모자란, 무능한	90%	5%	**화난**, 미칠 것 같은, 원통한, 짜증나는, 예민한, 속상한, 분한	50%	0%
외로운, 사랑받지 못하는, 소외된, 거절당한, 쓸쓸한, 버려진	100%	0%	기타:		

부정적인 생각	이전 (%)	이후 (%)	왜곡	긍정적인 생각	믿음
1. 나는 다시는 사랑을 못하게 될 것이다.	95%	15%	성급, 생거, 장폄, 짚기, 주문, 과장, 감주, 당진, 자비	1. 아무런 증거가 없다. 과거에도 많은 사람들과 사랑을 나눴다. 지금은 상처를 받아 다시는 사랑할 수 없다는 느낌이 들지만 이런 감정은 곧 사라질 것이고 과거에 그랬던 것처럼 곧 다른 사람들과 교류를 시작할 것이다.	95%
2. 누군가와 같이 산다거나 관계를 맺기가 불가능할 것이다.	95%	0%	흑백, 성급, 생거, 장폄, 짚기, 과축, 감추, 낙인, 자비	2. 나는 8년간 폴과 충분히 잘 사귀어왔다.	100%
3. 나에게 뭔가 문제가 있다.	100%	50%		3. 폴의 행동은 내 존재 가치를 가늠할 척도가 되지 못한다.	100%
		30%	흑백, 성급, 생거, 장폄, 과축, 감추, 당진, 자비	너무 극단적이고 균형을 잃은 생각 같다. 폴 또한 이별에 책임이 있다.	100%
		0%		내가 문제가 많았던 것은 인정한다. 하지만 앞으로도 얼마든지 기회가 있다.	100%
4. 인생이 완전히 망가졌다.	100%	10%	흑백, 성급, 생거, 주문, 과축, 감추, 당진, 자비	4. 배우는 과정에서 실수할 수도 있다. 100살이 되기 전까지는 해답을 찾으려 끊임없이 노력해야 할 것이다!	100%

5. 늙고, 뚱뚱하고, 머리는 하얗게 센 외로운 게이 남성으로 인생을 마감하게 될 것이다.	100%	5%	주문, 감추, 낙인	5. 지금 당장은 힘들어도 도움을 받으면 된다. 머리가 희끗희끗해지고 나이 드는 걸 피할 수는 없지만, 이렇게 극단적인 생각 또한 어불성설이다!	100%

1. 흑백사고—흑백 2. 성급한 일반화—성급 3. 생각 거르기—생거 4. 장점 폄하—장폄
5. 넘겨짚기—짚기,주술적 주문—주문 6. 과장 및 축소—과축 7. 감정추론—감추
8. 당위진술—당진 9. 낙인찍기—낙인 10. 자기비난—자비, 타인비난—타비

것이다. 한 각도에서만 부정적인 생각을 공격하면 약간의 효과밖에 얻을 수 없으며, 여전히 그 생각에 집착하기 쉽다. 하지만 다른 각도에서 또다시 공격하면 그런 신념은 한결 줄어들게 된다. 그러면 부정적인 생각을 완전히 다른 각도에서 볼 수 있고, 완전히 떨쳐낼 수도 있을 것이다.

물론 목표는 생각하는 방법을 바꾸는 것만이 아니라 느끼는 방법을 바꾸는 것이다. 월터가 부정적인 생각을 물리친 이후, 나는 그에게 자신의 느낌에 점수를 매겨보라고 말했다. 월터의 화가 잦아들었을까? 186페이지의 '이후' 항목을 보면 월터의 부정적인 생각에 어떤 변화가 생겼는지 알 수 있다. 슬픔의 강도는 80%에서 20%까지 떨어졌다. 나는 충분히 가능한 일이라고 생각했다. 월터는 상실감을 경험했기에 어느 정도 슬픈 감정을 느끼는 것이 당연했다. 그의 죄의식, 부끄러움, 불안은 10%, 절망감은 5%까지 떨어졌다. 외로움, 당황, 좌절, 분노는 완전히 사라졌다.

사람들은 월터와 같이 빠르고 극적인 변화 사례를 들으면 대부분 다소 회의적인 태도로 이렇게 묻는다. "계속 효과가 있을까요? 일시적인 변화에 불과한 것이 아닐까요?" 사실 과거의 정신분석학자들은 빠른 회복에 회의적이었다. 그들은 이런 현상을 일시적인 '건강으로의 도피'로 폄하하고 환자들이 문제를 피

하고 있는 것에 지나지 않는다고 생각했다.

내 생각은 다르다. 나는 속성 회복을 적극 지지하며, 빠르면 빠를수록 좋다고 생각한다! 고통을 언제 극복하고 싶은가? 한 달 후? 1년 후? 5년 후? 아니면 오늘?

'이중 기준 기법'은 월터의 친절하고 동정 어린 성격 덕분에 효과를 볼 수 있었다. 어떤 면에서 그는 스스로를 비참하게 만드는 부정적인 생각을 어떻게 물리칠지 이미 알고 있는 셈이었다. 나는 단지 그의 마음 한편에 있는 사랑하는 능력을 일깨워준 것뿐이다. 물론, 이중 기준 기법이 효과가 없었다면, 나는 다른 기법을 시도했을 것이다.

역할극은 이중 기준 기법의 효과를 배가시키지만, 반드시 필요한 것은 아니다. 이 기법은 혼자서도 얼마든지 할 수 있다. 스스로에게 이렇게 물어보라. "비슷한 문제를 가진 친한 친구에게 뭐라고 이야기해줄까?" 친구에게는 더 동정 어린 마음으로, 더 객관적으로 말할 것이라는 사실을 깨닫는다면 자기 자신에게도 똑같이 대할 수는 없는지 자문해보라. 월터와 내가 나눴던 대화와 유사한 대화를 적어보는 것도 좋은 방법이다.

한 가지 기법이 모두에게 효과가 있을 수는 없다. 이중 기준 기법도 예외가 아니다. 당신이 이중 기준에 사로잡혀 있지 않다면, 이중 기준 기법은 별 효과가 없을 것이다. 또한 개중에는 자신에게와 마찬가지로 다른 사람에게 가혹한 사람들도 있다. 자신에게 적용하는 높은 기준이나 가혹한 자기비난에서 어떤 이익을 얻고 있다면, 이중 기준 기법은 실패할 것이다. 실제로 다른 사람에 대한 기대치보다 자기 자신에 대한 기대치가 훨씬 높기 때문에 이중 기준을 갖고 싶다고 말하는 완벽주의자들도 있다. 그들은 실패하거나 실수를 저지를 때 스스로를 책망하면 더 열심히 일하고 더 많은 것을 성취하도록 스스로를 채찍질할 수 있다고 생각한다.

이런 자기비난이 실제로 이익이 된다면 바꿀 이유가 없다. 그러나 내 경험상

자기비난, 죄의식, 열등감이 항상 동기를 유발하는 것은 아니며 실수에서 교훈을 얻도록 도와주지도 못한다. 죄의식과 수치심을 가진 상태에서는 실패에 당당히 맞설 수 없고 실패를 덮고 싶어질 뿐이다. 행복하고, 여유롭고, 자신을 수용할 때 가장 좋은 결과가 나타난다.

11장

진실 기반 기법

사람들은 코페르니쿠스가 등장하기 전까지 지구가 우주의 중심이라고 믿었다. 그들은 태양이 지구 주위를 돈다고 확신했다. 이런 신념에 대한 증거 또한 확실했다. 아침에 태양이 동쪽에서 뜨고, 저녁에 서쪽으로 지는 광경은 이에 대한 증거로 부족함이 없었다. 코페르니쿠스와 갈릴레이는 이런 관념에 도전했다. 그들은 사람들이 품고 있던 신념이 잘못되었고 지구가 태양 주위를 돈다고 주장했다. 이런 생각의 변화는 현대 천문학의 발전을 가져왔고 사람들은 우주를 이전과는 달리 이해하게 되었다.

불안, 걱정, 공포는 비현실적인 믿음에서 비롯된다. 이런 감정을 유발하는 생각은 당사자에게는 아주 현실적으로 느껴지지만, 항상 왜곡되고 비논리적이기 마련이다. 진실 기반 기법을 활용하면 과학자들처럼 실험을 통해 부정적인 생각에 대한 증거를 확인하고 유효성을 가늠할 수 있다. 부정적인 생각이 유효하지 못하다는 사실을 확인하면 자기 자신과 세상을 완전히 새로운 시각으로 바라볼 수 있게 된다. 이는 몹시 흥분되는 일이 아닐 수 없다.

이 장에서는 당신을 불안하고 우울하게 만드는 생각을 물리칠 4가지 기법을 소개한다. 증거조사 기법, 실험 기법, 설문조사 기법, 원인 다시 찾기 기법이 여기에 속한다. 이런 기법들의 바탕에는 "진실이 그대를 자유롭게 하리라"라는 관념이 자리 잡고 있다. 이것이 바로 인지치료의 핵심이다.

증거조사 기법 적용하기

자신의 부정적인 생각이 진실이라고 섣불리 믿지 말고 먼저 이렇게 자문해보기 바란다. "이렇게 생각하는 것에 대한 증거는 무엇일까? 객관적 사실이 나에게 보여주는 것은 무엇일까?" 음악가인 에밀리는 비행공포증이 있었다. 그녀는 탑승객들이 비행 중에 공포에 질려 통로로 달려 나가다가 밟혀 죽을 것이라 확신했다. 그녀는 자신의 공포가 말도 안 된다는 사실을 알고 있었지만, 정말로 일어날 수도 있다고 믿고 있었다.

나는 에밀리에게 그렇게 믿을 만한 증거가 있느냐고 물었다. 비행기 압사 사고의 사례를 글로 접한 적이 있는 걸까? 단 한 번도 없었다. 에일리는 아무리 생각해봐도 기억나지 않는다고 고백했다.

물론 압사 사고로 누군가가 죽을 수도 있다. 드물긴 하나 불가능한 일은 아니다. 축구 경기나 록 콘서트장에서 팬들이 통제 불능 상태에 빠져 압사 사고가 발생한 사례를 찾아볼 수 있다. 하지만 압사 사고는 일반적인 항공 사고와는 거리가 멀다! 더구나 하루에 비행기를 타는 사람들은 3,000만 명이 넘는다. 에밀리는 이 사실을 깨닫고 비행기에서 압사할 확률이 매우 적다는 사실을 인정할 수밖에 없었다. 이는 그녀가 전혀 생각하지 못한 사실이었다.

비행에 대한 공포가 비행기가 격심한 이상기류에 휘말리거나 충돌할지도 모른다는 믿음에서 비롯된다고 가정해보자. 이런 믿음을 극복하기 위해 '증거조사 기법'을 어떻게 활용할 수 있을까? 해답을 읽기 전에 먼저 이에 대한 당신의 생각을 적어보라.

해답

인터넷을 검색해 확인해보라. 비행이 얼마나 위험한가? 항공기 추락 사고가 얼마나 자주 발생하는가? 통계 자료는 무엇을 보여주는가?

미 연방항공국 웹사이트를 보면 비행기 충돌 사고로 사망할 위험은 매우 적다는 사실을 알 수 있다. 예컨대 2만 2,000년 동안 매일 비행해야 사고로 죽을 가능성이 현실화된다. 2004년 한 해, 미국에서는 민간 항공기를 탄 사람 중에 사망한 사람이 단 한 명도 없었던 반면, 자동차 사고로는 4만 명이 넘게 사망했다. 한 해 1,500만 회 이상 민간 항공기가 운행한다는 사실을 생각하면 놀라운 수치다. 민간 항공기를 타는 일이 차를 운전하거나 레저용 보트를 타거나 심지어 자전거를 타는 일보다도 훨씬 안전한 것이다!

부정적인 생각이 '성급한 결론 내리기' 같은 왜곡을 수반하는 경우, '증거조사 기법'은 특히 유용하다. 앞에서 설명했지만, 이런 왜곡에는 2가지 유형이 있다. 주술적 주문과 넘겨짚기다. '주술적 주문'은 사실로 뒷받침되지 않는 끔찍한 예측을 일삼는 것을 말한다. 예컨대 비행기를 타기가 두렵다면 비행이 너무나 위험하고 충돌 사고가 생길 가능성이 높다는 주문을 외우고 있는 것이다. '넘겨짚기'는 다른 사람이 어떻게 느끼는지를 두고 근거 없는 추정을 일삼는 것을 말한다. 예컨대 자신은 수줍음을 느끼는데 다른 사람들은 자신만만할 것이라 넘겨짚거나, 상대방이 내가 얼마나 긴장했는지 안다면 나를 깔보고 나를 이상하게 생각할 것이라고 추정하는 것이다.

'증거조사 기법'은 '감정추론'에도 도움이 될 수 있다. 화가 치밀어오를 때는 자신이 생각한 것이 반드시 진실일 수밖에 없다는 강한 느낌이 든다. 불안하다면 스스로에게 이렇게 말하고 있는 것이다. "난 두려워. 따라서 위험에 처한 게 분명해." 우울하다면, 스스로에게 이렇게 말하고 있다. "인생의 패배자가 된 느낌이 들어. 따라서 나는 인생의 패배자인 게 분명해" 또는 "절망감을 느껴. 따라서 아무런 희망이 없는 게 분명해."

'감정추론'은 현실이 아니라 생각이 감정을 만들어내는 것이므로 매우 부정확하다. 생각이 왜곡되면, 감정은 유령의 집 거울에 나타난 왜곡된 이미지처럼 우리를 잘못된 길로 인도할 수 있다.

우리는 감정에 속을 수 있다. 라스베이거스에서 도박을 해본 적이 있는가? 아마도 당신은 슬롯머신에 25센트짜리 동전을 집어넣으며 이렇게 말했을 것이다. "행운의 동전이니까 100만 달러 잭팟을 터트릴 거야. 확실해!" 핸들을 당기고 기대에 부풀어 릴이 돌아가는 모습을 지켜본다. 어떻게 되었을까? 100만 달러 잭팟을 터트렸을까? 느낌이 진실을 반영하지 않는다는 것을 이해하겠는가?

실험 기법 적용하기

'실험 기법'이란 부정적인 생각이나 자기패배 신념이 얼마나 유용한지 확인하기 위해 실제로 실험을 해보는 것이다. 과학자가 가설이 옳은지 알아내려 실험하는 것과 동일하다. 5장에서 꽃미남 트레버가 땀에 젖은 자신의 겨드랑이를 보고 여성들이 혐오스러워할 것이라는 믿음을 실험하기 위해 '수치심 공격 훈련'을 활용한 실례를 소개했다. 이 실험은 상당한 용기가 필요했으나 결과가 매우 훌륭했다.

증거조사 기법과 실험 기법 사이에는 미묘한 차이점이 있다. 증거조사 기법에서는 이미 알려진 정보를 분석한다. 마치 도서관에 가서 자료를 찾는 것과 같다. 반면 실험 기법에서는 더 역동적이고 극적인 방법으로 부정적인 생각을 실험한다.

2가지 접근 방식 사이에는 차이점이 있다. 초등학교 교사인 김은 다리를 건널 때마다 운전공포증에 시달렸다. 그녀는 다리를 건널 때마다 남편이나 친구의 도움을 받아야 했다. 또한 운전공포증 때문에 수치스럽고 불안하고 열등한 느낌에 시달렸다. 197페이지의 '오늘의 기분 일지 – 김'은 김이 자신의 부정적인 생각을 적은 것이다.

감정추론 또한 김의 생각에 깃든 왜곡 가운데 하나다. 그녀는 느낌에 근거해 다음과 같이 추론한다. 김의 첫 번째 부정적인 생각에서 드러나듯, 그녀는 불안해지면 손이 땀에 젖어 미끄러울 것이고 다리를 건널 때 운전대를 놓칠 것 같은 느낌을 떨칠 수가 없다. 또한 다리가 굳어 가속 페달이나 브레이크 페달을 밟을 수 없을 것이라 느낀다. 이런 느낌에 근거해 정말 걱정하는 일이 현실로 일어날 것이라고 결론 내린다. 그녀는 다리가 위험하고 언제든 무너질 수 있다고 느끼는 탓에, 그런 느낌이 틀림없이 현실로 일어날 것이라고 넘겨짚고 있다.

김이 이런 생각과 싸우려면 증거조사 기법을 어떻게 활용해야 할까? 객관적 사실들이 보여주는 것은 무엇인가? 해답으로 넘어가기 전에 먼저 당신의 생각을 적어보라.

오늘의 기분 일지—김

문제적 사안: 차를 운전해 다리를 건너기

감정	이전 (%)	이후 (%)	감정	이전 (%)	이후 (%)
슬픈, 침울한, 우울한, 울적한, 불행한	35%		**당황스러운**, 바보 같은, 창피한, 수줍은	95%	
불안한, 걱정되는, 공황상태에 빠진, 긴장되는, 끔찍한	85%		**희망이 없는**, 의욕이 없는, 비관적인, 절망적인	80%	
죄스러운, 후회되는, 미안한, 수치스러운	50%		**좌절한**, 꺾인, 실패한, 패배한	100%	
열등한, 무가치한, 뒤떨어진, 모자란, 무능한	65%		**화난**, 미칠 것 같은, 원통한, 짜증나는, 예민한, 속상한, 분한	50%	
외로운, 사랑받지 못하는, 소외된, 거절당한, 쓸쓸한, 버려진	—		기타: 함정에 빠진	90%	

부정적인 생각	이전 (%)	이후 (%)	왜곡	긍정적인 생각	믿음 (%)
1. 운전대를 잡지 못할 정도로 손이 축축하다.	100%				
2. 브레이크나 가속 페달을 밟지 못할 정도로 다리가 후들거린다.	100%				
3. 너무 어지러워서 집중할 수가 없다.	100%				
4. 죄 없는 사람을 죽일 수도 있다.	100%				
5. 나도 문제지만, 교각이 몹시 불안정해 무너질지도 모른다.	100%				
6. 난 도대체 뭐가 문제인 걸까? 지금이라면 문제를 극복했어야 하는데!	100%				

김은 다음과 같은 질문을 스스로에게 해볼 수 있다.

- 불안할 때 손에서 땀이 비 오듯 흐르는가? 손이 너무 미끄러워 안경 같은 물건을 손에서 놓치는가? 아무리 애를 써도 손이 땀에 젖어 운전 중에 핸들을 놓치는가? 운전대의 재질은 무엇인가? 운전대가 정말 플라스틱처럼 미끄러운가?

- 다리가 어찌할 수 없을 정도로 후들거리는가? 걸으려 할 때마다 다리가 휘청대는가? 아무리 가속 페달이나 브레이크를 세게 밟으려 해도 불가능한가?

- 운전대를 돌리거나 브레이크를 밟을 수가 없어 죄 없는 사람을 죽인 적이 있는가? 지금까지 얼마나 많은 사람이 사망했는가?

- 과거에 내 주변에서 교각이 붕괴된 사례가 있는가? 과거 100년간 미국 전역의 사례는 어떠한가? (많은 사람들은 1940년 11월 7일에 일어난 타코마 협곡 다리의 붕괴 장면을 익히 기억하고 있다. 부실한 설계와 바람이 유발한 조화진동의 영향으로 다리는 산산조각이 났다. 하지만 최근 교각이 붕괴된 사례는 좀처럼 찾기 어렵다.) 매일 교각을 건너는 차량의 수는 얼마인가? 건너던 다리가 무너져 죽은 친구나 가족이 있는가?

김은 이런 분석을 해봄으로써 자신이 위험을 과도하게 확대하고 있는지 알수 있다. 하지만 그녀는 여전히 이렇게 말하면서 자신의 부정적인 생각에 대한 믿음을 버리지 못했다. "내 생각이 전혀 현실적이지 않다는 사실은 알고 있어. 하지만 여전히 다리가 무너질 것 같은 느낌이 들어." 김의 사례에서는 더 강력한 기술이 필요하다. 여기에서 실험 기법이 등장한다. 김이 부정적인 생각의 이익을 확인하기 위해 어떤 실험을 할 수 있을까? 해답을 읽기 전에 먼저 당신의 생각을 적어보라.

....

....

....

해답

김은 자신의 생각을 확인하기 위해 여러 가지 실험을 해보았다. 예를 들면 다음과 같다.

- 김은 차를 잠시 멈추고 물 한 동이를 가져와 옆 좌석에 실었다. 손을 물에 담가 충분히 적신 후 정말 핸들을 돌리기 힘든지 실험해보았다. 놀랍게도 그녀는 젖은 손으로 핸들을 아무 문제 없이 돌릴 수 있다는 사실을 깨달았다.

- 김은 손에 땀이 얼마나 나는지 알기 위해 차 안에 비치한 종이 수건을 종종 쥐어보았다. 놀랍게도 손은 전혀 축축하지 않았고 땀투성이가 아니었다. 불안했지만 손은 완전히 보송보송했다.

- 불안할 때 차를 운전할 수 있는지 알기 위해 몇 번이고 차선을 변경해보았다. 차선을 변경하는 데 아무런 문제가 없었다.

- 가속 페달과 브레이크를 쓸 수 없을 정도로 다리가 후들거리고 약할 것이라는 믿음을 실험하기 위해 시속 5마일을 가속한 다음 시속 5마일을 감속해보았다. 이 또한 쉬운 일이었다.

- 집 근처에 있는 금문교 위에서 뜀뛰기를 해보며 교각이 무너질지도 모른다는 믿음을 실험해보았다. 최대한 발을 구르며 대들보를 흔들어 보았지만 놀랍게도 육중한 교각은 꿈쩍도 하지 않았다.

- 마지막 실험으로 차를 운전해 다리를 건너보았다. 놀랍게도 그보다 더 안정될 수가 없었

다. 또한 차를 제어하지 못하거나 사람을 치어 죽이지도 않았다.

　김은 처음에는 이런 실험을 하기가 몹시 겁이 났지만 곧 실험 자체가 우스꽝스럽게 느껴졌다고 했다. 그녀는 자신의 부정적인 생각이 얼마나 잘못되었는지, 스스로를 얼마나 속이고 있었는지를 깨달았다. 나아가 두려워하던 괴물을 직면하고 그 괴물이 전혀 무섭지 않다는 사실을 확인했다.

　실험 기법은 간단하지만은 않다. 사람들의 공포가 제각기 다르므로 신중하게 진행해야 하며 부정적인 생각에 특정하여 실험을 맞춰야 한다.

　실험 기법은 우울증과 불안증에도 도움이 되지만 특히 공황발작에 탁월한 효과가 있다. 1장에서 공황발작이란 짧은 시간에 예상치 못한 공포가 최고조에 달하는 현상이라고 설명했다. 그러다 공포가 순식간에 사라지는데 이런 현상을 경험한 환자들은 어리둥절하고 창피한 기분에 휩싸여 이 느낌이 다시 엄습하지 않을까 더 큰 공포에 떤다.

　공황발작이 찾아오면, 스스로에게 이렇게 말하고 있을지도 모른다.

- 심장마비가 오는 것 같아.

- 곧 죽으려나 봐.

- 숨을 쉴 수가 없어. 질식해 죽을 것 같아.

- 정신을 잃기 직전이야.

- 미쳐버릴 것 같아.

　대부분의 사람들이 공황발작이 찾아오기 전에 여러 가지 불안증과 관련된 신체 증상에 시달린다. 예컨대 다음과 같은 증상을 경험할 수 있다.

- 심장이 쿵쾅거리는 증상

- 가슴통증과 가슴이 답답한 증상

- 숨 가쁨

- 어지럼증 또는 머리가 텅 빈 듯한 느낌

- 손발 저림

- 목이 꽉 막힌 증상

- 숨이 막힘

- 안면홍조와 식은땀

- 떨림

- 근육의 긴장

- 현실과 동떨어진 느낌, 이 세상이 다른 세상 같다는 느낌

- 구역질, 심장이 쿵쾅거림, 오줌을 지릴 것 같은 느낌

당신이 공황발작을 경험한 적이 있다면, 이것이 무슨 말인지 정확히 알 것이다. 공황발작에 시달리는 대부분의 사람들은 처음에 심장질환이나 뇌종양 같은 질병이 있다고 생각하지만, 증상을 정확히 설명할 뚜렷한 병명이 없는 경우가 대부분이다. 그들은 보통 발작이 찾아올 때마다 응급실에 달려가 여러 명의 내과의사에게 헛되이 매달린 다음에야 공황발작이라고 진단받는다.

공황발작은 무해한 신체 증상을 잘못 해석하는 데서 비롯된다. 많은 사람들이 종종 어지럼증, 가슴이 답답한 증상, 손발 저림 같은 증상을 경험하지만 대수롭지 않게 생각하는 와중에 증상이 사라지는 경우가 대부분이다. 하지만 공황발작에 쉽게 노출되는 사람들은 이런 느낌에 사로잡혀 뭔가 끔찍한 일이 일어날 것 같다고 주문을 건다. 바로 이런 생각이 공황발작을 유발한다.

예컨대 어지럽다면 정신을 잃거나 신경쇠약이 올 수 있다는 주문을 외운다. 가슴이 답답하면 심장마비가 올 수도 있다고 생각한다. 하지만 실제로는 정신을 잃거나, 신경쇠약이나 심장마비가 올 상황이 아니다. 공황발작은 정신을 속이는

일에서 비롯된다. 따라서 실험 기법이 유용하게 쓰일 수 있지만, 한편으로 상당한 용기가 필요하다.

테리는 사랑하는 사람과 결혼했으나, 10년 넘게 우울증과 공황발작에 시달리고 있었다. 공황발작이 찾아오면 항상 어지럼증, 가슴 통증, 손발 저림이 나타났다. 곧 그녀는 숨이 막히고 심장마비로 죽을 것 같다는 주문을 외웠고 이런 생각은 극심한 공포감을 유발했다. 그 결과 매주 공황발작이 찾아와 몇 가지 증상으로 발현했고, 우울증, 불안증 수치도 매우 높았다.

테리는 심장병 전문의를 비롯해 숱한 의사들을 찾았지만 심장과 폐에는 아무 문제가 없었다. 모든 의사들이 건강에는 아무 문제가 없다고 확인해주었으나 그녀는 며칠만 지나면 또 공황발작이 재발했다. 그러면 다시 이렇게 말했다. "이번에는 정말로 심장마비가 올 것 같아!"

결국 의사 중 한 사람이 공황장애라고 진단하고 테리를 정신과 의사에게 보냈다. 이후 그녀는 수많은 정신과 의사를 찾아다니며 별의별 약제를 복용했지만 아무런 효과가 없었다. 그녀는 남편과의 사이에 4명의 자식을 두고, 다섯째 아이를 계획하고 있었다. 하지만 테리의 의사는 태아에게 선천적 결손을 유발할 수 있으므로 처음 처방했던 약제를 모두 끊어야 한다고 말했다. 테리는 약이 별 도움 안 된다는 사실을 알면서도 약을 끊기가 두려웠다. 며칠이 지나 그녀는 내가 쓴 『필링 굿』을 집 근처 서점에서 우연히 발견하고 표지에 있는 '임상적으로 증명된, 약을 복용하지 않고 우울증을 정복하는 방법'이라는 문구에 눈이 번쩍 뜨였다. 테리는 이렇게 생각했다. '이 의사선생님이라면 도움을 줄 수 있지 않을까?' 곧 테리는 병원에 전화를 걸어 예약을 잡았다.

203페이지에 테리의 '오늘의 기분 일지'를 실어놓았다. 부정적인 생각의 위쪽 3가지는 공포감을 유발하는 생각이다. 테리는 숨을 제대로 쉴 수 없고 정신을 잃고 죽을지도 모른다고 스스로에게 주문을 건다. 아래쪽 3가지는 수치심, 우울증, 열등감으로 귀결된다. 테리는 자신에게 이런 문제가 있어서는 안 되며, 사람

오늘의 기분 일지—테리

문제적 사안: 손가락에 아무런 느낌이 없고 머릿속이 하얘진다.

감정	이전 (%)	이후 (%)	감정	이전 (%)	이후 (%)
슬픈, 침울한, (우울한,) 울적한, 불행한	100%		**당황스러운**, 바보 같은, (창피한,) 수줍은	100%	
불안한, 걱정되는, (공황상태에 빠진,) 긴장되는, 끔찍한	100%		**희망이 없는,** 의욕이 없는, 비관적인, 절망적인	100%	
죄스러운, 후회되는, 미안한, (수치스러운)	100%		**좌절한,** 꺾인, 실패한, 패배한	100%	
열등한, 무가치한, 뒤떨어진, (모자란,) 무능한	100%		**화난**, 미칠 것 같은, 원통한, 짜증나는, 예민한, 속상한, 분한	0%	
외로운, 사랑받지 못하는, 소외된, 거절당한, 쓸쓸한, 버려진	0%		기타:		

부정적인 생각	이전 (%)	이후 (%)	왜곡	긍정적인 생각	믿음 (%)
1. 숨을 제대로 쉴 수가 없다.	100%				
2. 일어서는 순간 정신을 잃을 것이다.	100%				
3. 죽기 직전이다.	100%				
4. 뭔가 잘못된 것이 분명하다.	100%				
5. 내 인생에는 아무 문제가 없기 때문에 불안해서는 안 된다.	100%				
6. 내가 우울증이나 공황발작에 시달리고 있다는 사실을 안다면 나를 깔보고 이상하게 생각할 것이다.	100%				

들이 이 사실을 알게 된다면 자신을 경멸하고, 이상한 여자라거나 감사할 줄 모르는 여자로 취급할 것이라 생각했다. 남편의 직업도 좋고, 아이들도 훌륭하며, 우울증과 불안증만 아니면 인생에 아무런 문제가 없기 때문이다.

테리와 나는 몇 가지 기법을 시도해보았지만 별 효과가 없었다. 그녀는 여전히 우울하고 불안했다. 다섯 번째 치료 세션에서, 나는 테리에게 실험 기법을 이용해 부정적인 생각을 물리칠 테니 진료실에서 공황발작을 유발하도록 허락해주겠느냐고 물었다. 나는 본격적으로 이 문제를 다룰 때가 왔다고 생각했고, 이 방법이 기존에 시도했던 방법들보다 훨씬 효과적일 거라고 설명했다.

그녀는 좋은 생각 같다고 동의했지만, 다음 두 세션에 나오지 않았다. 테리는 매주 전화해 나와 같이 치료하는 것이 좋고 치료를 빠뜨리고 싶지 않지만, 진료실에서 공황발작을 유발하는 것이 두렵다고 말하며 덜 무서운 방법이 없는지 물었다.

나는 테리에게 결정권이 있으며, 테리가 나를 신뢰하는 것이 가장 중요하기 때문에 그녀가 싫은 일은 결코 강요하지 않겠다고 대답했다. 그리고 쓸 수 있는 방법들은 많지만, 치료를 원한다면 조만간 가장 두려운 괴물과 맞서야 할 것이라고 말했다.

나는 그녀가 매주 공황발작에 시달린다는 사실을 지적하며, 어차피 겪을 공황발작이니 내가 보는 앞에서 한 번 겪음으로써 영원히 문제를 끝내버리는 것이 낫지 않겠느냐고 설득했다. 그리고 내 사무실 근처에 응급실이 있으니 너무 걱정할 필요가 없다고 말했다.

테리는 한번 생각해보겠다고 대답했다. 며칠이 지나, 그녀는 다시 전화해 솔직히 너무 두렵지만 시도해보기로 마음먹었다고 말했다. 나는 충분한 시간을 확보하기 위해 진료일정을 늘려 잡았다.

먼저 테리에게 몇 분간 숨을 최대한 깊고 빠르게 쉬도록 해 공황발작을 유도했다. 이 방법을 과다호흡법이라 부르는데, 혈중 산소농도를 증가시켜 머리가 텅 빈 느낌이나 손발 저림을 유발한다. 공황발작에 쉽게 노출된다면 이 순간 갑자기 죽을 것 같은 느낌이 들 수 있다.

나는 효과를 극대화시키려 테리에게 공황발작이 올 때 떠오르는 부정적인 생각들에 집중해보라고 말했다. 나는 이렇게 말했다. "가슴이 답답하고, 손발이 저리고, 숨을 제대로 쉴 수 없다는 느낌에 집중해보세요. 숨을 제대로 못 쉬어 손가락과 입술이 새파래지는 모습을 상상해보세요. 기관지가 닫히고 구급차를 불러야 하는 상황입니다. 구급차의 불빛이 돌아가는 모습이 보이나요? 구급대원들이 들것에 당신을 싣고 산소 호흡기를 부착하지만 효과가 없어서 겁에 질려 있어요. 심장박동이 점점 약하고 불규칙해지며, 심장마비가 오기 직전이에요."

이런 말에 극심한 공황발작이 찾아오는 것은 당연했다. 테리는 흐느끼기 시작하며 가슴이 쿡쿡 찌르고 죽을 것 같은 느낌이 든다고 말했다.

나는 이렇게 물어보았다. "왜 죽을 것 같죠? 피에 산소가 부족해서 죽을 것 같나요?"

그녀는 말했다. "네. 어지럽고 손가락이 저려요. 숨을 깊게 쉴 수가 없어요. 가슴이 너무 아파요. 정말 끔찍한 느낌이에요. 항상 이래요!"

나는 테리에게 숨을 제대로 쉴 수 없고 죽을 것 같은 느낌이 얼마나 강하게 드는지 0%에서 100%까지 점수를 매겨보라고 주문했다. 그녀는 100%라고 답했다. 곧 나는 이렇게 질문했다. "테리, 만일 당장 숨을 쉴 수가 없고 심장마비가 온다면 못 하게 되는 일이 무엇일까요?"

테리는 신경이 곤두서 내 질문의 의미를 잘 이해하지 못했다. 그녀는 흐느끼기 시작하며 내게 멈춰달라고 부탁했다. 공포에 질린 모습이 안쓰러워 나도 그만두고 싶은 생각이 들 정도였다. 하지만 지금 그만둔다면 큰 실수를 저지르는 것이라는 생각이 들었다. 자신이 위험에 처해 있다는 테리의 비합리적인 믿음에 기름을 부을 것이기 때문이다. 그녀는 이렇게 결론지을 것이다. "의사선생님마저도 내가 죽을 거라고 생각하네. 정말 위험한 상황인 게 분명해."

하지만 테리는 질식하거나 죽을 상황이 아니었다. 그녀가 자신을 속이고 있다는 사실을 어떻게 깨닫게 만들었을까? 숨을 깊게 쉬지 못한다거나 심장마비로 죽을지도 모른다는 믿음을 시험할 수 있는 실험방법을 떠올릴 수 있는가? 해답을 읽기 전에 먼저 당신의 생각을 적어보라.

....

....

....

....

해답

나는 이렇게 물었다. "테리, 지금 당장 심장마비로 죽을 것 같고 숨을 쉬기가 힘들다면, 나와 함께 훈련하기가 더 이상 불가능하다고 생각하나요?" 그녀는 폐에 산소 공급이 안 될 텐데, 어떻게 훈련이 가능하겠느냐고 되물었다. 그녀는 일어서면서 '졸도하거나 큰일이 날지도 모른다'고 말하면서 멈춰달라고 애원했다. 그녀는 가슴에 통증이 심해 죽을 것 같은 느낌이 든다고 말했다.

나는 이렇게 말했다. "물론 두렵다는 것은 알고 있어요. 하지만 끝까지 해내면 좋겠어요. 당장 일어나서 과연 졸도할지 아닐지 알아보면 좋겠어요. 그다음에 뜀뛰기 같은 몇 가지 훈련을 시도할 수 있겠죠. 그러면 진짜 숨을 쉬기 힘들거나 죽기 직전인지 확인할 수 있을 거예요."

당신은 이것이 매우 위험한 제안이라고 느낄 수도 있을 것이다. 테리가 일어서려 할 때 정말 졸도한다면? 하지만 우울증과 불안증이 왜곡된 사고에서 비롯된다는 사실을 기억할 필요가 있다. 테리는 졸도하거나 죽을지도 모른다는 주문을 외우며 매우 교묘하게 자신을 속이고 있었다. 졸도의 의학적 원인은 무엇일까? 심장박동이 느려지고 혈압이 떨어지면 정신을 잃게 된다. 그 결과 심장은 뇌에 혈액과 산소를 충분히 공급할 수가 없다. 졸도는 일종의 방어기제다. 사람이 바닥에 눕게 되면 심장은 혈액을 뇌로 밀어 올리지 않아도 된다. 곧 뇌에 혈액과 산소가 충분히 흐르게 되어 정신을 차릴 수 있다.

테리는 실제로 졸도할 위험에 처한 걸까? 심장박동이 느려졌을까? 아니면 혈압이 떨어졌을까? 혈액에 산소가 부족한 걸까?

사실 테리의 심장은 정신없이 뛰고 있었고 혈압은 떨어지기는커녕 높아진 상태였다. 게다가 숨이 가빠져 혈액은 산소로 넘쳐났다. 졸도하려고 해도 할 수가 없는 상태였다! 심장이 그토록 빨리 뛰는데 생리적으로 졸도하는 것이 가능하겠는가? (* 불안한 사람들이 졸도하는 경우가 있다. 예컨대 혈액공포증이나 바늘공포증에 시달리는 사람들은 바늘이나 피를 보면 심장박동이 갑자기 느려지거나 혈압이 떨어져 졸도할 수도 있다. 하지만 이것은 졸도를 두려워하는 것이 아니라 바늘이나 혈액을 두려워하는 것이다. 이는 완전히 다른 문제다.)

테리는 천천히 일어났지만 졸도하지 않았다. 나는 심장마비가 올지도 모른다는 그녀의 신념을 시험하기 위해 그 자리에서 가볍게 뛰어보기를 권했다. 그녀는 우스꽝스러운 기분이 든다고 말하면서 천천히 뛰기 시작했다. 나는 문제를 해결할 수만 있다면 우스꽝스러운 게 문제이겠냐고 격려했다. 테리는 자신의 증상을 살피며 말했다. "손가락이 저려요. 기분이 이상해요! 숨을 깊게 쉴 수 없을 것 같아요."

나는 이렇게 주문했다. "계속 걸으세요. 좀더 빨리 걸을 수 있나요?"

테리는 속도를 높여 더 빠르게 뛰었다. 몇 분 후 그녀는 뜀뛰기를 멈추더니 힘들어서 더 이상 할 수 없고 숨을 깊게 쉬기가 여전히 힘들다고 말했다. 나는 이번에는 이렇게 주문했다.

"손을 높이 들고 자리에서 점프해보세요."

그녀는 너무 지쳐 못하겠다고 고개를 흔들며 말했다.

"그래도 한번 해보세요."

테리는 마지못해 내 말을 듣더니, 어느새 기운을 되찾고 폴짝폴짝 뛰었다. 몇 분 후 그녀는 내게 이렇게 질문했다. "내가 심장마비에 걸렸다면 이렇게 할 수 없겠죠?"

나는 이렇게 대답했다. "바로 그거예요! 병원 응급실로 실려 간 심장마비 환자들이 들것 옆에서 점프하고 있는 모습을 본 적 있어요?"

테리는 갑자기 킥킥 웃음을 터트렸다. 나는 이렇게 말했다. "제자리 뛰기를 계속해보세요. 아마 지쳐서 주저앉게 될 거예요!" 테리는 몸을 가누기 어려울 정도로 웃음보가 터졌다. 나는 심장마비로 죽을 것 같다는 믿음을 아직까지 품고 있는지 그녀에게 물었다.

그녀는 이렇게 소리쳤다. "훨씬 줄어들었어요. 정말 기분이 좋아졌어요!"

테리가 10년 넘게 계속되던 고통에서 처음으로 해방되는 순간이었다. 나는 테리의 허락을 받고 전 세계로 워크숍을 다니며 이 비디오테이프를 보여주었다. 비디오 초반부에는 테리가 공포에 사로잡혀 흐느끼는 모습이 나온다. 6분 뒤 그녀는 킥킥 웃으며 모든 고통과 불안에서 해방된 것처럼 보인다.

테리의 기분이 어떻게 이처럼 극적으로 변한 걸까? 갑자기 기분이 좋아진 이유는 무엇일까? 우울증과 공포가 왜 사라진 걸까?

테리는 이렇게 질문하는 순간 기분이 좋아졌다. "진짜 심장마비가 오면 계속 뜀뛰기를 할 수 있을까?" 그녀가 자신의 부정적인 생각이 현실성이 없다는 사실을 깨닫자 공포감과 무력감이 사라졌다. '생각하는 방법을 바꾸면 느끼는 방법을 바꿀 수 있다'가 인지치료의 기본 이념이다.

이를 오해하고 에어로빅 연습이나 조깅이 불안증과 우울증에 효과가 있다고 생각하는 사람들도 있다. 하지만 이는 완전히 잘못된 생각이다. 운동이 몸과 마음에 긍정적인 영향을 미치는 것은 사실이지만 테리가 회복된 비결은 다름 아닌 실험 기법에 있었다.

처음 회복을 경험하는 사람들은 날씨 변화, 데이트 약속, 새로운 직업 등 뭔가 외적인 원인을 찾기 마련이다. 그들은 대개 회복의 결과가 자신들이 활용한 기법에서 비롯되었다는 사실을 깨닫지 못한다. 무엇에 도움받았는지, 왜 도움받았는지를 모른다면 재발할 위험이 높아지므로 그냥 넘길 문제가 아니다. 불안증과 우울증이 다시 엄습하면 무력하고 당황스러운 기분이 들 것이다. 이와 반대로 우울증과 불안증을 왜, 어떻게 극복했는지 정확한 이유를 안다면 향후 같은 문제가 발생할 때 같은 방법으로 해결할 수 있다. 그러면 우울증이나 불안증을 다시 겪지 않게 된다.

테리는 집에 있을 때 공황발작이 찾아오면 어떻게 해야 하느냐고 물었다. 나는 다시 제자리 뛰기를 하면 된다고 설명했다. 그러자 테리는 이렇게 물었다. "하지만 운전하고 있을 때 공황발작이 찾아오면요?"

나는 이렇게 말했다. "갓길에 차를 세우고 나서 제자리 뛰기를 하면 되지요." 테리는 사람들이 자기를 보고 미쳤다고 생각할 거라며 그건 차마 못 하겠다고 고집을 피웠다. 순간 나는 의자를 박차고 일어나 진료실 문을 열고 대기실로 들어갔다. 테리가 앉은 곳에서는 대기실 전체가 보이지 않았다. 하지만 내가 대기실 가운데 서 있는 모습은 정확히 보였다. 나는 제자리 뛰기를 시작했고 미친 듯이 소리쳤다. "난 미치광이야! 난 제자리 뛰기를 하고 있어. 야호!"

그리고 다시 진료실로 들어가 문을 닫고 의자에 앉았다. 테리에게 진지한 목소리로 이렇게 물었다. "테리, 무슨 생각이 드나요?"

테리는 어안이 벙벙해져 이렇게 대답했다. "선생님, 환자들 앞에서 그렇게 바보 같은 행동을 할 용기를 내다니요. 저도 용기를 내볼 수 있을 것 같아요!" 그녀는 대기실에 아무도 없었다는 사실을 알지 못했다!

내가 테리를 치료한 해는 1988년이다. 나는 지난여름, 워크숍에 이 비디오테이프를 공개하고 싶다고 테리에게 전화를 걸어 허락을 구했다. 테리는 미국의 모든 불안증 환자들이 비디오테이프를 보았으면 좋겠다고 말하며 흔쾌히 허락해주었다. 테리는 그날 이후로 항상 좋은 기분을 유지했고, 오직 단 한 차례 공황발작을 경험했을 뿐이다. 그것 또한 제자리 뛰기를 하자 곧 사라졌다. 테리는 다섯째 아이를 갖고 나서 소설가로 데뷔해 처녀작을 내놓았다고 자랑했다.

많은 치료 전문가들은 테리의 문제를 해결하기 어렵다고 생각했을 것이다. 실제로 그때까지 테리는 어떤 약을 먹어도, 어떤 심리치료를 받아도 효과를 보지 못했다. 하지만 그녀에게 효과적인 기법을 발견하자 겨우 몇 단계의 치료과정만으로 회복할 수 있었다. 누군가 10년 전 첫 공황발작이 찾아왔을 때 테리에게 실험 기법을 활용하는 방법을 설명해주었다면 바로 회복해 그토록 오랜 기간 고생할 필요가 없었을 것이다.

실험 기법이 어떻게 효과를 발휘하는지 알게 되었으니 이제 당신 스스로 정신과 의사가 되어보라. 또 다른 사례를 소개한다. 준이라는 이름의 70세 할머니가 광장공포증과 공황발작을 치료하기 위해 필라델피아에 있는 내 병원에 찾아온 적이 있었다. 준은 18세 이후로 이런 문제에 시달렸고, 53년간 약제와 심리치료로 점철된 삶을 살았다. 광장공포증은 집 밖에서 혼자 있을 때 생기는 두려움이라는 사실을 앞서 설명했다. 이런 두려움은 공황발작이 찾아와도 도와줄 사람이 아무도 없을지도 모른다는 생각에서 비롯된다. 광장공포증에 걸린 사람들은 시간이 지날수록 혼자 집 밖으로 나가기가 두려워 집 안에만 틀어박혀 있곤 한다.

준은 남편이 약국을 운영하고 있는 뉴욕에서 필라델피아까지 치료받으러 왔다. 친한 친구가 항상 그녀와 함께했다. 준은 개성 만점에 성격을 종잡을 수가 없었다. 그녀는 정장을 근사하게 차려입고 온몸을 보석으로 치장했다. 또한 자신이 정말 사람들과 어울리기를 좋아한다고 말했다. 준도 사람들을 좋아하고 사람들 또한 준을 좋아했다. 파티에 가면 관중 앞에 선 개그우먼처럼 항상 시선이 그녀에게 쏠렸고, 모든 사람이 그녀의 말에 배꼽을 잡았다. 하지만 그녀는 혼자 있으면 자신이 망가지고 미치지 않을까 두려웠다. 실제로 준은 이성을 잃은 적이 한 번도 없었지만 종종 미치기 일보 직전이라는 느낌에 휩싸였다.

그녀는 정말 이성을 잃을 위험에 처했던 걸까? 공황발작에 시달리는 사람들은 실제로 미치지 않는다. 단지 미치지 않을까 걱정하는 것뿐이다. 정신분열증 환자들처럼 진짜 정신질환이 있는 사람들은 미치지 않을까 걱정하지 않는다. 정신질환이 있는 사람들은 스스로가 완벽하게 정상이라고 생각하며 FBI가 자신들에게 음모를 꾸미고 있다거나 비밀 전자장비로 도청하고 있다고 확신한다. 달리 말하면 자신을 제외한 다른 사람들이 모두 미쳤다고 생각하는 것이다. 따라서 준은 자신이 미치지 않을까 항상 걱정하고 있으므로 전혀 미칠 위험이 없는 것이다.

하지만 준은 자신의 공포가 현실적이라고 확신했다. 그녀가 정말 이성을 잃거나 미쳐간다는 사실을 증명하려면 어떤 실험이 필요할까? 답을 읽기 전에 당신의 생각을 적어보라.

해답

나는 준에게 진료실에서 정말 이성을 잃거나 미쳐버린다면 무슨 일이 일어날지 물어보았다. 과연 어떻게 될까? 그녀는 벌러덩 뒤집힌 거북이처럼 누워 허공에 팔다리를 들고 버둥거릴 것이고, 횡설수설하고, 소리를 지른 다음 벌떡 일어나서 빙빙 돌며 노래할 것 같다고 말했다. 준은 정말로 자신이 벽에 머리를 부딪치고 숨이 넘어갈 정도로 소리치게 될 것이라고 믿고 있었다.

나는 이렇게 말했다. "준, 53년을 계속 무서운 기분으로 살아왔죠? 그 두려움이 얼마나 현실적인지 한번 확인해봅시다. 준비됐나요?" 그녀는 순간 움츠러들며 그게 무슨 뜻이냐고 물었다.

나는 대답했다. "준, 18세 이후로 당신은 언제, 어디서나 정신을 잃을 수 있다고 생각해왔어요. 하지만 정말 그런지 한 번도 확인해본 적이 없죠. 난 지금 당신을 미치기 일보 직전까지 몰아갈 생각이에요. 방금 말한 것들을 전부 행동으로 옮겨보세요. 바닥에 누워 횡설수설하면서 소리도 질러보세요. 강제로 당신을 미치게 몰아갈 수 있는지 한번 알아봅시다. 그러면 공포가 현실적인지 아닌지를 밝힐 수 있을 거예요."

준은 이렇게 대답했다. "안 돼요!"

우리는 몇 분 정도 다퉜다. 나는 그녀가 충분히 굳센 여성이고 나를 신뢰하고 있다는 사실을 알았기에 권유를 멈추지 않았다. 결국 그녀는 이렇게 말했다. "선생님과 논쟁을 해봤자 제가 이길 리가 없다는 사실 알고 있어요. 그냥 빨리 매를 맞는다고 생각하고 해볼래요. 하지만 한 가지 조건이 있어요."

"잘 생각했어요. 조건이 뭔가요?"

"선생님이 먼저 해보세요!"

난 카펫 위에 누운 다음 팔다리를 허공에 막 흔들며 정신없이 소리쳤다. 그 다음 일어나서 빙빙 돌고, 노래를 부르고, 소리를 지르고, 엉덩이를 흔들며 미치광이처럼 횡설수설했다. 진료실 벽에 머리를 부딪치며 소리도 쳤다.

"나는 사이코야! 미쳐가고 있어! 만세!"

순간순간 나는 준의 반응을 보기 위해 곁눈질했다. 그녀는 마치 쇼를 즐기는 듯했다.

몇 분이 흐른 다음 나는 의자에 앉아 이렇게 말했다.

"자, 이제 당신 차례예요!"

준은 의자에서 일어나 카펫 위에 조심스럽게 눕고 나서 옷매무새를 꼼꼼히 가다듬었다. 그리고 오른팔과 오른 다리를 힘없이 들어 올린 다음, 왼팔과 왼 다리도 마지못해 들어 올리고 기어들어 가는 목소리로 이렇게 소리를 냈다. "우, 우."

나는 이렇게 말했다.

"준, 그렇게 한다고 되겠어요? 최고의 사이코들이 경쟁하는 올림픽 경기라고 생각해요. 할 수 있는 건 뭐든 해야 해요. 마음을 단단히 먹어요. 금메달을 따야 합니다. 당신은 할 수 있어요!"

그 순간 준은 정말 제대로 시작했다. 그녀는 바닥을 구르며 팔다리를 거칠게 흔들고, 소리를 지르며 횡설수설하기 시작했다. 그 다음 일어나 진료실 안을 빙빙 돌며 벽에 머리를 부딪치고 고래고래 소리를 질렀다.

목소리가 생각 이상으로 컸다. 오페라 가수에 뒤지지 않는 목소리였다. 진료실이 방음이 되지 않은 터라 동료 의사들과 환자들이 내 진료실에서 나는 비명 소리를 들으면 어떻게 생각할까 걱정할 정도였다.

준은 몇 분간의 발광을 마무리하고 의자에 앉았다. 나는 준에게 물었다. "준, 지금 기분이 어떤가요?"

그녀는 이렇게 대답했다. "번즈 박사님, 지난 53년간 전 갑자기 정신을 잃지 않을까 두려워 정신을 차리려 몸부림을 쳐왔어요. 그런데 지금 깨달았어요. 아무리 미쳐보려 애를 써도 미칠 수가 없다는 사실을요. 지금처럼 제 자신을 잘 통제한 적이 없는 것 같아요!"

나는 준에게 우울증과 불안증 검사를 다시 해보라고 주문했다. 점수는 0이었고, 이는 증상이 완벽히 사라졌다는 사실을 의미했다. 준이 53년 만에 처음 안도감을 느끼는 순간이었다. 불과 네 번째 치료에서 이런 성과를 얻은 것이다. 그 이후로 준은 병원을 두 차례 더 찾았으나 공포는 다시 찾아오지 않았다. 그녀는 광장공포증이 완전히 사라지고 어디든 혼자 갈 수 있게 되었다고 말했다. 치료를 더 이상 계속할 이유가 없었다. 준과 함께했던 시간이 즐거웠기에 나는 준을 떠나보내기가 아쉬웠다.

내가 테리와 준에게 쓴 방법이 재미있어 보이겠지만 이 두 여성이 얼마나 공포에 떨었는지 간과해서는 곤란하다. 누구라도 공포에 맞서기는 쉽지 않다. 수십 년간 고통에 시달려왔다면 더욱 그러할 것이다. 테리와 준이 시도한 것처럼 극단적인 실험을 하기 싫다면, 부정적인 생각을 정복하기 위해 약간 덜 무서운 테스트를 해볼 수 있다.

당신이 갑자기 어지러움을 느낄 때 의식을 잃고 미쳐갈지도 모른다는 생각이 들어 공황상태에 빠진다고 가정해보자. 먼저 의자에 앉은 채, 어지러울 때까지 의자를 돌려 공황발작을 유발해보라. 공황발작 증상이 완전히 발현되기 전까지 기다리지 말고, 50% 정도 공포감이 드는 순간 멈추길 바란다. 그 다음 '100, 93, 86, 79, 72' 처럼 100에서 7을 차례로 뺀 숫자를 큰 소리로 읊어보라. 공황발작이 찾아올 때 이런 시도를 하기가 어려울 수도 있다. 하지만 일단 시작하면 곧 할 수 있다는 사실을 깨닫게 될 것이다.

전화번호를 물어보고 메모할 수 있는지 알기 위해 114에 전화해볼 수도 있다. 책을 읽고 소리 내어 요약할 수 있는지 알아볼 수도 있다. 미치기 직전이라고 느끼는 순간에도 정상적으로 행동할 수 있다는 사실을 알게 될 것이다. 물론 이런 실험은 미치기 직전이라고 믿을 때만 효과를 발휘할 수 있다.

나는 이 기법을 1970년대 후반에 처음 개발했다. 하지만 이 기법이 널리 알려지게 된 것은 최근에 와서다. 학자들은 방금 설명한 '점진적 노출 기법'을 활용한 치료과정을 5회에서 10회 정도 받으면 공황발작에 시달리는 사람들 가운데 80%가 회복된다고 말한다. 얼마나 많은 사람들이 이 문제에 얼마나 오래 시달려왔는지, 쓸모없는 치료법에 얼마나 많이 허탕을 쳤는지를 생각하면 놀라운 수치다.

테리와 준에게 썼던 방법은 '홍수법'이라 부른다. 느낄 수 있는 최악의 불안감이 한꺼번에 홍수처럼 밀려오기 때문이다. 홍수법은 점진적 노출 기법에 비해 더 빨리 효과가 나타난다. 실제로 단 한 번의 치료 세션으로 충분한 경우도 있다. 어쨌건 홍수법은 용기가 더 필요하다. 홍수법과 점진적 노출 기법은 둘 다 효과적이므로 당신에게 더 효과적인 방법을 선택하면 된다.

설문조사 기법 적용하기

학자들은 종종 사람들이 정치나 특정 상품에 대해 어떻게 느끼는지 설문조사를 실시한다. 부정적인 생각과 태도를 테스트하기 위해 같은 방법을 시도할 수 있다. 심리학자인 데보라는 발표불안증에 시달렸다. 그녀는 정신건강 전문가를 대상으로 한 강연활동으로 생계를 유지하고 있었기에 발표불안증은 심각한 골칫거리였다. 두려움에도 불구하고 그럭저럭 일을 잘해왔으나, 그녀는 심리학자라면 당연히 자신부터 정신을 추슬러야 한다고 생각했고, 자신이 사람들을 상대로 사기행각을 벌이는 것 같다는 느낌에 휩싸였다.

나는 그녀에게 프레젠테이션을 시작하기 전에 청중들 가운데 발표불안증에 시달리는 심리학자가 몇 명인지 질문해보라고 제안했다. 그녀는 3분의 2가 손을 드는 것을 보고 놀라는 동시에 안도할 수 있었다.

우울증을 유발하는 부정적인 생각을 시험하기 위해 '설문조사 기법'을 활용할 수 있다. 내가 필라델피아의 병원에서 불안증에 시달리는 입원 환자를 그룹 치료하던 초반에, 다이안이라는 중증 우울증 환자가 자살을 결심했다고 선언했다. 그녀는 15년간 급속 순환성 양극성장애에 시달려왔고 줄곧 약을 복용해왔다. 하지만 아무리 약을 먹어도 소용이 없었다. 그녀를 담당한 의사들은 대부분 5가지 다른 약제를 한꺼번에 처방했다. 그럼에도 불구하고 그녀는 수시로 변하는 자신의 감정과 끊임없이 전쟁을 벌여야 했다. 이번이 그녀의 여덟 번째 입원이었다.

급속 순환성 양극성장애는 조울증의 가장 심한 형태에 속하며 완치가 어려울 수 있다. 이런 양극성장애에 시달리는 환자들에게는 해마다 수차례씩 조증이나 울증이 찾아온다. 질병과 싸우는 와중에서도 다이안은 결혼해 3명의 자녀를 두었다. 그녀는 파트타임으로 웹사이트 디자인 사업에 대해 컨설팅을 했고, 이 일에 두각을 나타냈다.

나는 다이안에게 내 도움을 받고 싶은지, 도움에는 관심이 없고 그저 자살하고 싶은지를 물어보았다. 그녀는 가능하다면 도움을 간절히 원하며, 현재로서는 자살이 가장 합당한 선택인 것 같아 자살하기로 마음먹은 것뿐이라고 고백했다.

다이안은 극도로 우울하고, 불안하고, 부끄럽고, 외롭고, 창피하고, 희망이 없고, 좌절하고, 화나고, 열등한 느낌에 휩싸였다. 그녀는 '오늘의 기분 일지'에 자신을 괴롭히는 4가지 부정적인 생각을 적었다.

1. 이 망할 병이 내 인생을 망쳤다.
2. 난 아무런 희망이 없다. 결코 나아지지 않을 것이다.
3. 가족과 의사에게 짐이 될 뿐이다.
4. 내가 죽는 것이 부모, 남편, 자식, 의사를 돕는 일이다.

나는 다이안에게 어떤 생각부터 해소하고 싶으냐고 물었다. 그녀는 네 번째 생각 '내가 죽는 것이 부모, 남편, 자식, 의사를 돕는 일이다'를 선택했다. 몇 가지 기법을 시도해보았으나 별 효과가 없었다. 나는 결국 설문조사 기법을 시도해보기로 마음먹었다. 나는 이렇게 질문했다. "다이안, 당신이 죽는 것이 부모, 남편, 자식, 의사를 돕는 일이라고 말했죠. 어리석은 질문이겠지만, 그 분들에게 당신이 자살하기를 원하느냐고 물어본 적이 있나요?"

다이안은 그런 이야기는 해본 적이 없다고 대답했다. 그러나 자신이 짐만 되므로, 세상에서 없어지는 것이 그 사람들을 위하는 일이 분명하다는 생각을 굽히지 않았다. 나는 그녀의 남편이 사회복지사와 함께하는 가족치료 그룹에 참가하도록 예약이 되어 있으므로 남편에게 직접 물어보는 것이 낫겠다고 말했다. 나는 그녀가 사실에 근거하지 않고 성급하게 결론 내리고 있다고 생각했기 때문이다. 그리고 다이안의 가족이 현재 이 자리에 없으므로 다른 환자들의 생각을 물어보겠다고 했다. 그 자리에 있던 사람들은 다이안이 자살하면 다이안의 부모, 자식, 남편의 인생이 더 나아질 거라고 생각했을까?

다이안은 사람들이 솔직하게 답변하지 않을 것이라고 우겼다. 나는 몇 사람에게라도 물어본 다음, 그들이 솔직하게 이야기하는지, 듣기 좋은 말만 늘어놓는지 같이 확인해보자고 제안했다.

다이안은 내 옆에 앉은 젊은 여성에게 다가가 이렇게 질문했다. "마샤, 내가 자살하는 편이 가족들에게 낫다고 생각하나요?"

마샤의 뺨 위로 눈물이 흘렀다. "다이안, 그런 정신 나간 소리 말아요. 지금 무슨 소리를 하는 거예요? 내 남동생이 5년 전에 자살했어요. 내 옆방에서요. 총소리를 듣고 방에 가보니 총을 머리에 대고 방아쇠를 당겼더군요."

마샤는 흐느끼기 시작했고 부모님과 자신이 얼마나 비참한 기분이었는지 설명했다. 그녀는 말을 이어갔다. "내 동생이 짐이 되었냐구요? 물론 그랬죠. 몇 년 동안 우울증에 시달려왔고 때로는 정말 성가시기도 했어요. 그렇다고 우리가 동생이 죽기를 바랐는 줄 알아요? 절대 그렇지 않아요! 우리는 그 아이를 사랑했고 함께 살기를 바랐어요. 동생의 우울증을 견디는 일은 동생의 죽음을 견디는 일에 비하면 아무것도 아니에요. 동생 생각이 단 하루도 머리를 떠나지 않아요. 그럴 때마다 가슴이 무너지죠. 앞으로도 나아질 것 같지가 않아요. 당신 가족들도 당신을 사랑하고 있어요. 당신이 자살하면 그들이 얼마나 비참해질까요. 아마 회복 불가능한 상실감에 시달릴 거예요."

나는 이렇게 물었다. "다이안, 마샤가 진실을 말하는 것 같나요, 거짓말을 하는 것 같나요?" 다이안은 거짓말은 아닌 것 같다고 대답했다.

나는 간호사 에리카의 눈에 눈물이 괸 것을 보고 이렇게 제안했다. "다이안, 에리카에게도 한번 물어보지 않겠어요?"

다이안은 에리카에게 다가가 말을 붙였다. "당신 생각은 어때요? 내가 자살해야 한다고 생각하나요? 내가 죽어야 가족들이 더 행복하지 않을까요?"

에리카는 울먹이며 20년 전 아들이 자살한 이야기를 들려주었다. 그녀는 감당하기 힘든 슬픔이 조금도 줄어들지 않았고, 항상 아들 생각이 나서 아들을 되찾기 위해서라면 어떤 일이든 할 수 있을 것 같다고 말했다.

다이안은 모임에 참가한 다른 사람들에게도 같은 질문을 해보았다. 모두 같은 대답이었다. 많은 사람들이 자살한 친구나 가족을 두고 있었다. 그들 모두 극심한 죄의식, 수치심, 상실감을 느낀다고 고백했다. 어떤 사람들은 다이안에게 터놓고 말해줘서 고맙고, 그녀 덕분에 자신의 무력감이나 쓸모없는 존재라는 느낌을 고백하기가 한결 쉬워졌다고 털어놓았다.

나는 다이안에게 지금 단계에서 "내가 죽는 것이 부모, 남편, 자식, 의사를 돕는 일이다"라는 부정적인 생각을 얼마나 믿느냐고 물어보았다. 그녀는 0%라고 답했다. 실제로 너무나 말도 안 되는 생각처럼 보여 처음에 어떻게 이런 생각을 품게 되었는지 영문을 모를 정도라고 고백했다. 그녀는 특히 "이 망할 병이 내 인생을 망치고 있어", "가족과 의사에게 짐이 될 뿐이다" 같은 다른 부정적인 생각에 어떻게 대응해야 할지 알고 싶어 했다.

나는 다이안에게 서로 역할을 맡아 머리에서 전쟁을 벌이고 있는 2가지 목소리를 내보자고 제안했다. 그녀는 부정적인 생각을 말하는 역할을 맡아 나를 공격하고, 나는 그녀의 긍정적인 생각을 말하는 역할을 맡기로 했다. 이 기법을 '목소리 외재화'라고 한다. 이 기법에 대해서는 15장에서 더 많은 것을 배우게 될 것이다. 우리가 나눈 대화를 소개한다.

부정적인 생각(다이안이 연기): 현실을 직시해, 다이안. 이 망할 병이 네 인생을 망치고 있어.

긍정적인 생각(번즈 박사가 연기): 그건 너무 흑백논리 같은데. 이 병이 골칫거리인 건 맞지만, 병이 있음에도 불구하고 나는 이룬 게 많아. 난 좋은 아내이자 좋은 엄마야. 아이 셋을 훌륭히 키웠고, 아이들도 나를 사랑해. 웹디자인 컨설팅 일도 나무랄 데 없이 잘하고 있어. 자랑할 만한 일이라고 생각해.

부정적인 생각: 그래, 그럴 수도 있겠지. 하지만 지난 15년간 병원에 여덟 번이나 입원한 것도 생각해야지. 부모, 남편, 자식, 의사 모두에게 짐이 되고 있잖아.

긍정적인 생각: 틀린 말은 아니네. 내가 조울증이 있는 건 사실이고 때로 내가 짐이 된다는 사실도 부인하기 힘들겠지. 하지만 한 가지 알려줄까? 난 내 의지로 병을 선택하지 않았어. 신이 내가 짐이 되길 원한다면, 그렇게 하라지 뭐. 거부할 생각 없어. 할 수 있는 한 가장 작은 짐이 될 테니까!

내가 이렇게 대응하자 다이안의 얼굴에는 미소가 번졌다. 그리고 다음과 같은 질문을 던졌다. "짐이 되어도 괜찮다는 말인가요?"

나는 이렇게 말했다. "물론이에요! 당신 운명이 그렇다면 받아들이세요. 당신 잘못이 아니에요. 당신 자신이 짐이 된다는 사실은 문제가 아니에요. 항상 스스로를 자학하고 짐이 되어서는 안 된다고 생각하는 게 문제인 거예요. 우리 모두가 때에 따라서는 다른 사람에게 짐이 될 수 있어요. 살면서 누구나 겪는 일이에요."

다이안은 정신이 번쩍 드는 듯했다. 그녀는 자신이 조울증이 있다는 사실과 때로 짐이 될 수 있다는 사실을 받아들일 거라고는 상상조차 못했다. 역설적으로 자신이 짐이 될 수 있다는 사실을 깨닫자 더 이상 짐이 될 필요가 없었다!

나는 조울증 자체가 다이안이 시달리는 고통의 진정한 원인이 아니라는 사실이 흥미로웠다. 조울증은 생물학적인 질병이라는 것이 통념이지만 실제로 다이안의 고통은 왜곡된 부정적인 생각에서 비롯되었다. 이런 생각을 물리치자 그녀의 조울증은 사라졌다.

설문조사 기법은 부정적인 생각이 넘겨짚기라는 왜곡에서 비롯될 때 시도해볼 수 있는 좋은 방법이다. 사람들이 자신을 어떻게 생각하고 느끼는지 성급하게 결론 내리면 다른 사람이 자신에게 화가 나 있다고 넘겨짚어 불안해지거나 우울해지기 쉽다. 물론 사람들과 마찰을 겪는 순간이 있을 수 있다. 또한 오해를 풀기 위해 사람들을 붙들고 이야기해야 할 수도 있다. 하지만 오직 머릿속 생각이 문제의 원흉인 경우가 있다. 다른 사람들이 당신에 대해 어떻게 생각하고 느끼는지 넘겨짚지 말고, 직접 물어 알아내라. 이 기법은 매우 쉬우면서도 유용하게 쓰인다.

원인 다시 찾기 기법 적용하기

자기비난과 감정추론은 인지 왜곡에서 가장 흔하고 가장 고통스러운 유형에 속한다. 우울하거나 불안하면 자기 탓이 아닌 문제를 자기 탓이라고 생각한다. 스스로에게 이렇게 말하는 것이다. "죄책감이 드니까 내 탓인 게 분명해." 하지만 정말 비난받아야 할 대상은 자기가 아니라 자기를 비난한다는 사실 자체다. 원인 다시 찾기 기법을 활용하면, 문제를 촉발시킨 모든 요인을 확인하고 더 현실적인 시각을 가질 수 있다. 모든 에너지를 스스로를 자학하고 비참하게 만드는 데 쓰기보다 문제를 해결하는 데 쓸 수 있는 것이다.

제이슨은 수줍음과 싸우고 있었다. 그는 매력적인 젊은이였으나 마음에 드는 여성 옆에만 가면 온몸이 얼어붙었다. 토요일 아침, 그는 슈퍼마켓에 들러 물건을 사고 계산하기 위해 줄을 섰다. 계산을 맡고 있는 매력적인 아가씨가 자신을 향해 미소 짓고 있는 것 같았다. 제이슨은 자신이 계산할 차례가 되었을 때 그녀에게 관심을 보일 수 있다면 얼마나 좋을까 생각했다. 하지만 그는 어색함을 이기지 못하고 그녀를 제대로 쳐다보지도, 말을 걸지도 못한 채 초조하게 계산대를 바라볼 뿐이었다. 좌절한 그는 창피하다는 생각에 휩싸여 가게를 나올 수밖에 없었다. 이후 그는 나에게 모든 일이 항상 이런 식이라고 고백했다.

제이슨은 줄을 서 있을 때 이렇게 생각했다. '내가 그녀에게 작업을 걸면 거절당할 게 분명해. 그럼 인생의 패배자가 되는 거야.' 이런 생각에는 앞에서 소개한

10가지 인지 왜곡이 거의 다 들어 있다.

이는 자기비난의 대표적 실례다. 왜냐하면 제이슨은 그녀에게 접근하다가 실패하면 스스로를 자학할 준비가 되어 있기 때문이다. 제이슨이 원인 다시 찾기 기법을 이용해 이런 생각에 어떻게 대응할 수 있을까?

좀더 자세히 들어가 보자. 제이슨은 그녀에게 접근해 거절당한다면 자신이 패배자임을 만천하에 드러내는 것이라는 주문을 외우고 있다. 계산원이 자신에게 관심을 보이는 손님에게 떨떠름하게 대할 것이라고 생각할 만한 이유가 떠오르는가? 다음으로 넘어가기 전에 당신의 생각을 적어보라.

....

....

....

해답

여러 가지 설명이 가능하다. 예컨대 다음과 같다.

- 아마 결혼했을 수도 있다.
- 남자친구가 있을 수도 있다.
- 동성애자일지도 모른다.
- 기분이 좋지 않을 수도 있다.
- 손님들이 항상 그녀에게 집적대므로 제이슨이 관심을 보이면 짜증을 낼 것이다.
- 뒤에 줄을 선 손님들이 많다.
- 일하면서 손님을 사귀는 것은 규정에 어긋날 수 있다.
- 수줍어하거나 자신이 없을 수 있다.

- 제이슨이 그녀 취향이 아닐 수 있다. 좋아하는 외모가 따로 있거나, 나이가 많은 남자를 좋아할 수 있다.
- 제이슨이 못생겼다거나 가난해 보일 수 있다.

또한 제이슨이 이성에게 접근하는 기술이 서툴 수 있다. 하지만 이는 그가 '패배자'라는 사실을 의미하지 않는다. 단지 그가 경험이 부족하고 연습이 필요하다는 사실을 의미할 뿐이다.

원인 다시 찾기 기법의 목표는 실패를 합리화하는 것이 아니라 상황을 더 현실적인 시각에서 보자는 것이다. 클라리세라는 이름의 여성이 있었다. 그녀는 몇 주간 교제한 남자친구 폴과 헤어지고 나서 우울증과 불안증에 시달렸다. 그녀는 스스로 이렇게 주문을 걸었다. "모두 내 잘못이야. 항상 이런 식이야. 다시는 남자를 못 사귈 것 같아." 친구와 마음을 터놓고 대화한 끝에 클라리세는 문제를 완전히 다른 시각으로 파악했다. "내 잘못이 아니었구나. 그 녀석이 얼간이었어! 더 좋은 남자를 만나야겠어!"

이것은 원인 다시 찾기 기법을 오용하는 경우에 해당한다. 클라리세는 단지 "내가 문제야"라는 마음가짐을 "네가 문제야"라는 마음가짐으로 바꾼 것에 지나지 않기 때문이다. 나 자신을 비난하기보다 헤어진 남자친구를 비난하는 것이다. 지금 클라리세는 불안하고 죄스러운 기분이 화나고 원망스러운 기분으로 바뀐 것뿐이다.

클라리세는 자신이나 폴을 비난하기보다, 왜 두 사람 사이가 엉망이 되었는지를 파악해야 한다. 이를 통해 교훈을 얻고 성장의 기회로 삼을 수 있다. 재미있지만 자아도취에 빠진 남자를 골랐기 때문일까? 상대에게 너무 의지하려고 들어 금세 질리게 만들었기 때문일까? 다른 남자에게 한눈을 팔아서일까? 남자친구가 잔소리를 한다거나 두 사람 사이에 놓인 문제를 이야기하려고 할 때 듣기 싫어한다거나 방어적으로 변해서일까? 가치관이나 관심사가 서로 달라서일까?

두 사람이 잘 맞지 않는다는 사실을 인정해야 하는 걸까?

헤어지게 된 이유를 알면 나중에 다른 사람을 사귀는 데 도움이 될 수 있다.

이 장에서는 우울증과 불안증을 유발하는 생각을 물리치는 4가지 진실 기반 기법(증거조사 기법, 실험 기법, 설문조사 기법, 원인 다시 찾기 기법)을 배웠다. 이 중에서 한 가지를 시도한 다음 효과가 없을 때 다른 기반의 방법을 시도해야 하느냐고 묻는 사람들이 있다. 꼭 그렇지는 않다. 예컨대 증거조사 기법은 테리에게 별 도움이 되지 않았다. 질식하기 직전이라거나 심장마비가 올지도 모른다는 증거가 전혀 없었는데도, 그녀는 철저하게 그렇게 믿고 있었다. 하지만 실험 기법을 활용하고 제자리 뛰기를 시작하자 갑자기 자신의 부정적인 생각이 완전히 틀렸다는 것을 깨달았다. 바로 그 순간 불안증과 우울증이 사라졌다. 비결이 궁금한가? 더 많은 기법을 시도할수록, 더 빨리 효과적인 기법을 찾을 수 있다!

12장

논리와 의미론 기법

당신은 자신이 우울하거나 불안하면 극단적인 언어로 스스로를 비난하려 한다는 사실을 눈치챘을지도 모른다. 인생의 패배자라고 자학할 수도 있고, 결코 불안하거나 자신감을 잃어서는 안 된다고 억지를 부릴 수도 있다. 자신이 쓰고 있는 언어를 잘 살펴보면, 자신에 대한 생각이 모질고 터무니없다는 사실을 발견하게 된다. 논리와 의미론 기법은 그런 부정적인 언어를 바꿔 스스로를 더 따뜻하고 현실적으로 대할 수 있게 해준다.

중용적 사고 기법 적용하기

흑백사고는 수행불안을 유발할 수 있다. 흑백사고에 따르면 완벽하지 않은 이상 아무런 쓸모가 없기 때문이다. 우리의 행동 대부분은 늘 완벽할 수 없기에 이런 생각은 현실적이지 못하다. 흑백논리의 굴레에 스스로를 가두기보다 자신을 회색지대(중간 지점)에 놓는다면, 많은 부담을 덜 수 있을 것이다.

내가 인지치료 기법을 처음 배울 당시, 동료 의사 아론 벡과 함께 행동치료촉진협회 연례회의에서 워크숍을 진행한 일이 있었다. 워크숍은 별문제 없이 끝났다. 하지만 기대만큼은 아니었다. 아론 벡 박사는 내 속상한 기분을 알아채고 뭐가 문제인지 물었다. 당시 나는 상당한 완벽주의자였다. 나는 아론 벡에게 우리 워크숍이 평균 이하였던 것 같아 실망이라고 말했다.

그는 말했다. "데이비드, 우리 모두 감사해야 해! 평균이란 중간치를 뜻하잖아. 이런 정의에 따르면 우리 프레젠테이션 가운데 절반은 평균 이상이고 절반은 평균 이하란 뜻이야. 일단 출발은 좋다고. 다음번에는 더 잘할 수 있을 거야!" 나는 이 말을 듣고 항상 완벽할 필요가 없다는 생각, 앞으로 얼마든지 나아질 수 있다는 생각이 들어 얼마나 안심이 되었는지 모른다.

11장에서 제이슨의 일화를 소개했다. 그는 매력적인 계산원을 보고 자신의 수줍음과 싸웠다. 계산원이 제이슨을 보고 미소 짓는 것 같았으나, 제이슨은 미소에 답하지도 않고 말 한마디 없이 가게를 떠났다. 228페이지에 제이슨의 '오늘의 기분 일지'를 소개했다. 과제는 '슈퍼마켓에서 계산 줄에 서 있는 것'이었다. 제이슨은 슬프고, 불안하고, 죄스럽고, 뒤떨어지고, 창피하고, 외롭고, 당황스럽고, 침울해지고, 좌절하고, 미칠 것 같은 기분이었다. 당신도 수줍었던 적이 있다면, 이런 느낌에 익숙할 것이다. '이전' 항목 점수가 높다는 것은 이런 감정이 상당히 강력하다는 사실을 의미한다.

제이슨은 계산하려고 줄을 섰을 때 뇌리를 스치던 생각을 기록했다. 하나같이 그럴 듯해 보였다. 그래서 빠짐없이 100%라는 점수를 기입했다. 그의 생각에서 나타나는 왜곡 유형을 체크해보라.

오늘의 기분 일지—제이슨

문제적 사안: 슈퍼마켓에서 계산 줄에 서 있는 것

감정	이전 (%)	이후 (%)	감정	이전 (%)	이후 (%)
슬픈, 침울한, 우울한, 울적한, 불행한	80%		**당황스러운**, 바보 같은, **창피한**, **수줍은**	100%	
불안한, 걱정되는, **공황상태에 빠진**, 긴장되는, 끔찍한	100%		**희망이 없는**, **의욕이 없는**, 비관적인, 절망적인	90%	
죄스러운, 후회되는, 미안한, **수치스러운**	95%		**좌절한**, 꺾인, 실패한, 패배한	90%	
열등한, 무가치한, **뒤떨어진**, 모자란, 무능한	95%		**화난**, 미칠 것 같은, 원통한, 짜증나는, 예민한, 속상한, 분한	90%	
외로운, 사랑받지 못하는, 소외된, 쓸쓸한, **거절당한**, 버려진	75%		기타:		

부정적인 생각	이전 (%)	이후 (%)	왜곡	긍정적인 생각	믿음 (%)
1. 나는 재미있는 화젯거리가 없다.	100%				
2. 예쁜 여자들의 마음을 얻은 적이 없다.	100%				
3. 그녀와의 대화가 무리 없이 끝나도, 지금은 사람을 사귈 여유가 없다.	100%				
4. 바보 같은 소리만 하고 상대를 화나게 할 것이 분명하므로 입을 다무는 편이 낫다.	100%				
5. 그녀에게 추파를 던지면 사람들이 나를 자기만 아는 얼간이로 생각할 것이다.	100%				
6. 시끄럽게 하거나 폐를 끼쳐서는 곤란하다. 사람들은 겸손하고 조용한 사람을 더 좋아할 것이다.	100%				
7. 나는 개성이 없다.	100%				
8. 성공이나 외모와 같은 피상적인 것들에 관심이 많은 나는 형편없는 인간임에 틀림없다.	100%				
9. 그녀에게 추파를 던지자마자 거절당할 것이다.	100%				
10. 인생의 패배자로 보일 것이다.	100%				

왜곡—제이슨

왜곡	(√)	설명
1. 흑백사고	√	제이슨은 극단적인 흑백논리로 상황을 바라본다. 이 상황에서 자신은 아무 권한이 없고 그녀에게 접근하는 일이 성공이나 실패 중 하나일 것이라고 믿는다. 그는 또한 그녀를 만나면 인생에 더 이상 바랄 것이 없겠지만 그녀가 관심을 보이지 않는다면 철저한 패배자가 될 것이라 믿는다. 그러니 그처럼 많은 부담을 느끼는 게 당연하다!
2. 성급한 일반화	√	제이슨은 누군가 자신을 얼간이라 생각한다면 모든 사람이 그렇게 생각할 것이라 믿는다. 거절당하는 일에 극도로 위협을 느낄 수밖에 없다.
3. 생각 거르기	√	제이슨은 자신이 얼마나 불안하고 수줍어하는지 끊임없이 생각한다. 스스로 개성이 없는 인간이라는 주문을 외운다.
4. 장점 폄하	√	제이슨은 자신의 장점을 폄하한다. 그는 비교적 매력적이고 총명하므로 자신이 어리석어 보인다거나 매력적인 상대에게 접근했을 때 거절당할 것이라 생각할 이유가 없다. 제이슨은 그녀가 자신을 향해 미소 지었던 사실을 깎아내린다.
5. 결론 도약 -넘겨짚기 -주술적 주문	√	제이슨이 거절당할 것이라든가 가게에 있는 사람들이 제이슨을 비웃을 것이라는 증거가 전혀 없다. 제이슨은 계산원에게 미소를 짓고 인사를 한다면 가게 안의 사람들이 정말 충격을 받을까? 수도승처럼 자신의 느낌과 행동을 억누른다면 사람들이 제이슨을 존경할까?
6. 과장 및 축소	√	제이슨은 자신의 존재를 확대해석한다. 줄 선 사람들이 정말 제이슨의 행동에 그처럼 관심을 가질까?
7. 감정추론	√	제이슨은 자신이 거절당할 것이라 느끼므로 실제로 거절당할 것이라고 여긴다. 이기적인 얼간이라고 느끼는 것이 정말 이기적인 얼간이라는 의미라고 여긴다.
8. 당위진술	√	제이슨은 자신이 항상 조용하고 겸손해야 한다고 생각하며 바보같이 보이거나 거절당해서는 안 된다고 생각한다.
9. 낙인찍기	√	제이슨은 스스로를 '이기적인 얼간이'라고 낙인찍는다.
10. 비난 -자기비난 -타인비난	√	제이슨은 거절당한다면 스스로에게 뭔가 문제가 있기 때문이라고 생각한다. 실제로 제이슨이 무척 매력적이더라도 그녀는 그에게 관심이 없을 수 있다.

제이슨과 나는 10가지 왜곡을 찾을 수 있었다.

제이슨에게 어떤 도움을 줄 수 있을까? 그의 첫 번째 부정적인 생각은 다음과 같다.

'나는 재미있는 화젯거리가 없다.'

이런 생각은 여러 가지 왜곡을 담고 있으나, 흑백사고의 전형적인 사례에 속한다. 제이슨은 극단적인 결과 2가지 중에서 하나가 일어날 것이라고 생각했다. 아주 멋진 말로 그녀를 반하게 만들거나, 스스로를 완전히 바보로 만드는 것이다.

이런 사고체계는 일을 훨씬 어렵게 만든다. 첫째, 그는 이성 교제를 많이 해보지 않아서 그녀의 마음을 순식간에 사로잡지는 못할 것이다. 따라서 제이슨의 논리에 따르면, 그가 그녀에게 작업을 건다면 줄을 선 사람들 모두가 제이슨을 얼간이로 생각하게 될 것이다. 어떤 경우건 값비싼 대가를 치러야 한다. 그는 흑백논리를 고집함으로써 이길 수 없는 상황에 자신을 내맡긴 것이다. 그가 왜 불리한 상황에 처했는지 쉽게 알 수 있다. 제이슨은 '나는 재미있는 화젯거리가 없다' 같은 부정적인 생각에 대응하기 위해 어떻게 중용적 사고 기법을 이용했을까?

기억하라. 이 기법을 쓰면 자기 자신과 주변 상황을 더 이상 극단적인 잣대로 평가하지 않게 된다. 그 대신 자기 자신과 주변 상황을 회색지대에서 파악할 수 있다(0%에서 100% 사이). 제이슨은 계산원에게 뭔가 대단히 재미있는 이야기를 해야 한다고 생각한다. 이런 생각은 과도한 부담감을 유발해 머릿속을 하얗게 만든다. 그가 느끼는 부담감을 일부라도 덜어줄 수 있는 주술적 주문이 있을까? 해답을 보기 전에 당신의 생각을 적어보라.

....

....

....

....

제이슨은 이렇게 주문을 걸기로 마음먹었다. "기발하고 재미있는 화젯거리에 집착할 필요가 없다. 미소와 인사도 상대방의 마음을 여는 훌륭한 첫걸음이다." 아래의 '믿음' 항목에서 볼 수 있는 것처럼, 그는 이 생각을 100% 신뢰했다. 동시에 부정적인 생각에 대한 신념은 25%로 감소했다.

감정 변화를 위한 필요충분조건이 기억나는가? 긍정적인 생각은 100% 진실이어야 한다는 명제가 필요조건이며, 긍정적인 생각이 부정적인 생각을 물리쳐야 한다는 명제가 충분조건이다. 제이슨은 더 이상 과도하게 안간힘을 쓸 필요가 없으므로 이런 긍정적인 생각에 근거해 상당히 부담을 덜 수 있게 되었다고 말했다.

부정적인 생각	이전 (%)	이후 (%)	왜곡	긍정적인 생각	믿음 (%)
1. 나는 재미있는 화젯거리가 없다.	100%	25%	흑백, 성급, 생거, 장펼, 짚기, 축소, 감추, 당진, 자비	기발하고 재미있는 화젯거리에 집착할 필요가 없다. 미소와 인사도 상대방의 마음을 여는 훌륭한 첫걸음이다.	100%

과정 대 결과 기법 적용하기

우리는 과정(투입하는 노력)이나 결과에 근거해 자신의 행동을 평가할 수 있다. 2가지 척도는 모두 중요하다. 그런데 준비과정이나 노력은 자신의 의지대로 조절할 수 있지만 결과는 그렇지 못한 경우가 많다.

예컨대 중요한 시험에서 어떤 결과를 얻느냐는 어떤 시험문제가 나왔는지, 다른 학생들의 실력이 얼마나 좋은지, 절대평가 혹은 상대평가인지에 따라 달라질 수 있다. 선생님이 어떤 기분으로 채점했는지 또한 중요하다. 이런 요인들은 우리의 의지로 통제할 수 없다.

반면, 투입하는 노력은 의지대로 조절할 수 있다. 예컨대 모든 수업을 빠지지 않고 출석하며, 열심히 필기하고, 선생님에게 이해가 안 가는 부분을 질문할 수도 있다. 과제를 성실하게 하고 시험을 신중하게 준비할 수 있다. 이렇게 한다면 쏟은 노력에 A+를 매길 만하다. 하지만 결과에 연연하지 말고 기다려야 할 것이다.

제이슨은 아홉 번째 부정적인 생각 '그녀에게 추파를 던지자마자 거절당할 것이다'라는 생각에 대응하기 위해 어떻게 '과정 대 결과 기법'을 이용할 수 있을까? '해답'을 보기 전에 당신의 생각을 적어보라.

제이슨은 자신의 행동은 의지의 범위 내에 있으나 결과는 그렇지 못하다는 사실을 떠올렸다. 자신이 그녀를 향해 미소를 짓고 인사를 한다면 그녀가 어떤 반응을 보이느냐와 관계없이 A$^+$라는 점수를 부여했다. 왜냐하면 그토록 오랫동안 갇혀 있었던 감옥 밖으로 첫발을 내디뎠기 때문이다.

과정 대 결과 기법은 여러모로 도움이 되었다. 정신과 의사로서 나 또한 종종 내 힘으로 어찌할 수 없는 어렵고 힘든 상황에 부딪친다. 예를 들면, 나는 경계성 인격장애로 진단받은 레이첼이라는 중증 우울증 환자를 치료한 적이 있다. 경계성 인격장애는 수많은 속임수와 자기 파괴적 행동을 수반하는, 극도로 다루기 어려운 우울증에 속한다. 레이첼은 수시로 감정이 바뀌고, 충동적이고, 치료에 비협조적이었다. 수많은 의사들이 그녀를 거쳐 갔고, 그녀는 수차례 자살을 시도했다.

레이첼은 나 또한 별수 없을 거라고 우겼다. 진료 중에 그녀는 느닷없이 의자를 박차고 일어나 문을 향해 달려 나갔다. 나는 가까스로 그녀와 문 사이에 끼어들어 가 비명을 지르며 밖으로 나가는 그녀를 제지했다. 안간힘을 써, 한 손으로는 그녀의 팔목을 붙들고, 다른 손으로는 수화기를 집어 들어 119를 불렀다.

몇 분 후 구조대원 2명이 도착했고, 나는 어떤 상황인지 설명했다. 그들은 레이첼에게 자살을 시도했느냐고 물었다. 그녀는 그렇다고 대답했다. 그들은 레이첼이 진정되지 않는다면 가족에게 연락해 입원시키겠다고 말했다. 구조대원들이 내 사무실에서 레이첼을 끌고 나갈 때 그녀는 험한 말을 퍼부으며, 내가 세상에서 최악의 멍청이 의사이며, 나를 뼛속 깊이 증오한다고 소리쳤다.

죄책감에 휩싸인 나는 몹시 낙담했고 다시는 그녀를 볼 수 없을 것 같았다. 치료결과가 시원찮자 인생의 패배자라는 느낌이 들었다. 하지만 치료과정을 돌이켜볼 때 특별한 잘못을 찾을 수 없었다. 나는 결과가 기대에 못 미쳐도 어려운 상황에서 할 만큼 했다고 자위하기로 마음먹었다. 그리고 내가 자살할 뻔한 그녀의 목숨을 구했다는 사실을 기억하려 했다.

이후 몇 년간 나는 가끔씩 레이첼이 생각났다. 때로 이런 생각이 들었다. '그래, 레이첼은 내가 망쳤어.' 곧 나는 이렇게 되물었다. '내가 무엇을 망쳤지? 따지고 보면 내가 잘못한 것은 없잖아? 뭔가 다르게 행동할 수 있었을까?' 상황을 객관적으로 보면, 결과가 시원찮아도 나는 할 일을 했을 뿐이라는 생각이 들었다.

그로부터 5년이 흘러 나는 국립정신건강기구의 대표로부터 전화를 받았다. 그는 내게 이렇게 물었다. "레이첼 클라크라는 젊은 여성을 치료한 적이 있나요?"

순간 심장이 벌렁거리고 불안에 휩싸였다. 이런 생각이 스쳐갔다. '분명 그녀가 윤리위원회에 제소하거나 의료소송을 제기했을 거야. 이 사람은 내 잘못을 질타하려고 전화했겠지.' 나는 머뭇거리며 몇 년 전에 그녀를 치료한 적이 있다고 인정하면서 이렇게 말했다. "하지만 치료한 횟수는 몇 번 안 돼요."

그는 내가 어떤 치료법을 썼는지 질문했다.

나는 당시 그녀의 부정적인 생각을 물리치기 위해 인지치료 기법을 시작하려던 참이었다고 설명했다. 하지만 치료과정 중에 집에서 해야 할 과제를 내주자 갑자기 그녀가 화를 내며 자살하겠다는 말로 나를 위협했다고 말했다. 그 결과 그녀는 병원에 입원해야 했고, 더 이상 치료를 받지 않았다고 설명했다. 그러고 나서 나는 그에게 왜 전화했는지를 물어보았다.

나는 그의 말을 듣고 몹시 놀랐다. 그날 밤 레이첼은 워싱턴의 부모님 집 근처 병원에 입원해서 8명의 정신과 의사들에게 치료받았다. 하지만 그 누구도 속수무책이었고, 결국 국립정신건강기구 대표에게 맡겨졌다. 레이첼은 그에게 번즈 박사가 도움을 받았던 유일한 의사였다고 말했고, 그는 내가 어떤 치료를 했는지 알기 위해 전화한 것이었다!

지금까지도 나는 어리둥절하다. 아마도 내가 레이첼에게 엄한 사랑을 베풀었기 때문이거나, 희망이 없고 쓸모없는 인간이라는 믿음에서 벗어나게 만들었기 때문일 수도 있다. 내가 처음으로 그녀에게 책임감을 느끼도록 유도했기에 화가 난 것이 아닌가 싶다. 나는 팀워크를 통해서만 그녀가 회복될 수 있고 그녀가 나에게 치료받고 싶다면 진료 중에 과제를 해야 한다고 분명히 알려주었다. 레이첼은 그 순간 폭발했다.

만일 그녀가 경찰에 끌려나가고, 발길질을 하고, 저속한 말을 내뱉고, 자살하겠다고 겁주던 사실을 두고 내 성과를 평가한다면 비참하게 실패했다고 결론 내리게 될 것이다. 하지만 그날 내가 레이첼에게 말해준 내용들은 그녀에게 꼭 필요한 말이었다. 내가 그녀의 인생을 구했는지도 모른다.

의미론 기법 적용하기

의미론 기법은 화가 날 때 나오는, 감정적이고 상처를 주는 언어를 더 친절하고 부드러운 언어로 대체하는 것이다. 불안증과 우울증이 찾아올 때 '~해야 한다', '~임에 틀림없다', '~할 필요가 있다' 같은 말로 자학하고 있다는 사실을 알게 될 것이다. 때로 이런 당위진술은 문제를 나 자신이 아닌 다른 사람이나 세상의 탓으로 돌리기도 한다. 나 자신을 향한 당위진술은 우울, 불안, 열등감, 죄의식, 수치심을 유발한다.

예컨대 수줍음과 자신감 상실 때문에 애를 먹고 있다면 스스로 '뭐가 잘못된 걸까? 난 이렇게 긴장하고 자신감을 잃어서는 안 돼'라는 주문을 외우게 되고 이 때문에 부끄럽고 열등하다는 느낌을 갖기 쉽다. 다이어트하기로 결심한 다음 실수로 폭식한 경우 스스로에게 이렇게 말하게 되는 것이다. "저 아이스크림 한 통을 다 먹는 게 아니었는데. 이런 돼지 같으니! 난 정말 통제 불능이야." 쓸모없는 인간이라는 느낌이나 열등감에 시달려왔다면 스스로 평균 이하라거나 다른 사람보다 못하다거나 자신의 기대에 못 미친다는 주문을 외우고 있을 가능성이 높다.

타인에 대한 당위진술은 원한과 분노를 유발한다. 예컨대 친구가 나를 화나게 했다면 이렇게 생각할 수 있다. '이 얼간이 같은 녀석! 날 그렇게 대하면 안 되지!' 이 문장에는 당위적 사고가 함축되어 있어서 '숨은 당위진술'이라 불린다. 이런 경우 실제 하고 싶은 말은 "넌 내게 그러면 안 돼"이다. 운전 중 다른 차가 앞에 끼어들면 대개 이렇게 혼잣말을 할 것이다. "저런 난폭한 녀석을 봤나!" 이것 또한 숨은 당위진술이다. 실제로 하고 싶은 말은 끼어든 차의 운전자가 조심성 없고 난폭하게 운전해서는 안 된다는 것이다. 이는 '낙인찍기'의 실례이기도 하다. 왜냐하면 운전습관에 근거해 운전자의 인격을 판단하는 것이기 때문이다. 당위진술과 낙인찍기는 서로 연관되어 있는 경우가 많다. 의미론 기법은 이 2가지 왜곡 모두에 도움이 될 수 있다.

세상에 대한 당위진술은 좌절감을 유발한다. 예컨대 마라톤 시합 이틀 전에 발목을 삐면 스스로 이렇게 말함으로써 좌절감을 느끼게 된다. "이건 불공평해!"이는 숨은 당위진술에 해당한다. 이 진술에는 매사가 자신이 기대하는 바대로 흘러가야 한다는 뜻이 함축되어 있기 때문이다. 이는 낙인찍기에도 속한다. 발목을 삐는 것이 '불행한' 일이나, '불공평'한 일이 될 수는 없다. 내가 디딘 돌은 나와 상관없이 단지 길 위에 놓여 있었을 뿐이다.

당위진술에서 벗어나기는 매우 어렵다. 자신도 모르는 사이에 쉽게 빠져들게 되고 도덕적으로 우월하다는 느낌을 받기 때문이다. 또한 일이 마음대로 되지 않을 때 큰 목소리로 항의한다면 마치 일이 잘될 것 같다는 착각이 들 수 있다. 예를 들어, 목표에 미치지 못할 때 자학하거나 스스로를 비참하게 만든다면, 결국에는 좋은 결과를 달성할 수 있을 것이라고 믿을 수도 있다. 이를 마술적 사고라고 한다.

지그문트 프로이트를 포함한 저명한 정신의학자들과 다수의 심리학자들이 자신 또는 타인을 탓하려는 습성을 극복할 방법을 제시하려 힘써왔다. 1950

년대 활동했던 정신과 의사 카렌 호니(Karen Horney)는 『당위진술의 폭정(the Tyranny of the Shoulds)』이라는 책을 저술해 유명해졌다. 뉴욕에서 개원한 유명 심리학자인 앨버트 엘리스 박사는 감정의 고통 대부분이 나 자신과 타인을 향한 당위진술과 절대론자들의 요구에서 비롯되었다고 믿는다. 그는 이런 성향을 자위행위를 가리키는 '마스터베이션'에 빗대어 '머스터베이션(musterbation)'이라고 부른다.

의미론 기법이란 나 자신과 내 문제를 생각할 때 쓰는 언어를 더 단순하고 감정을 배제한 언어로 대체하는 것이다. 예컨대 "난 수줍어서는 안 돼"라고 말하는 대신 "내가 수줍지 않으면 더 좋을 텐데"라고 하는 것이다. 또는 "그런 실수를 하지 말았어야 했어"라고 말하는 대신 "내가 그런 실수를 저지르지 않았다면 좋았겠지. 하지만 나도 사람인 이상 때로는 실수를 해. 이 상황을 통해 교훈을 얻을 수 있을 거야"라고 말해보는 것이다. 보다시피 이 기법은 매우 간단하다. "○○를 해야 했어"나 "○○를 하지 말았어야 했어"라고 말하기보다 "○○를 했다면 더 좋았을 텐데"나 "○○를 하지 않았다면"이라는 표현으로 바꾸어보는 것이다. 이처럼 수사법을 변경하는 일은 사소해 보이지만 기분에 큰 영향을 미칠 수 있다.

당위진술이 항상 비합리적이거나 자기 파괴적이지는 않다. 영어에서 'should(당위)'는 3가지 의미를 갖고 있다. 도덕적 당위, 법률적 당위, 자연 법칙적 당위다. "살인하지 말라"라고 말하는 것은 무방하다. 그것은 도덕적 당위이기 때문이다. "은행을 털어서는 안 된다"라고 말해도 좋다. 법률적 당위이기 때문이다. "내가 이 연필을 떨어뜨리면, 즉시 바닥에 떨어져야 한다"라고 말할 수도 있다. 자연법칙적 당위이기 때문이다.

감정의 고통을 유발하는 당위진술은 이런 3가지 카테고리에 속하지 않는다. 예컨대 스스로에게 "난 수줍어서는 안 돼"라고 말하면 그것이 도덕적 당위일까? 수줍다고 해서 비도덕적인 것은 아니며, 단지 불편함을 느낄 뿐이다. 그렇다면 법률적 당위일까? 수줍은 것은 법에 어긋나는 일이 아니다. 그것도 아니라면 자연법칙적 당위일까? 수줍음을 느끼는 것이 자연법칙을 거스르는 일이 될 수는 없다. 수줍어서는 안 된다고 말한다면 하나를 희생해 2가지 문제를 만들고 있는 것이다. 스스로 이래서는 안 된다고 말할 때 솟아오르는 수치심과 열등감뿐 아니라 수줍음과도 싸워야 하는 것이다.

'should'라는 단어는 앵글로 색슨어 scolde(나무라다)에서 비롯되었다. 당위 진술을 쓰면 자기 자신과 다른 사람을 나무라게 된다.

레지나는 결혼식을 준비하면서 불안감을 느꼈다. '결혼식이 완벽해야 해. 조금이라도 잘못되면 사람들이 나를 깔보게 될 거야.' 그녀의 생각에 '숨은 당위진술'이 깃들어 있다는 사실을 알겠는가? 이런 생각에 짓눌린 레지나는 결혼식 내내 두 사람이 하객들의 깐깐한 심사를 받게 될 것이라는 느낌에 휩싸였다. 의미론 기법을 활용할 경우 레지나는 이런 생각에 어떻게 대응할 수 있을까? 해답을 보기 전에 당신의 생각을 적어보라.

....

....

....

....

해답

레지나는 이렇게 생각하기로 마음먹었다.

'완벽한' 결혼식이 어떤 것인지 모르겠어. 하지만 우리 두 사람은 사랑하는 가족, 친구들과 함께 소박하고 뜻깊은 예식을 계획하고 있어. 우리 두 사람은 각자의 인생에서 가장 중요한

혼인서약을 맺게 되겠지. 잘못될 일은 없어. 하지만 문제가 생기더라도 우리 두 사람을 아껴 주는 사람들이 나서서 도와줄 거야.

이렇게 생각하자 레지나는 부담감이 한결 줄어들었다. 그녀는 결혼식을 사람들 앞에서 자신에게 가장 의미 있는 순간을 증명하고 친구들과 가족들에게 더 가까이 다가갈 수 있는 기회로 생각하게 되었다.

용어 재정의 기법 적용하기

불안하거나 우울하다면, 아마 스스로를 '열등한 사람', '바보', '사기꾼', '패배자'라고 낙인찍었을 것이다. 이런 말들이 어떤 뜻인지 자문해보라. '열등한 사람', '바보', '사기꾼', '패배자'라는 말의 뜻을 생각해보면, 다음 4가지 중 하나는 발견하게 될 것이다.

- 낙인은 모든 사람에게 적용된다.
- 낙인은 아무에게도 적용되지 않는다.
- 낙인은 원래 무의미하다.
- 낙인은 나에게 적용되지 않는다.

예를 들어 보자. '바보'의 정의는 무엇일까? 항상 바보 같은 일을 하거나 때때로 바보 같은 일을 하는 사람을 의미할까? '항상'이라고 말한다면 아무도 바보가 아니다. 그 누구도 항상 바보 같은 일만 하지는 않기 때문이다. 하지만 바보를 '때때로' 바보 같은 일을 하는 사람으로 정의한다면 모든 사람이 바보다. 누구든 때로는 바보 같은 일을 하기 때문이다. 용어를 어떻게 정의하건 이런 정의는 틀릴 수밖에 없다.

말장난처럼 들릴지 몰라도 철학적으로 매우 중요한 내용에 속한다. 바보 같은 행동은 분명 있다. 하지만 '바보'란 존재하지 않는다. '바보' 자체가 존재하지 않기 때문에 그 누구도 바보가 될 수 없다! 하지만 스스로를 바보라 낙인찍으면 불안하고, 부끄럽고, 열등감을 느끼게 될 것이며 바보 자체가 존재하지 않는데도 스스로 바보 같다고 느끼게 될 것이다.

내 환자들 중 다수는 수줍음과 공포 같은 감정이 수치스럽고 이상하고 비정상적인 것이라고 생각하기 때문에 스스로를 '미치광이'라고 낙인찍는다. 스스로를 이렇게 낙인찍으면 상당히 큰 대가를 치르게 된다. '미치광이'의 정의는 무엇일까? 정말 미치광이가 있는 걸까?

당신이 '미치광이'를 정신 나간 사람으로 정의했다고 가정해보자. 그렇다면 다음과 같은 질문에 어떻게 대답하겠는가? "정신 나간 사람의 정의가 과연 무엇인가?"

이렇게 대답할 수 있을 것이다. "정신분열증 같은 정신장애가 있는 사람을 가리킨다."

분명히 지적하고 싶다. 정신분열증 환자들도 큰 고통을 받지만 그들의 증상은 불안증과는 확연히 다르다. 예컨대 그들은 환청을 듣고 헛것을 본다. 수줍음이나 불안과 싸우는 사람들은 대개 정신분열증과는 거리가 멀다. 게다가 정신분열증에 시달리는 사람을 '미치광이'라고 낙인찍는 것은 몹시 잔인한 일이다.

'미치광이'를 이렇게 정의한다고 가정해보자. "미치광이는 비합리적인 공포에 시달리는 사람이다." 이 정의에 허점이 보이는가? 당신의 생각을 적어보라.

이 정의를 반박하기는 매우 쉽다. 일생을 살면서 한 번도 비합리적인 공포에 시달리지 않는 사람의 비율은 얼마나 될까? 곰곰이 생각해보면 0%에 가깝다는 사실을 인정할 수밖에 없을 것이다. 예컨대 당신이 수영을 배울 때를 떠올려보라. 고개를 물속에 처음 집어넣은 순간 몹시 불안했을 것이다. 하지만 머지않아 고개가 잠긴 상태에서 숨을 참고 수영하면 훨씬 재미있다는 사실을 깨닫게 됐을 것이다. 따라서 이 정의에 따르면 우리는 모두 '미치광이'다.

'미치광이'를 다른 사람에 비해 비합리적인 공포를 더 많이 느끼는 사람으로 정의한다고 가정해보자. 이렇게 자문해보라. "미치광이는 모든 사람에 비해 비합리적인 공포를 품는 사람일까? 아니면 일부 사람에 비해 비합리적인 공포를 품는 사람일까?" '모든 사람'이라고 가정한다면 그 사람은 미치광이일 리가 없다. 왜냐하면 세상 어딘가에는 자신보다 정신 나간 사람은 있기 마련이다! 하지만 '일부 사람'이라고 가정한다면 모든 사람이 미치광이다. 왜냐하면 세상에는 언제나 다른 사람에 비해 정신이 온전한 사람들이 있기 때문이다.

매일 나는 이런 말로 자신에게 낙인을 찍는 환자들을 본다.

- 나는 다른 사람보다 못하다.
- 나는 쓸모없는 인간이다.
- 나는 인생의 패배자다.
- 나는 아무런 희망이 없다.

'나는 인생의 패배자다'라는 생각을 살펴보자. '패배자'를 그 어느 것에도 성공하지 못한 사람으로 정의한다고 가정해보자. 이런 정의를 반박할 수 있겠는가? 이런 정의가 무의미하다는 사실 또는 모든 사람에게 적용될 수 있다거나 아무에게도 적용될 수 없다는 사실을 증명해보라.

....

....

....

....

만일 '패배자'가 그 어느 것에도 성공하지 못한 사람이라면, '패배자'란 존재하지 않는다. 왜냐하면 누구든 성공하는 일은 있기 때문이다. 말하고, 읽고, 쓰고, 화장실에 가는 법은 누구나 성공적으로 배운다.

이 정의가 틀렸다는 사실을 알았다면, '패배자'를 보통 사람보다 더 많이 실패한 사람으로 정의해보자. 이 정의를 어떻게 반박할 수 있을까?

....

....

....

....

이 정의에 따르면 전 세계의 30억 명 이상이 '패배자'다. 왜냐하면 세계 인구가 60억이기 때문이다. 보통이란 중간 지점을 의미하지 않는가?

다시 한 번 시도해보자. 이번에는 '패배자'란 어떤 대단한 일을 성취하지 못한 사람을 의미한다고 가정해본다. 위와 마찬가지로 이 정의를 반박해보라.

....

....

....

....

이 정의에 따르면 거의 모든 사람이 '패배자'에 해당한다. 아인슈타인, 베토벤, 마이클 조던, 빌 게이츠 같은 극소수의 사람들만이 성공한 사람에 속한다. 나아가 거의 모든 사람이 패배자에 해당한다면, 패배자가 되는 것이 그리 나쁜 일만도 아니다! 동병상련을 느낄 친구들이 그만큼 많다는 뜻이 아니겠는가? 패배자를 어떻게 정의하건, 모두 이치에 맞지 않는다.

용어 재정의 기법의 목적은 실수나 실패를 부인하려는 것이 아니다. 우리 모두 실패와 마주설 수밖에 없고, 극복해야 할 단점에서 자유롭지 못하다. 이 기법의 목적은 우리에게 상처를 주는 아무런 의미도 없는 낙인에서 비롯되는 수치심, 낙담, 결핍에서 벗어나는 것이다.

구체화하기 기법 적용하기

수행불안은 실패할지도 모른다는 두려움에서 비롯된다. 스스로 다음과 같은 주문을 외우는 것이다. "내가 이걸 망치면 어쩌지? 정말 끔찍할 거야! 참을 수 없을 것 같아!"

어떤 일에 실패하면 모든 사람들이 자신을 깔볼 것이며, 이는 자기가 한 인간으로서 패배자가 된 것이라고 여기는 것이다. 이런 생각에는 성급한 일반화가 포함되어 있다. 특정 행동으로 인간성 전체를 규정해버리기 때문이다. 성급한 일반화는 우울증뿐 아니라 불안증을 유발한다. 자존감과 자신감이 흔들리기 때문이다. '구체화하기 기법'을 활용하면 상황을 좀더 현실적으로 바라봄으로써 성급한 일반화에 빠지지 않을 수 있다. 스스로를 '패배자'라고 생각하기보다 구체적인 강점과 약점에 초점을 맞추어야 한다.

캘리포니아대학 대학원생인 잭슨은 일생 동안 시달려온 불안증과 우울증을 치료하고 싶어 나를 찾아왔다. 잭슨은 학업 성취도가 뛰어났고 성적도 최상위권이었으나, 절망에 빠져 아침에 일어나면 항상 이렇게 자학했다.

- 난 저명인사가 될 수 없어.
- 난 너무 어리석고 무능해.
- 뭔가를 이루지 못하면 평범한 인간이 될 수밖에 없을 텐데. 난 특별한 재능이 없는 것 같아.
- 곧 누구나 내가 열등한 인간이라는 사실을 알게 될 거야.

끊임없는 자기비난으로 말미암아 잭슨은 인생에서 어떠한 기쁨도, 어떠한 만족도 느낄 수 없었다. 어떤 일을 성취해도 기대 이하라는 생각과 더 잘할 수 있었다는 후회가 밀려왔다. 잭슨은 자신의 문제를 이렇게 설명했다.

"항상 아침에 일어나면 암울한 기분이에요. 의미 있는 일을 아무것도 못 할 것 같고 끔찍하고 형편없는 인간이라는 느낌만 들어요. 저녁에는 조금 기분이 나아지는데 아침만 되면 온 세상이 무너질 것 같은 느낌이에요. 너무 불안해서 숨이 막혀요. 나는 항상 뭔가를 성취하는 것에서 내 자존감을 찾았거든요. 학교에서 좋은 성적을 받아 칭찬도 많이 받았고요. 하지만 아무리 생각해도 원래 저는 자존감이 없는 인간인 것 같아요. 일이 잘되어도 스스로가 자랑스럽지 않아요."

최근 잭슨의 논문이 전공 분야에서 최고 권위를 자랑하는 저널에 실렸다. 이런 사실에도 잭슨은 흥분하기보다는 공포를 느꼈다. 그는 논문을 읽는 사람들 모두가 자신의 생각에서 허점을 찾고 자신을 사기꾼이라 생각할 것이라 확신했다.

잭슨은 불안감과 싸우지 않았던 때가 단 한 순간도 없었다고 고백했다. 어릴 적 부모가 이혼한 다음 잭슨은 마음을 닫고 공부에만 열중해 친구를 사귀려 들지도 않고 동네 아이들과도 더 이상 놀지 않았다. 잭슨의 어머니는 어린 아들을 의사에게 보냈지만 아무 소용이 없었다.

잭슨은 아직까지도 극심한 공포와 열등한 인간이라는 느낌에 사로잡혀 있고, 이런 느낌이 항상 지도교수를 만날 때 고개를 든다고 토로했다. 나는 잭슨에게 스스로 외우고 있는 주문이 무엇인지 물었다. 그는 이렇게 말했다. "지도교수님이 내 논문 제안서의 문제점을 샅샅이 파악한 다음 부정적인 반응을 보일 것 같아요." 나는 잭슨이 무엇을 그토록 무서워하는지 알기 위해 7장에서 소개한 '하방 화살표 기법'을 이용해보기로 마음먹었다. 나는 그에게 '오늘의 기분 일지'에 '지도교수님이 내 논문 제안서의 문제점을 샅샅이 파악한 다음 부정적인 반응을 보일 것이다'라고 쓰게 한 다음 그 아래로 화살표를 그리라고 지시했다. 그 다음 우리는 이렇게 대화를 나눴다.

> 번즈 박사: 잭슨, 지도교수님이 당신이 한 일을 두고 몇 가지 트집을 잡았다고 생각해봅시다. 그게 당신에게 무엇을 의미하나요? 왜 속상하죠?
>
> 잭슨: 난 논문 제안서를 작성하느라 정말 열심히 작업했어요. 내 최고의 결과물이 별로라는 말이잖아요.
>
> 번즈 박사: 그 다음에는요? 최고의 결과물이 별로라면 그것이 당신에게 어떤 의미인가요?
>
> 잭슨: 내가 뭔가 문제가 있다는 말이겠죠.
>
> 번즈 박사: 그 다음에는요? 당신에게 어떤 문제가 있다고 가정해봅시다. 그것이 어떤 의미인가요?
>
> 잭슨: 내가 무능하고 열등한 인간이라는 뜻이겠죠.

잭슨의 부정적인 생각에 인지 왜곡이 포함되어 있다는 사실을 알 수 있다. 이 가운데 내가 가장 주목한 것은 성급한 일반화와 낙인찍기였다. 잭슨은 자신이 한 일이 기대보다 못하면 자신이 열등한 인간이라는 의미라고 생각했다. 그가 자존감을 성취에 의지하며, 한 프로젝트만 망쳐도 자신을 인생의 패배자로 받아들인다는 사실을 알 수 있다. 하지만 잭슨의 프로젝트가 잘못될 것이라는 증거는 전혀 없었다. 지금까지 그는 매우 잘해오고 있었다.

어떻게 하면 잭슨이 불안감을 유발하는 부정적인 생각과 태도를 바꾸도록 할 수 있을까? 우리의 고통은 현실 자체가 아닌 현실에 대한 판단에서 비롯된다는 사실을 기억해야 한다. 게다가 이런 판단은 망상에 불과하다. 예를 들면 '성공'이나 '실패'라는 것은 실제로 존재하지 않는다. 이런 관념은 단지 우리의 의식 안에 있을 뿐이다.

다음 대화에서 잭슨과 나는 잭슨의 가장 극심한 공포가 실현되는 무서운 세계로 들어간다. 잭슨은 자신과 동일한 방식으로 그를 공격하는 지옥에서 온 지도교수를 만나게 된다. 지옥에서 온 지도교수는 잭슨을 불안하고 자신 없게 만드는 심리의 일부를 그대로 대변한다. 나는 지도교수 역할을 맡아 잭슨이 스스로에게 퍼붓는 비난을 똑같이 연기했다. 나는 잭슨에게 최선을 다해 나를 반박해보라고 말했다. 아래에 우리 두 사람의 대화를 그대로 옮겼다.

지옥에서 온 지도교수(번즈 박사가 연기): 잭슨, 자네 제안서를 봤는데 정말 별로라는 말밖에 할 수가 없네.

잭슨: 네, 교수님 의견을 존중합니다. 하지만 저는 제 제안서가 나름 쓸 만하다고 믿습니다.

이런 대답에는 분명 문제가 있다. 잭슨은 스스로를 방어하고 있다. 스스로를 방어하게 되면 싸움만 일어난다. 상대방은 다시 반박하고 싶은 생각이 들기 때문이다. 이 사례에서 상대방은 잭슨의 자기비난을 투영하는 역할을 맡는다. 따라서 이런 식으로 대화가 진행되면 자기 자신과의 싸움으로 귀결될 수밖에 없다. 나아가 그의 방어는 설득력이 없다. 지옥에서 온 지도교수가 더 전문가이므로, 잭슨의 방어적인 대답은 신뢰성이 떨어진다.

나는 위와는 확연히 다른 방식으로 응답하도록 역할을 바꿔보자고 제안했다.

다음 대화에서 나는 '구체화'와 '수용 역설'을 활용해보았다.

지옥에서 온 지도교수(잭슨이 연기): 잭슨, 논문 제안서 잘 보았네.

잭슨(번즈 박사가 연기): 어떻게 보셨나요?

지옥에서 온 지도교수: 안타깝네만, 영 별로인 것 같네.

잭슨: 아, 열심히 준비했는데 그렇게 느끼신다니 유감입니다. 하지만 좀더 개선할 수 있다고 생
각합니다. 마음에 들지 않는 부분을 설명해줄 수 있으신지요?

지옥에서 온 지도교수: 안타깝네만, 그럴 수 없네. 제안서 자체가 너무 엉망이라 어디서부터 손
을 대야 할지조차 모르겠어. 사실 문제는 자네 제안서가 아니라 자네야. 자네는 정말 멍
청하고 무능한 인간이야.

잭슨: 아, 말씀이 좀 심하시네요. 무슨 말씀이신지 정확히 알고 싶습니다. 제가 부족한 부분이
많다는 것은 인정합니다. 하지만 제가 멍청하고 무능한 인간이라는 말씀이 어떤 뜻인지
잘 모르겠습니다. 좀 구체적으로 말씀해줄 수 있으신지요?

지옥에서 온 지도교수: 구체적으로 말할 게 뭐가 있다는 건가? 자네는 총체적으로 결점투성이
야. 더 이상 무슨 말이 필요한가?

잭슨: 구체적으로 말씀해주시면 제게 큰 도움이 될 겁니다.

지옥에서 온 지도교수: 이미 말하지 않았나. 구체적인 것이 없다니까! 내 말이 안 들리나? 자네
도 뇌가 있다면 내가 무슨 말 하는지 알 것 아닌가?

잭슨: 제가 멍청해 보였다면 사과드립니다. 그렇다면 제 논문 제안서나 제 인생에 특별히 말씀
하실 구체적인 문제가 없다는 말씀인가요?

지옥에서 온 지도교수: 그렇지 않아! 난 이미 자네가 결점투성이라 어디에서부터 손을 대야 할
지조차 모르겠다고 분명히 말했네. 마치 뉴욕시 하수처리장의 오물을 수저 하나로 모두
건져내는 일이나 다름없네.

잭슨: 제가 교수님을 많이 실망시켜 드린 것 같습니다. 하지만 전 아직까지도 교수님 생각을 잘
알 수가 없습니다. 마치 그냥 저한테 화가 난 듯 보이기도 하고, 목소리에 날이 서 있는 것
같은 느낌입니다. 교수님을 몹시 존경하기에 교수님 말씀을 이해하려 노력 중입니다. 제
가 제안서에서 제기한 문제가 잘못되었나요? 해당 문제를 해결하려는 방법론이 잘못되

었나요? 논문 주제 자체가 나쁜가요? 제 문체가 모호한가요? 구체적인 말씀을 해주셨으면 합니다.

지옥에서 온 지도교수: 이미 말하지 않았나? 자네도 문제고 자네 아이디어도 문제야. 자네가 한 일도 마찬가지고. 더 이상 할 말 없네! 잘 가게!

잭슨은 자신이 맡은 지옥에서 온 지도교수가 무슨 말을 하건, 총체적이고 모호한 공격으로는 나를 납득시킬 수가 없다는 것을 알았다. 그는 진정한 멍청이는 자신이 아닌 지옥에서 온 지도교수라는 사실을 깨달았다. 누군가와 이처럼 의사소통하는 것은 당황스러운 일이다. 잭슨은 이 대화를 통해 도움이 필요한 사람은 자신이 아닌 지옥에서 온 지도교수라는 사실을 알 수 있었다.

지옥에서 온 지도교수가 "자네 제안서는 너무 길어"와 같이 구체적으로 비판했다고 가정해보자. 그렇다면 잭슨은 이렇게 대답할 수 있을 것이다. "좋은 지적입니다. 분량을 줄이겠습니다. 몇 페이지로 줄일까요?"

잭슨과 나는 지옥에서 온 지도교수를 완전히 물리칠 수 있도록 역할을 바꿔보았다. 내가 따라갈 수 없을 정도로 그는 굉장히 잘해냈다. 세션의 마지막 즈음에 그는 기분이 매우 좋아졌다.

혼자서도 이 기법을 시도해볼 수 있다. 친구와 역할극을 하는 대신 가상의 비판자를 정해놓고 대화를 적어보는 것도 좋은 방법이다.

이 기법의 원리는 당신의 존재 가치를 모호하게 일반화하는 것에서 결함이나 실수를 구체화하는 것으로 바꾸는 것이다. 문제를 구체적으로 지적한다면 우울하거나 불안한 기분을 느낄 이유가 없다. 그 지적이 전적으로, 아니면 일부만 옳을 수도 있고 전혀 옳지 않을 수도 있다. 전혀 옳지 않다면 자존감이 위태로울 이유가 전혀 없다. 전부 옳거나, 일부만 옳다면, 비판을 받아들이고 교훈을 얻으면 된다.

13장

양적 기법

바이오피드백(생체 자기 제어)이라는 용어를 들어본 적이 있는가? 바이오피드백이란 심장박동, 뇌파, 근육의 긴장 같은 특정한 인체 작용을 계속 기록하는 전자장비를 이용하여 생체의 신경·생리 상태를 제어하는 것을 말한다. 그 결과는 모니터에 표시된다. 바이오피드백은 평소에 의식하지 못하는 생리적 현상을 의식하고 행동을 제어할 수 있도록 도와준다. 예컨대 심장박동을 늦추거나 혈압을 낮추는 요령을 배울 수 있다. 안타깝게도 생각을 모니터링할 수 있는 정교한 전자장비는 아직 존재하지 않는다. 하지만 이른바 양적 기법(대상을 수량화할 수 있어서 그 데이터를 숫자로 나타낼 수 있는 방법)에 해당하는 '자기 모니터링'과 '근심 중지 기법'을 활용하면 이와 유사한 결과를 얻을 수 있다.

자기 모니터링 기법 적용하기

자기 모니터링 기법은 아주 간단하다. 할 일은 오직 하루 종일 떠오른 부정적인 생각의 횟수를 세는 것이다. 한동안 자기 모니터링을 계속해나가면 부정적인 생각이 상당 부분 감소하고 기분이 확연히 좋아지는 것을 느낄 수 있다.

골프선수들이 점수를 기록하기 위해 손목에 차는 스코어카운터를 사용하면 쉽고 편하게 이 기법을 활용할 수 있다. 스코어카운터는 골프용품점을 비롯한 스포츠용품점에서 구할 수 있다.

부정적인 생각이 드는 순간 스코어카운터의 버튼을 누르면 숫자가 하나씩 올라간다. 하루 일과를 마치고 그날 부정적인 생각을 얼마나 많이 했는지 확인하고 숫자를 기록한 다음 스코어카운터를 다시 0에 맞춘다. 마음의 평안을 찾을 때까지 몇 주간 이 작업을 계속해야 한다.

이를 구입하기 어렵다면, 메모장을 사용해도 된다. 부정적인 생각이 드는 순간마다 메모장에 표시한다. 하루 일과가 끝나면 표시한 횟수를 더한다.

이 기법은 안과의사 호세에게 효과가 있었다. 호세는 눈앞에 부유물이 둥둥 떠다니는 느낌 때문에 불안에 사로잡혀 있었다. 부유물은 공기 중에 둥둥 떠다니는 작은 이물질에 불과하다. 전혀 이상한 것이 아니며 신경 쓸 필요도 없다. 당신 또한 때로 눈앞에 부유물 같은 것이 떠다니는 현상에 익숙할 것이다.

호세는 부유물을 의식할 때마다 이렇게 생각했다. "나는 장님이 될지도 몰라." 호세는 불안한 마음에 검사를 받아보았지만 아무런 이상이 없었다. 안정을 찾는 것도 잠시, 부유물이 보이면 다시 걱정에 휩싸여 병원으로 달려가야 했다.

드문 경우지만 부유물이 보이는 현상은 망막 퇴화의 초기 단계를 암시할 수 있다. '유년기 개시형 당뇨병'을 앓는 사람이라면 그렇게 될 확률이 특히 높다. 이 경우 레이저 수술이 필요하다. 하지만 호세는 당뇨병이 없었고, 그토록 시력을 자주 점검할 이유가 전혀 없었다.

환자인 동시에 의사라는 사실만 제외하면, 그를 심기증 환자라고 할 수 있을 것이다. 혹은 그가 강박장애에 시달린다고 할 수도 있다. '눈이 멀 수도 있어'라는 생각에 사로잡혀 있고 그 때문에 계속해서 시력을 점검하기 때문이다.

호세는 하루에 20번 가까이 시력검사를 했다. 환자들을 진료하면서도 틈틈이 자신의 시력을 검사했다. 주말에는 눈이 멀지도 모른다는 두려움이 너무 커, 폭식과 폭음을 하며 하루 종일 시력검사를 했다. 기괴한 행동 같지만 이것이 바로 강박장애의 전형적인 실례다. 뭔가에 중독된 듯한 행태를 보이는 것이다. 호세는 미치광이가 아니었다. 뛰어난 의사인 그는 자상하고 따뜻한 사람이었다. 하지만 항상 불안에 사로잡혀 있고 시력을 점검해야 한다는 강박에서 벗어나지 못했다. 억만장자 하워드 휴즈가 세균공포증의 노예가 된 것과 마찬가지이다.

호세는 '부유물을 인식하는 것' 때문에 울적하고, 불안하고, 부끄럽고, 좌절하고, 짜증이 났다. 그리고 스스로를 바보라고 생각하고 공황상태에 빠지기도 했다. 이 기분을 유발한 생각은 '나는 장님이 될지도 몰라', '안전하려면 시력검사를 해야 해'였다. 이 2가지 부정적인 생각에 어떤 왜곡이 자리 잡고 있을까? 아래 표에 표시해보라.

해답

256페이지에 소개한 것처럼, '나는 장님이 될지도 몰라', '안전하려면 시력검사를 해야 해' 같은 호세의 부정적인 생각에 6가지 왜곡이 포함되어 있음을 알 수 있었다.

왜곡	(√)	왜곡	(√)
1. 흑백사고		6. 과장 및 축소	
2. 성급한 일반화		7. 감정추론	
3. 생각 거르기		8. 당위진술	
4. 장점 폄하		9. 낙인찍기	
5. 결론 도약 -넘겨짚기 -주술적 주문		10. 비난 -자기비난 -타인비난	

나는 호세가 강박장애를 극복할 준비가 되어 있는지 알고 싶었다. 그래서 나는 호세에게 부유물이 보일 때마다 시력을 검사하는 것의 이익과 손해를 모두 적어보라고 주문했다. 예컨대 계속 시력을 검사하면 문제를 일찍 발견해 치료받을 수 있는 이익이 있다. 하지만 손해도 있다. 이 가운데 무시할 수 없는 것은 불안증이 그의 인생을 망치고 있다는 사실이다.

호세는 손해가 이익에 비해 60 대 40의 비율로 더 높다고 생각했고 일부 이익에도 불구하고 시력검사를 그만둘 준비가 되어 있다고 말했다. 분명 그는 그렇게 느꼈을 것이다. 나는 이렇게 말했다. "호세, 책상 위에 버튼이 있다고 가정해봅시다. 그 버튼을 누르면 부유물에 대한 모든 불안과 근심이 갑자기 사라질 거예요. 누를 준비가 되었나요?"

"물론입니다. 선생님."

나는 덧붙였다. "하지만 부유물이 있어도 시력을 검사하지 못하고, 그러면 눈에 심각한 문제가 생기거나 장님이 될 수도 있어요. 정말 버튼을 누를 건가요?"

호세는 잠시 생각한 뒤 버튼을 누르겠다고 했다. 그럴 리도 없지만, 만일 호세의 눈에 심각한 문제가 있었다면 시야가 흐려지는 등의 다른 문제가 나타났을 것이다. 따라서 매일 쉬지 않고 시력을 검사할 이유가 없었다. 분명 호세는 이 문제를 극복하기 위한 마음의 준비를 단단히 한 상태였다.

나는 아무리 불안하더라도 시력검사를 한 달간 그만둘 수 있겠느냐고 물었다. 이를 '반응 금지'라 하는데, 강박장애를 치료하는 데 매우 중요하다. 반응 금지는 점검하고, 씻고, 세어보고, 기도하고, 정돈하고, 미신적 행동에 집착하는 것처럼 불안증에 반응하는 행동을 하지 못하도록 막는 것이다. 호세는 불안할 때마다 시력을 검사하는 행동에 집착했다. 시력을 검사하면 당장은 마음이 편해졌기 때문이다.

하지만 문제를 극복하려면 이런 행동을 멈춰야 했다. 강박적 습관을 버리면 며칠간은 더 불안해질 것이다. 중독자들이 금단증상을 경험하며 견뎌야 하는 고

왜곡—호세

왜곡	(√)	설명
1. 흑백사고		해당 없음
2. 성급한 일반화		해당 없음
3. 생각 거르기	√	호세는 의학적으로 별것 아니라는 사실을 잘 알면서도, 부유물에 대한 생각에 사로잡혀 있다.
4. 장점 폄하	√	호세는 자신의 시력이 완벽하고 눈에 문제가 있다고 생각할 만한 이유가 없다는 사실을 폄하한다.
5. 결론 도약 -넘겨짚기 -주술적 주문	√	호세는 실제로 그렇지 않다는 사실을 알면서도 장님이 될 것이라고 끊임없이 걱정한다.
6. 과장 및 축소	√	호세는 자신의 증상을 심각하게 과장하며 시력에 문제가 없다는 사실을 축소한다.
7. 감정추론	√	호세는 논리를 무시하고 느낌을 통해 판단한다. 그는 자신이 눈이 멀지도 모른다고 느끼므로 정말 위험에 빠져 장님이 될 것이라고 여긴다.
8. 당위진술	√	호세는 이성적으로는 전혀 쓸모없는 행동이라는 것을 알면서도 시력검사를 해야 한다고 스스로에게 말한다.
9. 낙인찍기		해당 없음
10. 비난 -자기비난 -타인비난		해당 없음

비용편익분석—호세

이 익	손 해
1. 눈이 정상인지 확인할 수 있다. 2. 문제를 일찍 발견할 수 있다. 3. 필요한 경우 도움을 얻을 수 있다.	1. 실제로 문제가 벌어질 확률이 낮다. 2. 반복적인 점검이 불필요하다. 3. 불안이 내 인생을 망칠 것이다.
40	60

자기 모니터링 차트—호세

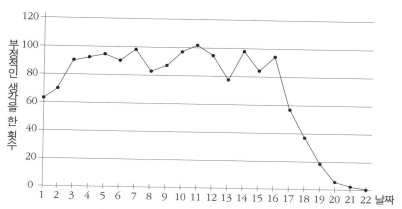

세로축: 부정적인 생각을 한 횟수
가로축: 날짜

통과 유사하다. 하지만 꾹 참으면, 강박적 충동은 곧 사라질 것이다.

나는 호세에게 자기 모니터링 기법을 제안하며, 몇 주간 '나는 장님이 될지도 몰라'라는 생각이 들 때마다 손목에 찬 스코어카운터에 횟수를 기록하라고 지시했다. 이 방법을 통해 얼마나 자주 이런 생각이 드는지, 시간이 지날수록 횟수가 줄어드는지를 추적할 수 있었다.

위의 자기 모니터링 차트에 호세의 경과를 소개했다. 날짜는 가로축, 매일 강박적 사고가 드는 횟수는 세로축에 기록했다. 호세는 22일간 빠지지 않고 자신의 생각을 기록했다. 그는 첫날 60번도 넘게 부정적인 생각을 떠올렸다. 셋째 날에는 90번 전후였다. 13일째는 80 이하로 떨어졌으나 그 다음 날에는 98까지 치솟았다. 17일째는 60 이하였다. 18일째는 40 밑으로 떨어졌다. 20일째는 겨우 5번밖에 떠오르지 않았고 22일째는 아예 한 번도 생각나지 않았다. 호세는 더 이상 장님이 될지도 모른다는 생각이 들지 않았고 시력을 검사하려는 충동도 일지 않았다.

다른 기법들과 마찬가지로 자기 모니터링 기법이 효과를 볼 확률은 10% 정도밖에 되지 않는다. 이 기법이 효과가 없다면 나는 다른 기법을 하나씩 시도해 보았을 것이다. 자기 모니터링 기법을 시도하고 싶다면 문제 되는 생각이 들지 않을 때까지 시간을 두고 노력해야 하며, 최소 3주간은 꾸준히 시도해야 한다.

떠오르는 모든 부정적인 생각의 숫자를 세거나, 특정한 유형의 부정적인 생각만 셀 수도 있다. 처음 며칠간은 신경이 곤두서면서 부정적인 생각의 횟수가 늘어날 수도 있다. 하지만 시간이 지날수록 감소하거나 사라질 것이다.

과학자들은 왜 자기 모니터링 기법이 효과를 발휘하는지 모른다. 그것은 명상과 마찬가지로 작동한다. 명상을 하면 한 가지 생각에 집중하게 된다. 예컨대 숨을 깊고 천천히 들이쉴 때 공기가 코로 천천히 유입되어 입으로 빠져나간다고 상상해보라. 처음에는 오늘 남은 시간에 무엇을 할지 같은 귀찮은 일들이 떠올라 집중하기 어려울 수도 있다. 이런 경우 잡념을 인식하고 다시 숨 쉬기에 집중한다. 의식이 흐트러질 때마다 부드럽게 제자리로 되돌리는 것이다.

이와 마찬가지로, 자기 모니터링 기법을 할 때도 자연스럽게 떠오르는 부정적인 생각을 의식하면 된다. 스코어카운터나 카드에 기록한 다음, 장비를 손에서 놓고 부정적인 생각이 의식을 파고들었던 순간 자신이 하고 있었던 행동에 다시 집중하는 것이다.

자기 모니터링 기법은 목수인 필에게도 효과가 있었다. 필은 우울증과 불안증이 찾아온 다음 뇌졸중을 겪었다. 필은 조그만 자극에도 통제하기 어려울 정도의 감정기복을 겪었다. 해가 지는 광경, 아기, 심지어 꽃을 보고서 갑작스럽게 울음을 터트렸고, 재미없는 농담에도 걷잡을 수 없이 웃음을 터트렸다. 이런 감정 분출은 뇌졸중을 경험한 이후 흔하게 나타나는데, 뇌손상에서 비롯되는 결과라 할 수 있다.

필이 '오늘의 기분 일지'에 적은 문제적 사안은 '친구와 함께 포커를 하면 갑자기 울음이 나온다'였다. 포커는 필이 가장 즐기는 오락거리였으나 그는 시도 때도 없이 감정이 분출해 고통을 겪고 있었다. 패가 좋으면 걷잡을 수 없이 웃음이 나왔고 패가 나쁘면 울음을 참기 힘들었다. 따라서 표정을 가장하기가 힘들어 좌절하고, 당황스럽고, 불안하고, 뒤떨어진다는 느낌에 휩싸였다.

그의 첫 번째 부정적인 생각은 '나 자신을 통제할 수 없다'였다. 그의 생각 속에 포함된 왜곡 가운데 하나는 흑백사고였다. 그가 자신을 전혀 통제하지 못하는 것은 아니었기 때문이다. 단지 마음먹은 대로 자신을 통제할 수 없었던 것뿐이다. 필의 두 번째 부정적인 생각은 '다른 사람들이 나를 불쌍하게 생각해 더 이상 나와 포커를 치지 않을 것이다'였다. 이는 넘겨짚기의 전형적인 사례다. 아무 증거도 없이 다른 사람들이 생각하고 느끼는 바를 추정하는 것이기 때문이다.

나는 필에게 스톱워치를 구입해 호주머니에 넣고 다니라고 말했다. 필은 눈물이 나거나 웃음이 터지려고 할 때마다 스톱워치를 눌렀다. 웃음이나 울음이 터지면 다시 버튼을 누르고 호주머니에 넣은 작은 메모장에 몇 초가 흘렀는지 기록했다.

육상선수가 기록을 측정하는 것처럼 이런 방식을 써서 얼마나 감정의 분출을 지연시킬 수 있는지 기록할 수 있었다. 필이 자신의 감정을 완벽히 통제할 수는 없어도 약간은 통제할 수 있다는 것이 발상의 실마리였다. 운동을 시작하면서 그는 더 쉽게 감정을 통제할 수 있게 되었다. 이 전략은 필에게 특히 효과만점이었다. 필은 살아오면서 적극적으로 스포츠 활동에 임했고, 규칙적인 운동을 통해 몸을 만들어왔기 때문이다. 그는 훈련을 통해 감정 분출을 제어할 수 있는지 알고 싶어 했다.

필은 첫날에는 웃음과 울음을 몇 초밖에 참지 못했다. 하지만 1주일이 흐르자 20초로 늘어났고, 3주가 흐르자 1분 가까이 참을 수 있었다. 3주 후반에는 아무리 긴 시간이라도 참을 수 있게 되었다.

사람들은 불안증이나 우울증이 뇌 속 화학물질의 불균형에서 비롯된 경우 인지치료가 어떻게 효과를 볼 수 있느냐고 종종 질문한다. 뇌 속 화학물질을 바꾸기 위해 약을 복용할 필요가 없는 걸까? 필의 사례는 이 질문에 대해 상당히 설득력 있는 해답을 제공한다. 그의 감정 분출은 분명 뇌손상에 비롯되었지만 단순한 인지치료 기법만으로 불안증과 우울증에서 빨리 벗어날 수 있었다. 약제 처방은 불필요했다.

최근의 두뇌 촬영 연구는 인지행동치료가 항우울제와 마찬가지로 뇌 속 화학물질을 바꿀 수 있다는 사실을 보여주었다. 감정적 스트레스와 싸울 수 있는 강력한 무기가 많다는 사실은 흥분되는 일이 아닐 수 없다. 반드시 약에 의지할 필요가 없는 것이다.

자기 모니터링 기법의 묘미는 쉽다는 것이다. 종종 이것은 부적 같은 효과를 발휘한다. 하지만 모든 사람에게 효과적인 것은 아니며 더 정교한 기법이 필요할 수도 있다.

근심 중지 기법 적용하기

근심 중지란 '역설 기법'에 해당한다. 부정적인 생각에 대항하여 싸우기보다 자신을 맡기고 굴복하는 방법이다. 하루에 특정 시간을 정해 근심, 우울, 죄의식을 느껴보는 것이다. 이 시간만큼은 부정적인 생각을 폭탄처럼 쏟아부어 할 수 있는 데까지 화를 북돋아본다. 그리고 나머지 시간에는 긍정적이고 생산적인 방법으로 살아가는 데 집중한다.

이 기법은 불안증과 우울증을 유발하는 생각을 극복하는 데 이용할 수 있다. 나는 늘 부정적인 생각으로 스스로를 괴롭혔던 내과의사 마크를 치료했다. 마크는 훌륭한 내과의사였으나 항상 우울하고 불안했고, 병원에 찾아온 환자를 진찰할 때마다 다음과 같은 생각을 했다.

- 나는 게으른 의사다.

- 청진기 소리를 제대로 들은 걸까?

- 뭔가 중요한 사실을 빠뜨렸는지도 모른다.

- 내게 어떤 문제가 있는 걸까?

- 다른 의사들은 환자를 더 잘 대한다. 나는 따뜻하고 친절한 의사가 아니다.

- 내 동료 의사들은 모두 자신감에 차 있는 듯하다.

- 난 왜 이렇게 긴장되고 불안한 걸까? 이렇게 부정적인 생각을 품으면 안 되는데.

- 내 인생 전체가 엉망진창이다.

마크의 동료들과 환자들은 그를 아주 훌륭하고 헌신적인 내과의사로 여겼다. 따라서 마크의 생각은 현실과 거리가 멀었다. 나아가 자신을 이처럼 자학하는 것은 생산성을 떨어뜨리는 일이다. 죄의식, 불안, 쓸모없는 존재라는 느낌이 주의력을 흩트린 결과, 마크는 환자에게 집중할 수가 없었다. 또한 자기비난에 정신이 팔려 환자들이 고민을 이야기할 때 점점 더 집중하지 못했다.

마크는 진찰 중에 떠오르는 부정적인 생각을 기록하기가 힘들었다. 그래서 작은 녹음기를 구입해 의사 가운 주머니에 넣어두었다. 진료실에서 다른 진료실로 이동하면서 녹음기를 꺼내 부정적인 생각을 낮은 목소리로 녹음했다. 그는 부정적인 생각에 일일이 대꾸하지 않고 그대로 말로 옮겼다. "저 여자 환자에게 엉터리 짓을 했어. 간에 문제가 있다는 것을 깜빡했어. 다른 의사라면 더 잘 처리할 수 있었을 거야. 의대 학부생도 나보다는 나았을 거야. 오늘 저 환자는 유달리 속상해 보이는데 난 그녀 말을 제대로 듣지도 못했어."

마크는 부정적인 생각이 드는 순간 녹음기에 녹음할 수 있다는 사실을 알고, 환자와 같이 있을 때 부정적인 생각에 빠지지 않고 환자들의 고민과 치료에 집중하려 노력했다. 진료가 끝난 다음에는 사무실로 돌아가 테이프를 틀어놓고 녹음한 내용을 억지로라도 빠짐없이 들어보았다. 처음에는 녹음된 내용을 듣기가 짜증이 났지만 며칠이 지나자 자신의 부정적인 생각이 우스꽝스럽게 들리기 시작했다. 얼마 가지 않아 완전히 정신 나간 소리로 들리는 단계에 이르렀고, 부정적인 생각을 조금도 믿지 않게 되었다. 마크는 자존감이 커지고 불안증과 우울증이 상당히 감소했다.

근심 중지 기법은 공부와 같이 달성하려는 임무가 근심으로 방해받을 때 시도할 만하다. 끊임없이 생각과 싸우는 대신 생각에 완전히 굴복할 시간을 정해놓아라. 짬을 내서 다음과 같은 방법을 시도해보기 바란다.

- 생각과 싸우지 말고 종이 한 장을 꺼내 부정적인 생각을 적어보라.
- 조용히 앉아 저항하지 말고 부정적인 생각을 떠올려보라.
- 부정적인 생각을 큰 소리로 말해보라.
- 마크가 한 것처럼 녹음기에 녹음해보라.

근심 중지 기법의 기간과 빈도는 당신에게 달려 있다. 졸업시험을 준비하며 불안에 휩싸여 집중할 수가 없다면 30분마다 1분간 근심 중지 기법을 실행해보라. 그게 힘들면 매일 5분간만 깊이 고민해도 충분하다. 선택은 자유다. 근심 중지 기법이 힘만 들고 별 도움이 안 되는 것 같다면 굳이 고집할 필요가 없다. 다른 기법을 시도하면 된다. 당신을 불안하게 만드는 부정적인 생각을 물리칠 방법은 많다.

14장

유머 기반 기법

나는 스탠퍼드 의대 종합병원에 자원해 병동에서 인지치료 그룹을 지휘한 적이 있다. 환자들은 심각한 불안증, 우울증, 섭식장애, 중독에 시달리고 있었다. 그들은 수시로 울음을 터트렸고 무력감, 무가치한 기분, 공포, 좌절에 짓눌린다고 고백했다. 대부분은 수년간 치료를 받고 수많은 약을 먹었지만, 아무런 성과가 없었다.

　우리는 '오늘의 기분 일지'를 활용하는 동시에 이 책에서 소개한 기법을 무기 삼아 환자들의 부정적인 생각과 자기비난을 물리쳤다. 환자들은 즉각적으로 뚜렷한 개선을 보였고 증상이 완전히 사라지는 경우도 있었다. 세션 마지막에는 환자들과 함께 몇 분간을 자지러지게 웃기도 했다. 내 경력 가운데 가장 즐겁고 인상적이었던 경험은 당시 환자들과 함께 깔깔거리고 웃었던 일이다.

　이런 원리는 가르치는 일에도 똑같이 적용된다. 나는 워크숍을 진행하면서도 항상 많은 시간을 웃는 데 소비한다. 청중과 함께 많이 웃을수록 성공적인 워크숍이 된다. 웃음은 말로 표현할 수 없는 어떤 것을 가르쳐준다. 말로는 웃음이 가르치는 메시지를 정확히 전달할 수 없다. 웃을 때면 매사를 너무 진지하게 생각하지 않고, 오랫동안 시달려온 자기 회의나 두려움의 불합리성을 깨달을 수 있다. 웃으면 다른 사람뿐 아니라 자신을 받아들일 수 있는 메시지가 귀에 들린다.

　솔직히 고백하면, 나는 환자를 치료하면서 치료과정 내내 걷잡을 수 없이 웃음을 터뜨렸던 기억이 있다. 우리는 웃음을 멈출 수가 없었고, 나는 전문가가 이렇게 해도 되는 건지 걱정되었다. 하지만 이런 걱정이 들자 〈몬티 파이튼〉 영화처럼 상황이 훨씬 더 우스워 보였고, 결국 거의 바닥에서 뒹굴 정도로 폭소를 터트릴 수밖에 없었다.

무엇이 그토록 재미있었을까? 마리는 나를 찾아와 첫 치료 세션을 시작하면서 방금 아버지가 돌아가셨다는 소식을 전했다. 세상에! 왜 의사와 환자가 환자 아버지의 죽음을 두고 갑자기 킬킬거렸을까? 내가 정신이 나갔다고 생각할 수도 있을 것이다. 하지만 마리가 아버지를 잃은 횟수는 이번이 다섯 번째였다. 마리의 어머니는 결혼 후 1~2년 안에 곧 저세상으로 갈 부유한 노인과 결혼하는 취미가 있었다. 따라서 어머니는 계속 재산이 쌓였고, 마리는 계속 아버지가 생겼다. 하지만 마리는 새로운 아버지들을 전혀 사랑하지 않았고 심지어 가장 최근에 세상을 떠난 아버지 3명은 누군지 잘 알지도 못했다.

물론 마리는 친아버지를 몹시 사랑했다. 하지만 친아버지는 마리가 14세 때 심장마비로 세상을 떠났다. 지금 마리는 31세이고 지난 10년간 잘 알지도 못한 '아버지'를 수도 없이 경험했다. 그녀는 얼마 전 사망한 새아버지를 특히 싫어했다. 그가 세상을 떠났다는 소식을 듣자 나는 기분이 좋아졌다. 하지만 사람이 죽었는데 좋아해도 될지 생각하자 킬킬 웃음이 나왔다.

한 번 웃음이 시작되자 멈출 수가 없었다. 나는 끊임없이 이렇게 되뇌었다. '오, 이런, 난 정신과 의사야. 환자 아버지가 돌아가셨다는데 이렇게 웃고 있어도 되는 걸까?' 이렇게 생각하자 더 큰 웃음이 터져 나왔다. 마치 교회에 간 어린 아이가 예배시간 중에 킬킬거리는 것 같은 느낌이었다. 조용하고 엄숙해야 한다는 사실을 생각하자 킬킬대는 상황 자체가 더 우스워졌다. 마리는 내가 킬킬대는 모습을 보면서 나와 유대감을 형성하게 되었고, 자신의 감정에 더 쉽게 수긍할 수 있었다.

때로 치료를 하는 중에 갑자기 웃음이 터져 나오기도 하지만, 다음 3가지 기법은 의식적으로 유머를 활용한다. 바로 수치심 공격 훈련, 역설 과장, 우스운 상상 기법이다.

수치심 공격 훈련 기법 적용하기

사회공포증에 시달린다면, 다른 사람들 앞에서 바보처럼 보이는 일에 극도의 공포를 느낄 것이다. 수치심 공격 훈련은 이런 공포를 덜어주는 묘약이다. 일부러 사람들 앞에서 바보 같은 행동을 해보는 것이다. 그럴 경우 대부분의 사람들이 자신에게 무관심하고 세상은 여전히 아무렇지도 않게 돌아간다는 사실을 확인하게 된다. 실제로 이런 행동만으로 크게 효과를 보고 치료를 끝내는 경우가 많다. 이런 원리를 깨닫는다면 스스로를 완전히 해방시킬 수 있다. 하지만 처음에는 당연히 두려울 수밖에 없다.

이미 수치심 공격 훈련의 좋은 사례를 소개했다. 다한증 공포를 겪었던 트레버가 기억나는가? 트레버와 내가 편의점에 들어가 겨드랑이를 가리키며 온몸이 땀에 젖었다고 외쳤을 때 사람들이 보인 호의적 반응은 그의 인생을 바꿔놓았다.

수치심 공격 훈련은 앨버트 엘리스 박사가 창안했다. 지금 엘리스 박사는 90세가 넘었지만, 여전히 정정하다! 엘리스 박사는 가장 창조적이고 도발적인 수치심 공격 훈련을 감행한 치료 전문가에게 해마다 상을 주었다. 최근에는 포틀랜드의 심리학자가 최우수상을 수상했다. 그는 사람들로 북적대는 약국에 들어가 약사에게 큰 소리로 질문했다. "콘돔 네 박스만 주시겠어요?"

약사는 고개를 끄덕였다. 사람들이 전부 그 심리학자를 쳐다보자, 그는 전혀 목소리를 죽이지 않고 이렇게 말했다. "아주 작은 사이즈가 필요해요." 너무 걱정할 것 없다. 수치심 공격 훈련의 효과를 보기 위해 이처럼 극단적인 방법을 써야만 하는 것은 아니다.

나는 뉴욕에 있는 엘리스 박사의 연구소에서 열린 워크숍에 참가해 수치심 공격 훈련을 처음 배웠다. 프레젠테이션이 끝나고 나서 동료 몇 명과 함께 중국 식당으로 저녁을 먹으러 갔다. 유명한 식당이어서 줄을 길게 서서 기다려야 했다. 줄은 식당 안까지 구불구불 뻗쳐 있었고, 우리가 서 있던 곳 바로 옆 테이블에 앉은 사람들은 이미 식사를 하고 있었다.

나는 엘리스 박사의 동료 중 한 사람에게 수치심 공격 훈련에 대해 들어보았지만 어떻게 효과를 발휘하는지는 정확히 모르겠다고 말했다. 그는 수치심 공격 훈련이 우스꽝스러워 보일지도 모른다는 공포를 극복하기 위해 사람들 앞에서 일부러 바보 같은 짓을 해보는 것이라고 설명했다. 그는 수치심 공격 훈련을 이해하는 유일한 방법은 직접 나서서 해보는 것이며, 엘리스 연구소의 참가자들은 빠짐없이 훈련 과정의 일부로 수치심 공격 훈련을 거쳐야 한다고 말했다.

나는 그에게 어떤 수치심 공격 훈련을 직접 시도해보았느냐고 물었다. 그는 지금 우리가 줄을 서 있을 때 직접 해보면 어떻게 작용하는지 정확히 알게 될 것이라고 나를 꼬드겼다. 불안해진 나는 무슨 뜻인지 물었고, 그는 아무 테이블 앞으로 걸어가서 음식을 맛보고 싶다는 말을 해보라고 부추겼다. 그가 제안한 것은 정말 이상한 행동 같았고, 두려움이 밀려왔다. 나는 땅을 치고 후회하며 수치심 공격 훈련에 대해 괜히 물어봤다고 생각했다!

하지만 나는 해당 워크숍에 참여하고 있다는 사실에 극심한 압박을 느꼈다. 동료들은 자신들도 모두 수치심 공격 훈련을 해보았으니 나 또한 해봐야 한다고 재촉했다. 싫다는 대답이 먹힐 리가 없었다. 그래서 나는 마지못해 6명이 식사하고 있는 테이블로 발걸음을 옮겼다. 그들의 테이블에는 맛있어 보이는 음식들이 가득했다. 나는 음식이 정말 맛있어 보인다고 너스레를 떨며, 보기처럼 정말 맛있느냐고 물었다. 그들은 음식이 정말 맛있고 오래 전부터 이 레스토랑의 단골이라고 말했다.

초조하게 주위를 둘러보자 동료들이 나를 쳐다보고 있었다. 결단의 시간이었다! 침을 꿀꺽 삼키고 접시 하나를 가리키며 이렇게 말했다. "몹시 이상하게 들리겠지만, 이 메뉴 맛이 어떤지 궁금해서 그러는데 맛을 좀 봐도 될까요, 어렵겠죠?"

그들은 전혀 당황하지 않은 것 같았다. "천만에요! 여기 포크가 있으니 먹어보세요." 놀랍게도 그들은 나에게 포크를 주고 음식 맛을 보라고 권했다. 나는 음식 맛이 정말 훌륭하다고 말했다. 그러자 그들은 이렇게 말했다. "이것도 한번 들어보세요. 정말 환상적이에요." 그 요리 또한 훌륭했다. 갑자기 연구소 동료들이 테이블 주변에 우르르 몰려와 자기들도 맛을 한번 보자고 졸랐다. 테이블에 앉은 사람들은 기꺼이 음식을 모든 사람들에게 맛보게 해주었다. 우리는 모두 낄낄대며 즐거운 시간을 가졌다. 전혀 모르는 사람들이 서로 어울렸던 것이다. 그날 저녁의 경험은 뉴욕 여행의 백미였다.

이 경험을 통해 나는 항상 엄숙하고 심각하게 살 이유가 없다는 사실을 깨달았다. 대부분의 사람들은 선의의 유머나 기발한 사건을 흔쾌히 받아들인다. 지루함에 지친 사람들은 흥을 돋울 수 있는 일들을 찾기 마련이다. 약간 어리숙해 보이는 행동을 자연스럽게 한다면 대부분의 사람들은 이를 상당히 재미있게 받아들일 것이다. 원래 외향적인 사람이라면 이런 시도가 별것 아니거나 빤한 일처럼 느껴질 수도 있다. 하지만 수줍음을 느끼는 사람들에게는 이런 발견이 신선한 충격으로 다가올 것이다.

그날 이후로 나는 여러 가지 수치심 공격 훈련을 해보았다. 몇 주 후 네바다 주 타호 호에 가족들과 놀러 가서 또 다른 훈련을 시도했다. 우리가 묵었던 호텔은 지하에 카지노가 있었고, 우리 방은 14층이었다. 나는 카우보이 모자와 카우보이 부츠를 신은 다음, 큼지막한 청록색 팔찌와 선글라스로 치장하고 두 아이와 함께 엘리베이터를 탔다. 그리고 아이들에게 아빠가 중요한 것 하나를 가르쳐주겠다고 호언장담했다.

내려가는 엘리베이터를 타면서 나는 각 층에 설 때마다 몇 층인지 큰 소리로 외쳤다. 처음에는 정말 힘들었고, 아이들도 얼굴이 빨개졌다. 당황한 아이들은 내 소매를 잡아당기면서 그만두라고 애원했다.

엘리베이터 안에 탄 사람들은 낄낄대기 시작했다. 하지만 나는 멈추지 않았고 층을 옮길 때마다 더 큰 소리로 외쳤다. 지하에 닿을 때쯤, 엘리베이터에 탄 사람들 모두가 웃느라 정신이 없었다. 엘리베이터 문이 열렸고 사람들은 카지노로 몰려들어 가 슬롯머신 앞에 앉았다. 그들은 아마도 엘리베이터 안에서 상당히 즐거웠을 것이고, 내 행동이 하루 일과의 활력소로 작용했을 것이다. 하지만 내게 그다지 대수로운 일은 아니었다.

수치심 공격 훈련을 시도하려면, 상상력이 상식의 범위를 벗어나면 곤란하다. 예컨대 버스나 지하철이 정차할 때마다 일어서서 큰 소리로 정류소 명칭을 말하는 것은 괜찮다. 혹은 버스를 타려고 기다리고 있는 사람들에게 다가간 다음 노래를 불러줄 수도 있다. 이것이 너무 어려운 일처럼 느껴진다면, 열정을 담아 큰 소리로 노래하며 북적대는 거리를 걸어갈 수도 있다.

수치심 공격 훈련에서는 공격적이거나 상대에게 피해를 주는 행동은 삼가야 한다. 그런 경우 사람들을 불편하게 만들 수 있기 때문이다. 트레버와 내가 편의점에 들러 땀에 젖은 겨드랑이를 좀 보라고 큰 소리로 말했을 때 모든 사람들은 우리의 엉뚱한 행동에 재미있어했다. 무례하게 행동하지도 않고, 누군가를 이용하지도 않았기 때문이다. 하지만 병원에서 수치심 공격 훈련을 한다면 그것은 매우 부적절한 행동일 것이다. 환자와 직원의 신경을 건드리는 일이기 때문이다. 약간의 도발에 재미를 섞은 발상이면 충분하다.

역설 과장 기법 적용하기

부정적인 생각을 반박하는 대신, 그런 생각에 굴복하고 그 생각을 최대한 키워보라. 맞서 싸우려 하지 말라. 오히려 극단적으로 확대시켜라. 예컨대 열등감을 느낀다면 스스로에게 이렇게 말해보라. "맞아. 사실이야. 실제로 지금 이 순간에 내가 캘리포니아 최고의 못난이일지도 몰라. 아니, 미국 전체를 통틀어 최고일 수도 있어." 역설적으로 이런 말도 안 되는 생각이 당신에게 객관성과 안도감을 선물해줄 수 있다.

맨디라는 이름의 젊은 여성은 합기도의 갈색 띠 승급 심사를 준비하고 있었다. 그녀는 승급 심사를 앞두고 "사람들 앞에서 시험을 망칠 것만 같아"라는 주문을 외우며 몇 주간 극심한 긴장에 시달렸다. 그녀는 평소에 열심히 훈련했고, 앞선 경기에서 잘해왔기 때문에 이성적으로는 자신의 생각이 옳지 않다는 사실을 잘 알고 있었다. 하지만 그녀는 끊임없이 걱정과 망상에 시달렸다. 합기도 정신에 따르면 최상의 결과를 얻기 위해서는 긴장을 풀고 자연스러운 흐름에 심신을 맡겨야 한다.

나는 맨디에게 역설 과장 기법을 제안했다. 마음을 편하게 가지려고 안간힘을 쓸수록 역효과만 날 것 같아서 나는 맨디에게 정반대의 방법을 활용해 하루에 두 번씩 다음과 같은 주문을 외우게 했다. "난 승급 심사를 망치는 것뿐만 아니라 우리나라 전체에서 꼴찌를 하게 될 거야. 팔다리를 바보같이 흔들어댈 테고, 긴장을 못 이기고 얼굴이 붉어지겠지. 모든 사람들이 나를 비웃고 비난할 거야. 기술이 엉망인 데다 감정도 제대로 다스리지 못하는 한심한 인간으로 취급하겠지. 도시 전체에 나에 관한 소문이 퍼질 테고 모든 사람들이 합기도뿐 아니라 내 인생 자체가 엉망이라고 생각할 거야."

몇 차례 역설 과장 기법을 훈련하자, 맨디는 자신의 공포가 점차 불합리하게 느껴지기 시작했다. 그녀는 자존심을 잠시 잊고 승급 심사라는 경험 자체를 실

272

수를 통해 배우고 연습하는 또 다른 기회로 받아들였다. 나중에 맨디는 승급 심사가 아주 재미있었고 스승들로부터 큰 칭찬을 받았다는 소식을 전해주었다.

우스운 상상 기법 적용하기

불안에 시달리면 무서운 영상이 의식을 파고들곤 한다. '만약에 기법'을 활용한다면 공포의 근원에 존재하는 환상이 무엇인지 발견할 수 있다. 예컨대 발표 불안에 시달린다면 맥없이 단조로운 목소리로 말하는 자신 앞에서 청중들이 지루함을 이기지 못해 조는 모습을 상상하고 있을지 모른다. 개가 두렵다면 개가 으르렁거리며 자신을 물려고 하는 무시무시한 영상을 상상하고 있을지도 모른다. 건강염려증이 있다면 짓무른 발가락을 보며 암으로 죽는 모습을 상상하고 있을 수도 있다.

부정적인 생각에 대응하는 방법이 여러 가지인 것처럼, 끔찍한 영상을 다루는 방법도 다양하다. 우스운 상상 기법은 자신을 불안하게 만드는 생각을 우스꽝스럽고 불합리한 환상으로 대체하는 것이다.

앞서 소개한 호세의 사례가 기억나는가? 호세는 장님이 될지도 모른다는 불합리한 공포에 사로잡혀 쉬지 않고 시력검사를 했다. 자기 모니터링과 반응 금지 기법이 효과를 발휘했지만, 우스운 상상 기법을 비롯해 시도해봄 직한 다른 여러 가지 방법이 있다. 호세는 공포의 불합리성을 확인시켜줄 극단적인 우스운 상상을 해볼 수도 있다.

예컨대 호세는 눈이 완전히 먼 다음에도 용기를 내어 안과의사 일을 계속 하는 모습을 상상해볼 수 있다. 소문이 퍼져 호세는 수많은 신문과 잡지에 장님이 되고서도 수술을 계속하는 기적의 의사로 소개된다. '데이비드 레터맨 쇼'에 출연 제의를 받아 손끝 감각으로 환자의 눈을 진단하고 맹도견의 도움을 받아 복잡한 수술을 집도하는 장면이 공영방송을 통해 전파를 탄다. TV에서는 호세의 옆 좌석에 앉은 맹도견이 코로 스티어링 휠을 앞뒤로 밀며 튜업한 포르셰를 LA 고속도로 위에서 번개 같은 속도로 몰고 가는 영상을 보여준다. 이런 상상이 호세의 웃음보를 터뜨린다면, 장님이 될지도 모른다는 생각에 휩싸일 때마다 이 장면을 떠올리면 된다.

샌디에이고의 마이클 얍코(Michael Yapko) 박사는 창의력 넘치는 인지 심리학자이자 최면 학자다. 그는 환자들에게 엘머 퍼드(만화영화에서 벅스 버니를 집요하게 쫓아다니는 사냥꾼_역주)나 미키 마우스 같은 우스운 목소리로 부정적인 생각을 상상해보라고 말한다. 자신의 목소리보다는 만화 캐릭터의 목소리로 스스로를 비난하는 것이다. 효과를 높이려면 우스꽝스러운 영상도 함께 떠올리면 된다고 한다. 예컨대 자신을 나무라는 목소리가 괄약근이나 겨드랑이에서 나온다고 상상해볼 수도 있다.

이 기법의 목표는 의식 속에서 자기를 비난하는 목소리에 반응하는 방법을 바꿈으로써 상처받기보다 즐거워지게 만드는 것이다. 얍코 박사는 부정적인 내면의 목소리가 의식에 출몰하는 것은 어쩔 수 없지만, 목소리의 양상과 그에 대한 반응은 조절할 수 있다는 사실을 지적한다. 근심을 익살스럽게 표현하는 것은 매사를 심각하게 받아들이기 때문에 찾아오는 강렬한 죄의식, 열등감, 자기 회의에 천연 해독제를 주는 것과 같다.

내성적인 네이딘은 자신이 사는 아파트에 새로 이사 온 매력적인 변호사에게 관심이 있었다. 나는 그녀에게 변호사에게 추파를 던져보라고 시켰다. 네이딘은 그러고 싶지만 너무 긴장되어 눈조차 마주치지 못하겠다고 털어놓았다. 그녀는 자신이 어색하고 조급해하는 것처럼 보여 거절당할까 두렵다고 했다.

나는 그에게 말을 걸 때 눈을 바로 쳐다보고, 그가 팬티만 입고 법정에서 변호하는 모습을 상상해보라고 그녀에게 말했다. 그러면 마음의 부담이 줄어들고 그에 대한 두려움이 사라질 것이라고 조언했다. 네이딘은 이런 제안에 솔깃해져 매우 불안하지만 한번 시도해보기로 마음먹었다.

다음 날 아침 네이딘은 출근길에 변호사와 엘리베이터 안에서 마주쳤다. 그녀는 드디어 때가 왔다고 생각했다. 네이딘은 그의 눈을 쳐다보며 넥타이가 아주 멋지다고 말을 건넸다. 말을 건네는 와중에 그가 팬티만 입고 법정에서 돌아다니는 모습을 상상해보았다. 그러자 갑자기 긴장이 풀리고 웃음이 터져 나왔다.

그는 칭찬해줘서 고맙다는 인사와 함께 뭐가 우스운지 되물었다. 네이딘은 자기도 잘 모르겠지만 그에게 자신을 기분 좋게 만드는 뭔가가 있는 모양이라고 대답했다. 그는 네이딘에게 마음이 끌렸고 두 사람은 금세 가벼운 대화를 시작했다. 두 사람이 엘리베이터에서 내릴 즈음, 변호사는 네이딘에게 다시 만나고 싶다고 말했다. 그리고 네이딘에 대해 더 많은 것을 알 수 있도록 함께 커피를 마실 수 있느냐고 물었다. 두 사람은 데이트에 골인했고 네이딘은 구름 위를 걷는 듯 황홀한 기분을 느꼈다.

유머 기반 기법의 목표는 자신의 두려움에 깃든 불합리성을 인식하도록 돕는 것이다. 이 기법이 먹히는 경우에는 거의 기적 같은 효과를 발휘한다. 하지만 화가 나거나 속상할 때는 오히려 더 기분을 상하게 하는 부작용을 초래할 수도 있다. 별 도움이 되지 않는다 해도 문제 될 것은 없다. 이때는 다른 기법을 시도하면 된다.

15장

역할극과 정신 기법

이 장에서는 목소리 외재화라는 역할극 기법과 수용 역설이라는 정신 기법을 다루기로 한다. 내 환자들은 종종 이 방법들이 모든 인지치료 기법 가운데 가장 효과적이고 획기적이라고 말한다. 나는 강의할 때를 빼고는 이 두 기법을 항상 같이 활용한다. 지금부터 각 기법을 설명하기로 한다.

목소리 외재화 기법 적용하기

목소리 외재화 기법을 적용하려면 두 사람이 필요하다. 두 사람 중 상대방은 친구, 가족, 치료 전문가 등 누구라도 상관없다. 역할극이 싫거나 마땅한 상대방이 없다면 상대방 없이 혼자 시도해볼 수도 있다. 이 장 말미에 그 방법을 소개할 것이다.

'오늘의 기분 일지'를 적는 자신을 머릿속에 그려보라. '부정적인 생각' 항목에 화를 돋우는 생각을 기록한다. 이 생각은 우울증, 불안증, 기타 극복해야 할 부정적 감정을 유발하는 생각일 수도 있다. 나와 상대방이 목소리 외재화를 효과적으로 시도하려면 나의 '오늘의 기분 일지'가 필요하다. 상대방은 오늘의 기분 일지의 부정적인 생각을 맡고, 나는 긍정적인 생각을 맡을 것이다. 즉, 이제부터 자기를 비난하는 편과 자기를 사랑하는 편이 한바탕 전쟁을 치러야 한다.

당신의 의식 안에서 상대방은 부정적인 목소리 역할을 맡고, 당신은 긍정적인 목소리 역할을 맡는다. 상대방은 '오늘의 기분 일지'에 기재한 부정적인 생각을 내세워 당신을 공격하고, 당신은 비난을 퍼붓는 상대방을 물리쳐야 한다. 어렵다면 역할을 바꿔볼 수도 있다.

목소리 외재화는 매우 어렵고 처음에는 겁이 날 수도 있다. 다음 주에 잡힌 발표 때문에 몹시 긴장되고, 사람들 앞에서 발표를 완전히 망칠 것 같다는 부정적인 생각으로 스스로를 괴롭히고 있다고 가정해보자. 목소리 외재화가 어떻게 효과를 발휘할 수 있는지 아래에서 설명한다.

> 부정적인 생각(상대방이 연기): 다음 주 발표에 너는 머릿속이 하얘져 사람들 앞에서 완전히 얼간이처럼 보일 거야.
>
> 긍정적인 생각(자신이 직접 연기): 그런 일은 일어나지 않을걸. 나도 종종 그런 걱정을 하는데 발표하면서 한 번도 머릿속이 하얘지거나 사람들 앞에서 얼간이처럼 보인 적이 없어. 내 발표 실력이 최소한 보통 이상이라는 사실을 잘 알아. 앞으로 더 좋아지면 되는 거야.

얼핏 보기에 부정적인 생각 역할을 담당하는 상대방이 나를 공격하는 것 같지만, 실제로는 그렇지 않다. 상대방은 단지 내 머릿속에 있는 부정적인 역할을 맡아서 연기할 따름이다. 내 싸움의 상대는 바로 나 자신이다.

또한 부정적인 생각 역할을 담당하는 사람은 '너'를 주어로 말해야 하고, 긍정적인 생각을 연기하는 사람은 '나'를 주어로 말해야 한다.

이것이 이 기법을 성공하기 위해 반드시 지켜야 할 규칙이다. 이 규칙을 간과해서 긍정적인 생각 역할을 담당하는 사람이 '너'를 주어로 말하고, 부정적인 생각 역할을 담당하는 사람이 '나'를 주어로 말하면, 상대에게 조언을 해주는 대화 형식으로 바뀌어 실패할 수밖에 없다.

예컨대 당신이 우울해져서 인생의 패배자 같다는 느낌에 휩싸였다고 가정해보자. 역할극을 하면서 "난 인생의 패배자야"라고 말한다면 이는 부정적인 생각 역할을 맡은 사람이 '나'가 되어 말하는 것이므로 틀렸다. 상대방은 당황해서 다음과 같이 말할 것이다. "넌 패배자가 아니야. 넌 좋은 사람이야. 널 좋아하는 사람들과 네가 이룬 모든 일들을 생각해봐."

이는 대개 사람들이 우울하거나 불안해하는 상대에게 해주는 말이다. 이런 말을 들어봤자 짜증만 나고 잘난 척하는 것으로 느껴지며, 별 효과도 없다. 이런 실수는 부정적인 생각을 담당하는 사람이 '나'를 주어로 사용했기 때문에 발생했다. 그 결과 긍정적인 생각 역할을 담당하는 사람이 '너'를 주어로 사용할 수밖에 없었던 것이다.

기억하라. 부정적인 생각 역할을 담당하면 '너'를 주어로 써야 하고, 긍정적인 생각 역할을 담당하면 '나'를 주어로 써야 한다. 그래야만 목소리 외재화 기법을 순조롭게 진행할 수 있다.

목소리 외재화 기법을 활용할 수 있는 가장 적합한 시간은 다른 기법을 활용해 '오늘의 기분 일지'의 부정적인 생각을 물리친 순간이다. 목소리 외재화를 활용하면 일시적인 변화를 근본적이고 지속적인 변화로 바꿀 수 있다.

10장에서 월터의 사례를 소개했다. 결혼가족상담사인 월터는 8년간 사귄 애인 폴이 갑자기 자신을 떠나 다른 사람을 만나기 시작했을 때 우울증과 불안증이 시작되었다. 월터는 스스로 다음과 같은 주문을 외우고 있었다.

1. 나는 다시는 사랑을 못 하게 될 것이다.
2. 누군가와 같이 산다거나 관계를 맺기가 불가능할 것이다.
3. 나에게 뭔가 문제가 있다.
4. 인생이 완전히 망가졌다.
5. 늙고, 뚱뚱하고, 머리는 하얗게 샌 외로운 게이 남성으로 인생을 마감하게 될 것이다.

이중 기준 기법을 활용하면서 월터는 부정적인 생각을 물리칠 수 있었고 수치스럽고, 열등하고, 절망스러운 느낌이 순식간에 사라졌다. 바로 이때가 목소리 외재화를 활용하기에 가장 적합한 순간이다. 목소리 외재화를 통해 월터는 자존감을 되찾고 자책하는 생각이 다시 발을 붙일 가능성을 크게 낮출 수 있다.

다음 사례에서 월터는 자신의 의식 속의 부정적인 생각을 맡고, 필자는 긍정적인 생각 즉 자신을 사랑하는 생각을 맡아 연기할 것이다. 두 사람이 서로 갑론을박하는 것처럼 보여도 그저 월터의 두뇌 속에서 싸우는 두 가지 목소리를 반영하는 것에 지나지 않는다는 사실을 유념하라.

부정적인 생각(월터가 연기): 이럴 수가. 폴이 너를 떠났구나. 네가 얼마나 매력이 없고 열등한 인간인지 알겠어.

긍정적인 생각(번즈 박사가 연기): 난 동의할 수 없어. 나는 이전에도 사귀었던 사람들이 많아. 난 내가 아주 매력적인 사람이라고 생각해.

부정적인 생각: 네가 그렇게 잘났으면 왜 폴이 너를 떠났을까?

긍정적인 생각: '네가 그렇게 잘났으면'이라는 네 말이 완전히 틀렸다고 말하진 않겠어. 하지만 사람들은 어떤 이유로든 헤어지곤 해. 나도 폴이 왜 나를 떠났는지 정확히는 모르겠어. 아마도 내게 화가 났거나, 권태로웠거나, 다른 사람에게 더 끌렸을 수도 있겠지.

부정적인 생각: 어쨌건 말인데, 현실은 네가 나이 들고, 뚱뚱하고, 머리가 샌 외로운 게이 남자로 인생을 마감할 거라는 사실 아닐까?

긍정적인 생각: 뭐, 완전히 틀린 말은 아니지. 나라고 나이가 들고 머리가 새는 걸 어찌할 수는 없으니까. 살이 찔 수도 있겠지. 내 성적 취향이 바뀔 것 같지도 않아. 하지만 외로움이 사라져도 그럴까? 지금 당장은 외로워. 하지만 누군가가 떠났을 때 외로움을 느끼는 건 당연한 일이야. 이런 기분은 곧 사라질 거라고 생각해.

부정적인 생각: 넌 네게 유리한 대로 모든 걸 합리화시키고 있어. 하지만 현실은 네가 거절당했다는 사실이야. 네가 열등하다는 사실을 인정하는 게 어때? 넌 참 별로거든.

긍정적인 생각: 난 네 말이 상당히 모호하게 들리는데. 앞뒤가 안 맞는 것 같아. 사실 '열등하다' 와 '별로다'라는 말이 무엇을 의미하는지도 모르겠어. 뭔가 구체적인 결함이 있다면 이야 기를 해봐. 아무리 많아도 상관없어. 한번 말해보라고!

부정적인 생각: 넌 정말 결함투성이지. 사실 너랑 인간관계를 맺는다는 사실 자체가 불가능해.

긍정적인 생각: 그 말은 별로 설득력이 없어 보이는데. 내 친구들은 내가 따뜻하고, 개방적이고, 금방 친해질 수 있다고 말했어. 게다가 8년간 나는 폴을 잘 사귀어왔어. 네 말은 앞뒤가 맞지 않아.

나는 월터에게 어느 쪽이 이기고 있다고 생각하는지 물었다. 그는 긍정적인 생각이 부정적인 생각을 물리치고 있는 것 같다고 대답했다. 월터는 악의에 찬 부정적인 생각이 우스꽝스럽게 들리며, 근거가 없는 것 같다는 생각이 든다고 말했다.

긍정적인 생각 역할을 맡으면 이 책에서 소개한 부정적인 생각과 싸울 기법을 활용하게 된다. 예컨대 부정적인 생각을 통해 들리는 메시지가 '넌 사랑하는 사람을 사귈 수 없는 인간이야'일 경우 증거조사 기법을 활용해볼 수 있다. 그 말은 완전히 틀린 말이므로 이런 생각을 공격하기는 쉬웠다. 월터는 8년간 폴을 사귀어왔으므로, 누군가를 사귈 수 없는 사람이 아니라는 증거는 명백했다.

상대방이 나의 부정적인 생각을 내세워 나를 공격해 겁이 나고 혼란스럽다면, 역할을 바꿔보라. 그러면 상대방은 부정적인 생각을 물리칠 수 있는 더 효과적인 방법을 내게 제시할 수 있다. 부정적인 생각을 모두 격파할 때까지 역할 바꾸기를 계속해보라.

사람들이 목소리 외재화를 처음 시도하면 흔히 실수를 범하곤 하는데, 대표적인 4가지 실수는 다음과 같다.

실수 1. 부정적인 생각을 연기하는 사람이 '나'를 주어로 삼고, 긍정적인 생각을 연기하는 사람이 '너'를 주어로 삼는다. 이 경우 반드시 실패하기 마련이다.

실수 2. 사람들은 종종 혼란에 빠져 이 기법을 일종의 적극성 훈련으로 생각한다. 그래서 아버지, 어머니, 배우자, 상사와 같이 자신을 비판하는 사람들과 한바탕 전쟁을 치르려고 한다. 이럴 경우 또한 실패로 귀결된다. 부정적인 생각 역할을 담당하는 사람은 그저 내 생각을 투영하는 것에 불과하다. 나 자신과 싸우는 것이지 상대방과 싸우는 것이 아니다.

실수 3. 부정적인 생각을 담당하는 사람이 사실은 내 의식에 깃든 부정적인 일면을 연기하고 있다는 사실을 망각한다. 이럴 경우 역할극은 시간낭비일 뿐이다. 상대방의 말이 와닿지 않고 나 자신의 부정적인 생각에 응답하지 않기 때문이다. 이런 반응만 나올 뿐이다. "대체 무슨 소리를 하고 있는 거야? 난 그렇게 생각한 적 없어!"

실수 4. 상대방이 자신의 생각에 따라 나를 공격한다. 예컨대 아내가 상대방이 된다면 남편에게 화풀이할 기회로 삼는 것이다! 그러면 남편은 방어적인 태도로 변해 결국 싸움이 나고, 왜 번즈 박사가 이를 훌륭한 치료 기법이라고 생각하는지 의아할 것이다.

이런 오류를 피하는 간단한 방법이 있다. '오늘의 기분 일지'를 상대방에게 건네라. 그들에게 부정적인 생각을 크게 읽고 나를 공격해보라고 말하라. 그들이 '너'를 주어로 삼아 상대방의 역할을 맡도록 유도하라. 그럼 나는 긍정적인 생각을 담당하고 '나'를 주어로 연기해야 한다.

종종 나는 이 역할극을 할 때 '부정적인 생각'이라는 단어와 '긍정적인 생각'이라는 단어를 적은 종이 두 장을 마련한다. 두 사람이 종이를 앞에 두고 역할극을 시도하면 혼동을 피할 수 있다.

이런 방법을 써도 처음에는 혼동을 일으키기 쉽다. 따라서 으레 있는 일이라고 인정하는 것이 낫다. 대화는 내 의식 안의 싸움이 아닌 두 사람 간의 싸움으로 변질될 수 있다. 그런 경우 바로 대화를 멈추고 재정비를 해야 한다. 처음부터 다시 시작하라. 요령을 터득하려면 연습이 필요하지만 충분히 노력할 만한 가치가 있다. 목소리 외재화 기법을 성공적으로 수행한다면 놀라운 치료 효과를 얻을 것이다.

역할극을 같이할 상대방이 없다면 혼자서 해볼 수도 있다. 종이 한 장에 가상의 대화를 적어보라. 혼자서 두 사람 역할을 맡는 것이다. 앞서 소개한 대화는 좋

은 실례가 될 것이다. 이 방법은 상대방을 두고 역할극을 하는 것만큼이나 효과
적이다. 이 책의 여러 부분에서 나오는 것처럼 몇 가지 다른 기법들도 역할극을
활용해 효과를 얻을 수 있다.

수용 역설 기법 적용하기

불안증이나 우울증에 시달려왔다면 스스로 자신의 단점과 결점을 들어 어떻
게 자기 자신을 비난하는지를 잘 알고 있을 것이다. 기분을 회복하려면 머릿속
의 끊임없는 비난을 잠재울 방법을 찾아야 한다. 그 방법은 무엇일까? 2가지 기
본 전략이 있다. '자기방어 패러다임'과 '수용 역설'이다.

자기방어 패러다임은 부정적인 생각을 논박하며 사실이 아니라고 주장하는
것이다. 이런 전략은 부정적인 생각이 기만적이고, 왜곡되어 있으며, '진실이 나
를 자유롭게 하리라'라는 발상에 근거한다.

수용 역설은 이와 반대로 작용하는 기법이다. 부정적인 생각에 맞서 싸우기
보다는 그 안에서 진실을 발견하는 것이다. 유머, 내면의 평화, 깨우침으로 그런
생각에 동조하고, 의식 속의 비판자를 친구로 삼는 것이다. 이런 두 가지 대응 방
식을 섞고 조화시킬 수 있다. 부정적인 생각이 무가치한 존재라는 느낌, 열등감,
수치심, 자존감 상실을 초래하는 경우, 수용 역설은 자기방어 패러다임에 비해
훨씬 효과적일 수 있다.

자신감이 바닥나 스스로 모자라고 열등한 인간이라는 주문을 외우고 있다고
가정해보자. 자기방어 패러다임을 쓴다면 마치 친구가 말해주듯 스스로에게 자
랑할 만한 장점과 성취가 많다는 사실을 확인시켜줄 수 있다. 많은 사람들이 이
런 긍정적인 생각이 자존감을 세우는 비결이라고 생각한다. 내 경험으로 볼 때
이 방법은 대부분 별 효과가 없다. 계속 이런 생각이 떠올라 단점과 결점에 집착

하기 때문이다. 예컨대 스스로 이렇게 말할 확률이 크다. "물론 나도 시원찮은 장점 몇 가지가 있긴 하지. 그렇다고 해서 내가 꿈도 못 꿀 엄청난 일을 달성한 사람들에 비해 부족하다는 사실이 변하는 건 아니야."

수용 역설을 활용한다면 이런 부정적인 생각에 다음과 같이 대응할 수 있다. "사실 나는 결점이 많은 인간이야. 그건 의심의 여지가 없는 사실이고 인정할 수밖에 없어." 이 방법을 통해 비난의 독화살을 피하고 논쟁을 마무리할 수 있다.

내면의 비평가가 끊임없이 자신을 괴롭힌다고 가정해보자. 이런 경우 다음의 대화처럼 수용 역설을 활용해 버틸 수 있다.

> 부정적인 생각: 넌 단점과 결점이 한두 개가 아닌 것 같아. 인정해. 넌 총체적으로 문제가 있어. 넌 부족한 인간이야.
> 긍정적인 생각: 그래 맞아! 난 그 사실을 깨닫는 데 몇 년이 걸렸는데 넌 금방 알아챘구나. 하나 알려줄까? 내 결함은 실은 내 성격 중 좋은 편에 속해!

이 사례는 괴물의 공격을 피하기 위해 우스꽝스러운 농담을 하는 방법을 알려준다. 내가 정말 '모자라다'해도 뭐가 대수일까? 친구들이 더 이상 나와 어울리지 않으려고 할까?

수용 역설은 당신이 자신을 방어하는 순간 또 다른 공격이 생긴다는 불교의 교리에 근거한다. 방어는 또 다른 공격을 유발한다. 물론 싸우는 상대방은 실제로는 자신의 머릿속에 자리 잡은 부정적인 생각이므로 이는 결국 나 자신과의 싸움으로 귀결된다. 반면 내가 비난을 받아들이고 그 안에서 진리를 찾는다면, 비난이 갖는 힘은 점차 약해질 것이다.

기독교를 비롯한 대부분의 종교에서는 모든 인간이 결점과 단점으로 점철되어 있다고 강조한다. 그것이 바로 인간이다. 나바호의 인디언들은 그들이 짠 모든 천에는 반드시 결함이 있어야 한다는 법칙을 갖고 있다. 그렇지 않다면 신이 노하여 그들을 단죄할 것이라고 생각한다. 이처럼 빈틈투성이인 인간이라도 기쁨과 깨달음을 얼마든지 경험할 수 있다. 수용 역설은 이런 생각을 현실로 옮겨 실제로 느끼게 해주는 기법이다.

처음에는 수용 역설이 어떻게, 왜 도움이 될 수 있는지 알쏭달쏭할 것이다. 불안증과 우울증에 시달리는 많은 사람들은 이미 스스로를 받아들였다고 생각한다. 그들은 스스로에 대한 무시무시한 진실을 알고 있으며, 자신들이 무력하고 살 가치가 없는 인생의 패배자라고 생각한다.

이는 바람직하지 못한 수용에 해당한다. 이런 수용은 건전한 수용과는 확연히 다르다. 287페이지에 소개한 건전한 수용과 불건전한 수용을 비교한 자료를 보라. 불건전한 수용은 자기 증오, 절망, 결핍, 무력감, 소외감, 위축, 냉소가 특징이다. 반면 건전한 수용은 자존감, 기쁨, 생산성, 희망, 친밀감, 성장, 웃음이 특징이다. 건전한 수용은 인생을 즐기고, 다른 사람들과 교류하는 행위를 수반한다.

사실 우리 모두가 부족한 부분이 있다. '부족함'은 자살의 이유가 될 수도 있고, 기념할 대상이 될 수도 있다. 부족한 점을 기쁘게 받아들일 수도 있고 절망적으로 받아들일 수도 있다. 나는 특별해야 한다는 생각, '자존감'을 가져야 한다는 생각, 이상적인 자아에 따라 살아야 한다는 생각처럼 내가 '이래야 한다'는 생각을 버리면 자유와 기쁨을 누리고 깨달음을 얻을 수 있다.

처음에는 건전한 수용과 불건전한 수용의 차이점을 이해하기가 매우 어렵다. 특히 고통받는 순간에는 더욱 그렇다. 이에 대해 쓰는 것은 마치 처음 본 그랜드캐니언을 묘사하는 것에 비유할 수 있다. 숨이 막히고, 적당한 설명이 떠오르지 않는다.

나는 대학 친구와 함께 그랜드캐니언을 처음 방문했다. 캠핑 여행을 계획한 우리는 저녁 무렵 그랜드캐니언의 끄트머리에 도착했다. 너무 어두워 많은 것을 볼 수는 없었다. 차 옆에 펼친 침낭에서 잠을 자고 아침에 일어나 보니, 무섭게도 침낭이 그랜드캐니언의 모서리에서 불과 몇 미터밖에 떨어져 있지 않았다. 솟아

건전한 수용 대 불건전한 수용

건전한 수용	불건전한 수용
자존감 기쁨 생산성 희망 친밀감 성장 웃음	자기 증오 절망 결핍 무력감 소외감 위축 냉소

오르는 해를 보며 시선을 돌리자 난생처음으로 그랜드캐니언의 모습이 두 눈에 들어왔다. 와우! 숨이 막혔다. 나는 땅에 거대한 구멍이 나 있다는 말은 들었지만 정말 그 정도일 거라고는 상상도 못했다!

수용 역설을 갑자기 깨닫게 될 때의 느낌도 이와 같다. 처음에는 숨이 막힌다! 마치 인생이 바뀌는 것처럼 경이로운 변화를 겪게 된다. 이런 변화는 목소리 외재화나 공포 환상 같은 역할극 훈련을 통해서만 경험할 수 있다.

열등감을 느낀다고 가정해보자. 왜 그럴까? 자기 회의와 절망감이 드는 순간 어떻게 느끼는지 생각해보라. 스스로에 대해 어떤 주문을 외웠는가?

나는 기대만큼 총명하지도, 성공적이지도, 매력적이지도 않다고 말할 수도 있다. 인생에서 너무나 많은 실수를 저질러서, 좋은 아버지나 어머니가 될 수 없어서, 성인이 되어서도 꿈을 이룰 수 없어서 스스로를 자학할 수도 있다. 오랫동안 수치심이나 우울증과 싸워왔기에 스스로 열등하다는 느낌에 시달릴 수도 있다. 수용 역설을 활용해 이런 부정적인 감정을 물리칠 수 있는지 살펴보자.

자신의 의식 속에 부정적인 생각과 긍정적인 생각이 전쟁을 치른다고 상상해보자. 당신은 부정적인 생각을 맡고, 나는 긍정적인 생각을 담당하는 것이다. 최대한 무자비하게, 모든 결함이나 단점을 지적해서 나를 모욕해보라.

내가 당신의 의식에 있는 자기애적 부분을 연기하고, 당신은 부정적 부분을 연기한다는 사실에 유념하라. 나는 수용 역설로 당신을 물리칠 것이다. 다음 대화를 읽으면서 누가 싸움에서 이기고 있는지 생각해보길 바란다.

부정적인 생각(독자가 연기): 넌 사실 똑똑하지 않아, 그렇지 않니?

긍정적인 생각(번즈 박사가 연기): 그래, 나보다 똑똑한 사람은 많아. 물리학자, 수학자, 과학자, 사회학자, 음악가, 작가 등등 수도 없지 뭐. 나도 인정해.

부정적인 생각: 그럼 스스로 멍청하고 열등한 인간이라는 사실을 인정하는 거네?

긍정적인 생각: 음, 살면서 내가 수도 없이 실수를 저질렀다는 사실은 인정해. 나보다 똑똑한 사람들도 셀 수 없이 많지. 하지만 내가 멍청하고 열등한 인간이라는 말은 상당히 모욕적으로 들리는데. 네 말 뜻을 정확히 모르겠어.

부정적인 생각: 네가 영리하지 못해서 그런 거야. 틀림없어. 영리하고 재능이 넘치고 매력적인 사람들 모두가 너보다 우수해. 아인슈타인이나 마돈나 같은 사람들 말이야. 정말 훌륭한 사람들이지. 넌 열등한 이등 인간이야. 모르겠어? 무슨 말을 해도 빨리 알아듣는 법이 없잖아.

긍정적인 생각: 그래 맞아. 하지만 '이등 인간'이라는 말은 아직도 잘 모르겠는데. 무슨 말인지 설명해줄래? 난 마돈나처럼 노래를 잘하는 것도 아니고 아인슈타인처럼 천재도 아니야. 사실 내가 갖지 못한 엄청난 재능을 가진 사람들은 무수히 많아. 그래서 오히려 흥미진진해. 인텔에는 일류 전자공학자들이 진을 치고, 국립보건원(NIH)에는 우수한 학자들이 즐비하고, NBA나 NFL에는 재능 있는 선수들이 넘쳐나지. 난 그들 같은 기술이나 재능이 없어. 그게 네가 말하는 열등한 인간, 이등 인간이라는 뜻이니? 아니면 다른 뜻이 있는 거니?

부정적인 생각: 사실 그 이상이야. 너 같은 얼간이가 무슨 말인지 어떻게 이해하겠어? 너도 알다시피 우리 사회는 두뇌와 성과로 사람들을 평가해. 노벨상을 받는 사람들처럼 말이지. 그들은 특별하고, 재능을 타고난 우수한 사람들이야. 하지만 넌 그 사람들과 비교도 안 되는 평범한 인물일 뿐이야. 군대로 따지면 넌 이등병에 총알받이야.

긍정적인 생각: 뭐, 그래도 상관없어. 이상하게 들릴지 몰라도 나는 평범하게 사는 게 좋아.

부정적인 생각: 오, 그럼 인정하는 거네? 이등병에 총알받이라는 사실을 인정하는 거야?

긍정적인 생각: 물론이야! 따지고 보면 내 친구들 대부분이 이등병에 총알받이야. 그런 친구들과 같이 어울려 지내는 게 얼마나 즐거운데. 이봐, 네가 노벨상 수상자들과 어울린다면 자주 만나지도 못할뿐더러 교우관계가 얼마나 좁아지겠어! 내가 뭔가를 놓치고 있는지도 모르지. 넌 내가 놓치고 있는 것이 대단한 것이고, 그 사실을 부끄러워해야 한다고 지적하는 것 같은데, 난 그게 뭔지, 네 말이 무슨 말인지 도통 알 수가 없어.

부정적인 생각: 그래서 네가 느려 터졌다는 거야! 넌 도대체 존경할 만한 구석이 하나도 없는 인간이야. 넌 너무 엉망이라 인생의 즐거움이나 자존감을 느낄 자격이 없어. 넌 내가 생각하는 기준에 한참 미달이야.

긍정적인 생각: 내가 노벨상 수상자 정도의 기준에 부응하지 못한다는 사실은 잘 알아. 단점과 한계가 많다는 것도 오랜 세월에 걸쳐 깨달은 사실이야. 네가 지적한 약점들은 빙산의 일각에 불과해!

부정적인 생각: 어떻게 너처럼 사는지 참 궁금하다. 그렇게 결점투성이라는 사실을 알면서도 매일 거울을 보는 네가 정말 신기해.

긍정적인 생각: 별로 어려운 일이 아니야. 그냥 웃으면서 이렇게 말하지. "좋은 아침, 결점투성이 인간! 기대로 부푼 좋은 날이야! 멋진 친구들과 어울릴 준비 완료!"

처음에 수용 역설을 전혀 이해하지 못하는 사람들도 있는 반면 수용 역설이 얼마나 자신을 해방시키는지 즉시 깨닫는 사람들도 있다. 안타깝게도 내게 이렇게 말하는 사람도 있었다. "나는 실패나 단점을 시인하지 않을 겁니다. 실패를 받아들일 수는 없죠. 절대 안 돼요!"

수용 역설의 목표는 단점이나 결점을 숨기거나 부인하고, 평범하고 보람 없는 인생에 타협하는 것이 아니라 결점을 드러냄으로써 수치심 없이 자신의 결점을 받아들이도록 하는 것이다. 바꿀 수 있는 문제라면 해결하면 되고, 바꿀 수 없는 문제라면 받아들이고 짊어지면 된다.

16장

동기 기법

증거조사 기법은 "부정적인 생각이 말이 되는 걸까?" 같은 질문을 바탕으로 한다. 진실 기반 기법은 '진실이 너를 자유롭게 하리라'라는 발상에 근거한다. 반면 동기 기법은 "부정적인 생각과 느낌이 내게 이익이 되는 걸까? 이런 사고방식이 가져다주는 이익과 대가는 무엇일까?" 같은 질문을 바탕으로 한다.

불안, 우울, 분노는 극도의 고통을 수반하지만, 종종 우리에게 집착을 유발하는 숨은 보상을 안겨준다. 사람들은 한편으로는 마음의 평화를 원하지만 다른 한편으로는 고집스럽게 변화를 거부한다. 예수회 소속 앤서니 드멜로(Anthony deMello) 신부는 사람은 변화를 추구하면서도 친숙한 것에 집착한다고 말했다. 비용편익분석, 역설 비용편익분석, 악마의 변호 기법은 사람들이 왜곡된 생각에 집착하도록 만드는 숨은 동기를 찾아내도록 도와준다. 그 동기를 만천하에 드러내면 당신을 괴롭히는 힘이 사라지게 된다.

비용편익분석 기법 적용하기

비용편익분석 기법은 내가 1970년대 중반 개발한 인지행동 요법으로, 가장 훌륭한 동기 기법에 속한다. 이 기법은 실시하기도 쉽고 매우 흥미로우며 유익하다. 8장에서는 자기패배 신념을 개선하기 위해 이 방법을 어떻게 활용할지 소개했다. 비용편익분석 기법에는 5가지 종류가 있다.

1. **인지 비용편익분석** '나는 구제불능이야', '나는 쓸모없는 인간이야' 같은 부정적인 생각의 이익과 손해를 따져본다.
2. **태도 비용편익분석** '난 항상 완벽해야 해', '나는 모든 사람들로부터 인정받기 원해' 같은 자기패배 신념의 이익과 손해를 따져본다.
3. **감정 비용편익분석** 불안, 분노, 죄의식 같은 부정적인 생각의 이익과 손해를 따져본다.
4. **행동(습관) 비용편익분석** 음주, 약제 남용, 과식, 미루기, 유부남과 바람피우기 등 나쁜 습관의 이익과 손해를 따져본다.
5. **관계 비용편익분석** 결혼 문제로 배우자를 비난하는 것과 같이 관계에 문제를 일으키는 태도의 이익과 손해를 따져본다.

이런 비용편익분석 가운데 하나를 골라 직설적인 방법과 역설적인 방법으로 시도해볼 수 있다. 비용편익분석에는 10가지 종류가 있다. 우선 직설적 비용편익분석을 검토하고 그 다음으로 역설적 비용편익분석을 어떻게 하는지 보여줄 것이다.

먼저, 294페이지에 실은 **비용편익분석 양식** 상단에 바꾸고 싶은 생각, 신념, 감정, 습관을 적어넣는다. 그리고 질문해보라. "이런 사고방식의 이익은 무엇일까? 얼마나 도움이 될까? 손해는 무엇일까? 얼마나 상처를 입게 될까?" 각 항목에 떠오르는 이익과 손해를 적어보자. 공란을 채워넣은 다음 이익이 큰지, 손해가 큰지 스스로 질문해보고 100점을 만점으로 점수를 배분해보라. 점수는 감정의 강도를 반영해야 한다.

예컨대 이익이 손해를 살짝 앞선다면 좌측에 55점, 우측에 45점을 기재할 수 있다. 만일 손해가 이익에 비해 몹시 크다면 좌측에 25점 우측에 75점을 기재하

비용편익분석

바꾸고 싶은 태도, 감정, 습관을 적으세요 :

이 익	손 해

면 된다. 이익과 손해가 같다면 각각 50을 써넣으면 된다.

인지 비용편익분석의 실례를 소개한다. 나는 한때 불안증에 시달렸던 요한나라는 심리학자를 치료한 적이 있다. 그녀는 정신과 전문의 시험을 준비하고 있었지만 불안감이 엄습해 공부에 집중할 수가 없었다. 나는 요한나에게 시험을 준비하면서 어떤 부정적인 생각이 그녀를 괴롭히는지 물었다. 그녀는 이렇게 말했다. "내 공부 방법이 잘못되었고 시험을 망칠 거라는 생각이 계속 들었어요. 내가 모르는 것만 시험에 나올 것 같고 내가 아는 건 하나도 안 나올 것 같아요."

요한나의 부정적인 생각에는 흑백사고, 장점 폄하, 주술적 주문, 감정추론 같은 여러 가지 왜곡이 포함되어 있었다. 예컨대 시험문제 출제자들이 요한나가 '모르는 문제만 출제'하거나 아는 문제를 '하나도 출제하지 않을' 확률은 매우 낮다. 출제자들은 균형 잡힌 시각으로 심리학의 모든 주요 영역을 평가하기 때문이다. 시험을 망칠 거라는 요한나의 생각 또한 논리에서 벗어난다. 그녀는 박사과정을 밟는 학생들 사이에서 상위권에 속했고 한 번도 시험을 망친 적이 없었다.

그녀는 자신의 부정적인 생각이 왜곡되어 있다는 사실을 알고 있었다. 하지만 부정적인 생각에 맞서라고 주문하는 나에게 필사적으로 대항했다. 그녀는 자신의 부정적인 생각이 현실적이며, 내가 그것을 전혀 이해하지 못한다고 우겼다.

요한나는 시험을 앞두고 느끼는 불안감을 해소해달라고 나를 졸랐다. 하지만 한편으로는 새끼를 지키는 암사자처럼 자신의 불안감을 방어하는 것처럼 보였다. 대체 어떻게 된 걸까? 왜 그녀는 나와 싸운 걸까? 그녀의 불안증이 그녀에게 어떤 보상을 주고 있는 걸까? 당신의 생각을 아래에 적어보라.

해답

나는 요한나의 말을 듣고, 그녀가 불안증이 자신에게 도움이 되는 면이 있다고 생각해서 불안증을 떨치지 못한다고 판단했다. 그래서 나는 비용편익분석을 시도해보자고 제안했다. 나는 요한나에게 자격시험에 대해 걱정할 때 생기는 장단점을 모두 나열해보라고 주문했다. 297페이지에 제시한 것처럼, 그녀는 "걱정을 해야 공부를 소홀히 하거나 안이해지지 않도록 긴장을 유지할 수 있다"라고 적었다. 나는 별안간 요한나가 왜 나와 싸우려 드는지 깨달았다. 적당한 불안감은 최선을 다하도록 자극하는 효과가 있으므로 그녀가 변화에 주저하는 것도 나름 일리가 있다.

하지만 긴장이 과도하면 사람이 망가진다. 사실 요한나가 작성한 두 번째 손해는 그녀의 운명을 순식간에 바꿨다. 그녀는 이렇게 썼다. "끊임없는 근심이 나를 마비시켰다. 지난 한 달간 제대로 공부한 적이 한 번도 없다!" 이처럼 손해 하나가 모든 이익을 압도했다. 그래서 요한나는 하단의 두 원에 20과 80을 각각 기입했다.

나는 그녀에게 시험을 제대로 준비하기 위해 필요한 불안감의 정도가 얼마라고 생각하는지 물어보았다. 0(불안감 없음)에서 100(공포로 가득함)까지의 점수 중에서 그녀의 불안감은 95 정도였다. 이상적인 수치는 얼마일까? 50이면 충분할까? 25면 될까?

요한나는 10~15면 충분하다고 말했다. 나는 그녀에게 그 정도로 수치를 낮추기 위해 함께 노력하자고 말하면서, 긴장이 '과도하게' 풀릴 경우 다시 불안감을 유발하도록 긍정적인 생각을 부정적인 생각으로 바꾸는 방법을 알려줄 수 있다고 부추겼다!

요한나는 내 제안을 받아들였고 자신을 불안하게 만드는 부정적인 생각에 도전하겠다고 강한 의욕을 보였다. 그녀는 모든 부정적인 생각을 즉시 물리쳤다. 요한나는 더 여유로워졌고 매일 밤 체계적인 공부를 시작했다. 정말 그녀의 모든 근심은 며칠 내로 사라졌고 수험서적을 부담 없이 펼쳐보기 시작했다. 그녀는 공부를 효과적으로 하는 데 근심이 전혀 필요하지 않다는 사실을 깨달았다. 몇 주 후 그녀는 전문의 자격시험에 통과했고 해당 주에서 최상위권에 들었다.

비용편익분석은 해결방법이 없어 보일 때 변화의 가능성을 열어준다. 싫어도

비용편익분석—요한나

바꾸고 싶은 태도, 감정, 습관을 적으세요: 다가오는 정신과 전문의 시험이 걱정된다.

이 익	손 해
1. 내가 시험을 망치더라도 충격을 받거나 실망하지 않을 수 있다.	1. 시험일까지 매순간 비참한 기분을 느낀다.
2. 걱정을 해야 공부를 소홀히 하거나 안이해지지 않도록 긴장을 유지할 수 있다.	2. 끊임없는 근심이 나를 마비시켰다. 지난 한 달간 제대로 공부한 적이 한 번도 없다!
3. 시험이 불공정하다고 분노할 수 있다.	3. 출제위원들이 내 기분을 알거나 나를 신경 쓰지 않기에 나는 스스로를 벌하고 있을 뿐이다.
4. 나 자신을 동정하고 희생자의 역할을 맡을 수 있다.	4. 끊임없는 걱정으로 점점 진이 빠진다.
5. 남편이 나를 위로해주고 괜찮다고 말해줄 것이다.	5. 남편이 나를 위로해도 내가 받아들이지 않아 서로 짜증만 낸다.

20 —————————————— 80

인정해보라. 변화를 거부할 만한 이유는 여기저기 널려 있다. 이런 이유를 또렷이 의식한다면 당신을 괴롭혔던 힘은 사라지게 될 것이다.

역설 비용편익분석 적용하기

역설 비용편익분석은 부정적인 생각의 패턴, 감정, 습관이 몹시 고통스럽지만 한편으로 쓸모 있다는 사실을 활용하는 것이다. 역설 비용편익분석 기법을 시도할 때는 바꾸려고 하는 생각, 신념, 느낌, 행동, 습관의 이익만 기술하면 된다. 손해는 적을 필요가 없다. 그리고 이렇게 자문해보라. "이런 태도나 감정에서 비롯되는 이익이 이렇게 많은데, 왜 나를 바꿔야 하는 거지?"

아래에 역설 비용편익분석의 대상으로 적합한 부정적인 생각과 습관 몇 가지를 제시했다. 구미가 당기는 생각과 습관 한 가지를 고른 다음 공란에 생각할 수 있는 모든 이익을 나열해보라.

부정적인 생각

- 나는 열등하다.
- 다른 사람들은 나와 사귀며 겪는 문제를 내 탓으로 돌린다.

역설적 사고의 비용편익분석

당신이 고른 생각을 적으세요:

....

....

이런 생각을 믿는 것의 이익

1. _____
2. _____
3. _____
4. _____
5. _____

나쁜 습관

• 먹고 싶을 때마다 시도 때도 없이 음식을 먹는다.

• 마시고 싶을 때마다 시도 때도 없이 술을 마신다.

• 해야 할 일을 미룬다.

역설적 습관의 비용편익분석

당신이 고른 생각을 적으세요:

....

....

이런 습관의 이익

1. _____
2. _____
3. _____
4. _____
5. _____

당신의 생각을 적은 후 아래 제시한 답을 검토해보라. 모든 이익을 전부 망라한 것은 아니므로 여기에 없는 내용을 당신이 생각해낼 수도 있다.

역설 비용편익분석 훈련의 해답

내가 열등하다고 믿는 것의 이익

1. 인생이 실패한 이유를 설명해준다.

2. 나 자신을 위로할 수 있다.

3. 정체성의 이유를 찾을 수 있다.

4. 위험을 감수하지 않아도 되고, 나를 불안하게 만드는 일을 하지 않아도 된다.

5. 사람들은 열등한 사람에게 많은 것을 기대하지 않으므로 너무 열심히 노력할 필요가 없다.

6. 더 많은 것을 성취한 사람에 대해 내심 원한을 품을 수 있다.

7. 나는 특별한 재능이 없고, 특별하고 중요한 일을 성취한 적이 없으므로 이런 생각이 일리가 있어 보인다.

다른 사람들이 나와 사귀며 겪는 문제를 내 탓으로 돌린다고 믿는 것의 이익

1. 항상 화를 낼 수 있다.

2. 도덕적으로 우월하다는 기분을 느낄 수 있다.

3. 분노가 끓어오르면 에너지가 넘치고 기운이 충만한 느낌이 든다.

4. 내가 변할 필요가 없으므로 더 편리하다.

5. 다른 사람들이 나를 얼간이 같다고 생각하므로 이런 생각이 그럴 듯해 보인다.

6. 내 탓이 아니라고 생각하면 죄의식을 느낄 필요가 없다.

7. 문제의 원인이 나라는 생각에 고통받고 싶지 않다.

8. 다른 사람과 잘 어울리지 못하는 문제를 손쉽게 설명할 수 있다.

9. 적대적인 태도로 무례한 행동을 할 수 있다. 다른 사람을 깎아내리거나 묵살할 수 있다.

10. 예의 바르게 행동하면서, 다른 사람에게 간접적으로 복수할 수 있다.

11. 다른 사람을 헐뜯고 내 친구들 또한 그가 인생의 패배자라는 사실에 공감하도록 만들

수 있다.

먹고 싶을 때마다 시도 때도 없이 음식을 먹는 것의 이익

1. 음식은 즉각적인 보상이다.

2. 먹고 싶은 걸 언제든지 먹을 수 있는 것은 인간의 자유에 속한다.

3. 누군가에게 화가 날 때 음식으로 나를 달랠 수 있다. 그렇게 문제를 피함으로써 불안해지지 않을 수 있다.

4. 뚱뚱한 나에게 연민을 가질 수 있다.

5. 비만한 사람들을 깔보는 사람들에게 원한을 품을 수 있다.

6. 다이어트는 너무나 큰 희생이다.

7. 운동은 많은 노력과 절제가 필요하다.

마시고 싶을 때마다 시도 때도 없이 술을 마시는 것의 이익

1. 취하면 기분이 좋다.

2. 여유를 찾고 어색하지 않은 분위기를 느낄 수 있다.

3. 좋아하는 술을 마시면 입이 즐겁다.

4. 나만의 특별한 '처방'으로 감정 문제를 해결할 수 있다.

5. 부부싸움과 같이 화나는 일을 술로 잊을 수 있다.

6. 정신이 말짱할 때는 차마 생각 못 할 공격적이고 성적인 행동들을 정당화할 수 있다.

7. 술을 마시면 개인적인 문제를 잊어버릴 수 있다.

8. 아무도 날 건드리지 못하고 내가 원하는 것을 자유롭게 할 수 있다.

9. 친구와 술을 마시면 재미있다.

10. 거칠게 행동할 수 있다.

11. 인생이 흥미진진해진다.

12. 좋은 일이 있으면 자축하는 것이 당연하다.

13. 인생이 엉망이므로 술을 마셔서라도 보상을 받아야 한다. 난 그럴 만한 자격이 있다.

14. 내가 술을 안 마시면 ○○미팅에 참석해 지루한 사람들과 어울려야 하고 종교를 믿는 척해야 한다!

해야 할 일을 미룰 때 생기는 이익

1. 더 즐거운 일을 할 수 있다.

2. 내가 피하고 있는 일은 길게 보면 중요한 일이 아니다.

3. 어떤 일을 시작한다는 것은 유쾌하지 않은 일이다.

4. 내가 무엇을 하건 찻잔 속의 태풍으로 끝날 것이다.

5. 기분이 내킬 때까지 기다릴 수 있다.

6. 유명 인사나 왕족들 같은 특별한 사람들은 지루하고 유쾌하지 않은 일을 할 필요가 없으므로, 나 자신이 특별하다고 느낄 수 있다.

7. 내가 싫어하는 일을 재촉하는 사람들에게 복수할 수 있다.

8. 공부나 논문 작성과 같이 내가 피하던 일에 실패하더라도 좋은 변명거리가 생긴다. 성적이 나쁘면 스스로 이렇게 말하면 된다. "제대로 해보지도 않았잖아. 내가 제대로 하려고 했으면 정말 잘했을 거야."

9. 나를 괴롭히던 반갑지 않은 일들을 피함으로써 지루하거나 불안해할 필요가 없다.

악마의 변호 기법 적용하기

악마의 변호 기법은 나쁜 습관과 중독을 극복하기 위해 개발된 가장 강력한 기법에 속한다. 이 기법은 그럴듯한 긍정적인 생각이 나쁜 습관과 중독으로 이어진다는 단순하지만 강력한 발상에 근거한다.

예컨대 쇼핑 중에 군침이 도는 패스트푸드 냄새를 맡고 스스로에게 이렇게 말하는 것이다. "음, 버터를 듬뿍 바른 따끈한 시나몬 빵이네. 정말 꿀맛일 거야. 얼마나 맛있을까! 가까이 가서 더 자세히 봐야겠어. 맛 좀 본다고 건강이 나빠지지는 않아. 대신 조깅을 하고 저녁에 샐러드나 당근을 먹으면 될 거야." 이런 식으로 생각하면 더 이상 시나몬 빵을 먹지 않을 방법이 없고, 유혹을 물리치기는 불가능하다.

이런 생각이 불안증과 우울증을 유발하는 생각만큼이나 왜곡되어 있다는 사실에 주목해야 한다. 단지 긍정적인 방향으로 왜곡되어 있다는 점이 다를 뿐이다. 이런 생각에 깃든 왜곡은 다음과 같다.

흑백 사고: 시나몬 빵이 세상에서 가장 맛있는 음식인 것처럼 말한다. 정말 그 상상이 맞을까?

부인하기: 우울할 때는 자신에 대한 모든 장점을 간과하거나 폄하하며, 자신을 인생의 패배자로 취급한다. 이런 왜곡을 장점 폄하라고 일컫는다. 기분이 좋을 때는 정반대로 행동한다. 자기 생각과 다른 자료를 부인하거나 폄하한다. 이 사례에서는 시나몬 빵을 한입만 먹겠다고 말하고 있다. 정말 한입만 먹을 수 있을까? 스스로에게 솔직한가? 이런 말을 한 게 몇 번째일까? 정말 한입만 먹고 그만두었을까?

주술적 주문: 몇 가지 비현실적인 예측을 한다. 첫째, 시나몬 빵을 먹으면 얼마나 인생이 즐거울까 하고 스스로에게 말한다. 시나몬 빵은 맛이 좋을지는 몰라도 끈적대고, 소화도 안 되고, 달기만 해서 한두 개만 먹어도 속이 더부룩해진다. 둘째, 이렇게 특별한 음식을 지금 먹지 않으면 실망과 박탈감에 영원히 몸부림쳐야 할지도 모른다는 생각을 품고 있다. 여기에 굴복하지 않는다면 5분이나 10분 이내에 유혹이 사라질 테고 시나몬 빵은 더 이상 생각나지 않을 수도 있다. 셋째, 시나몬 빵을 먹고 나면 운동을 많이 하고 저녁에는 샐러드나 당근을 먹겠다는 주문을 외운다. 하지만 정말 실행으로 옮길 자신이 있을까?

악마의 변호 기법은 이런 유혹에 대한 효과적인 치료약이다. 이 기법은 주로 역할극을 통해 이루어진다. 첫째, 습관에 굴복하기에 앞서 평소에 자신이 품고 있는 생각을 빠짐없이 적어보라. 술을 마시고, 과식하고, 할 일을 미루고, 바람을 피우고 싶다는 생각을 적을 수도 있다. 이를 친구나 가족에게 건네주고 자신을 유혹하는 악마의 역할을 맡도록 부탁해보라. 상대방은 '너'를 주어로 삼은 문장을 사용해 온갖 방법을 동원해서 당신을 유혹해야 한다. 당신이 악마를 물리칠 수 있는지 스스로를 시험해보라.

예컨대 악마가 이렇게 말할 수 있다. "넌 이렇게 맛있는 시나몬 빵을 충분히 먹을 자격이 있어. 너 오늘 얼마나 힘들었니? 달착지근하고 버터가 듬뿍 든 빵을 한입 베어 문다고 상상해봐. 망설이지 마!"

이런 유혹에 다음과 같이 대답할 수 있을 것이다. "아니야. 속이 더부룩하고 울렁거려. 별로 맛이 없을 수도 있어. 난 호리호리하고 건강한 모습이 어울려. 내가 이 유혹을 이겨내면 기분이 훨씬 좋을 거야."

그러면 상대방은 당신이 유혹에 굴복하도록 있는 힘을 다해 다시 유혹한다.

악마를 물리치기란 몹시 어렵다. 유혹적 사고가 거짓이 아닐 경우 특히 그렇다. 실제로 유혹적 사고는 오랜 기간 진 적이 없었다. 싸움에서 이길 방법을 찾지 못하겠다면 상대가 더 효과적인 응답을 할 수 있도록 역할을 바꿔볼 수 있다.

역할극을 같이할 상대가 없다면 대화를 글로 써볼 수 있다. 물론 이런 경우 혼자서 두 사람 역할을 맡아야 한다. 나를 유혹하는 악마와 그에 대항하는 내 의식을 모두 맡아 역할극을 해보는 것이다. 악마의 역할을 맡으면 스스로를 굴복시킬 수 있도록 집요하게 유혹해야 한다. 그게 아니라면 이 기법은 수박 겉핥기로 끝나고 별 효과가 없을 것이다. 한 마디로 결정적인 '한방'을 노려야 한다.

다른 사례를 들어보자. 당신이 회계 장부 정리를 미루고 싶은 유혹과 싸우고 있다고 가정해보자. 이 일을 계속 미뤄왔기에 불안이 엄습한다. 이미 한참 늦은 지 오래다. 이런 경우 대화는 아래처럼 진행될 수 있다.

악마: 이봐. 지금 당장 안 해도 돼. 더 중요한 일이 많잖아?

나: 맞아. 지금 당장 해야 할 일도 많지만, 장부 정리를 해야 할 날짜가 이미 한참 지났어. 당장

조금이라도 해놓아야 마음이 편할 것 같아. 다른 일은 그 다음에 서둘러서 하면 돼.

악마: 아니야, 더 불안해지기만 할 걸. 지금은 때가 아니야.

나: 처음에는 불안하겠지만 일단 시작하면 불안이 사라질 거야. 장부 정리를 하기 위한 '때'란 존재하지 않아. 지금 시작할 거야.

악마: 장부 정리는 나중에도 할 수 있어. 내일 하는 게 어때? 기분이 내킬 때 말이야.

나: 나중에 할 수도 있겠지. 하지만 그때는 기분이 내키지 않을 수도 있어. 사실 기분이 영영 내키지 않을 수도 있어. 기분이 내킬 때까지 기다린다면 영영 기다려야 할지 몰라. 영원히 못 끝낼 수도 있는 거지.

악마: 그렇지만 장부 정리를 하면 부담감과 스트레스가 상당할 걸. 지금은 시간이 별로 없어. 다른 할 일이 많다고.

나: 처음에는 부담되고 스트레스받을 수도 있지만 일단 시작하면 괜찮을 거야. 일단 조금만 해보지 뭐. 발동을 걸어보는 거야.

악마: 그렇게 찔끔찔끔 해봐야 소용없어. 몇 시간이 걸려도 다 못 할 일을 조금만 해본다고 무슨 소용이 있겠어. 시간낭비일 뿐이야. 시간낭비 말고 지금 커피 한잔 마시는 게 어때? 혀도 즐겁고 기운도 날거야.

나: 네 말 듣는 시간을 절약해서 당장 시작한다면 더 좋을 것 같은데. 커피는 15분 후에 상으로 마시지 뭐. 기분 나쁘게 들린다면 미안한데, 지금 당장 시작해야 해서 나중에 이야기했으면 좋겠어.

악마: 넌 후회할걸! 결과가 별로 좋지 않을 거야.

나: 후회할 거라고 생각 안 해. 네 말대로 오래 미뤄와서 처음에는 당황스럽고 불안할 수 있을 거야. 하지만 일단 시작하면 점점 편해질 거야. 그리고 너도 기억에서 지울 수 있겠지. 그럼 안녕!

악마의 변호 기법은 자기 자신을 유혹하는 방법이므로 역설 기법에 속한다. 이 기법은 스스로를 바꾸려고 애써 설득하는 것이 아니라, 스스로를 바꾸려는 결심을 매우 효과적으로 강화시켜 준다.

사람들이 나쁜 습관을 극복할 수 있도록 돕는 치료 프로그램 가운데 이렇게 접근하는 프로그램은 거의 없다. 대부분의 프로그램은 사람들이 스스로 바뀌기 원한다는 잘못된 가정하에 체계적으로 목표를 달성할 방법이 무엇인지 보여주고, 이런저런 방법이 문제를 해결해줄 거라고 납득시키는 범위에서 벗어나지 못한다. 그 프로그램들은 한 가지 중요한 사실을 고려하지 못하므로 항상 실패하기 마련이다. 나쁜 습관을 가진 대부분의 사람들은 변화를 싫어한다. 그들은 습관과 중독을 통해 나름대로 이익을 얻고 있다. 쾌감만큼 큰 이익도 없지 않을까? 먹고 싶은 걸 먹고 싶은 때 먹는 것만큼 좋은 일이 어디 있을까? 수백 년 전까지만 해도 이런 기쁨은 왕이나 황제만 누릴 수 있는 특권이었다. 언제든 하고 싶은 대로 할 수 있다는 것은 즐거운 일이다. 그렇다면 왜 변해야 하는 걸까?

우리는 변해야 한다는 마음에도 없는 말과 함께, 술을 끊으면 얼마나 좋겠느냐고 습관처럼 말하곤 한다. 하지만 스트레스 가득한 하루를 보내고 냉장고를 열면 시원한 맥주병이 우리를 반긴다. 그리고 뇌리에 다음과 같은 목소리가 울려 퍼진다. "음, 시원한 맥주 맛이 얼마나 좋을까? 맛만 보면 되지 뭐. 스포츠 TV를 보면서 맥주 한 잔 하면 몸이 풀릴 거야. 맥주 한 병 마신다고 건강이 나빠지겠어? 오늘 하루 힘들었잖아. 난 휴식을 취할 자격이 있어."

이와 마찬가지로 "살을 빼서 호리호리하고 섹시하고 건강한 몸매를 갖게 된다면 얼마나 좋을까"라고 말하기도 한다. 하지만 실제로는 다이어트가 바보짓 같고, 매일 운동하기가 싫을 수 있다. 인생의 가장 큰 즐거움인 음식을 왜 포기해야 하는 걸까? 무엇보다 다이어트와 운동에는 희생과 절제가 수반된다. 과연 누가 이를 반길까?

유혹을 물리칠 수 없다면 어떤 기법이나 프로그램도 성공할 수 없다. 극장에 들어가고 싶으면 먼저 티켓을 사야 한다. 하지만 이제 안심하라. 유혹을 물리치는 방법을 배우면 어떤 기술과 프로그램도 자기 것으로 만들 수 있다.

17장

{ **미루지 않기 기법** }

불안증은 인간의 삶에 많은 문제를 일으킨다. 해야 할 일을 미루는 것도 여기에 포함된다. 논문을 쓰거나, 공부를 하거나, 세금을 내는 일들을 생각할 때마다 불안하고 부담되어 계속 미루는 것이다. '지금은 때가 아니야. 기분이 내킬 때까지 기다려야겠어' 하는 생각이 머릿속에 맴돈다. 하지만 아무리 기다려도 기분이 내키지 않고, 더 오래 미룰수록 더 불안하고 더 죄의식을 느끼게 된다. 이렇게 악순환의 고리에 사로잡힌다. 불안증이 점점 미루기를 유도하고, 미루기는 더 많은 불안증을 유발한다.

　우울증 또한 미루기를 유발한다. 우울하면 기운이 없고 의욕도 사라져 인생에 흥미를 잃게 된다. 모든 일이 어렵고 무가치하게 느껴져 빈둥거리며 아무것도 하지 않게 된다. 의욕이 없고 우울해지면서 일을 점점 더 미루게 된다. 결국 악순환의 고리에서 벗어나지 못하는 것이다.

　16장에서 미루기를 극복할 수 있는 2가지 기법을 배웠다. 역설 비용편익분석과 악마의 변호 기법이다. 17장에서는 미루기의 고리를 끊어낼 수 있는 4가지 기법을 더 설명할 것이다. 4가지 기법은 다음과 같다.

　1. 즐거움 예측 기법
　2. 큰 성취를 위한 작은 발걸음 기법

3. 미루지 않기 기법

4. 문제 해결 기법

즐거움 예측 기법 적용하기

8장에서 소개한 네이트의 사례를 떠올려보라. 그는 불안증에 시달려 일을 완벽하게 하지 못하면 자신은 무가치한 존재라는 믿음에 빠져 있었다. 네이트는 '즐거움 예측 양식'을 작성하면서 부러진 파이프를 고치고, 숲속을 산책하고, 아들과 스쿼시를 하는 등 남들에 비해 썩 잘하지 못하는 일에서도 큰 보람을 느낄 수 있다는 사실을 깨닫고 몹시 놀랐다.

312페이지에 즐거움 예측 양식이 있다. 활동 항목에 즐거움, 배움, 자기성장을 꾀할 수 있는 활동을 적어보라. 친구와 함께 영화를 보러 가거나 산책을 하는 등의 공동활동뿐만 아니라 조깅이나 책상 정리와 같이 혼자 할 수 있는 활동도 반드시 넣어야 한다. 동료 항목에는 이런 활동을 같이 하고 싶은 사람을 적어라. 혼자라면 '나 자신'이라고 적으면 된다. 이렇게 하면 내가 결코 혼자가 아니라는 사실을 상기할 수 있다. 나는 항상 나와 함께 있기 때문이다.

만족도 예측 항목에는 각 활동이 얼마나 만족스럽고 보람 있을지 예측해 0%에서 100%까지 점수를 적어넣으면 된다. 각 활동을 시작하기에 앞서 반드시 이 항목을 채워야 한다. 각 활동을 마친 다음, 실제로 얼마나 만족스러웠는지 똑같은 방법으로 점수를 매겨보라.

완성한 양식을 보면 여러 가지 재미있는 사항들을 발견할 수 있다. 첫째, 실제 느낀 만족도와 예측한 만족도를 비교해볼 수 있다. 종종 기대한 것보다 훨씬 보람 있고 만족스러운 활동이 많다는 사실을 발견할 수 있다. 이런 발견은 당신의 의욕을 한층 북돋워줄 것이다.

즐거움 예측 양식

신념:

활동 즐거움, 배움, 자기성장을 꾀할 수 있는 활동을 적으세요.	동료 혼자 할 일인 경우 '나 자신'이라고 적으세요.	만족도 예측 (0%~100%) 각 활동을 하기 전에 만족도를 예측한 수치를 적으세요.	실제 만족도 (0%~100%) 각 활동이 끝난 다음 만족도를 예측한 수치를 적으세요.

우울증에 시달리는 많은 사람들은 과거에 즐겁게 해왔던 일들도 하기 주저한다. 그들은 스스로에게 이렇게 말한다. '하나도 재미없을 거야. 별로 즐겁지 않을 걸.' 이렇게 아무 일도 하지 않고 빈둥거리면서 점점 더 우울한 기분에 빠져든다. 그러면 그들은 '인생은 정말 무의미해. 내 생각이 틀리지 않았어' 하고 생각한다. 하지만 이런 생각에는 주술적 주문이 똬리를 틀고 있다. 너무나 비현실적인 가정이지만, 검증할 필요가 없으므로 깨닫지조차 못하는 것이다.

다른 사람들과 함께하는 활동에서 얻는 만족감과 혼자 하는 활동에서 얻는 만족감을 비교해볼 수도 있다. 그러면 많은 사람들이 어떤 일을 혼자 할 때도 최고의 행복을 느낄 수 있다는 사실을 깨닫게 된다. 이런 깨달음은 진정한 행복이란 사람들과 어울리는 것에서 비롯된다는 신념과 배치된다.

작가인 레이몬드는 생애 첫 작품의 제안서를 완성하는 일이 너무나 힘들었다. 몇 시간을 꼼짝 않고 컴퓨터 앞에 앉아 있었지만 단 한 문장도 쓸 수 없었다.

레이몬드의 동생이 별안간 유명한 영화배우가 된 것이 문제였다. 레이몬드는 동생이 자랑스러웠지만 자기도 그에 뒤지지 않는 사람이 돼야 한다는 엄청난 부담감에 시달렸다. 동생보다 더 성공하는 것이 장남인 자신의 의무라고 생각했다.

하지만 동생의 성공은 그에게 이루기 어려운 목표를 안겨주었다. 레이몬드가 동생을 만날 때마다 아무리 은밀한 레스토랑에서 식사를 해도 항상 파파라치들과 사인을 부탁하는 열성팬들에게 시달렸다. 동생은 거의 매주 TV 토크쇼에서 인터뷰를 했다.

레이몬드는 줄곧 소설가로 대성공하는 꿈을 꾸며, '위대한 미국 소설'의 반열에 드는 작품을 쓰기 전까지는 인생이 무의미하다고 스스로를 세뇌시켰다. 그는 불가능한 목표가 자신의 창의력을 가로막고 극도의 수행불안을 유발한다는 사실을 알고 있었다. 하지만 그는 '멋진 사람들'만이 누릴 수 있는 즐거움과 만족감이 존재한다는 생각을 놓아버릴 수가 없었다. 그는 동생에 못지않게 성공해야만 진정한 행복을 누릴 수 있다고 확신했다.

나는 레이몬드에게 이런 신념을 즐거움 예측 양식의 상단에 써넣으라고 주문했다. 그는 이렇게 적었다. "나는 뭔가 대단한 것을 성취하거나 위대한 미국 소설에 선정될 작품을 쓰기 전까지는 진정한 행복이나 성취감을 느낄 수가 없다." 그리고 그는 다음 주에 수행할 활동을 계획하고 각각의 활동이 얼마나 만족스러울지 예측했다.

그가 나열한 활동에는 여섯 번째 생일을 맞은 조카를 데리고 동물원에 가는 일이 들어 있었다. 레이몬드는 조카를 매우 귀여워했다. 따라서 그는 만족도를 70%로 예측했다. 평범한 활동이었지만 역시나 즐거운 시간이었다. 따라서 그는 '동물원 방문'의 실제 만족도에 99%의 점수를 부여했다. 이는 뭔가 대단한 일을 하기 전까지는 진정한 행복과 성취감을 맛볼 수 없다는 신념과는 확연히 배치되는 결과였다. 레이몬드는 자신이 지금까지 마음껏 즐겨온 '평범한' 활동들을 모조리 간과했다는 사실을 깨달았다. 그 결과 그는 스스로를 다그치지 않고 여유를 찾기 시작했고, 역설적으로 창의력이 살아나면서 집필에 불이 붙었다.

즐거움 예측 기법은 상당히 소박한 방법이지만, 이면에는 심오한 철학적 발상이 자리 잡고 있다. 때로 우리는 스스로 '특별해야' 한다고 생각하며 화려한 업적을 성취해야 한다는 망상에 휩싸인다. 그렇지 못하면 평범하고 무의미한 삶에서 벗어나지 못하는 이등인간으로 전락하지 않을까 두려운 것이다. 혹은 일정한 '바람'에 집착하기도 한다. 사랑받고 싶다는 바람, 인정받고 싶다는 바람을 갖고, 그렇지 못하면 영영 비참해질 것이라고 스스로를 세뇌시키는 것이다.

우리가 가장 소중하게 생각하는 기억은 평범하고 일상적인 일인 경우가 많다. 또한 우리는 매일 매순간 큰 보람을 느낄 수 있다. 즐거움 예측 기법은 이런 생각을 현실로 바꿔주는 간단한 방법이다.

큰 성취를 향한 작은 발걸음 기법 적용하기

해야 할 일이 너무 큰 일이라면, 갑자기 너무 많은 일을 떠맡으려고 하면서 스스로를 짓누를 수 있다. 그러면 일찌감치 포기해버리고 눈곱만큼만 하거나 아예 손을 놓아버리게 될 수 있다. 예컨대 며칠 만에 학기말 리포트를 써야 한다면 도서관에 가서 한나절만에 관련 서적 20권을 모두 읽어야 한다며 스스로를 괴롭힐 수 있다. 하지만 이런 경우 부담감에 짓눌려 리포트는 제쳐두고 친구들과 놀러가는 쪽을 선택하게 된다.

복잡한 과제를 한꺼번에 처리하는 대신에 몇 분 만에 끝낼 수 있는 작은 과제로 잘게 나눠보라. 한 번에 끝내는 것이 아니라 차근차근 단계를 밟아나가는 데 집중해보라. 예컨대 학기말 리포트를 쓸 때 다음과 같은 방법으로 접근하면 된다.

1단계: 자전거를 타고 도서관에 간다.

2단계: 컴퓨터로 자료를 찾는다.

3단계: 자료의 리스트를 출력한다.

4단계: 맨 먼저 참조할 자료를 찾는다.

5단계: 자료를 훑어본다.

6단계: 카드에 요점을 기술한다.

이렇게 하나씩 해나가다보면 의욕이 살아나면서 성취감을 느낄 수 있다. 나 또한 처음 한두 단계만 해내면 몇 시간이나 책상에 앉아 있게 되는 경우가 많다.

오랫동안 미뤄왔던 문제를 생각하면 '그 일을 마칠 수 있을 것 같지가 않아' 하는 생각이 든다. 마치 어떤 보이지 않는 벽이 자신을 잡아끄는 것처럼 느껴진다. 하지만 '할 수 없다'와 '하고 싶지 않다'는 분명 다르다! 큰 성취를 위한 작은 발걸음 기법은 이런 구분을 명확히 보여준다.

나는 우울증에 시달리는 내과의사 페리를 치료한 적이 있다. 그는 아침에 침대에서 일어나는 것이 싫다고 했다. 서둘러 일어나서 병원에 출근하지 않고, 침대에 달라붙어 잠만 자려고 했다. 그는 매일 늦게 일어나 점심을 먹고 난 후에야 출근했고, 항상 일정을 맞추지 못해 따라잡느라 스트레스에 시달렸다.

페리는 알람을 몇 개씩 맞춰놓는 등 할 수 있는 방법은 다 해보았다고 설명했다. 그는 알람 시계를 일정한 간격으로 떨어뜨려 놓고 울리는 시간도 다르게 맞춰 놓았다. 하지만 아무 소용이 없었다. 첫 번째 알람이 울리는 순간 일어나서 모든 시계의 알람을 끄고 침대로 기어들어가 다시 잠에 곯아떨어졌기 때문이다.

페리는 수년간 이런 패턴에 사로잡혀 있었다. 그는 아침에 '자리에서 일어날 수가 없어서' 내 도움이 필요하다고 간청했다. 나는 그에게 내가 도울 수 있다면 정말 기쁘겠지만 그가 어떤 도움을 받고 싶은지 분명히 알려달라고 말했다. 내 도움이 필요한 문제가 정확히 무엇일까? 그는 이미 밝히지 않았느냐고 말하면서 아침에 문제없이 일어나고 싶다고 대답했다.

나는 그가 아침에 가뿐히 일어나도록 기꺼이 도울 것이라고 말하고 어떤 도움을 줄 수 있는지 알기 위해 과제를 잘게 나누어 살펴보자고 제안했다. 페리가 가장 먼저 해야 할 일은 무엇일까? 우리는 다음과 같은 6단계로 나누었다.

1. 눈을 뜬다.

2. 침대 아래로 오른쪽 다리를 내려놓는다.

3. 침대 아래로 왼쪽 다리를 내려놓는다.

4. 몸을 일으켜 침대 모서리에 앉는다.

5. 일어나 침대 옆에 선다.

6. 화장실로 들어간다.

나는 페리에게 1단계를 행동으로 옮기는 데 도움이 필요하느냐고 물었다. 예컨대 눈꺼풀이 무거워서 떨어지지 않는 걸까? 눈을 뜨려 안간힘을 써도 눈꺼풀이 들리지 않는 걸까?

잠시 어리둥절하던 페리는 눈을 뜨는 데는 아무런 문제가 없다고 말했다. 나는 이렇게 말했다. "좋아요, 그럼 두 번째, 세 번째 단계로 넘어가도 되겠군요. 오른쪽 다리를 내려놓고 왼쪽 다리도 똑같이 하는 일이 다음에 해야 할 일이에요. 아침에 다리가 딱딱하거나 무겁나요? 지금 여기에서도 해볼 수 있죠? 왼쪽 다리를 앞뒤로 흔들어보세요. 무슨 일이 일어나는지 한번 보자고요."

페리는 짜증이 난 듯 자신은 얼마든지 침대 아래로 다리를 내려놓을 수 있다고 말했다. 나는 이렇게 말했다. "페리, 내 질문이 바보같이 들렸다면 미안합니다. 난 당신을 돕고 싶은 생각밖에 없어요. 하지만 아직도 당신이 정말 내 도움이 필요한지 모르겠어요. 정말 그런지 확인해줄 수 있나요?"

페리는 이렇게 말했다. "그럼요. 난 당신 도움을 받아 아침에 가뿐하게 일어나고 싶어요. 나는 아침에 알람시계를 모두 꺼버려요. 여지없이 잠에 굴복하고, 일어나서 옷을 입기는커녕 침대로 다시 기어들어가죠. 이런 나를 도와줄 수 없나요?"

당신이 페리의 의사라고 가정해보자. 페리가 아침에 자리에서 일어나 외출복으로 갈아입도록 돕기 위해 큰 성취를 위한 작은 발걸음 기법을 어떻게 활용하겠는가? 해답을 읽기 전에 먼저 아래 공란에 당신의 생각을 적어보라.

우선, 과제를 작은 단계로 나누어야 한다. 알람을 끄고 침대로 기어들어가지 않고 일어나 옷을 갈아입기 위해 페리가 내디뎌야 할 첫걸음은 무엇일까? 침대 아래로 오른쪽 다리를 내려놓은 다음 왼쪽 다리 또한 내려놓아야 한다. 물론 그 다음 단계도 있다. 이런 단계들은 방금 우리가 마친 과정들과 매우 유사해 보인다!

페리는 자신을 침대에서 일어나고 싶게 만들어줄 마법 같은 기술이 내게 있을 것이라는 환상을 품고 있었다. 페리의 미루는 습관을 해결할 방법은 숨쉬기만큼 간단했다. 하지만 그것은 내가 해줄 수 있는 일이 아니었다. 마치 물 위에 돌을 띄운다거나 1등 복권번호를 알려주는 일과 다를 바 없었다. 실제 페리가 피곤하다면 아침에 일어나고 싶은 생각이 '전혀' 들지 않을 것이다. 그가 원하는 것은 다시 잠을 자는 일이다.

미루는 습관을 가진 많은 사람들은 자신이 왜 매사를 미루는지 분석하려 한다. 그들은 이렇게 묻는다. "나는 왜 할 일을 미루는 걸까? 왜 내키지가 않는 걸까? 왜 아침에 일어날 수가 없는 걸까? 어린 시절에 뭐가 잘못되었길래 이렇게 게으른 걸까? 부모님이 너무 극성이었던 탓일까?" 이렇게 해서 설사 원인을 깨달았다 하더라도 인생을 바꾸는 데 도움이 될까? 원인을 찾아내려고 하지 말고 우선 첫 단계부터 차근차근 밟아나가다 보면 점차 의욕이 생기고 왜 자신이 자꾸만 미루려고 하는지 고민하지 않게 된다.

미루는 사람들이 범하는 가장 큰 실수 가운데 하나는 영감이 올 때까지 기다리는 것이다. 그들은 이런 주문을 외우곤 한다. "기분이 내킬 때 할 거야. 지금은 할 기분이 아니야." 닭이 먼저일까, 달걀이 먼저일까? 기분일까? 행동일까?

해야 할 일을 미루는 대부분의 사람들은 기분이 먼저 동하고 행동이 뒤따른다고 생각한다. 그러나 일을 제때에 끝내는 사람들은 그 반대라는 사실을 잘 알고 있다. 행동이 먼저이고, 기분이 뒤따른다. 그들은 '느낌이 올 때'까지 기다리지 않는다. 느낌이 오건 그렇지 않건, 일단 시작한다.

내키지 않는 일이 하고 싶어질 때까지 기다린다면, 영원히 하지 못할 것이다. 나 역시 오래 미뤄온 일을 시작하려면 항상 불안해진다. 나는 일에 푹 빠지기 전까지는 보통 의욕이 생기지 않는다. 때로는 일을 거의 마칠 때까지 의욕이 나지 않는 경우도 있다. 진짜 필요한 질문은 "내가 이 일을 할 수 있을까?"보다는 "내가 이 일을 해야 하는가? 일을 끝냈을 때 좋은 점은 과연 무엇인가?"이다.

미루지 않기 기법 적용하기

이 기법은 큰 성취를 위한 작은 발걸음 기법과 유사하지만 한층 정교하다. 어려운 과제를 작고 쉬운 과제로 잘게 나눠 320페이지에 소개한 **미루지 않기** 양식의 첫 항목에 적는다. 다음 항목에서는 각 단계가 얼마나 만족스러울지를 예측해 0%(전혀 어렵지 않음)에서 100%(극도로 어려움)까지 점수를 매긴다. 그 다음 잘게 나눈 과제를 하나씩 시도해본다. 각 과제를 마칠 때마다 얼마나 어려웠고 얼마나 만족스러웠는지 0%에서 100%까지 동일한 방식으로 점수를 매긴다.

해당 과제가 생각보다 어렵지 않고 보람 있다는 사실을 발견하게 될 것이다. '오, 정말 어려울 것 같아', '더 이상 할 수 없을 것 같아' 같은 여러 가지 부정적인 생각을 물리칠 수 있을 것이다. 이런 기분의 변화는 의욕을 한결 북돋워주기 마련이다.

펜실베이니아대학에 다니는 욜란다는 지난 2년간 철학 수업을 보충하기 위해 학기말 리포트를 완성하려는 중이라고 말했다. 그녀는 아무리 노력해도 자신이 리포트를 완성할 수 없을 것 같았다. 욜란다는 리포트를 마치기 전까지는 졸업할 수 없다는 사실을 잘 알고 있지만 그 생각을 할 때마다 오히려 아이디어가

미루지 않기 양식

과제 전체 과제를 몇 분 만에 할 수 있는 작은 과제로 쪼개어보세요.	어려움 예측 (0%~100%)	만족도 예측 (0%~100%)	실제 어려움 (0%~100%)	실제 만족도 (0%~100%)
1.				
2.				
3.				
4.				
5.				
6.				
7.				

떠오르지 않고 좌절만 깊어갔다. 그러면서 리포트를 쓰기보다는 인터넷을 검색하고, 비디오 게임을 하고, TV를 보는 데 무수히 많은 시간을 허비했다.

나는 욜란다에게 치료 세션을 성공적으로 마치면 무엇이 달라질 것 같으냐고 물었다. '오늘 정말 완벽한 치료를 받았어'라고 생각하면서 오늘의 세션을 마친다면 무슨 일이 일어날까?

욜란다는 이렇게 말했다. "리포트를 작성할 생각에 흥분해서 집으로 가겠지요." 욜란다가 생각하는 치료의 목적은 무엇일까? 욜란다의 말이 합리적으로 들리는가? 해답을 읽기 전에 먼저 당신의 생각을 적어보라.

해답

내 생각에 따르면, 욜란다는 리포트 작성을 시작하고 어느 정도 진행한 다음에야 철학 리포트에 열정을 가질 수 있을 것이다. 리포트를 완성하고 제출하고 졸업하더라도 결코 들뜬 기분을 느끼지 못할 것이라고 충분히 상상할 수 있다.

미루는 습관을 가진 사람들은 종종 어렵고 하기 싫은 일을 즐길 수 있어야 한다고 생각하는 버릇이 있다. 그들은 인생이 쉽고 흥미진진하며 좌절을 경험해서는 안 된다고 생각한다. 자, 이제 그런 생각은 버리자! 세상만사가 그런 식으로 흘러가지는 않는다. 인생이 항상 보람 있으리라는 법은 없다. 세금 계산서를 제출하거나 지난 3년간 책상 위에 쌓아두었던 논문을 철하는 일과 같이 결코 즐거울 수 없는 일들도 있다.

욜란다가 논문을 완성하고 싶다면 먼저 논문을 완성하는 데 필요한 모든 일을 세부적인 항목으로 쪼개어 적어야 한다. 그리고 각 항목이 얼마나 만족스러울지 예측해 0%(전혀 만족스럽지 않음)에서 100%(완벽하게 만족스러움)까지 점수를 매긴다. 그 다음 불안과 좌절을 느끼더라도 초반 몇 단계만이라도 마무리한다. 각 단계를 마친 다음, 실제로 각 단계가 얼마나 어려웠고, 얼마나 만족스러웠는지 다시 점수를 매긴다. 초반에는 죄의식, 불안, 좌절을 느끼기 쉽다. 하지만 결국엔 스스로 매긴 점수에 놀라게 될 것이다. 시간이 흐를수록 부정적인 감정은 줄어들고 만족감이 늘어날 것이다.

문제 해결 기법 적용하기

미루어왔던 일을 시작한다고 가정해보라. 책상을 정리하고, 창고를 치우고, 서류를 철하고, 잔디를 깎고, 운동을 시작하는 일 등이 있을 것이다. 해야 할 일을 간단하게 적어보라.

그 다음, 이 일을 언제 시작할지 적어보라.

‘내일’이나 ‘다음 주’를 적었다면, 안타깝게도 당신을 도와줄 수 없다. 나는 오늘 당장 시작하려 하는 사람을 도와줄 수 있을 뿐이다. 내일로 미루는 것이 문제의 본질이다. 오늘 당장 시작할 준비가 되었는가? 그렇다면 언제 시작하고 싶은지 정확한 시간을 적어보라.

오후 3시에 책상 정리를 시작하기로 마음먹었다고 가정해보자. 3시에 시작해서 5분 동안, 정해진 시간에 일을 할 수 있겠는지 스스로에게 물어보라. 아래 표의 공란에 표시해보라.

5분 만에 무엇을 할 수 있겠느냐고 묻는다면, ‘천 리 길도 한 걸음부터’라는 속담을 말해주고 싶다. 처음부터 너무 욕심을 부리면 부담감에 짓눌려 아예 손을 놓을 수도 있다. 그러면 아무것도 못하게 된다. 아무리 끔찍해도 5분을 못 참

안 된다	될 것 같다	된다

겠는가? 일단 시작하면 기분이 동해 목표했던 양보다 더 많이 할 확률이 크다. 5분간 집중해서 목표를 100% 달성하면 죄책감 없이 손을 놓을 수 있다. 더 하려고 마음먹은 일은 덤일 뿐이다.

오후 3시에 일을 시작하려 했다면, 문제 해결 리스트의 좌측 항목에 당신이 일에 손을 대지 못하도록 방해하는 것이 무엇인지 적어보라. 예컨대 전화하기로 약속한 친구와 대화를 나눠야 한다거나 오늘은 내키지 않고 내일 하면 더 나을 것 같다는 생각이 든다거나 하는 것 등이다. 시작을 방해하는 장애물을 나열한 다음 오른쪽 항목에 각각의 문제를 해결할 방법을 적어보라. 여기에서는 내 도움이 필요 없다. 해결 방법이 사뭇 명확하기 때문이다. 지금 바로 시작해보라. 325페이지의 완성된 **문제 해결 리스트** 샘플을 참고하라.

동일한 치료 세션을 진행할 때 나는 나열한 문제에 대한 답을 환자들이 모두 생각해내면, 그들에게 마지막 과제를 냈다. 오후 3시부터 5분간 미뤄오던 일을 한 뒤, 3시 5분에 나에게 전화해서 응답기에 '임무 완수' 또는 '임무 포기'라고 메시지를 남기는 것이다.

세션에 참여한 대부분의 사람들은 응답기에 메시지를 남겼지만, 그렇지 않은 사람들도 있었다. 그들은 응답기에 메시지를 남기는 일을 바보 같다거나 불필요하다고 생각했다. 시간이 지날수록 내게 전화하겠다고 약속한 모든 환자들이 일을 성공적으로 마친 다음, 응답기에 '임무 완수'라는 메시지를 남겼다. 반면 전화를 하지 않은 환자들은 일을 마치지 못했다. 나는 전화로 메시지를 남기는 과제가 동기부여의 마지막 관문이라고 생각한다. 전화하기로 약속한 환자들은 과제를 마칠 준비, 과제를 마칠 능력을 갖추었다는 사실을 내게 말하고 있었다.

이런 기법 이면에는 아주 간단한 원리가 자리 잡고 있다. 당신의 발목을 잡을 보이지 않는 장애물은 존재하지 않고, 문제를 해결하기 위해 특별한 비결이 필요하지도 않다는 사실이다. 그렇다면 진정한 과제는 "전화할 준비가 되었습니까?"라는 질문이 아닐까?

문제 해결 리스트

문제점	해결 방안

문제 해결 리스트

문제점	해결 방안
1. 전화가 걸려올지도 모른다.	1. 지금 바쁘니까 조금 있다가 전화하겠다고 말한다.
2. 중요한 소식이 있는지 확인하기 위해 뉴스를 봐야 한다.	2. CNN 뉴스는 24시간 방송한다. 일을 마치고 나서도 얼마든지 뉴스를 볼 수 있다.
3. 아이들을 도와줘야 할지도 모른다.	3. 아이들도 5분간은 기다릴 수 있다. 난 아이들의 시종이 아니다!
4. 지금은 내키지 않고, 내일 하는 게 나을 수도 있다.	4. 내일 기분이 더 나으리라는 법은 없다. 일단 일을 시작해야 기분이 내킬 것이다.
5. 배가 고파서 뭐든 먹어야 기운이 날 것이다.	5. 겨우 5분간 책상 정리를 하기 위해 무엇을 먹어야 할 필요는 없다. 마라톤 대회에 나가는 것도 아닌데, 배가 고파 정신을 잃지는 않을 것이다.
6. 지치기 전에 누워서 잠시 쉬어야 한다.	6. 계속 미루기만 하면 더 지치고 낙담할 것이다. 일단 시작하면 기운이 날 것이다.
7. 나가서 운동부터 하면 훨씬 나을 것이다.	7. 운동도 좋지만 운동은 5분간 책상 정리를 하고 나서도 할 수 있다.
8. 생각보다 중요한 일이 아니다.	8. 책상 정리가 세상에서 가장 중요한 일은 아닐지도 모른다. 하지만 책상 정리도 훌륭한 일임에는 틀림이 없다.

제3부

노출 모델 기법으로
극복하기

恐慌
panic disorder

18장

고전적 노출 기법

—〈티벳 사자의 서〉에서 얻은 교훈

1950년대에 들어 행동치료라 불리는 새로운 유형의 치료법이 정신분석학과 경쟁하기 시작했다. 행동치료는 사람들이 소파에 누워 과거의 기억을 되살리기보다는 문제 되는 감정과 행동을 신속하게, 직접적으로 바꾸는 법을 배우는 것이 효과적이라는 발상에 바탕을 둔다. 행동치료 전문가들은 문제의 원인을 캐내보았자 별 쓸모가 없다고 생각한다. 그들은 불안증에 시달리는 사람들이 두려워하는 대상에게 단순히 노출되는 것만으로도 종종 두려움을 물리칠 수 있다는 사실을 발견했다. 처음에는 극심한 불안이 엄습하겠지만 계속 노출하면 두려움이 줄어들면서 결국에는 완전히 사라지는 것이다.

　두려워하는 대상에 환자를 노출시키면 어느 정도 치료효과를 보기 마련이다. 이에 따라 행동치료 전문가들은 다양한 노출 기법을 개발해왔다. 하지만 나는 '행동치료'라는 말이 마음에 들지 않는다. 거의 모든 것들이 행동으로 간주될 수 있기에 너무 모호한 표현이라고 생각한다. 나는 이보다 '노출 치료'라는 한층 구체적인 표현을 선호한다.

　노출 치료는 〈티벳 사자의 서〉라는 책에 바탕을 둔다. 이 책의 이야기는 다음과 같다. 사람이 죽으면 어둠의 공간에서 눈을 뜨게 된다. 어둠이 사라지면서 갑자기 무서운 괴물이 나타난다. 괴물은 지금까지 자기를 괴롭혔던 최악의 공포를 상징한다. 사람마다 이 괴물은 다른 모습으로 나타난다. 각자가 가진 취약점과 두려움이 다르기 때문이다.

괴물이 나타나면 도망칠지, 항복할지 선택해야 한다. 하지만 도망을 쳐도 다시 어둠 속에서 길을 잃어버린다.

그리고 두 번째 괴물이 어둠 속에서 나타난다. 이 괴물은 첫 번째 괴물만큼 무섭지는 않다. 역시 도망칠지, 항복할지 선택해야 한다. 무사히 도망쳐도 다시 어둠 속에 갇히게 된다. 도망칠 때마다 다른 괴물이 계속 나타난다. 새로 나타나는 괴물은 그 전에 나타난 괴물보다 약간 덜 무섭다. 만약 당신이 도망친다면 항상 아슬아슬하게 벗어날 것이다.

이 이야기에 따르면 맞서야 하는 괴물의 숫자는 자기가 죽는 달의 일수와 일치한다. 1월은 31일까지 있으므로 1월에 죽으면 31개의 괴물이 나타난다. 모든 괴물로부터 도망친 사람은 벌레 같은 하등 생물로 환생한다. 괴물에게 항복하면 좀더 고등한 생물로 환생한다. 더 무서운 괴물에게 항복할수록 다음 생에서의 지위는 더 높아진다.

가장 무서운 첫 번째 괴물에게 항복하는 경우 2가지 사건이 일어난다. 첫째, 괴물이 가짜였다는 사실을 알게 된다. 괴물이 그저 환상에 불과했으며 처음부터 두려워할 이유가 없었다는 사실을 깨닫는 것이다. 이는 믿기 힘든 승리를 거머쥐는 것이며, 매우 재미있는 발견이기도 하다. 모든 공포가 과거의 환생을 통해 지속된 거대한 우스갯소리에서 비롯되었다는 사실을 깨달을 수 있기 때문이다.

그러나 불안에 사로잡힌 대부분의 사람들은 두려워하는 일들을 피하려고 한다. 따라서 그들은 결코 깨달음을 얻어 안도감을 느낄 수 없다. 고소공포증이 있다면 어지럽고 불안해서 높은 곳에 가기가 싫다. 수줍음을 탄다면 자신이 부족하다는 생각에 사람들을 피하려 들 것이다. 도피는 두려움을 부채질하고 불안이라는 독버섯을 키운다. 두려움과 불안을 치료하고 싶다면 가장 두려운 것부터 맞서야 한다. 이 원칙에 예외란 없다.

노출에는 3가지 유형이 있다. 고전적 노출, 인지 노출, 대인관계 노출이다.

아래 표에 소개한 것처럼 어떤 공포에 시달리느냐에 따라 활용하는 기법이 달라진다.

고전적 노출은 현실의 공포에 맞서는 것이다. 이 기법은 고소공포증, 혈액공포증, 엘리베이터공포증, 폐쇄공포증, 동물공포증 같은 공포증들에 특히 효과적이다. 고전적 노출 기법은 강박장애나 기타 불안증 치료에 중대한 역할을 담당한다.

인지 노출은 의식에 깃든 최악의 공포에 맞서는 것이다. 이 기법은 만성근심, 공황발작, 외상후스트레스장애, 강박장애, 공포증, 광장공포증, 수줍음, 발표불안, 신체이형장애증후군 같은 거의 모든 불안증 치료에 핵심적 역할을 한다.

노출 기법 선택

	고전적 노출	인지 노출	대인관계 노출
만성근심		✓	
공황발작		✓	
광장공포증	✓	✓	
두려움과 공포증	✓	✓	
수줍음	✓	✓	✓
과민성방광증후군	✓	✓	
시험불안	✓	✓	
발표불안	✓	✓	✓
수행불안	✓	✓	✓
강박장애	✓		
외상후스트레스장애		✓	
심기증	✓	✓	
외모에 대한 근심 (신체이형장애증후군)	✓	✓	✓

대인관계 노출은 발표불안, 면접시험 같은 사회불안과 수줍음 등의 대인공포에 맞서는 것이다. 23장에서 대인관계 노출 기법이 신체이형장애증후군의 치료에 유용하다는 사실을 설명할 것이다.

모든 노출에는 극도의 용기가 필요하다. 하지만 인내하고 감수할 만한 충분한 가치가 있다. 이 장에서는 4가지 고전적인 노출 기법(점진적 노출 기법, 홍수법, 반응 금지 기법, 주의력 분산 기법)의 초점을 설명할 것이다.

점진적 노출 기법 적용하기

내 제자 앤서니 마스콜라(Anthony Mascola) 박사는 최근 막달레나라는 여성을 치료했다. 올해 31세인 그녀는 혈액공포증과 바늘공포증에 시달리고 있었다. 이런 공포증은 남편이 간 이식수술을 받을 때 찾아왔다. 막달레나는 간호사가 수술 부위를 소독하고, 혈액 샘플을 채취하고, 수액을 주사할 때 남편 곁을 지키며 병원에서 오랜 시간을 보냈다. 막달레나는 끊임없는 공포에 시달렸고 여러 차례 기절 문턱까지 갔다.

혈액공포증에 시달리는 사람들은 바늘이나 혈액에 노출되는 순간 기절하는 경우가 있다. 이런 문제를 예방하는 쉬운 방법이 있다. 정신을 잃을 것 같으면 헬스장에서 웨이트 트레이닝을 할 때처럼 팔다리와 얼굴 근육을 긴장시키는 것이다. 그 다음 다시 근육의 긴장을 늦춘다. 이 방법을 몇 번 반복하면 혈액이 뇌 속으로 유입되어 기절을 예방할 수 있다. 발살바(Valsalva) 조작법이 효과적이라는 견해도 있다. 발살바 조작이란 입과 코를 막은 채 숨을 내쉬는 것이다. 그러면 혈압이 잠시 증가해 심장이 더 많은 피를 공급한다.

막달레나는 남편을 보러 병원에 갈 때마다 공포에 떨며 정신을 잃기는 싫었기 때문에 어떤 일이 있어도 혈액공포증과 바늘공포증을 극복하고 싶었다. 마스

나의 두려움의 단계—막달레나

두려움을 적으세요: 혈액공포증, 바늘공포증
가장 두렵지 않은 상황을 1단계, 가장 두려운 상황을 10단계에 적으세요.

단계	두려움의 대상
1	채혈을 기다리는 모습을 상상한다. 방과 간호사를 떠올린다. 간호사가 팔을 문지르는 알코올 솜 냄새를 상상해본다. 간호사가 지혈대를 묶고 주삿바늘을 찌른다. 시험관이 피로 채워진다. 이렇게 무서울 수가!
2	피를 뽑고 기절했던 순간을 자세히 적어본다.
3	치료 세션 중에 고무줄, 시험관, 알코올 솜, 바늘과 같은 채혈 도구를 지켜본다.
4	손으로 바늘과 같은 도구를 만져본다.
5	뚜껑이 덮인 바늘을 팔에 대본다.
6	뚜껑을 제거한 바늘을 팔에 대본다.
7	채혈실에 가서 피를 뽑고 있는 다른 사람을 지켜본다.
8	눈을 가린 상황에서 간호사가 내 피를 뽑는다.
9	간호사가 내 피를 뽑는 광경을 지켜본다.
10	혈액 1파인트를 뽑아 혈액은행에 기부한다.

콜라 박사와 막달레나는 '점진적 노출 기법'을 시도해보기로 했다.

둘은 함께 위의 '나의 두려움의 단계' 표를 작성했다. 바늘공포증과 혈액공포증을 일으키는 각종 두려운 상황을 적고, 1(가장 놀라지 않음)에서 10(가장 놀람)까지 점수를 매겼다. 막달레나의 두려움의 단계 중 1단계는 간호사가 채혈하기를 기다리는 모습을 상상하는 것이었다. 이렇게 하는 것을 인지 홍수법이라 한다. 인지 홍수법은 인지 노출 기법에 속하며, 다음 장에서 더 자세히 다룬다.

마스콜라 박사는 막달레나에게 눈을 감고, 긴장을 푼 다음 머릿속에 위와 같은 광경을 그려보라고 말했다. 그는 막달레나에게 정확히 다음과 같이 주문했다.

> 채혈실 앞에서 차례를 기다리는 모습을 상상해보세요. 방안이 보이나요? 혈액을 채취할 남자가 도구를 담은 접시를 들고 걸어 들어옵니다. 지혈대, 알코올 솜, 시험관, 바늘이 보입니다. 긴장한 듯 보이는 그는 의대생이라고 자신을 소개합니다.
>
> 이제 그는 고무줄을 당신의 팔에 묶고 혈관이 드러나도록 주먹을 쥐어보라고 말합니다. 알코올 솜으로 팔을 닦아줍니다. 알코올 냄새가 나지요? 정맥을 찾은 다음, 주사기를 듭니다. 바늘 끝이 보입니다. 주삿바늘을 팔에 가까이 댑니다. 바늘을 꽂기 직전입니다.
>
> 주삿바늘을 찔렀는데 정맥을 비켜 갔습니다. 그는 한두 번밖에 해보지 않아서 그렇다고 사과하며, 다시 해보겠다고 말합니다.

막달레나의 불안감은 100%까지 치솟았다. 마스콜라 박사는 치료 세션 내내 이 기법을 지속했다. 세션 말미에도 막달레나의 불안감은 가시지 않았다.

마스콜라 박사는 막달레나에게 하루에 15분간 이 장면을 머릿속에 그려보라고 지시했다. 막달레나는 집에서 몇 차례 이것을 시도해보았고, 점점 불안감이 줄어들면서 이내 해당 장면을 상상해도 불안하지 않은 단계에 이르렀다.

그 다음으로 막달레나는 2단계 과정에 도전했다. 그녀는 피를 뽑고 기절했던 순간을 자세히 기술했다. 그녀는 솟아오르는 불안감 때문에 이 장면을 생각하기조차 싫어했다. 그 순간을 적기 시작하면서 차올랐던 불안감은 20분이 지나자 완전히 사라졌다.

이제 막달레나는 '나의 두려움의 단계'의 3단계로 넘어갔다. 이번에는 마스콜라 박사가 가져온 채혈 도구를 만지지 않고 보기만 했다. 그녀의 불안감은 100%까지 치솟았지만, 몇 분이 지나자 전혀 불안감을 느끼지 않고 도구를 바라볼 수 있었다.

그 다음 막달레나는 몇 분간 도구를 만져보고(4단계) 마스콜라 박사를 시켜

뚜껑이 덮인 바늘을 팔에 대보았다(5단계). 그녀의 불안감은 또 다시 100%까지 치솟았으나 5분 만에 0까지 떨어졌다. 그 다음 마스콜라 박사는 뚜껑을 제거한 바늘을 그녀의 팔 안쪽에 대보았다(6단계). 그녀의 불안감은 다시 100%까지 올랐으나 금세 0%로 다시 떨어졌다.

막달레나는 스스로 7단계 과정을 마쳤다. 그녀는 인근 병원의 채혈실을 방문해 사람들이 혈액을 채취하는 장면을 지켜보았다. 채혈실로 들어가면서 느꼈던 극심한 불안은 20분이 지나 사라졌고, 사람들의 채혈 장면을 아무런 불안감 없이 지켜볼 수 있었다.

다음 세션에 마스콜라 박사와 막달레나는 채혈실에 함께 들어가 피를 뽑았다(8단계). 난생 처음으로 막달레나는 기절하지 않았다. 그 다음 그녀는 채혈 과정을 지켜보기로 마음먹었고, 채혈이 진행되는 내내 여유로운 기분을 유지했다(9단계). 마스콜라는 들뜬 채 나에게 전화해서 좋은 소식을 알려주었다. 그는 한껏 고무되어 있었다. 환자들이 오랜 기간 시달려왔던 문제를 극복하는 것이야말로 정신의학 전문가로 일하면서 경험하는 참된 즐거움이다. 나는 불안증이나 우울증으로 고생하는 모든 사람들이 막달레나처럼 문제를 극복할 수 있다고 믿는다.

막달레나는 '두려움의 단계' 10단계를 마칠 준비가 되었다고 말했다. 바로 새크라멘토 집 근처에 있는 혈액은행에 자신의 피를 기증하는 일이었다. 이를 위해서는 정맥에 주삿바늘을 꼽고 30분간 누워 있어야 했다. 막달레나는 주삿바늘을 쳐다보면서 자신의 정맥에서 피가 뽑히는 광경을 30분 내내 바라보아야 했다. 그녀는 전혀 어지럽지 않았고 불안감을 느끼지도 않았다.

막달레나는 너무나 기뻤다. 혈액은행에 가는 길에 보니 이동채혈차에서 헌혈자를 모집하고 있었다. 그녀는 '나라고 못할 것 없지'라고 생각하며 그 자리에서 자원했다. 그녀가 시달렸던 극도의 혈액공포증, 바늘공포증을 생각하면 놀라운 일이다. 이처럼 두려움을 정복하면 환희가 찾아와 그동안 자신을 괴롭혔던 일이 즐거움의 원천이 되는 경우가 종종 있다.

나의 두려움의 단계

두려움을 적으세요:
가장 두렵지 않은 상황을 1단계, 가장 두려운 상황을 10단계에 적으세요.

단계	두려움의 대상
1	
2	
3	
4	
5	
6	
7	
8	
9	
10	

337페이지에 제시한 나의 두려움의 단계 양식을 완성해보라. 1단계에 가장 두렵지 않은 상황을 적고, 10단계에 가장 두려운 상황을 적으면 된다. 항복과 수락이 성공을 위한 비결임을 유념하라. 각 단계에서 최대한 시간을 들여 불안증을 극한까지 끌어올려라. 대부분의 불안은 결국 줄어들고 사라질 것이다. 자신이 결국 괴물을 정복했다는 사실을 별안간 깨닫게 될 것이다.

홍수법 적용하기

점진적 노출 기법은 두려워하는 대상을 잘게 나누어 조금씩 노출시키는 기법이다. 반면 홍수법은 두려워하는 대상에 한꺼번에 노출시킨 다음 완전히 사라질 때까지 불안감에 굴복하는 기법이다.

고등학교 2학년 때 나는 뮤지컬 〈브리가둔〉의 무대담당을 맡은 적이 있었다. 연출을 맡았던 크랜스톤 선생님은 나에게 무대담당들어 천장까지 사다리를 타고 올라가 나무 비계를 기어다니며 조명을 조절해야 한다고 말했다. 나는 고소공포증이 있어서 어려울 것 같다고 하소연했다. 선생님은 내가 두려움을 이기지 못한다면 무대담당을 맡길 수 없다고 못 박았다.

선생님은 그것이 아주 간단한 일이라고 말했다. 무대 중앙에 5미터 길이 사다리를 설치하고, 사다리를 타고 올라가 꼭대기의 가로대 위에 서라고 지시했다. 나는 사람을 잘 믿는 편이었기에 사다리를 한 발짝 한 발짝 타고 올라가 가로대 위에 섰다. 순간 붙잡고 있을 것이 아무것도 없다는 사실을 깨닫고 두려움에 떨었다! 나는 다음에 무엇을 할지 물어보았다. 크랜스톤 선생님은 고소공포증이 없어질 때까지 그냥 서 있기만 하면 된다고 말했다. 그는 사다리 밑에서 기다리면서 내가 계속 서 있도록 격려했다.

나는 처음 15분간은 완전히 겁에 질렸다. 하지만 점차 두려움이 줄어들기 시작했다. 1~2분가량이 지나자 두려움은 완전히 사라졌다. 나는 자랑스럽게 외쳤다. "크랜스톤 선생님, 다 나은 것 같아요. 이제 높은 곳이 전혀 두렵지 않아요."

그는 이렇게 대답했다. "훌륭해, 데이비드! 이제 내려와도 좋아. 넌 〈브리가둔〉 무대담당을 맡기에 손색이 없어."

나는 무대담당을 맡게 되어 자랑스러웠고, 천장 바로 밑 나무 비계를 기어다니면서 커튼과 조명을 조절하는 일이 너무 즐거웠다. 내가 그토록 두려워했던 일이 이처럼 흥미로운 일로 변했다는 사실이 정말 놀라웠다.

내가 사다리 꼭대기에 서는 순간 왜 불안감이 사라진 걸까? 전문가들은 왜, 어떻게 노출 기법이 효과를 발휘하는지 속속들이 알지 못한다. 하지만 오랜 기간 두려워하던 대상에 스스로를 노출시키면 결국 불안감이 사라지는 경우가 많다는 사실은 분명하다. 불안은 영원히 지속되지 않는다. 시간이 흐르면서 어지럼증이나 복통도 사라질 것이다.

위험을 인식하는 것 또한 불안을 해결하는 비결이다. 나는 사다리 꼭대기에 서 있는 동안 내가 떨어질 리 없고, 따라서 위험하지 않다는 생각이 들었다. 그 순간 불안감이 갑자기 사라졌고 오히려 상황을 즐기게 되었다. 노출 기법은 이처럼 생각하는 방식을 바꾸는 순간 효과를 발휘한다.

홍수법이 너무 부담스럽다면, 점진적 노출 기법이 좋은 대안이 될 수 있다. 예컨대 고소공포증이 있다면 사다리의 가장 밑, 또는 두 번째 발판 위에 올라가 2분만 있어보라. 그래도 괜찮다면 한두 발판 더 위로 올라가 불안감이 사라질 때까지 있어보라. 연습할 때마다 조금씩 더 높이 올라갈 수 있게 되고 결국 전혀 불안감을 느끼지 않고 꼭대기까지 올라갈 수 있을 것이다. 이런 방식은 처음부터 꼭대기에 올라가는 것에 비해 충격이 적다. 홍수법과 점진적 노출 기법은 무수히 많은 연구를 거친 분야로, 두 기법 모두 효과적이라는 사실이 드러났다. 점진적 노출 기법은 홍수법에 비해 시간은 더 걸리지만 덜 무서운 방법이다. 나는 단번에 문제를 없앨 수 있는 홍수법을 선호하는 편이다.

불안증에 시달리는 많은 사람들은 점진적 노출 기법이나 홍수법을 시도하지 않으려 한다. 그들은 그동안 두려운 대상에 노출되어 끊임없는 정신적 충격에 시달려왔으므로 전과 마찬가지로 불안이 사라지지 않을 것이라고 생각한다. 하지만 우연한 노출과 의도적인 노출에는 미묘한 차이점이 있다. 노출 기법을 시도하면 얼마나 두렵건 의도적으로 두려운 대상에 스스로를 노출시킨 채 버티게 된다. 도피하거나 제어하려 들기보다는 불안감에 굴복하는 것이다. 최대한 오래, 최대한 심하게 불안감을 지속시켜야 한다.

이는 대부분의 불안증 환자들의 행동과는 완전히 배치되는 것이다. 그들은 두려운 대상과 우연히 맞닥뜨리는 순간 전력을 다해 줄행랑을 친다. 많은 치료 전문가들 또한 같은 덫에 사로잡힌다. 그들은 불안한 상황에 직면했을 때 마음을 편히 갖고 불안감을 제어할 수 있는 방법을 가르친다. 이런 전략은 불안감이 위험하며, 제어의 대상이라는 발상을 뒷받침한다. 그러나 대개는 불안에 굴복하는 것이 더 효과적이다. 불량배를 만났을 때 이렇게 말하는 것과 같다. "있는 힘을 다해 쳐봐. 더 이상 도망가지 않을 테니."

카산드라는 남편과 함께 내 책 『필링 굿』을 읽고 필라델피아에 있는 내 병원을 방문했다. 카산드라는 대학 때 미인대회에서 수상한 경력이 있는 아름다운 여성이었다. 그녀는 매우 매력적이고 화술도 뛰어났다. 텍사스레인저스 소속 메이저리거였던 그녀의 남편은 은퇴 후 보험회사의 부사장으로 취직했다. 그녀는 부족한 게 없는 듯 보였으나 오랜 기간 우울증과 불안증에 시달려왔고 엘리베이터공포증마저 심각했다. 그런데 안타깝게도 남편의 사무실이 마천루 꼭대기에 있었다. 그녀는 남편의 사무실을 딱 한 번 방문했는데, 이때조차 60층을 계단으로 걸어 올라갔다!

우리는 집중 치료 프로그램을 실시했다. 그녀는 미국 방방곡곡에서 온 사람들과 치료 전문가들이 함께 구성된 그룹 세션에서 몇 주간 치료를 받았다. 종종 우리는 이런 집중 치료법을 통해 환자들이 고질적인 문제들을 이겨내도록 돕는다.

카산드라는 엘리베이터공포증을 치료하기 위해 10여 년간 정신분석을 받았다. 그녀를 상담한 정신분석학자는 엘리베이터공포증은 과거의 기억에서 비롯되므로 어린 시절을 돌이키는 길고 집중적인 노력이 필요하다고 설명했다. 그녀는 10여 년간 상담실의 소파에 누워 자신의 어린 시절을 분석했지만, 엘리베이터공포증에서 벗어난 적은 단 한 번도 없었다. 별의별 약제를 다 복용해도 소용이 없었다.

첫 번째 방문에서 카산드라는 불안해하며 자기처럼 심한 사람도 치료가 가능하느냐고 물었다. 나는 예후는 매우 긍정적이지만 불안증을 효과적으로 치료하려면 대단한 용기가 필요하다고 설명했다. 나는 그녀에게 얼마나 마음의 준비가 되어 있느냐고 물어보았다. 카산드라는 두려움을 이길 수 있다면 뭐든 할 수 있고, 필라델피아에 언제까지라도 머무를 의향이 있다고 대답했다. 그리고 얼마나 시간이 걸리느냐고 되물었다.

나는 사람에 따라 다르지만, 엘리베이터공포증은 대부분 20분 만에 극복된다고 설명했다. 그녀는 이 말을 듣고 매우 놀란 것 같았다. 그리고 치료법이 어떤 원리로 작용하는지 물었다. 나는 방법은 아주 간단하며, 그저 엘리베이터에 탄채 치료될 때까지 기다리기만 하면 된다고 설명했다. 나는 그녀에게 홀에 엘리베이터가 있으니 지금 당장 내려가서 엘리베이터를 타라고 말했다. 그리고 그동안 나는 서류를 정리하면서 진료실에서 기다릴 것이고, 그녀가 엘리베이터공포증을 극복하고 진료실로 돌아오면 설명해줄 것이라고 했다.

카산드라는 성을 내며 나를 만나기 위해 먼 텍사스에서 필라델피아까지 와서 진료비도 지불했는데, 내 서류 정리 때문에 혼자 갈 수는 없다고 떼를 썼다. 그녀는 자신이 두려움을 느끼지 않으려면 내가 엘리베이터에 같이 타야 한다고 고집을 부렸다.

나는 그러면 치료가 아무런 효과가 없을 것이라 설명했다. 카산드라가 두려움을 느끼지 않는다면 치료 또한 효과를 발휘할 여지가 없기 때문이다. 그녀는 이렇게 말했다. "그러면 최소한 엘리베이터 밖에 서서 저를 기다리고 계세요!"

나는 이렇게 대꾸했다. "좋아요. 그렇게 합시다."

엘리베이터를 타러 가는 동안 카산드라는 엘리베이터에 타기가 너무 두렵다고 하소연했다. 나는 뭐가 그렇게 두려운지 물었다. 어떤 생각이 그녀의 의식에 떠올랐을까? 그녀는 엘리베이터 벽이 다가와 자신을 눌러 죽일 것 같고 엘리베이터 안의 산소가 다 떨어져 질식할 것 같다고 호소했다. 나는 엘리베이터에 타는 순간 몇 가지 간단한 실험을 해보자고 제안했다. 그녀는 내 제안에 따라 엘리베이터 벽을 손으로 만져 자신을 향해 다가오는지를 확인했으며, 산소가 남아 있는지 알아보려 몇 차례 심호흡을 해보았다.

카산드라는 이 순간 겁에 질려 이렇게 말했다. "하지만 이렇게 극단적인 방법을 시도하기 전에 내가 두려움을 느끼는 근본적인 원인이 뭔지 좀더 대화를 해봐야 하지 않을까요?"

나는 이렇게 대답했다. "카산드라, 그게 바로 내가 바라는 바예요. 당신이 원한다면 몇 년이 걸리더라도 두려움을 느끼는 원인에 대해 대화할 수 있어요. 당신은 정말 매력적이고, 진료비도 꼬박꼬박 내니까 꾸준히 진료할 수 있어요. 당신을 치료하기 위해서라면 개인용 소파도 사줄 수 있어요."

트릭은 성공한 것 같았다. 카산드라는 떨고 있었지만 자신은 반드시 극복해낼 것이며 더 이상 어린 시절에 대해 말하며 시간을 낭비하지 않겠다고 다짐했다. 그녀는 불안증과 공포증을 해결하기 위해 무엇을 해야 하는지 물었다. 나는 아무것도 할 필요가 없다고 설명하며 엘리베이터에 안에서 불안과 공포를 까무러칠 정도까지 최대한 키워보라고 주문했다. 나는 그것이 치료를 위해 반드시 치러야 할 대가라고 설명하면서 이 관문만 넘으면 불안이 사라져 더 이상 싸울 필요가 없을 것이라고 말했다.

그녀는 이렇게 물었다. "하지만 사람들이 내가 계속 엘리베이터를 타고 있는 모습을 본다면 정신 나간 사람이라고 생각할지도 몰라요. 그럼 어떡하죠?"

나는 이렇게 대답했다. "엘리베이터공포증을 치료하는 중이라고 말하면서 의사가 3층에서 기다리고 있다고 말하세요. 변명거리로 충분할 거예요."

카산드라는 침을 꿀꺽 삼키고 엘리베이터 안으로 들어갔다. 문이 닫히자 나는 홀에 앉아 다음 상황을 기대하며 그녀를 기다렸다. 꼭대기까지 올라간 엘리베이터는 다시 1층으로 내려왔다가 다시 꼭대기로 올라갔다. 엘리베이터는 그 사이에 한 번씩 멈췄다. 왜 그런지는 몰라도 2층과 4층에 주로 멈추는 것 같았다.

20분이 지나 엘리베이터 문이 열리고 카산드라가 밖으로 나왔다. 마치 미인대회에서 우승한 듯한 분위기였다. 그녀는 처음 몇 분간은 공포에 질렸으나 벽이 자신을 향해 다가올 리 없고, 숨도 문제없이 쉴 수 있다는 생각이 떠올랐다고 했다. 그리고 큰 사무실로 이사하기 위해 4층에서 2층으로 짐을 옮기고 있는 두 남자와 대화를 시작했다. 그들은 카산드라에게 왜 계속 엘리베이터를 타고 있는지 물었다. 그녀는 매력적인 텍사스 억양으로 자신은 엘리베이터공포증 치료를 받고 있으며, 의사선생님이 3층에서 기다리고 있다고 대답했다.

남자는 카산드라에게 반해서 다정하게 말을 건넸다. 카산드라는 기분이 좋아졌고, 얼마 안 가 불안감이 완전히 사라졌다. 그녀는 젊은 남성과 대화를 나누는 게 즐거워 엘리베이터에서 내리지 않았다. 엘리베이터에서 나온 그녀는 엘리베이터 안에서 젊은 남자와 대화하는 것이 그렇게 재미있을 줄 몰랐다고 고백했다!

카산드라는 홍수법을 통해 엘리베이터공포증을 신속히 이겨냈다. 점진적 노출 기법 또한 합리적인 치료방안이 될 수 있지만, 시간이 오래 걸린다. 만일 점진적 노출 기법을 선택했다면 카산드라에게 344페이지처럼 나의 두려움의 단계 양식을 작성해보라고 주문했을 것이다. 나의 두려움의 단계 양식은 가장 경미한 상황(1단계)부터 가장 심각한 상황(10단계)까지 분류되어 있다. 카산드라는 막달레나의 사례처럼 한 번에 한 단계씩 밟아나갔을 것이다.

나의 두려움의 단계—카산드라

두려움을 적으세요: 엘리베이터공포증
가장 놀라지 않았을 때를 1단계에, 가장 놀랐을 때를 10단계에 적으세요.

단계	두려움의 대상
1	엘리베이터 옆에 서서 버튼을 누른다.
2	문을 닫지 않고 엘리베이터 안팎으로 들락날락한다.
3	한 층만 올라가서 내린다. 계단으로 내려온다.
4	두 층만 올라가서 내린다. 계단으로 내려온다.
5	한 층 올라가서 내린다. 엘리베이터가 다시 오기를 기다려 엘리베이터를 타고 1층으로 내려온다.
6	두 층 올라가서 내린다. 엘리베이터가 다시 오기를 기다려 엘리베이터를 타고 1층으로 내려온다.
7	몇 층을 올라가서 내린다. 엘리베이터가 돌아오기를 기다리려 엘리베이터를 타고 원래 층으로 돌아온다.
8	1분간 엘리베이터를 타고 오르락내리락한다.
9	몇 분간 엘리베이터를 타고 오르락내리락한다.
10	큰 빌딩에서 엘리베이터를 타고 오르락내리락한다. 불안증이 완전히 사라질 때까지 엘리베이터 안에 머문다.

이 방법은 시간이 더 많이 걸리기 마련이다. 일정한 단계에서는 불안증이 완전히 사라질 때까지 반복적인 노출이 필요하기 때문이다. 이것이 바로 내가 홍수법을 선호하는 이유다. 홍수법을 시도하면 훨씬 빨리 회복하는 경우가 많다.

반응 금지 기법 적용하기

미국에는 '금 간 곳을 밟으면 어머니의 허리가 부러질 수 있다'는 속담이 있다. 말도 안 되는 미신이라고 생각하지만, 미국 사람이라면 어릴 적에 이 속담 때문에 금 간 곳을 밟지 않았던 기억이 있을 것이다. 아마도 금이 간 곳을 밟아도 어머니에게 아무 일도 일어나지 않는 것을 깨닫는 순간, 금 간 곳을 밟으면 안 된다는 걱정은 사라졌을 것이다.

의식적으로 금 간 곳을 피하는 사람들처럼 반복적인 생각이나 강박적인 행동에 사로잡혀 있는 사람들이 있다. 강박이란 사람들이 위험을 피하기 위해 집착하는 미신적 행동을 말한다. '어머니의 허리가 부러질 수 있다'라는 생각에 항상 사로잡혀 있는 것은 강박적 사고이며, 금을 피하는 행동은 강박적 행동이다. 따라서 강박장애라는 이름이 붙는 것이다.

우리들 대부분은 때때로 가벼운 강박적 사고나 강박적 행동을 경험한다. 하지만 그런 생각은 해롭지 않다. 예컨대 우체통에 편지를 넣고 편지가 우체통 바닥에 붙지 않았는지 확인하고 싶을 수 있다. 편지가 바닥에 붙지 않을 것이므로 확인할 필요가 없다는 사실을 이미 알고 있어도 그런 생각이 드는 것이다. 보통 가벼운 강박증은 생활에 별 영향을 미치지 못하고 치료할 필요도 없다.

하지만 때때로 강박증은 당황스러운 결과를 초래한다. 보험판매원인 하워드는 차고에 차를 세울 때마다 '우리 가족이 위험에 빠질 수 있어'라는 엉뚱한 생각이 들었다. 그럴 때마다 그는 "어두워! 어두워! 어두워!"라고 소리치고 싶은 충동에 휩싸였다. 이성적으로는 이런 행동이 얼마나 우스꽝스러운지 알고 있었으나 소리라도 치지 않으면 뭔가 끔찍한 일이 일어날 것 같다는 확신이 들었다. 매력적인 하워드는 성공가도를 달리고 있었고, 결혼생활 또한 행복했다. 그의 소리치는 버릇은 다른 사람에게 해를 끼치지 않는 기행에 불과했다.

어느 날 하워드는 계약을 마무리 짓고 저녁 식사에 동료들을 예고 없이 초청했다. 하워드는 차를 타고 오면서 새로운 프로젝트에 대해 의견을 교환했다. 하워드는 차고에 차를 주차시키는 순간 "어두워! 어두워! 어두워!"라고 외치고 싶은 충동을 이길 수 없었다. 하지만 그는 동료들 앞에서 미치광이처럼 보일까 봐 충동을 자제했다.

하워드는 동료들을 아내에게 소개했다. 그들은 모두 한잔 하려고 거실에 앉았다. 하워드는 주차를 시킬 때 "어두워! 어두워! 어두워!"라고 외치지 않아서 점점 불안해졌다. 얼마나 바보 같은 짓인지 머리로는 잘 알고 있었지만 당장 차고로 달려가 소리치지 않으면 다 된 계약이 무산될 것 같은 느낌을 떨칠 수가 없었다. 그는 자꾸 신경이 쓰여 안절부절못하고 대화에 집중하기가 어려웠다. 결국 그는 차에 두고 온 다이어리를 가져와야겠다고 말하고 차고에 가서 소리를 질렀다. 그러자 마음이 한결 편안해졌다. 그리고 아내와 손님들이 있는 거실로 돌아왔다.

하워드는 자신이 외치는 소리가 들렸다는 사실을 모르고 있었다. 아내는 하워드를 구석으로 데리고 가 하워드의 고함소리를 들은 사람들이 전부 어리둥절해했다고 말했다. 하워드는 몹시 당황해 창고에 쥐가 나타나서 매일 밤 쫓기 위해 소리를 질러야 한다는 궁색한 변명을 늘어놓았다.

반응 금지 기법은 강박적 버릇을 치료하는 방법이다. 이 방법은 단순하다. 단지 강박적 충동을 거부하면 된다. 이는 나쁜 습관을 단번에 고치는 것 같은 일이다. 이럴 경우 불안증이 일시적으로 심해질 수 있으나, 강박에 굴복하지 않으면 강박적 버릇도 결국 사라질 것이다. 준비는 필요 없다. 바로 실행으로 옮기면 된다. 정신분석을 할 필요도, 특별한 노력을 할 필요도 없다.

하워드는 주차할 때마다 "어두워! 어두워! 어두워!"라고 소리치고 싶은 충동을 어떻게 극복할 수 있을까? 아래 공란에 당신의 생각을 적어보라.

이 문제는 꽤 단순해 보이지만, 해답을 읽기 전에 먼저 당신의 생각을 꼭 적어야 한다.

해답

하워드는 차고에 차를 넣을 때마다 소리치고 싶은 충동을 억제하기만 하면 된다. 그걸로 충분하다. 며칠간은 더 불안하겠지만 곧 충동은 사라질 것이다. 반응 금지 기법이 모든 문제를 풀지는 못하겠지만 강박을 이기는 가장 효율적인 방법임에는 틀림없다.

나는 종종 효과를 극대화시키기 위해 반응 금지 기법과 노출 기법을 병행한다. 우선 가장 두려운 대상에 스스로를 일부러 노출시킨다. 그 다음 강박적 버릇에 대한 충동을 물리친다.

노출 기법과 반응 금지 기법은 처음에는 시도하기가 몹시 어렵다.

왜 그토록 많은 사람들이 두려운 대상에 노출되기를 거부하고 피하려 하는지 충분히 이해할 수 있다. 하지만 피할수록 증상은 악화되기 마련이다. 가장 두려운 대상에 굴복하면 두려움을 극복하는 것이 쉬워진다.

노출 기법과 반응 금지 기법은 상식에 근거한 단순한 기법이다. 많은 훈련이나 사색 없이도 이 기법들을 쉽게 활용할 수 있다. 이런 기법을 스스로 시도해도 안전할까? 아니면 노련한 치료 전문가의 도움이 필요할까?

연구결과 노출 기법을 스스로 시도하는 사람들은 심리치료 전문가의 지도를 받는 사람들만큼이나 두려움을 빨리 극복하는 것으로 밝혀졌다. 용기를 내 두려움과 맞설 준비가 되어 있다면, 이런 기법은 강력하고 유용하다. 하지만 억눌리고, 겁에 질리고, 무력하다고 느낀다면 치료 전문가에게 의지하는 것이 더 나을 수도 있다. 때로 훌륭한 치료 전문가는 두려움을 정복하도록 용기를 북돋아주어 더 빨리 극복할 수 있도록 도와준다.

고등학교 2학년 무렵, 크랜스톤 선생님이 사다리 위에 올라간 나를 격려하고 용기를 북돋아준 덕분에 나는 자신감을 가질 수 있게 되었다. 엘리베이터에 탄 카산드라는 3층에서 내가 기다리고 있으며, 겁을 먹거나 문제가 생겼을 때 도움을 받을 수 있다는 생각에 마음을 놓을 수 있었다고 말했다.

물론 치료 전문가나 친구가 도와준다 하더라도 여전히 스스로 두려움에 맞서야 한다. 내가 사다리에 올라가 있을 때 크랜스톤 선생님이 아래에서 지켜보고 있었지만 두려움에 맞선 사람은 나 자신이었다.

주의력 분산 기법 적용하기

일부 치료 전문가들은 노출 기법 중에 환자들이 느끼는 불안을 덜어주는 방법으로 '주의력 분산 기법'을 추천한다. 예컨대 비행공포증이 있다면 비행 중 십자 낱말 퍼즐에 집중하거나 옆에 앉은 승객과 대화를 나눠보는 것이다. 고소공포증이 있고 사다리를 타야 한다면 동작 하나하나에 집중해볼 수 있다. 발을 들어 다음 발판에 반듯이 놓는 동작에 집중한다. 이때 정면을 응시하고 쓸데없이 바닥을 쳐다본다거나 떨어지는 상상을 하면서 겁먹을 필요가 없다.

9장에서 주의력 분산 기법의 훌륭한 사례를 소개했다. 광장공포증에 시달리던 크리스틴은 공원 벤치에 앉아 있을 때 경찰을 발견하자 주의력 분산 기법을 시도했다. 집으로 도망가고 싶었지만, 루빅스 큐브에 정신을 쏟자 불안과 공포를 줄일 수 있었다.

나는 주의력 분산 기법을 자주 사용하지는 않는다. 주의력 분산 기법은 자칫 불안증이 위험하다는 발상을 심어줄 수 있기 때문이다. 그 대신 나는 환자들에게 불안증을 최대한 부풀린 다음, 굴복하라고 지도한다. 이런 역설적인 접근이 더 효과적이기 때문이다.

19장

인지 노출 기법
─의식 속의 괴물

18장에서 소개한 고전적 노출 기법은 오랜 기간 가장 대표적인 치료 기법으로 인정받아왔다. 하지만 이 기법은 두려워하는 대상이 현실에 존재할 때만 효과를 발휘할 수 있다. 비행기가 추락할지도 모른다는 비행공포증에 시달린다면 어떨까? 비행공포증을 극복하기 위해 일부러 비행기를 추락시킬 수는 없다. 번개를 두려워하는 사람의 심리치료를 위해 폭풍우를 일으킬 수도 없다.

　이와 마찬가지로 외상후스트레스장애를 치료하기 위해 고전적 노출 기법을 쓸 수는 없다. 외상후스트레스장애에 시달리는 사람들은 살인, 강간 같은 소름 끼치고 잔인한 사건을 경험한 뒤 그 기억을 몇 달, 혹은 몇 년씩 잊지 못한다. 예를 들면 다음과 같다.

- 경찰인 제이미는 차량 정지 명령에 불응하며 권총을 꺼내는 10대 소년에게 발포했다. 소년은 몇 분 뒤에 사망했다. 몇 달째, 제이미는 죄책감과 자기 회의, 그날의 끔찍한 기억에 시달리고 있다.
- 소방관인 데이비드는 화재가 일어난 아파트에서 온몸에 심한 화상을 입은 소녀의 시신을 꺼내야 했다. 몇 년이 지나도 그 기억을 떨치기가 힘들다.

　이처럼 두려워하는 대상이 생생한 기억이나 오싹한 환상의 형태로 의식 속에만 존재한다면 더 획기적인 노출법이 필요하다. 인지 노출 기법이 빛을 발하는 순간이다. 인지 노출 기법에는 인지 홍수법, 이미지 대체 기법, 기억 조정 기법, 두려운 환상 기법이 있다. 이런 기법들은 외상후스트레스장애, 공포증, 수줍음, 발표불안, 강박장애, 신체이형장애증후군 같은 여러 가지 불안증을 효과적으로 치료할 수 있다.

인지 홍수법 적용하기

인지 홍수법을 활용하려면, 먼저 자신이 가장 두려워하는 대상을 떠올려야 한다. 예컨대 밀실공포증이 가장 큰 두려움이라고 가정해보자. 산 채로 땅속에 묻혀 소리 지르고, 숨이 막히는 상황을 상상해보라. 최대한 불안감을 키우고 버틸 수 있을 때까지 버텨라. 비행공포증이 있다면 화염에 휩싸여 지상으로 추락하는 비행기를 상상해보라. 최대한 두려운 대상을 생생하게 그려보라. 공포에 대항하려 하지 말고 공포와 불안을 최대한 키워라! 결국 불안은 사라질 것이다.

테레사는 인지 홍수법의 도움을 톡톡히 받았다. 테레사는 첫아이를 출산하고 나서 끊임없는 강박장애에 시달렸다. 테레사는 병원에서 아기가 바뀌었을지도 모른다는 망상이 머리에서 떠나지 않았다. 이성적으로는 가능성이 희박하다는 사실을 알고 있었으나 감정적으로는 망상을 떨치기 어려웠다.

테레사는 제왕절개로 첫아들을 출산했다. 회복실에 있을 때 의사는 테레사가 건강한 아들을 출산했고 모든 상황이 원만하다고 설명했다. 하지만 수술 메스로 아기의 오른발을 살짝 베었는데, 상처가 경미하고 금방 치유될 것이라고 덧붙였다.

테레사는 아기의 상처가 경미한 것을 보고 안심했지만, 곧 상처 위치가 바뀐 것이 아닐까 걱정하기 시작했다. 만일 그렇다면 아기가 바뀐 것이다.

의사는 테레사에게 아이가 그녀의 아들이 맞고, 상처 또한 원래 위치가 맞다고 재차 확인해주었다. 하지만 그녀는 여전히 망상에 사로잡혀서 벗어나지 못했다. "아기가 실수로 바뀌었으면 어떡하지? 내 아들이 다른 사람에게 가 있으면 큰일인데."

테레사는 정말 자신의 아들이 맞는지 확인하려고 아기의 발을 하루 종일 살펴보았다. 그녀는 걱정에 사로잡혀 아기의 발을 계속 확인하고 또 확인했다.

나는 '아기가 바뀌었을지도 몰라'라는 부정적인 생각에 도전할 수 있는 여러 가지 기법을 그녀에게 활용했다. 하지만 아무 소용이 없었다. 마침내 나는 '만약에 기법'을 시도해보기로 마음먹었다. 9장의 설명처럼 이는 노출 기법에 해당한다. 나는 테레사가 왜 그토록 끊임없이 아기가 바뀌었을 것이라고 걱정하는지 알고 싶었다.

나는 테레사에게 물었다. "테레사, 당신은 이성적으로는 이 아기가 당신 아기라는 사실을 알고 있어요. 하지만 만약 다른 사람의 아기라면요? 그 사실이 왜 당신을 불편하게 하나요? 뭐가 두려운 거죠?"

테레사는 이렇게 대답했다. "내 아기가 다른 사람에게 가 있다는 말이잖아요."

나는 다시 물었다. "만일 그렇다면요? 그 사실이 왜 당신을 불편하게 하나요? 뭐가 두려운 거죠?"

그녀는 대답했다. "내 아기를 데려간 사람이 강도일 수도 있어요. 어린아이들을 학대하는 나쁜 사람이거나 유괴범일 수도 있고요."

나는 이 말을 듣고 그녀의 환상이 점점 격해진다는 사실을 걱정하지 않을 수 없었다. 하지만 두려움의 뿌리를 알고 싶어 다시 한 번 물었다. "그것이 사실이라고 가정해봅시다. 뭐가 가장 두렵나요? 발생 가능한 최악의 상황은 무엇인가요?"

테레사는 마지못해 잔인한 유괴범들이 멕시코 국경 남쪽의 사막에 있는 오두

막집에 아기를 가두는 끔찍한 광경을 묘사했다. 나는 그녀에게 그 광경을 자세히 묘사해보라고 주문했다. 그녀는 범인들이 아기의 발을 잡고 공중에서 뱅뱅 돌리다 벽을 향해 던져 아이의 머리가 깨지는 광경을 상상했다. 그리고 계단 밑으로 아기를 농구공 던지듯 던져 다리가 부러지고 피를 흘린 채 아기가 어두운 벽장에 갇히는 모습을 상상했다.

테레사는 말을 하면서 흐느꼈다. 나는 그녀에게 스스로가 얼마나 당혹스러운지 0%에서 100%까지 점수를 매겨보라고 말했다. 그녀는 최악의 점수인 100%를 기입했다. 끔찍한 환상이 그녀의 의식을 완전히 사로잡고 있었다.

나 또한 그녀의 환상에 불쾌감을 느껴 여기서 그만둬야 하는 것이 아닌지 갈팡질팡했다. 하지만 곧 최악의 공포에 맞서 불안감이 사라질 때까지 견뎌야 한다는 노출 기법의 기본적 원리를 다시 떠올렸다. 괴물을 피하려 할수록 공포는 더 커질 것이다.

따라서 나는 테레사에게 가능하면 오랫동안 그 환상을 놓지 말라고 주문했다. 이것이 인지 홍수법이 작동하는 방식이다. 테레사는 세션이 끝날 때까지 섬뜩한 환상을 계속 펼쳐나갔으나 불안감은 줄어들 줄 몰랐다. 여전히 불안감의 강도는 100%를 유지했다.

보통 어떤 기법이 효과가 없으면 다른 기법을 시도하면 된다. 하지만 노출 기법은 이 원칙의 예외에 해당한다. 노출 기법은 환상이 처음부터 불안을 돋울 때만 효과를 발휘할 수 있다. 따라서 인지 홍수법이 많이 고통스럽겠지만 테레사가 느낀 극도의 불안감은 긍정적인 신호라 말할 수 있었다.

힘든 과정을 거치면서 기본적인 사실을 파악했으므로 나는 낙관적으로 느꼈다. 나는 테레사에게 인지 홍수법은 시간이 걸리므로 버티기 쉽지 않은데 끝까지 버텨볼 마음의 준비가 되었느냐고 물었다. 그녀는 할 수 있다고 대답했다. 나는 그녀에게 다음 세션 전까지 최소 하루 15분간 혼자서 인지 홍수법을 시도해보라고 지시했다. 그것이 얼마나 힘든 일이며, 가혹한 요구인지 잘 알고 있었으나 몇 달간 끔찍한 고통을 겪은 그녀에게는 강력한 처방이 불가피했다.

다음 주에 다시 만난 테레사는 혼자서 인지 홍수법을 시도해보지 않았다고 고백했다. 그녀는 자신의 환상이 너무 끔찍해서 뇌리에서 지우려 했다고 말했다. 하지만 그녀는 내 도움을 받아서 다시 시도해보기로 했다고 덧붙였다. 테레사가 동일한 환상을 떠올리자 불안감 수치는 여전히 100%에서 내려오지 않았다.

세션 말미에 나는 자가 훈련이 얼마나 중요한지 강조했다. 테레사는 아무리 힘들어도 매일 15분간 인지 홍수법을 혼자서 해보기로 약속했다.

테레사는 2주 후에 다시 나를 찾았다. 그녀는 매일 꾸준히 인지 홍수법을 해보았고 첫 이틀은 극도로 불안했으나 3일째부터는 불안감이 점차 힘을 잃어 50%까지 하락했다고 말했다. 그리고 넷째 날과 다섯째 날에는 그런 환상이 우스꽝스러워 보이기 시작했고 불안감은 완전히 사라졌다고 했다.

마침내 테레사의 끔찍한 환상과 아들의 발을 확인하고픈 충동은 모두 사라졌다. 그녀는 아기가 바뀌었을지도 모른다는 두려움이 얼마나 터무니없는지 깨닫고, 엄마가 된 사실에 마음껏 기뻐하며 치료를 마칠 마음의 준비를 갖출 수 있었다.

테레사는 처음에 인지 홍수법을 두려워했다. 나조차도 더 쉬운 방법이 있을지 모르니 그만두고 싶다는 생각이 들었다. 처음 이 방법을 시도한다면 당신도 같은 생각을 할지 모른다. 아마 견디지 못할 정도로 무서울 것이다. 그렇다면 잘되고 있는 것이다. 불안감을 극복하고 싶다면 가장 두려운 괴물에 맞서면 된다. 때로는 가장 효과적인 치료법이 지옥문을 드나드는 여행과 같이 느껴지기도 한다. 하지만 그 결과는 불안감을 견딜 만한 충분한 가치가 있다.

이미지 대체 기법 적용하기

불안을 느낀다면 끔찍한 사건을 구체적으로 상상해보라. 예컨대 발표불안이 있다면 사람들 앞에서 말을 더듬고, 긴장하고, 바보처럼 보이는 모습을 상상해 보라. 연단에 설 때까지 일어날 수 있는 모든 공포를 미리 경험해보는 것이다.

정신과 레지던트 시절, 나는 영국 옥스퍼드대학에서 열린 나토고등연구소의 뇌 신진대사 구획화에 관한 저명한 콘퍼런스에 초청받았다. 뇌 속 세로토닌에 대한 내 연구결과를 발표하기 위해였다. 학계를 대상으로 하는 생애 첫 번째 프레젠테이션이었고, 초청받은 사실 자체가 큰 영광이었다. 하지만 세계적인 정신과학자 80명이 최신 연구를 발표하는 자리인 만큼 나는 잔뜩 긴장했다.

나는 내 발견이 국립정신보건원(NIMH) 소속 연구실에서 행한 실험결과와 완전히 배치된다는 사실을 알고 안절부절못했다. 나는 뇌 속 세로토닌 대사에 관한 그들의 연구 일부에 심각한 오류가 있다는 사실을 발견했다. 하지만 나는 국립정신보건원의 연구실장이 매우 공격적이고, 심포지엄에서 자신과 의견을 달리하는 학자들을 깔보는 사람이라고 들었기 때문에, 그가 청중 안에 있다는 사실을 떠올리자 매우 불안해졌다.

나는 내가 긴장해서 우물거릴 때 맨 앞줄에 앉은 연구실장이 탐탁지 않은 눈으로 나를 노려보는 장면을 상상했다. 발표를 마치고 질의응답 시간에 그가 자리에서 일어나 내 연구의 오류를 신랄하게 지적하며 추궁하는 모습이 떠올랐다. 그리고 만신창이가 된 나를 바라보며 쓴웃음을 짓는 청중들의 모습이 그려졌다. 내 발표순서가 콘퍼런스의 넷째 날 가장 마지막이었기 때문에 나흘 동안 회의적인 생각이 머리에서 끊이질 않았다.

나는 정신의학계의 거물들이 발표하는 내용을 들으면서, '내가 여기서 무엇을 하고 있는 걸까?'라는 회의에 사로잡혀 나흘을 보냈다.

발표가 하루 앞으로 다가오자 나는 공포에 떨었다. 나는 새벽 3시에 옥스

퍼드대학의 캠퍼스를 초조하게 서성이며 내가 창피를 당하는 상상 속 장면을 '지켜보았다.' 당시 나무에 올빼미 한 마리가 앉아 있었는데, 심지어 그 올빼미마저 나를 비웃는 것처럼 느껴졌다. 그렇게 나는 뜬눈으로 밤을 새웠다. 다음 날 아침 일어나니 온몸이 후들거렸다. 내 차례가 되어 단상으로 터벅터벅 올라가 고개를 들자, 맨 앞줄에 내가 가장 피하고 싶은 연구실장이 앉아 있었다. 내가 머릿속에 그린 것 그대로였다. 얼굴을 찡그린 그가 차가운 눈빛으로 나를 바라보고 있었다.

나는 잔뜩 긴장해서 메모를 참조하는 자연스러운 설명을 하지 못하고 그냥 우물거리며 원고를 읽어 내려갔다. 발표가 끝나고 나는 청중들에게 질문이 있느냐고 기어들어가는 목소리로 물었다. 강연장은 쥐 죽은 듯 조용했다. 곧이어 다른 학자가 의자에서 벌떡 일어나 나를 반박하기 시작했다. 전날 밤 상상한 장면 그대로였다.

그가 말을 마치자 강연장은 다시 한 번 침묵에 휩싸였고, 아무도 손을 들지 않았다. 길고 어색한 침묵 끝에 사회자가 더 이상 질문이 없으면 저녁 식사 후에 다시 시작하자고 말했다. 모두들 대화를 나누며 줄지어 빠져나갔지만, 아무도 나와 말을 섞으려 들지 않았다. 이내 창피함이 물밀듯 밀려왔다.

다른 학자에게 공격받았다고 스스로 느낌으로써 내 부정적인 기대와 환상은 할 일을 다 한 셈이었다. 청중은 나의 회의적인 태도를 눈치챘고, 나는 잔뜩 긴장한 채 방어적인 태도로 발표를 마쳤다. 내가 두려워한 결과 그대로였다.

런던에서 필라델피아로 돌아오는 비행기 안에서, 나는 마음을 가라앉히고 나를 비판했던 과학자의 논지를 곰곰이 생각해보았다. 그의 비판은 허점투성이고 내 연구가 맞다는 영감이 뇌리를 스쳤다. 그의 비판은 전혀 이치에 맞지 않았다.

나는 집에 도착해서 동료들과 함께 비판받은 내용을 논의했다. 동료들은 그 사람이 틀렸다는 내 생각에 동의했다. 우리는 그의 비판을 검증하기 위해 몇 가지 새로운 분석법을 시도해보았는데 내가 영국에서 발표한 내용과 동일한 결과가 나왔다. 나는 이 내용을 학술저널에 투고하기로 했다.

두 달이 지나 학술저널의 편집장이 전화를 걸어왔다. 보통 저널의 편집장들은 원고에 대한 견해를 메일로 보내오므로 매우 이례적인 일이었다. 나는 뭔가 이유가 있다고 느끼면서 혹시 그가 제기할지도 모르는 또 다른 반박에 대비했다.

놀랍게도 그는 내 논문을 검토한 과학자들이 그 내용을 아무런 교정 없이 출판하도록 만장일치로 추천했다고 알려주었다. 그는 검토위원들이 내 연구결과에 매료되어 35세 미만의 세계적인 뇌과학자에게 매년 수여하는 A.E. 베네트 상 후보에 나를 올리려 한다고 말했다. 나는 말문이 막혔다. 그는 나와 다른 견해를 취했던 국립정신보건원 소속 과학자를 비롯해, 세계적으로 손꼽히는 젊은 뇌과학자들이 이 상을 두고 경쟁하고 있으므로 너무 기대하지 말라고 덧붙였다.

2주 후, 저널의 편집인이 전화를 걸어 내가 만장일치로 A.E. 베네트 상을 타게 되었다는 소식을 전해주었다. 그는 뉴욕 생물정신의학협회(Society for Biological Psychiatry)의 연례회의에서 열리는 수상식에 참석해 연구성과를 발표해줄 수 있느냐고 물었다. 나는 내 연구성과를 발표하게 되어 영광이라고 대답했다.

수상식 전날 밤, 내가 발표하는 장면을 상상해보기로 했다. 나는 수많은 사람들이 집중해서 듣는 가운데 내 연구성과를 친절하고, 편안하고, 열정적이고, 자유롭게 발표하는 모습을 떠올렸다. 우레와 같은 박수갈채가 쏟아지고 많은 사람들이 나를 축하하러 단상으로 몰려오는 장면을 상상했다. 나는 이런 장면이 정말 현실로 벌어질 것이라 믿지는 않았으나 상상해도 손해 볼 것은 없다고 생각했다.

놀랍게도 내가 상상한 장면이 그대로 현실로 나타났다! 나는 메모를 보지 않고 여유 있게 발표를 마쳤고 청중은 내 말 한 마디 한 마디에 집중했다. 발표를 마치자 우레와 같은 박수갈채가 터져 나왔고 사람들은 나와 대화를 나누기 위해 단상으로 몰려왔다. 놀랍게도 나를 비판했던 그 학자는 보이지 않았다! 왜 이토록 결과가 달랐던 걸까? 나는 이미지 대체 기법을 이용해 영국에서 스스로 자신감을 무너뜨린 끔찍한 환상을 긍정적이고 설레는 환상으로 바꿀 수 있었다.

이미지 대체 기법을 활용하고 싶다면, 불안을 느낄 때 의식에 떠오르는 부정적인 이미지와 환상 속으로 들어가보라. 비행공포증이 있어서 화염에 휩싸여 추락하는 비행기가 계속 머릿속에 떠오른다고 가정해보자. 이런 환상이 들 때마다 평화롭고 안정적인 시나리오로 대체해보라. 예컨대 비행기가 목적지에 안전하게 착륙하는 광경이나 가족들과 해변에서 휴식을 취하는 모습을 상상하고, 고등학교 졸업식이나 첫째 아이가 태어난 순간처럼 행복한 기억에 집중하는 것이다. 효과만 있다면 어떠한 긍정적인 이미지라도 괜찮다.

기억 조정 기법 적용하기

성적 학대를 받거나 체벌에 시달리는 등, 끔찍한 사건을 경험했다면 그때의 기억이 생생하게 떠오를 것이다. 그 기억은 부정적인 생각을 주제로 다룬 내면의 영화와 같다. 극심한 공포, 수치심, 분노를 유발할 것이다. 하지만 당신은 그 영상을 편집할 수 있다.

기억 조정 기법은 인지 홍수법과 이미지 대체 기법을 혼합한 것이다. 인지 홍수법은 상처 입은 기억이 더 이상 자신을 겁주지 못하도록 고통스런 기억을 무디게 만들어준다. 이미지 대체 기법은 자기 통제력을 키워 무력감을 극복하도록 도와줌으로써 더 이상 피해의식을 느끼지 않게 해준다.

나는 대중교통공포증에 시달리는 베티를 치료한 적이 있다. UCLA에 재학 중이던 그녀는 두려움 때문에 비행기, 열차, 버스 같은 대중교통을 혼자 타지 못했다. 그녀는 1학년 여름방학 기간에 치료를 받았는데, 매력적인 데다 학업성적도 우수했고 대중교통에 대한 두려움 말고는 어떤 걱정거리도 없는 것 같았다.

베티는 정신치료의 일환으로 매일 '오늘의 기분 일지'를 성실히 작성했다. 하지만 그녀는 자신을 두렵게 만드는 대상에 노출되는 것을 싫어했다. 나는 한 블럭만 버스를 타고 가보라고 그녀를 격려했다. 하지만 그녀는 너무 두려워 그조차 할 수 없다고 말했다. 그녀는 버스에 타면 갇힌 느낌이 들어 공포가 밀려오고 정신을 잃을까 봐 두렵다고 했다.

여섯 번째 치료 세션에서 베티는 차마 말하기 부끄러운 사실을 나에게 고백했다. 베티가 어릴 적 옆집 오빠가 놀러왔는데, 베티의 엄마가 밖에 나갔을 때 그가 베티를 성추행한 것이다. 그 소년은 베티를 침대에 눕힌 다음 15분 정도 지나, 베티가 잠이 들었다고 생각하자 침대로 숨어들었다. 그리고 베티의 잠옷 속에 손을 넣고 더듬기 시작했다. 베티는 너무 놀라 어찌할 줄을 몰랐기에 잠이 든 척할 수밖에 없었다. 베티는 너무 창피해 엄마에게조차 그 일을 말할 수 없었다. 설상가상으로 그 소년은 여전히 옆집에 살고 있었다. 여름방학이나 휴일에 엄마를 보러 집에 올 때마다 베티는 그와 마주쳐야 했다. 베티는 화가 치밀었지만, 그와 맞서고 싶지 않았다.

나는 '기억 조정 기법'이 작용하는 원리를 설명하면서 그것이 얼마나 괴로운지 또한 강조했다. 하지만 베티의 회복에 대한 의지를 꺾을 수 없었다. 나는 그녀에게 이렇게 말했다. "눈을 감고 긴장을 푸세요. 어린 시절로 돌아가 침대에 누워보세요. 잠옷을 입고 있는 자신의 모습이 보이나요?"

그녀는 고개를 끄덕였다.

나는 말했다. "방금 침대에 들어가 아직 잠들지 않았다고 상상해보세요. 문이 조용히 열리는 소리가 들릴 거예요. 소년이 살금살금 기어들어 옵니다. 당신은 무슨 일이 일어날지 몰라서 불안해집니다. 소년의 모습이 보이나요?"

베티는 다시 한 번 고개를 끄덕였다.

나는 베티에게 소년이 무엇을 입고 있는지, 방이 어떻게 생겼는지 묘사해보라고 주문했다. 그녀는 방이 어둡지만 소년이 청바지와 하와이안 티셔츠 차림에 스니커즈를 신고 있는 모습이 희미하게 보인다고 말했다. 베티는 상상 속에서 소년이 침대를 향해 발꿈치를 들고 살금살금 다가오는 모습을 볼 수 있었다. 나는 베티에게 0%(전혀 불안하지 않음)에서 100%(극도로 불안함)까지 불안 수치를 매겨보라고 말했다. 그녀는 90%라고 대답했다. 기억 조정 기법을 시도하려면 분노를 최대한 끌어올려야 한다. 그렇지 못하면 효과가 별로 없다.

나는 베티에게 다음에 일어날 일을 묘사해보라고 주문했다. 그녀는 소년이 자신의 잠옷 밑으로 손을 넣어 더듬고 있다고 말했다. 내가 얼마나 불안한지 물어보자 베티는 100%라고 대답했다.

나는 베티에게 이 장면을 어떻게 바꾸고 싶은지 물었다. 예컨대 경찰이 나타나 그 소년을 체포하거나, 베티의 어머니가 갑자기 나타나서 그녀를 구해주거나, 나에게 도움을 청하는 모습을 상상해볼 수 있을 것이다.

베티는 자신이 건장하고 강력한 여성으로 등장하고 싶다고 말하면서 새로운 환상을 구체적이고 생생하게 묘사했다. 우선 자신이 한 손으로 소년의 목을 잡고 겁에 질린 소녀로부터 떼어놓는 장면을 떠올렸다. 그리고 다른 손에 변태 성욕자들에게 낙인을 찍는 용도로 만들어진 P자 놋쇠를 들고 소년의 이마를 지지는 모습을 상상했다. 소년의 고통에 찬 비명소리가 들리고, 살 타는 냄새마저 풍기는 것 같았다.

나는 이런 환상이 당혹스럽게 느껴졌지만, 베티는 이를 맘껏 즐기는 듯했다. 베티는 여기에서 멈추지 않았다. 소년의 집에서 열리는 크리스마스 파티에 소년을 끌고 와 거실 한가운데 세워놓고 부모와 이웃들 앞에서 이렇게 소리치게 만드는 모습을 상상했다. "나는 변태 성욕자야! 어린 소녀를 추행했어. 난 벌 받아 마땅한 인간이야!"

베티는 환상의 마지막 장면을 집 앞 길가에 있는 열린 감옥으로 정했다. 감옥은 창살과 의자만 있을 뿐, 벽이 없었다. 창살에 '변태 성욕자'라는 표지판이 대롱대롱 매달려 있어 지나가는 사람들이 안에 갇힌 소년이 어떤 사람인지 알 수 있었다.

상상을 끝내자 베티는 기분이 풀렸다고 말했다. 나 또한 과정을 마치자 홀가분했다. 그녀의 환상은 상당히 강렬했다.

그런데 베티는 자신을 괴롭히는 문제가 하나 더 있다고 하면서 기억 조정 기법을 다시 해볼 수 있느냐고 물었다. 베티가 LA에 있을 때 참석한 파티에서 룸메이트가 남학생들에게 집단강간을 당한 일이 있었다고 했다. 그녀는 그 모습을 직접 보지 못했지만, 룸메이트가 자신의 경험을 베티에게 자세히 묘사해주었다. 베티는 참을 수 없는 분노에 사로잡혀 룸메이트에게 일어난 일을 뇌리에서 지울 수가 없었다.

다시 한 번 나는 그녀에게 눈을 감고 긴장을 푼 다음 의식에 무엇이 떠오르는지 알려달라고 주문했다. 이번에 그녀는 술에 취한 남학생 무리가 룸메이트를 기숙사 방으로 끌고 가 낄낄대며 서로를 부추기고 번갈아 강간하는 모습을 상상했다. 베티는 극도로 불안해지고 화가 났다. 나는 그녀에게 원하는 대로 환상을 바꿔보라고 말했다. 다시 한 번 그녀는 건장하고 힘센 여성으로 등장했다. 이번에는 손에 고기 써는 식칼을 들고 룸메이트를 강간하는 남학생을 붙잡아 성기를 자른 다음, 침대 위에서 천천히 피를 흘리며 죽어가는 모습을 지켜보는 모습을 상상했다.

나는 그녀의 환상이 한층 위태로워 보였고, 치료가 오히려 베티에게 역효과를 가져오지 않을까 걱정되었다. 나는 기억 조정 기법을 크게 발전시킨 밀워키 출신 심리학자 메르브 스머커(Merv Smucker) 박사와 공격적 환상의 문제를 두고 토론한 적이 있었다. 그는 환자가 만들어내는 환상을 검열하지 말라는 견해를 고수했다. 그렇게 할 경우 오히려 금지된 환상에 대해 더 큰 유혹을 느낄 수 있다는 것이었다. 반면 환상을 방치해두면 환상이 점차 사그라져 더 이상 자신을 괴롭힐 수 없을 정도로 힘을 잃게 될 것이라고 했다.

하지만 나는 여전히 불편한 마음이 가시지 않았다. 나는 베티에게 잔혹한 환상을 그만두는 게 좋을 것 같다고 하고 언제 끝낼 것인지 물었다. 베티는 한술 더 떠 이렇게 말했다. "잠깐 기다려요. 아직 안 끝났어요. 일곱 명이 더 있어요." 그녀는 자신이 그들 한 명, 한 명의 성기를 잘라 피가 뚝뚝 흐르는 모습을 자세히 묘사했다. 나는 세션이 끝날 무렵에 완전히 녹초가 되어 내가 적절한 치료법을 사용하고 있는지, 의료사고를 저지르고 있는지 모를 지경이 되었다.

내가 담당한 환자들은 세션이 끝날 때마다 나에 대한 평가 자료를 작성하면서 따뜻하고 이해심이 깊다고 평가해주었다. 베티 또한 나를 높이 평가해주어 안심이 되었다. 하지만 나는 여전히 내 치료법이 그녀의 증상에 어떤 효과를 미쳤는지 확신할 수 없었다.

한 주가 지나 베티는 치료 세션이 너무나 유익했다고 고백했다. 그녀는 이렇게 말했다. "번즈 박사님, 두려움에 맞서 대중교통을 이용해보라는 제안에 대해 제가 어떻게 할지 궁금하시죠? 기대하셔도 좋아요."

그녀는 티켓 한 뭉치를 내밀었다. 나는 한 블럭만 버스를 타고 가보라고 그녀를 설득해왔기에 아마도 버스 티켓일 것이라고 생각했다. 하지만 그것은 비행기 티켓이었다. "와, 멋지네요. 산호세에서 새크라멘토까지 통근 비행기를 타고 가는 건가요?"

베티는 통근 비행기 티켓이 아니라고 하며, 더 자세히 보라고 채근했다. 다시 보니 그것은 샌프란시스코 - 방콕 왕복 티켓이었다. 나는 어안이 벙벙했다.

베티는 어머니가 방콕으로 일주일간 출장을 가게 되었는데 번즈 박사가 대중교통에 대한 공포에 맞서라고 했으므로 자신도 방콕에 같이 가겠다고 어머니를 설득했다고 했다. 베티는 어머니와 함께 방콕에 머물지 않고, 가자마자 다시 혼자 15시간 동안 비행기를 타고 돌아올 예정이었다. 베티는 나에게 질문했다. "15시간이면 충분하겠죠? 번즈 박사님?"

"물론이에요!" 나는 큰 소리로 대답했다. "정말 환상적인 계획이에요!"

나는 대비해야 할 다른 두려움은 없는지 그녀에게 물어보았다. 베티는 싱가포르에서 비행기를 갈아탈 때 수하물 코너로 끌려가 싱가포르 마피아에게 강간

당하는 장면을 상상했다. 그녀는 이런 두려움을 극복하기 위해 기억 조정 기법을 활용해도 되는지 물었다.

실제로 일어나지 않은 일이지만, 나는 한번 해볼 만하다고 말했다. 다시 한 번 그녀는 눈을 감고 자신을 두렵게 만든 환상을 떠올렸다. 곧 베티는 자신이 크고 강한 여성이 되어 싱가포르 마피아의 성기를 자르는 장면을 상상했다!

2주가 지나 베티를 다시 만났다. 그녀는 여행을 무사히 마쳤고, 비행 중에 전혀 불안감을 느끼지 않은 사실에 스스로 놀라고 있었다. 비행기 안에서 불안감을 키워보려고 했지만 허사였다고 했다. 베티는 집에 돌아온 이후, 아무 문제없이 버스와 전철을 탈 수 있었다.

기억 조정 기법이 왜 이토록 효과적이었을까? 기억 조정 기법이 베티의 자신감을 북돋아주었기 때문이다. 베티는 자신이 더 이상 머릿속에 수시로 출몰하던 괴롭고 불쾌한 기억 속의 무력한 희생자가 아니라고 느끼게 되었다. 이로써 대중교통에 대한 두려움에 맞설 수 있는 용기를 가질 수 있었다.

기억 조정 기법은 다른 기법이 실패했을 때 효과를 볼 수 있는 강력하고 창조적인 수단이다. 학자들은 기억 조정 기법에서 인지 홍수법이 더 중요한지, 이미지 대체 기법이 더 중요한지 결론을 내리지 못했다. 대부분의 사례에서는 괴로운 기억을 떠올리고, 고통스러운 감정에 굴복하는 것만으로 충분히 효과가 있었다. 하지만 베티는 환상을 자신에게 유리하게 바꿈으로써 더욱 강한 효과를 얻었다.

기억 조정은 흥미롭지만, 몇 가지 유념해야 할 사항이 있다.

첫째, 이 방법은 확실히 강력하지만, 다른 강력한 수단과 마찬가지로 효과와 부작용을 모두 갖고 있다. 폭력이나 성적 학대에 시달렸던 기억이 떠올라 너무 고통스럽다면, 혼자서 하기보다 전문가의 지도를 받아야 한다.

둘째, 현실과 환상을 구분해야 한다. 자살, 폭력적인 환상, 자신을 비롯해 누군가를 해치고 싶은 충동과 싸우고 있다면 이 기법은 바람직하지 않다. 이때는 전문가의 도움을 구해야 한다. 혼자서 문제를 해결하려는 것은 좋지 않다. 인생은 더없이 소중하다. 노련하고 헌신적인 치료 전문가가 당신에게 도움을 줄 것이다.

두려운 환상 기법 적용하기

'두려운 환상 기법'을 활용하면, 최악의 두려움이 현실로 이루어지는 악몽을 꾸게 된다. 악몽의 세상에는 2가지 특이한 법칙이 있다. 첫째, 사람들이 자신을 판단하거나 깔보는 것을 두려워하면, 그 일이 실제로 일어난다. 악몽의 세상 속 사람들은 당신에 대해 상상 이상으로 부정적으로 바라보는 경우가 많다. 둘째, 사람들이 자기 생각을 항상 여과 없이 직설적으로 표현한다. 악몽의 세상 속 사람들은 예의가 없고, 도통 말을 가리지 않는다.

악몽의 세상에 놓인 나는 혹독한 비난을 퍼붓는 가상의 비판자와 마주 서게 된다. 이때 '자기방어 기법'이나 '수용 역설 기법'을 활용해 대응할 수 있다. 자기방어 기법은 비판자를 반박함으로써 비판자의 말을 거짓말로 만드는 기법이다. 수용 역설 기법은 비판 속에 숨은 진실을 찾아냄으로써 비판자를 물리치는 방법이다. 한 마디로 비판자를 허탈하게 만드는 것이다.

두려운 환상 기법은 '노출 기법'과 목표가 같다. 가장 큰 두려움에 맞섬으로써 두려움으로부터 벗어나고, 처음부터 아무것도 두려울 것이 없었다는 사실을 발견하는 것이다.

두려운 환상 기법은 적극성 훈련과는 근본적으로 다르다는 사실을 유념해야 한다. 악몽의 세상에 존재하는 비판자는 현실에서는 찾아볼 수 없는, 자기 마음속 최악의 공포를 투사하는 가상의 존재일 뿐이다. 당신은 결국 스스로와 싸우고 있는 것이다. 현실에서는 사람들이 당신 마음속 비판자처럼 잔인하거나 비판적일 리가 없다.

치료 전문가나 친구의 도움을 받아 역할극을 하는 방식으로 두려운 환상 기법을 시도해볼 수 있다. 또 혼자서 대화록을 작성하는 방식으로 시도해볼 수도 있다. 역할극을 하는 중에 진도가 막히면 서로 역할을 바꿔 비판자를 효과적으로 물리칠 방법을 찾아낼 수 있다.

모니카는 내게 이메일을 보내 자기 비판적 사고에 대해 다음과 같이 질문했다.

번즈 박사님 귀중

저는 20년간 우울증, 대인기피증, 공황장애에 시달리고 있습니다. 무서워서 운전도 못 합니다. 다행스럽게도 박사님이 쓴 책을 모두 읽고 시도해본 결과, 좋은 성과를 얻고 있습니다. 하지만 이런 기법을 좀더 빨리 알았다면 얼마나 좋았을까 하는 생각이 저를 괴롭힙니다. 지난 일들을 끊임없이 떠올리며 '내가 이러저러했다면, 지금은 많이 달랐을 거야'라고 생각합니다. 20년간 시달려온 우울증과 불안증으로 인생을 낭비하고 아무것도 성취하지 못했다는 생각에 가끔 더 우울해집니다. 너무 늦은 것 같다는 느낌입니다. 진로를 선택하고, 공부하고, 친구를 만나는 등 당연한 일들마저 놓치고 유년시절을 허송세월했다는 억울한 느낌에 시달립니다. 이제 마흔을 바라보는데, 나이만 먹고 경험은 부족하다는 생각에 몹시 괴롭습니다. 나이 든 티가 날 때마다 흠칫 놀라고 인생이 뒤처졌다는 생각에 당황스럽습니다. 이런 생각을 물리칠 방법이 있을까요? 나를 바꿀 수 있는 긍정적인 방법을 시도할 때조차 이런 생각이 끼어듭니다.

감사합니다.

모니카 드림

모니카는 다음과 같은 부정적인 생각에 시달리고 있었다.

- 인생을 낭비했고 20년간 우울증과 불안증으로 아무것도 성취하지 못했다.
- 몇 년 전에만 이런 기법을 시도했어도 인생이 지금과 달랐을 것이다.

모니카는 내 책에서 읽은 10가지 방법을 시도해보았다고 했다. 그리고 내가 그녀에게 두려운 환상 기법을 시도해보았느냐고 물었을 때 내심 들떴다고 고백했다.

> 저는 함께 역할극을 할 사람이 없어서 오랫동안 두려운 환상 기법을 제쳐두었습니다. 하지만 책에 나온 사례는 매우 흥미로웠고, 읽으면서 깔깔 웃은 적도 있습니다. 그래서 종이에 대화록을 써가며 혼자서 두 사람의 역할을 해보기로 마음먹었습니다. 이 기법은 지금까지 시도했던 그 어떤 방법보다도 효과적이었고, 지금은 훨씬 좋아졌습니다. 효과가 지속될지 지켜보려고 합니다. 달리 권하고 싶은 방법이 있다면, 알려주시면 고맙겠습니다. 정말 많은 도움이 되었습니다!

'인생을 낭비했고 20년간 우울증과 불안증으로 아무것도 성취하지 못했다'라는 생각을 물리치기 위해 모니카는 두려운 환상 기법을 적용해보았다. 다음은 모니카가 직접 쓴 대화록이다.

> 부정적인 남자: 모니카, 당신이 살아온 인생을 보니 참 기구하더군. 정말 놀랐어. 그렇게 소중한 시간들을 허비하다니. 인생의 황금기를 아무것도 안 하고 허송세월했어. 어떻게 그럴 수 있는지 모를 일이야.
>
> 모니카: 어린 시절에 내가 바라던 것들을 아무것도 성취하지 못한 것은 사실이야. 그 사실을 생각하면 우울해. 하지만 앞으로도 할 일은 많아. 지금까지 해온 모든 일을 생각하면, 지금 크게 잘못하고 있다고는 생각 안 해. 나는 치료를 받으러 다니고 있어. 몸에 밴 습관을 고치는 중이야. 시간이 꽤 걸리겠지만, 나는 나를 충분히 바꿀 수 있고, 앞으로 새로운 일을 할 수 있다고 믿어.

부정적인 남자: 모니카, 찬물을 끼얹고 싶지는 않지만 희망을 버리는 게 좋을 것 같아. 넌 39살이야. 지금까지 아무것도 성취하지 못했는데, 나중이라고 나아지겠어? 운명이라고 생각하는 게 좋을 거야. 내가 알기로 인생을 개척해서 바꾼 사람은 아무도 없어. 네 생각은 아주 비현실적이야. 머릿속의 공상일 뿐이라고.

모니카: 나 같은 사람을 처음 봤다는 말은 사실이겠지. 내가 독특하다는 것은 인정해. 내 일에 관심 가져줘서 고마워. 그런데 네 말은 마치 사람들이 아무리 노력해도 결코 바뀔 수 없다는 말처럼 들리는데, 그런 뜻이니?

부정적인 남자: 바로 그거야! 문제가 한두 가지 정도라면 바뀔 수도 있겠지. 하지만 널 봐! 넌 완전히 엉망이야. 직업도 없고, 가족 말고는 친구도 없고, 제대로 배우지도 못했고, 집도 없고, 사람들과 대화할 때마다 불안해하고, 운전공포증도 있고, 쉽게 지치고, 정서적으로나 육체적으로나 약해빠졌어. 세상은 만만치 않아! 넌 틀렸어. 이제 꿈에서 벗어나는 게 좋을 거야.

모니카: 내가 직업도 없고, 친구도 없고, 돈도 없는 건 사실이야. 내가 해결하기 위해 노력해야 할 문제들이지. 워낙 성격이 예민해서 해결하기 어려울 수도 있을 거야. 하지만 난 네가 무슨 소리를 하는지 정확히 모르겠어. 해결할 수 있는 문제가 따로 있다는 말이니? 한두 가지 문제인지, 여러 가지 문제인지에 따라 바뀔 수 있는 게 결정된다는 말이니? 해결할 수 있는 문제가 뭔지, 몇 가지가 상한선인지 알고 싶어. 3가지니? 4가지니? 아니면 12가지니?

부정적인 남자: 넌 지금 핵심에서 벗어나 있어. 난 숫자나 통계를 이야기하는 게 아니야. 난 너에 대해 이야기하는 거야. 넌 지금까지 살면서 아무것도 이루지 못했잖아. 앞으로도 마찬가지일 거야. 더 이상 할 이야기가 뭐가 있을까?

모니카: 맞아, 네 말의 요지를 확실히 알겠어. 하지만 왜 내가 변할 수 없다고 생각하는지 궁금해. 좀전에 한두 가지 문제는 풀 수 있다고 말하지 않았니? 그게 뭔지 알고 싶어. 일단 그것부터 해볼 수 있잖아.

부정적인 남자: 좋아. 재미있는 이야기 하나 해줄까? 네가 가진 문제들은 서로 얽혀서 계속 커지는 것 같아. 취직을 하기에 넌 수줍음을 너무 많이 타. 집을 얻고 싶어도 돈이 없는 게 문제지. 수줍음을 극복하려면 밖에 나가서 연습을 해야 하는데, 넌 게으르고 의지가 약하잖

아. 게다가 넌 운전공포증과 공황발작도 갖고 있다고. 이것 말고도 줄줄이 있잖아. 넌 악
순환의 고리에 빠져 있어. 진퇴양난이야. 인정하라고. 넌 끝났어.

모니카: 귀한 시간 들여 조언해줘서 고마워. 하지만 왜 그 문제들을 풀 수가 없다고 생각하는지
알고 싶어. 네가 언급한 문제들은 하나같이 인지행동치료 기법을 이용해 치료할 수 있는
문제들이야. 많은 전문가들이 책을 통해 그 문제들을 해결할 수 있다고 말하고 있어. 그
들 모두가 틀렸을 리 없잖아!

부정적인 남자: 넌 여러 가지 문제가 섞여 있어. 그래서 풀기 어려운 거야.

모니카: 재미있네. 풀 수 없는 문제들의 조합에 대해 들은 바가 있니? 심리학이나 통계학 전문가
들이 심리학 저널에 발표한 내용이니? 아니면 네가 발견한 형이상학적 법칙이니?

부정적인 남자: 심리학자로부터 들은 말이야. 그 심리학자에 대해 이야기한 적 있을 텐데. 그 사
람은 40년 경력을 통틀어 너 같은 애는 처음 봤대. 게다가 넌 약 없이는 치료할 수 없고,
증상이 너무 심해서 약을 먹어도 많이 힘들 거래.

모니카: 정신과 의사들은 인지치료 기법을 빠뜨리는 경우가 있어. 약제 처방에만 길들여져서 인
지치료 기법은 아예 생각을 안 하려고 하지. 의사 2명도 나에게 약을 먹지 않으면 나을 수
없을 거라고 말했지만, 약을 끊고 더 좋아졌어. 나는 인지행동치료를 해보기로 마음먹었
고, 결과를 기다려볼 생각이야. 하지만 왜 내가 나을 수 없다고 그토록 확신하는지 알고
싶어. 대체 이유가 뭐니?

부정적 남자: 문제는 바로 너야. 넌 그럴 만한 능력이 안 돼. 다른 사람들은 자기 문제를 풀 수 있
지만, 너는 글렀어. 할 수 있었다면 벌써 하고도 남았지.

모니카: 재미있네. 그럼 너는 내가 다른 사람들과 비슷한 문제에 시달리지만, 그들과 달리 나만
구제불능이라고 생각할 특별한 이유가 있다는 말이니? 그게 정확히 뭔데?

부정적 남자: 뭔지 정확히는 말할 수 없지만, 있는 게 확실해.

모니카: 말로 하기 힘든 어떤 문제가 있는 거구나.

부정적 남자: 그래 맞아.

모니카: 설명하거나 묘사할 수 없는 뭔가가 내가 바뀔 수 없는 이유라는 거구나?

부정적 남자: 맞아.

모니카: 그것이 아무런 근거가 없다는 말과 뭐가 다르지? 내 생각엔 너 스스로도 무슨 말을 하고

있는지 모르는 것 같아!

와우! 나는 모니카가 시도한 두려운 환상 기법에 깊이 매료되었다. 내가 직접 시도했어도 그보다 잘하기는 어려웠을 것이다! 모니카는 자신이 상상할 수 있는 최악의 비난을 적었기 때문에 효과를 얻을 수 있었다. 그녀는 비판에 물러서지 않고 상대방의 논리를 하나하나 살핀 다음 맹점을 찾아냈다.

두려운 환상 기법이 15장에서 읽은 '목소리 외재화'와 상당히 비슷하다는 사실을 눈치챘을 것이다. 목소리 외재화와 두려운 환상 기법에는 자기방어와 수용 역설 기법이 통합되어 있다. 목소리 외재화 기법에서는 상대방이 '너'를 주어로 삼아 '오늘의 기분 일지'에 적은 부정적인 생각으로 나를 공격한다. 상대방은 실제 인물을 연기하는 것이 아니라, 내 의식 속에 있는 자기 비판적 사고를 대변할 뿐이다. 실제로 나 자신과 싸우고 있는 것이다.

반면, 두려운 환상 기법은 상대방이 내가 아닌 제3자를 연기한다. 하지만 그는 실제 인물이 아니며, 누군가가 품고 있을지도 모를 부정적인 생각을 가진 가상의 비판자다. 물론 그 비판자는 끔찍한 말만 일삼고, 세상 그 누구보다도 혹독해야 한다. 목소리 외재화 기법과 두려운 환상 기법의 결과물은 동일하다. 상대방의 비판에서 허점을 찾아내면, 상대방을 허탈하게 만들어 처음부터 아무것도 두려워할 이유가 없었다는 사실에 눈뜨게 된다.

20장

대인관계 노출 기법

─대인공포증

대부분의 사람들이 종종 수줍거나 어색한 느낌에 시달리지만 이를 대수롭지 않게 생각한다. 하지만 수줍은 느낌은 자존감을 앗아가고, 직장에서 움츠러들게 만들고, 친밀하고 사랑스런 관계를 형성하지 못하도록 방해한다.

인지치료는 생각이 감정을 좌우한다는 발상에 바탕을 둔다. 수줍은 사람은 사회생활에서 다음과 같은 생각을 품을 수 있다.

- 나는 재미있는 화젯거리가 없다.
- 나는 다른 사람들과 생활반경이 다르다.
- 사람들이 나를 싫어하고, 내가 지루하다고 생각할 것이다.
- 지금 나만 남의 시선을 의식하는 것 같다.
- 누구라도 지금 내 기분을 안다면 나를 인생의 패배자로 생각할 것이다.
- 모두 내가 얼마나 긴장하고 있는지 알고 있다.
- 너무 긴장해서는 안 된다. 마음을 편히 가져야 한다.
- 난 뭐가 문제일까? 난 정말 특이한 인간인가 보다.

이런 생각을 품은 사람들은 항상 수줍어하고, 다른 사람들을 지나치게 의식한다. 생각 자체가 불편한 감정을 유발하는 것이다. 그리고 불편할 때 떠오르는

왜곡	(√)	왜곡	(√)
1. 흑백사고		6. 과장 및 축소	
2. 성급한 일반화		7. 감정추론	
3. 생각 거르기		8. 당위진술	
4. 장점 폄하		9. 낙인찍기	

5. 결론 도약
  -넘겨짚기
  -주술적 주문
		10. 비난
		  -자기비난
		  -타인비난	

생각들은 꽤 그럴 듯해 보이지만, 실제로는 지금까지 배운 여러 가지 인지 왜곡들을 포함하고 있다. 이런 생각에 포함된 왜곡은 몇 가지나 될까? 위 표에 체크해보라. 그리고 다 끝냈으면, 해답을 읽어보라.

해답

376페이지에 제시한 것처럼, 위의 생각들은 10가지의 왜곡을 포함하고 있다.

수줍음은 정신을 속이는 것에서 시작된다. 수줍음을 타는 사람들은 사실이 아닌 것을 사실처럼 받아들이면서 그것을 깨닫지 못한다. 왜 이런 일이 일어나는 걸까? 그들이 바보도 아닌데 왜 왜곡된 메시지를 믿는 걸까? 부정적인 생각이 자성예언처럼 작용해, 사실이 아닌 것을 사실처럼 여기게 만들기 때문이다.

상대방이 자신을 싫어하거나 관심이 없다고 믿는 사람이 있다. 이런 생각에 빠지면 불안하고 어색해지며, 남의 시선을 의식하게 된다. 이들은 비판적이고 까다로운 사람에게 열등감을 느끼거나 원한을 품기 쉽다. 그 결과 사람들과 대화할 때 불편함을 느껴 자신의 감정과 행동을 끊임없이 점검한다.

왜곡	(√)	설명
1. 흑백사고	√	세상에는 두 부류의 사람이 있다고 생각한다. 즉, '내성적인' 사람과 '외향적인' 사람으로 구분한다. 하지만 대부분의 사람은 때때로 수줍음을 느끼고 불안감에 시달린다.
2. 성급한 일반화	√	자신을 수줍은 사람으로 성급하게 단정한다. 수줍음을 해결할 수 있는 문제로 생각하기보다, '난 뭔가 문제가 있어'라고 생각한다. 이런 식의 생각은 자신이 열등한 인간이라는 느낌을 유발한다.
3. 생각 거르기	√	수줍음과 실수에만 정신을 쏟아 다른 사람의 말을 제대로 듣지 않는다. 누군가와 즐거운 대화를 나누기가 어려워진다.
4. 장점 폄하	√	자신의 장점을 폄하하며, 자신에게 특별하고 재미있는 면이 아무것도 없다는 주문을 외운다.
5. 결론 도약 -넘겨짚기 -주술적 주문	√	자신 말고는 아무도 불안해하지 않고 사람들이 자신의 말에 관심이 없을 거라고 넘겨짚는다.(넘겨짚기) 모두들 자신의 어색한 기분을 알아채고, 자신이 처한 상황이 얼마나 끔찍하고 수치스러운지 잘 알 것이라고 믿는다.(주술적 주문) 이런 믿음은 자성예언으로 작용해 부정적인 생각이 타당하다고 믿게 된다.
6. 과장 및 축소	√	결점을 지나치게 확대해석하고, 수줍음 자체를 수치스럽고 비정상적인 것으로 생각한다.(과장) 자신의 개성과 강점을 축소한다.(축소)
7. 감정추론	√	자신이 별종이라는 느낌이 들기 때문에 실제로 별종이 틀림없다고 생각한다. 사람들이 자신을 깔본다는 느낌이 들기 때문에 실제로도 자신을 깔본다고 생각한다.
8. 당위진술	√	다른 사람들을 의식하고, 수줍어해서는 안 된다고 스스로를 채근한다. 이는 수치심을 유발한다.
9. 낙인찍기	√	자신을 '패배자' 또는 '별종'으로 낙인찍는다. 이 때문에 열등감과 고립감, 정상이 아니라는 느낌에 시달린다.
10. 비난 -자기비난 -타인비난	√	수줍음을 느낀다는 이유로 자기비난과 자학을 일삼는다. 비판적이고 까다로운 사람들이 자신을 좋아하거나 받아들이지 않을 것 같다는 이유로 다른 사람들을 비난한다.

속으로 이렇게 생각하는 것이다. '잔뜩 긴장한 티가 나겠지? 부끄럽고 불안해하는 모습이 훤히 보일 거야. 아무렇지도 않은 척해야 해. 뭔가 바보 같은 말을 하면 어쩌지? 내가 당장 재미있는 이야기를 못 하면, 상대방은 금방 지루해져

서 자리를 뜰 거야. 하지만 무슨 말을 해야 할까? 재미있는 이야기가 도통 생각이 나질 않아. 우리 집에 있는 수족관 이야기를 할까? 물고기를 좋아하는지 물어보면 어떨까?'

이런 생각으로 정신이 산란해져 사람들과 자연스럽고 즉흥적이고 생동감 있는 대화를 나누기가 어려워진다. 머릿속은 온통 자신에 대한 생각과 걱정뿐 다른 사람의 말에 집중하지 못하고 관심을 보일 수도 없다. 그 결과 특이하고, 지루하고, 자신만의 세계에 빠져 있는 사람으로 보이게 된다. 상대방과 감정을 교류하지 못하는 탓에 긴장되고 어색해 보이고, 결국 상대방도 대화를 나누기가 불편해져 자리를 뜨게 한다.

그러면 수줍음을 느끼는 사람들은 이미 예상했던 일이라서 괜찮다며 자위하곤 한다. 자신은 정말 지루한 사람이고, 다른 사람들은 자신에게 정말 관심이 없다고 체념하는 것이다. 희생자라는 기분에 휩싸여 이 모든 시나리오가 왜곡된 사고에서 비롯되었다는 생각은 전혀 하지 못한다. 자신이 두려워하는 방식 그대로 자신을 대하도록 사람들을 강요하는 셈이다.

발표불안증 또한 마찬가지다. 발표불안증을 가진 사람은 자신이 발표를 망치는 모습을 상상하면서 청중들이 따분하고 지루해하고 적대적으로 변할지도 모른다는 생각에 불안해한다. 이런 불안은 여지없이 현실로 나타난다. 물론 이 상황을 긍정적으로 풀어낼 수도 있다. 따뜻하고 활발하게 다른 사람과 교류하는 요령을 익히면 기대 이상의 힘을 발휘할 수 있다.

이 장에서는 당신을 사회생활의 바보에서 사회생활의 달인으로 바꿔줄 5가지 대인관계 노출 기법을 소개한다. 미소와 인사 훈련 기법, 추파 던지기 훈련 기법, 거절 훈련 기법, 자기노출 기법, 데이비드 레터맨 기법이 그것이다. 14장에서 배운 수치심 공격 훈련 또한 대인관계 노출 기법으로 분류될 수 있다.

미소와 인사 훈련 기법 적용하기

어릴 적, 아버지는 나에게 〈세계의 전쟁〉이라는 영화를 보여주었다. 영화 관람을 마치고 차로 걸어가던 중, 아버지는 앞에서 걸어오는 사람들에게 인사를 했고, 그들 대부분도 같은 인사로 화답했다.

나는 놀라서 그 많은 사람들을 어떻게 아느냐고 물었다. 아버지는 그들은 전부 모르는 사람들이지만 인사를 못 할 이유가 없다고 말했다. 아버지는 내게도 한번 해보라고 권했고, 나 또한 걸어오는 사람들에게 미소를 짓고 인사를 하기 시작했다. 아버지를 믿은 나는 그것이 어색한 행동이 아니라고 생각했다.

대부분의 사람들이 나와 같은 미소와 인사로 화답했다. 나는 아버지를 따라가는 어린 소년에 불과했고, 사시에다 두꺼운 안경을 낀 탓에 어벙한 아이처럼 보였을 것이다. 사람들은 귀여운 아이가 참 재미있다고 생각했을지도 모른다. 어쨌건 나로서는 아주 성공적인 수줍음 퇴치 훈련이었다.

수줍음에 시달린다면 비슷한 훈련을 해볼 수 있다. 매일 모르는 사람 10명에게 미소 지으며 인사를 해보는 것이다. 대부분의 사람들은 기대 이상으로 친근한 반응을 보일 것이다.

자신이 없다면 더 쉬운 방법이 있다. 식물이나 램프 같은 대상을 향해 미소 짓고 인사를 하는 것이다. 산책 중에 마주치는 강아지나 고양이를 두고 연습할 수도 있다. 동물에게 인사하기가 자연스러워졌다면, 사람으로 그 대상을 바꿔 보면 된다.

거부감이 덜 생기는 사람들부터 시작해보라. 예컨대 버스 정류장에서 버스를 기다리고 있는 나이 지긋한 신사에게 미소를 지으며 인사를 건네는 것이다. 아마도 십중팔구 그는 인사를 고맙게 받아들일 테고, 당신의 인사가 그를 기분 좋게 만들어줄 것이다. 마음을 담아 유쾌한 인사를 건네면 좋은 에너지가 상대방을 기쁘게 만들고 상대방 역시 좋은 에너지를 나에게 보내준다. 머지않아 아무에게나 인사를 건네는 자신을 발견하게 될 것이다.

수줍음을 타는 사람들은 이런 기법을 처음 시도하기를 몹시 두려워한다. 나는 필라델피아의 생명공학 회사에서 일하는 로저라는 인도인 청년을 진료한 적이 있다. 로저는 호감 가는 청년이었으나 극심한 수줍음에 시달렸다. 그는 과도하게 다른 사람의 시선을 의식했고, 모든 사람이 수줍어하고 어색해하는 자기를 지켜보고 있다고 굳게 믿었다. 심지어 그는 마트에 가는 것도 곤욕스러워했다. 계산하기 위해 줄을 서 있을 때조차 어색함을 이길 수 없어 아무도 자신을 눈치채지 못하도록 바닥만 바라보고 있었다.

로저는 종종 심야 토크쇼를 시청했다. 그는 대부분의 미국인들이 데이비드 레터맨이나 제이 레노와 같이 활달하고 사회성이 풍부할 것이라 생각했다. 그는 마트에 줄을 선 사람들 모두가 서로 끊임없이 잡담을 늘어놓고 위트 넘치는 농담을 주고받는다고 확신했다. 그는 계속 바닥만 바라보고 있었기에 자신의 확신을 뒷받침할 아무런 증거도 갖고 있지 않았다. 하지만 이런 확신을 바꾸지 않았다. 로저는 계산하기를 기다리는 동안 꺼낼 수 있는 위트 있는 말이 도저히 떠오르지 않았다. 자신이 계산할 차례가 되었을 때, 그는 최대한 빨리 계산을 마치고 가게를 떠나고 싶었다. 모든 사람들이 자신을 평가하고 있고, 자신의 부끄러워하고 어색해하는 모습을 알아챌 것이라는 느낌이 들었기 때문이다.

로저는 집에 걸어올 때조차 마음이 불편했다. 사람들이 자신의 까무잡잡한 피부와 긴 머리를 비웃을 것 같다는 생각이 머릿속에서 떠나지 않았다. 때로 그는 억울한 기분을 이기지 못해 고개를 들고는 마치 "너, 나를 깔보고 있구나!"라고 말하는 표정으로 사람들을 똑바로 쳐다보았다. 아니나 다를까, 사람들은 그의 화난 표정에 놀란 기색이었다. 로저는 사람들이 정말로 자신을 깔보다가 들켰다는 확신이 들었다.

나는 로저에게 자신의 부정적인 생각을 시험할 수 있는 방법을 제안했다. 계산을 기다리고 있을 때 고개를 들어 주변 상황을 지켜본 다음 활기차게 잡담을 나누는 사람과 주변에 관심 없이 멍하게 있는 사람의 숫자를 세어보라고 주문했다. 로저는 다음에 장보러 갈 때 실험을 해보겠다고 마지못해 대답했다.

다음 주 로저를 만났을 때, 그는 주변이 너무 신경 쓰이고 관심을 끌기가 죽도록 싫어서 바닥에서 눈을 떼고 고개를 들기가 너무 어려웠다고 고백했다. 하지만 그가 주변을 둘러보자 놀랍게도 잡담이나 위트 있는 농담을 주고받는 사람이 아무도 없었다고 했다. 대신 사람들은 잡지 코너에서 빌린 〈내셔널 인콰이어러〉 잡지를 읽거나 허공을 쳐다보고 있었다. 또한 계산원에게 그럴듯한 말을 걸지도 않고 그저 "얼마예요?", "감사합니다"라고만 하고 각자 갈 길을 갔다.

출발은 좋았지만 아직 목표에 다다른 것은 아니었다. 로저는 여전히 다른 사람들과 자연스럽게 교류할 수가 없었다. 나는 다음 단계로 미소와 인사 훈련을 제안했다. 나는 일주일 동안 로저에게 적어도 모르는 사람 20명에게 미소를 지으며 인사해보라고 지시했다. 병원에 오다가다 만난 사람, 길을 걸어가고 있는 사람, 쇼핑하고 있는 사람 등 누구라도 상관없었다. 이에 덧붙여 나는 부정적, 중립적, 긍정적으로 반응하는 사람들이 각각 몇 명인지 메모하라고 주문했다. 이런 방법을 통해 로저는 사람들이 자신을 판단하고 깔본다는 믿음이 맞는지 시험해볼 수 있었다.

그는 내 요구를 탐탁지 않게 여겼고, 자신이 '할 수 없고', '하면 안 되는' 별의별 이유를 갖다붙이며 거세게 반발했다. 그는 그것이 불안을 과도하게 자극하는 방법이며, 사람들이 자신을 이상한 사람으로 생각할 것이라고 우겼다. 로저는 진료실을 나가면서 '노력해보겠다'는 아리송한 약속을 남겼지만, 의지가 없다는 기색을 여실히 드러냈다.

다음 주에 로저는 미소와 인사 훈련을 하지 않았다고 고백했다. 그는 너무 긴장해서 모르는 사람에게 미소를 지을 수 없었다고 말했다. 그는 자신의 미소가 가식으로 보일 것이라고 주장했다. 나는 로저에게 용기를 내라고 격려하며 '미소 명령'이라는 게임을 해보자고 제안했다. 게임의 규칙은 서로 번갈아가며 "웃어요!"라고 소리치면 얼굴에 미소를 띠고 "안녕하세요"라고 말하는 것이다. 내가 얼마나 불안하든, 상대가 얼마나 가식적이든 상관없이 규칙에 따라야 한다.

이 훈련은 나 또한 버거웠다. 어릴 적 웃을 때마다 입술이 뒤틀려 신경이 쓰였던 나로서는 억지로 웃기가 불편했다. 하지만 이 게임은 무척 재미있었다. 내가 "웃어요!"라고 소리칠 때마다 로저는 우스꽝스럽고, 가식적인 미소를 지으며 "이보세요, 안녕하세요"라고 말했다. 그 모습이 너무 바보스러워 웃음이 터져 나왔다. 로저 또한 폭소했고, 그의 '가식적'인 미소는 진심 어린 웃음으로 변했다. 친구나 가족과 이런 연습을 하면 몹시 즐거울 것이다.

이 게임의 성공에도 불구하고 로저가 미소와 인사 훈련을 하기까지는 몇 주가 더 걸렸다. 그는 자신이 왜 훈련을 할 수 없었고, 해서는 안 되었는지 끊임없이 변명을 늘어놓았다. 나는 그의 긴장을 풀어주고 사람들과 교류하게 만들려면 껍질을 깨고 나오도록 오랜 시간 준비해야 한다는 사실을 알고 있었다. 그는 매력적이고 호감 가는 젊은이였으나, 도무지 기회를 허락하지 않았다.

당시 내 아내는 임상 심리학 수련 과정을 밟으며 내 병원에서 일하고 있었다. 아내는 로저를 다른 세션에서 치료하고 있었다. 아내와 나는 같이 만나 한 팀을 이루기로 결정하고, 로저에게 반드시 밟아야 할 치료과정이라고 설명했다. 우리는 싫다는 그의 의사를 단호하게 용납하지 않기로 했다. 아버지와 어머니가 함께 '엄한 사랑'을 펼치는 꼴이었다. 로저는 자신이 끔찍할 정도로 수치스럽고 불안해질 것이라고 확신했지만, 마지못해 우리 제안을 받아들이기로 했다.

한 주가 지나 세션을 시작할 때, 로저는 매우 기분이 좋은 상태였다. 그가 미소를 지으며 인사를 건넸을 때, 놀랍게도 아무도 그를 흘겨보지 않았다. 오히려 대부분의 사람들이 다정한 반응을 보이며 미소로 화답했다. 심지어 로저는 몇 사람과 활기찬 대화를 시작했다. 그는 흥분해 어쩔 줄 몰랐고, 짜릿한 기분을 느꼈다. 그는 더 이상 수줍어하지 않았고, 온종일 정신없이 사람들과 대화할 수 있었다. 로저는 기분이 더없이 좋아져, 몇 주 내로 치료를 끝내기로 했다.

나는 이런 결과가 오래 지속될지, 곧 끝날지 궁금했다. 몇 년이 흘러 로저는 내게 전화해 후속 세션에 참가해도 되느냐고 물었다. 그는 입사를 앞두고 어떤 결정을 내려야 할지 도움을 얻고 싶다고 했다.

나는 그를 다시 보게 되어 매우 기뻤다. 내가 그동안 어떻게 지냈는지 물어보자 그는 자신이 언제 수줍음을 탔는지 모를 정도로 하루 종일 사람들과 자연스럽게 잡담을 나눈다고 자랑했다. 그는 춤을 배우기 시작했고, 사교성 넘치는 청년으로 거듭나 있었다. 수많은 여성들과 데이트를 즐겼고, 사랑하는 여자친구도 생겼다.

내가 전문가들이 참석한 워크숍에서 로저의 사례를 소개할 때마다 그들은 이렇게 묻는다. "로저가 비호감에 사람들이 싫어할 만한 청년이었다면 미소와 인사 훈련 기법을 고수했을까요? 사람들이 정말 그를 꺼렸다면요?" 나는 저마다의 상황에 따라 맞춤 치료를 해야 한다고 생각한다. 로저는 무척 매력적이었기 때문에 미소와 인사 훈련을 할 때 사람들이 잘 받아줄 것 같았다. 로저가 아닌 다른 사람이었다면, 다른 기법을 활용했을 것이다. 나는 그 누구라도 실패하거나 수치스럽게 만들 생각은 없기 때문이다.

미소와 인사 훈련은 지역별로 효과가 다를 수도 있다. 캘리포니아에서는 모르는 사람들에게 인사를 해도 대부분 긍정적인 반응을 보인다. 하지만 뉴욕에서는 그런 반응을 얻기 어렵다. 나는 뉴욕에서 동료와 함께 15분간 모르는 사람 40명에게 인사를 건넸지만, 우리에게 인사하는 사람은 단 한 명도 없었다! 이런 한계를 염두에 둔다면, 미소와 인사 훈련을 더 효과적으로 시도할 수 있다.

추파 던지기 훈련 기법 적용하기

내가 지금까지 치료했던 수줍음과 외로움을 느끼는 환자들 대부분은 상대를 유혹하는 방법을 전혀 알지 못했다. 그들은 대개 관심 있는 사람을 사귀려 할 때 너무 심각해지는 경향이 있다. 반면 말주변을 타고난 사람들도 있다. 그들은 그 누구라도 가뜬하고 다정다감하게 대하며, 주변 사람들을 편안하게 해준다. 이런 성격은 타고나는지, 자라면서 배우게 되는지 학자들도 정확히 알지 못한다. 이와 마찬가지로 수줍음을 타고나는 사람들이 따로 있는지, 자라면서 고통스러운 기억이 수줍음을 유발하는지 또한 불확실하다.

동물 연구의 결과는, 2가지 가능성을 모두 뒷받침한다. 학자들은 포인터견 가운데 일부 종들은 사람을 무서워하는 '수줍음' 유전자를 가지고 태어난다는 사실을 발견했다. 수줍음 유전자를 타고난 강아지가 사람을 처음 보면 공포에 떨며 도망가고 숨는다. 수줍음 유전자가 없는 강아지는 선천적으로 다정다감하고 활달하다. 사람을 처음 본 순간에도 좋아서 달려들고, 신나서 꼬리를 치며 쓰다듬어 주기를 바란다. 사람이 이와 마찬가지라면, 수줍음이 유전된다고 주장할 수 있다.

반면, 당신은 사람을 한 번도 보지 못하고 자란 야생 고양이가 사람을 어떻게 대하는지 알고 있을 것이다. 고양이는 새끼 때부터 사람이 기르지 않으면 대개 사람을 불신한다. 어느 정도 자란 후부터 기르기 시작했다면 사람들에 대한 공포를 완전히 이기지 못해 태어날 때부터 사람이 기른 고양이만큼 상냥하거나 사람을 잘 따르지 않는다. 나 또한 6주 된 도둑고양이를 키워본 경험으로 두 경우에 큰 차이가 있다는 사실을 알고 있다. 이런 사실은 수줍음 또한 습득된다는 주장을 뒷받침한다.

사람에게 수줍음을 유발하는 요소가 무엇인지 상관없이 누구나 원만한 대인관계를 맺는 요령을 습득할 수 있다고 나는 확신한다. 만일 당신이 수줍음에 시달린다면, 그 문제를 극복하고 원만한 사회생활을 하기 위해 할 수 있는 일은 무수히 많다.

효과적인 추파 던지기란 무엇일까? 몇 가지를 예를 통해 설명해보겠다.

- 존경받는 느낌, 특별하다는 느낌이 들도록 상대를 배려한다. 상대가 이룬 성과와 상대의 멋진 모습을 가벼운 마음으로 칭찬한다. 나에게 신경 쓰기보다는 상대와 관련된 대화를 나눈다. 그러면 나에 대한 이야기를 많이 하지 않아도 상대는 나를 특별하게 여기기 마련이다.
- 언니가 뽐내고 싶은 동생을 놀리듯, 상대를 친근하게 놀린다. 이러다 보면 환상과 재미를 유발해 상대는 나에게 끌리고 호기심을 갖게 된다.
- 긍정적인 몸짓 언어를 활용한다. 즐겁게 이야기하면서 상대의 눈을 쳐다보거나 다정하게 팔을 어루만진다.

물론, 이런 기법들을 활용하려면 신중하고 노련해야 한다. 상황에 따라 상대를 어루만지는 일이 부적절할 수도 있고, 서투르고 거칠게 만지면 시비를 거는 것처럼 보일 수도 있다.

나는 초등학교 교사 안네마리를 치료한 적이 있다. 그녀는 집중 치료 프로그램에 참여하기 위해 몇 주간 필라델피아를 방문했다. 안네마리는 외롭고 불행하다는 느낌에 온통 사로잡혀 있었다. 그녀는 친구가 거의 없고 여가 시간 대부분을 수업 준비에 바친다고 고백했다. 그녀는 훌륭한 선생님이었지만 인생이 흥미롭거나 보람차지 못했고, 밝고 매력적이었지만 어딘가 모르게 뻣뻣한 면이 있었다.

나는 안네마리에게 치료를 통해 무엇을 얻고 싶은지 물어보았다. 만약 마술 지팡이가 있다면 어떻게 할까? 삶에서 무엇을 바꿀까? 그녀는 인생을 더 즐겁게 살았으면 좋겠다고 대답했다.

나는 그녀의 생각을 정확히 알고 싶어 이렇게 질문했다. "언제부터 즐겁게 살고 싶은가요?"

"당장 오늘부터요."

"좋아요. 그러면 오늘 언제부터 즐겁고 싶나요? 세션 중간인가요, 세션이 끝난 다음인가요?"

"세션이 끝난 다음에요."

그녀가 이렇게 대답해서 안심이 되었다. 곧이어 나는 세션이 끝나고 무엇을 할 계획인지 그녀에게 물었다. 안네마리는 오늘이 금요일 오후여서 주말에 친구를 만나기 위해 필라델피아에서 뉴욕까지 기차를 타고 갈 거라고 대답했다.

나는 이렇게 물었다. "뉴욕에 가는 길이 너무나 재미있다면, 무슨 일이 일어날까요? 상상해보세요."

당황한 그녀는 멋진 남자들이 기차 안에서 자신을 유혹하는 환상을 떠올리겠다고 어색하게 말했다. 그녀는 너무 수줍어서 오랫동안 데이트 한번 못해보았다.

나는 기차가 뉴욕까지 통근하는 여피족으로 발 디딜 틈 없다는 사실을 알고 있었다. 그리고 안네마리는 매력이 넘치는 여성이므로 그녀가 움직여주기만 한다면 쉽게 성공할 것이라 생각했다. 나는 이렇게 말했다. "기차에 멋진 남자들이 많을 거예요. 내 특기 중 하나가 외로운 여성들이 남자들을 입맛대로 요리할 수 있는 방법을 가르쳐주는 거예요. 하지만 문제가 하나 있어요."

그녀는 되물었다. "문제가 뭔가요, 번즈 박사님?"

나는 이렇게 대답했다. "내 말을 믿고 따라야 해요. 처음에는 극도로 불안하겠지만 내 말을 조금이라도 의심하면 이 방법을 쓰는 건 불가능해요."

안네마리는 심각하고 지루한 인생을 살기에 지쳐 법과 도덕에 어긋나지 않은 일이라면 뭐든 할 수 있다고 말했다. 바로 내가 원한 대답이었다.

나는 추파 던지기의 첫 번째 비결은 이것이 단순한 게임이라는 사실을 상기하는 것이라고 말했다. 그저 재미를 위한 것이며 너무 심각하게 생각하면 마법이 일어나지 못할 것이라고 설명했다. 많은 사람들이 인생을 지루하다고 느끼며, 기분전환을 하고 싶어 한다. 누구나 가볍고 친근하게 접근하는 사람을 훨씬 좋아한다. 하지만 보채거나 따라다닌다고 느끼면 거절하기 마련이다. "사람들은 얻기 힘든 것만 바라며, 얻을 수 있는 것은 바라지 않는다." 이것이 바로 내가 세운 법칙, '번즈 룰'이다.

상대방을 칭찬하는 것도 추파 던지기에 성공하는 방법이다. 하지만 쾌활하고, 친근하고, 호의적으로 칭찬해야 더 큰 효과를 볼 수 있다. 사실 칭찬은 살짝 허풍이 섞일 때 잘 먹히기 마련이다. 사회통념과는 배치되는 말처럼 들린다 해도 내 말을 한번 믿어보기 바란다.

나는 안네마리에게 너무 심각하지 않게 가볍고 장난스러운 인상을 심어줄 필요가 있다고 말했다. 나는 이렇게 설명했다.

기차 옆자리에 앉은 미남 청년과 대화를 시작한다고 가정해봅시다. 그는 미남이지만 머릿속은 텅 빈, 멍청이처럼 보입니다. 그는 항상 미남이라는 말을 들어왔기에 그 말이 식상합니다. 대신 그가 생각하는 방식이 무척 재미있고, 매력적이라고 말해보세요. 모든 사람들이 그렇게 말하지 않느냐고 허풍을 섞어도 좋습니다.

당신은 그가 그런 말을 자주 듣지 않는다는 사실을 잘 압니다. 어쩌면 그런 말을 한 번도 들어본 적이 없을 것입니다. 그는 귀가 솔깃해 당신 손아귀 안으로 들어오기 시작할 것입니다. 하지만 참으세요. 보채는 모습을 보이면 곤란합니다. 스스럼없이 그가 아닌 다른 사람에게 말을 거세요. 번즈 법칙을 기억하세요. "사람들은 얻기 힘든 것만 바라며, 얻을 수 있는 것은 바라지 않는다."

다른 쪽에 앉은 남자는 모범생 티가 납니다. 땅딸막한 그는 뉴욕 과학 아카데미에 연구결과를 발표하러 가는 길입니다. 그와 대화를 시작하고 외모를 칭찬하세요. 예컨대 아주 진지하고 부러운 투로 이렇게 말해보세요. "당신 눈에서 강렬함을 느낄 수 있어요. 여성들로부터 항상 그런 말을 들을 것 같아요."

그 사람은 이런 말을 거의 듣지 못할 것입니다. 어쩌면 어머니에게서조차 그런 말을 들어보지 못했을 수도 있습니다. 아마 그는 흥분하고 신이 나 얼굴이 홍당무가 될 수도 있어요. 분명 그는 당신을 오래도록 기억할 거예요.

미남 멍청이는 이렇게 생각하겠죠. '이건 말도 안 돼. 저런 얼간이한테 질 수 없어. 나한테 다시 말을 걸게 해야 하는데.'

어른도 아이들과 다르지 않습니다. 성인이 되어 진지해져도, 놀이를 즐기고 싶은 마음은 여전히 도사리고 있어요. 우리 모두 살면서 작은 환상을 꿈꾸죠. 추파 던지기는 즐길 만한 게임입니다. 누구나 마음속으로는 바라면서 겉으로는 자제하는 일이에요.

안네마리는 나와 함께 진료실 안에서 역할극을 해보며 추파 던지기를 연습했다. 어색함이라고는 찾아볼 수 없었다. 거리낌 없이 유혹해도 되는 상황이 주어지자 아무것도 어려울 게 없었다. 나는 남부 여성다운 매력이 넘치는 그녀가 남자들의 시선을 충분히 끌 수 있다고 생각했다.

그녀는 그날 오후 전철에서 최소한 3명의 남자에게 접근해보는 데 동의했다. 하지만 곧 불안해하며 이렇게 물었다. "내가 추파 던지는 모습을 본 사람들이 나를 경멸하면 어떡하죠? 사람들이 나를 부끄러움도 모르는 헤픈 여성이라고 생각할 거예요."

나는 그녀가 두려움을 극복하도록 두려운 환상 기법을 제안했다. 이 기법은 앞장에서 소개한 인지 노출 기법에 속한다. 나는 지금부터 최악의 공포가 현실로 이루어지는 악몽의 세계로 들어갈 것이라고 설명했다. 그 세상에서는 기차에 탄 승객들이 매력적인 남성에게 부끄러운 줄 모르고 추파를 던진다는 이유로 안네마리를 경멸한다. 나아가 그들은 아무 거리낌 없이 자신의 생각을 말한다.

나는 안네마리에게 적대적인 승객의 역할을 맡기고, 내가 안네마리의 역할을 맡겠다고 설명했다. 나는 그녀에게 적대적인 승객들이 품는 생각을 말로 표현하며 나를 모욕해보라고 부추겼다. 할 수 있는 한 가장 못되게 행동하고 차마 말로 옮기지 못할 끔찍한 이야기를 해도 좋다고 했다. 나는 그녀가 맡은 악의에 찬 승객이 그녀 자신의 최악의 공포와 엄격한 기준을 반영해야 한다고 덧붙였다. 우리가 나눈 대화는 다음과 같다.

악의에 찬 승객(안네마리 연기): 이봐, 난 네가 남자 3명에게 꼬리 치는 걸 봤어. 막 나가기로 작정
한 거니? 아니면 길거리 여성이 되고 싶은 거야?

안네마리(번즈 박사 연기): 둘 다 어느 정도는 사실이야. 외롭고 일에 치여서 지금의 틀에서 벗어나
고 싶었어. 게다가 필라델피아에 있는 의사에게 길거리 여성이 되는 훈련을 받았지 뭐야.
네가 알아주니 좋은걸. 아마 훈련이 효과가 있나 봐!

악의에 찬 승객: 내가 너라면, 차마 인정 못 할 것 같은데. 넌 정말 수치심이라고는 없는 모양이
구나. 너 완전히 바보 같아.

안네마리: 그래 맞아. 점점 수치심이 없어지고 있어. 난 그래서 즐거운데.

악의에 찬 승객: 무엇을 하든 네 자유지. 하지만 비윤리적이고 어이없는 네 행동을 보고 그 남자
들이 너를 경멸한다는 사실을 잊지 말았으면 해.

안네마리: 상관없어. 내가 관심 있는 남자들인걸. 그들이 나를 경멸하는 것처럼 보이지는 않아.
혹시 데이트라도 하게 될지 누가 알아?

악의에 찬 승객: 넌 너무 바보 같아 보여서 데이트 약속을 못 잡을걸. 네가 말을 거는 모습이 너
무 서투르다고.

안네마리: 요령을 익히는 중이라 고칠 점이 많다는 사실은 알고 있어. 말해봐. 어떻게 하면 좋겠
어? 네가 비법을 가르쳐주면 한번 해볼게.

안네마리는 자신이 나를 짜증나게 만들 수가 없다는 사실을 알았다. 그녀는
전철의 승객들이 그녀가 추파를 던지든 말든 아무 관심이 없다는 사실을 깨달았
다고 했다. 그래서 누군가 그녀를 비난해도 무덤덤하게 대할 수 있었다.

월요일에 만난 안네마리는 얼굴이 환했다. 그녀는 기차에 멋진 남자들이 가
득했다고 말했다. 안네마리는 긴장되고 어색했지만 옆에 서 있던 평범하게 생긴
남자와 억지로 대화를 시작했다. 보험계리사인 그는 견디기 힘들 정도로 따분한
사람이었다. 하지만 그녀는 조금씩 허풍을 떨며 그가 하는 일이 정말 흥미진진
하고 중요해 보인다고 말했다. 그녀는 그런 일을 하려면 정말 똑똑해야 할 것 같

다고 말하며 그와 수다를 떨었다. 그는 한껏 들떠 자신의 인생사를 쏟아내기 시작했다.

몇 분이 지나 그녀는 매력적인 젊은 배우에게 말을 걸었고, 그를 마음껏 들었다 놨다 할 수 있었다. 그는 안네마리에게 전화번호를 물어보며 자신이 출연하는 브로드웨이 연극의 시사회에 초대하고 싶다고 제안했다. 그뿐 아니라 뉴욕에 있는 동안 안네마리를 한번 만나고 싶다고 말했다. 안네마리는 마치 새로운 비밀무기를 갖게 된 느낌이라고 고백했다.

추파 던지기 훈련을 시작하려면 특별히 두렵지 않은 사람을 고르는 것이 좋다. 미소와 인사 훈련 기법과 마찬가지로 동물을 대상으로 시작할 수도 있다. 나 또한 항상 이 방법을 시도하는데, 효과가 아주 훌륭하다. 예컨대 길을 걷다 개와 마주치면 쓰다듬으며 가장 하기 어려운 말을 꺼낸다. "오, 참 잘생겼네. 이렇게 영리하고 친근하게 생긴 개는 처음 봐!" 개는 관심받기를 좋아하고 비판할 줄 모른다. 주인들 또한 아주 흡족해한다. 물론 으르렁대는 로트와일러라면 그냥 지나치는 게 낫다.

그 다음으로는 일상생활에서 마주치는 평범한 사람들에게 접근한다. 대부분의 사람들은 생활의 활력소를 원한다. 호텔의 벨보이, 거리를 지나치는 경찰관, 비행기의 승무원, 의류매장의 판매원, 헬스장 도우미처럼 사람들을 친절하게 대하도록 훈련된 사람들에게 호감과 존경을 표시하는 훈련을 해볼 수도 있다. 일단 편안해지면 더 관심이 가는 사람들과 어울릴 수 있다. 이런 기법의 목표는 이성을 사귀는 것이 아니라 사람들과 가볍고 친근하게 어울리며 기분을 좋게 만드는 것이다. 이렇게 생각하면 부담감이 훨씬 줄어들 것이다. 그러면 결과적으로, 처음 목적과 다르더라도 멋진 이성과의 데이트로 마지막을 장식할 수 있다.

거절 훈련 기법 적용하기

거절당하기가 두렵다면, 거절을 당해도 세상이 끝나지 않는다는 사실을 깨닫기 위해 되도록 많은 거절을 당할 필요가 있다. 예컨대 뉴욕의 유명 심리학자인 앨버트 엘리스 박사는 젊은 시절 2주간 200명의 여성에게 데이트를 신청했다. 한 명만 빼놓고 모두 거절했고, 심지어 그 한 명마저 약속장소에 나타나지 않았다!

데이트에는 실패했지만, 그는 거절당할지도 모른다는 두려움을 이기고 왕성한 사회생활을 시작할 수 있었다. 그는 이성교제 전문가로 명성을 얻었고, 오랫동안 유명 남성잡지에 성생활 가이드를 기고했다.

나는 엘리스 박사의 이야기를 듣기 전인 의대생 시절, 친구 스파이더와 함께 같은 기법을 시도해보았다. 스파이더는 내가 친구들과 살던 집 뒤의 창고에 살고 있었다. 그는 외모가 출중한 드러머로, 들어갈 밴드를 찾고 있었다. 그 또한 나와 마찬가지로 심하게 수줍음을 탔다.

두려움을 극복하려는 노력의 일환으로 우리는 팔로 알토(샌프란시스코만 서안에 있는 교외 주택도시_역주)와 샌프란시스코 거리를 거닐며 매력적인 여성들에게 번갈아가며 말을 걸었다. 스파이더는 내가 고른 여성에게, 나는 스파이더가 고른 여성에게 다가가 데이트 신청을 했다.

우리는 엘리스 박사와 비슷한 경험을 한 셈이었다. 우리 역시 매번 거절당했다. 아마도 지나치게 심각하고 진지하며 샌님처럼 조급해하는 티가 났기 때문일 것이다. 하지만 우리는 엘리스 박사와 마찬가지로 거절당할지도 모른다는 두려움을 극복하고 활기가 넘치는 사회생활을 향한 첫걸음을 뗄 수 있었다.

자기노출 기법 적용하기

자신이 숫기 없고 긴장한 사실을 부끄러워하거나 숨기지 말고, 오히려 대놓고 드러내보라. 이런 기법이 효과를 보려면 자존감이 필요하다.

필라델피아에서 병원을 연 지 얼마 안 됐을 때, 우리 부부는 글래드와인 근교에 집을 마련했다. 시내에 있는 집들이 대부분 크고 비쌌기 때문에 돈이 없는 우리는 도심 외곽의 가장 저렴한 집을 구입할 수밖에 없었다.

우리 딸 씨네는 근처에 사는 페넬로페와 종종 함께 놀았다. 어느 날 아내가 내게 페넬로페의 집에서 놀고 있는 씨네를 데려 오라고 했다. 나는 후줄근한 티셔츠와 더러운 리바이스 청바지를 입은 채 녹슨 피아트 자동차를 몰고 페넬로페의 집으로 향했다. 페넬로페의 집은 진입로가 매우 길어 도로에서 보이지 않을 정도였다. 차가 멈추고 나서야 페넬로페가 대저택에 살고 있다는 사실을 알 수 있었다. 나는 잔뜩 주눅이 든 채 거대한 정문을 향해 걸어갔다.

벨을 누르고 기다렸다. 갑자기 정문이 열리고 멋진 여성이 나타났다. 〈보그〉지 모델을 해도 어색하지 않을 정도였다. 피부를 적당히 태닝한 그녀는 늘씬한 몸매를 자랑하며 멋진 옷과 보석으로 온몸을 치장하고 있었다. 그리고 자신을 페넬로페의 어머니라고 소개했다. 나는 초조하고 불안한 태도로 말했다. "제 딸 씨네를 데리러 왔습니다."

"아, 들어오세요." 그녀는 우리 집 거실만한 로비로 나를 안내했다. 천장은 무척 높았고, 파리 루브르 박물관에서나 볼 수 있을 법한 화려한 금빛 액자 속의 그림이 벽면을 장식했다. 그녀는 내가 안절부절못하는 것을 눈치채고 이렇게 물었다.

"어디가 불편한가요?"

나는 이렇게 대답했다. "이렇게 인상적인 집은 처음이라 주눅이 드네요."

"혹시 노이로제가 아닐까요? 씨네 아버지 직업이 정신과 의사라고 들었는데요!"

"네, 맞습니다." 나는 대답했다. "정신과 의사지만 전 아주 예민하거든요. 저를 더 알게 된다면, 이건 빙산의 일각이라는 걸 알게 될 거예요!" 그녀는 웃음을 터뜨렸고, 나는 곧 여유를 찾았다. 우리 부부는 금세 그녀와 친해질 수 있었다. 그녀는 모든 것을 가진 것처럼 보였지만, 보기만큼 인생이 화려하지도 않았고 누구나 때때로 겪는 비슷한 종류의 갈등과 도전들로 고민하며 살고 있었다.

나는 그녀와의 첫 만남에서 자기노출 기법을 활용했다. '정상적으로' 보이고 싶어 수줍어하는 모습을 숨기는 대신, 솔직하게 그대로 드러낸 것이다. 불안하다는 사실을 인정하자 불안이 사라지는 역설적인 상황이 벌어졌다. 이와 반대로 내가 수줍음을 감추려 했다면 더욱 불안해졌을 것이다.

하지만 자기노출 기법은 말처럼 쉽지 않다. 나는 14살에 하버드에 입학한 조셉이라는 총명한 청년을 치료한 적이 있다. 그는 4년 만에 하버드를 우수한 성적으로 졸업했지만, 수줍음을 심하게 타 그 나이에 걸맞은 사회적 수완을 갖출 기회가 없었다. 그는 특히 매력적인 여성들 앞에서 수줍음을 탔고, 그런 모습을 들킨다면 여지없이 거절당할 것이라고 생각했다.

조셉은 매력적인 미남 청년으로 성장했다. 그런 조셉이 외톨이에 데이트하기를 두려워하다니 통탄할 일이었다.

나는 그에게 자신이 수줍다는 사실을 숨기지 말고 과감히 인정하라고 부추겼다. 하지만 그는 차마 용기를 내지 못했다. 그는 나를 돌팔이로 여기며 그런 짓을 한다면 여성들에게 거절당할 뿐만 아니라 어딘가 모자란 인간으로 보일 거라고 우겼다.

아주 전형적인 저항이었다. 가장 두려운 괴물에 마주 서야 할 때 사람들은 공포에 떨며 뒤돌아 줄행랑을 친다. 나는 조셉이 수줍음을 숨기려고 할수록 어색함이 더 커질 것이라고 설득했다. 하지만 그는 좀처럼 뜻을 굽히지 않고 내 말을 믿지 못하겠다고 고집을 피웠다.

몇 주에 걸친 저항 끝에, 조셉은 내 말을 따르기로 동의했다. 그는 필라델피아의 한 보험사에서 컨설턴트로 일하던 중, 자신에게 추파를 던지는 매력적인 금발 미녀와 눈이 마주쳤다. 하지만 그는 너무 긴장한 탓에 그녀에게 말을 붙일 수가 없었다.

조셉은 그녀에게 데이트 신청을 해보라는 내 제안에 동의했다. 하지만 데이트를 한 번도 해본 적이 없던 조셉은 거절당할까 봐 두려웠다. 그녀가 데이트 신청을 받아준다 한들, 그 다음에 무엇을 어찌해야 할지 암담했다. 나는 조셉에게 차이나타운의 리버사이드 레스토랑에 가서 저녁 식사를 같이한 다음, 영화를 보러 가자고 말하라고 코치했다. 하지만 데이트가 끝나기 전, 자신이 수줍어한다는 사실을 반드시 밝혀야 한다는 과제를 냈다. 이 과제를 통해 그의 두려움에 근거가 있는지 확인할 수 있을 것이었다.

조셉은 너무 가혹한 요구라고 울상이었지만, 내가 틀렸다는 사실을 보여줄 생각으로 처음이자 마지막으로 스스로를 채찍질해보겠다고 마음먹었다.

데이트 신청을 받은 미녀는 조셉과 함께 저녁을 먹고 영화를 보러 가기로 기꺼이 약속했다. 식사 중 조셉은 남의 시선이 자꾸 신경 쓰였고, 불안한 기색을 보이지 않기 위해 '정상적으로' 행동하려 애썼다. 대화 중간에 길고 어색한 침묵이 흘렀다. 그녀는 조셉에게 뭐가 잘못되었느냐고 물었다.

긴장감을 이기지 못한 조셉은 고백할 게 있다고 말을 꺼냈다. 자신은 아름다운 여성과 함께 있으면 너무 수줍어서 혀가 굳는데, 지금 그런 상태이고 그래서 너무 미안하다고 고백했다.

그는 곧 그녀가 자리를 뜰 거라고 생각했다. 하지만 반응은 뜻밖이었다. "당신같이 감성이 풍부한 남성을 정말 오랫동안 찾아왔어요! 수작만 부리는 거친 사내들에게 완전히 질렸거든요."

조셉은 자신의 귀를 의심할 수밖에 없었다.

식사 후에 그녀는 영화 관람은 다음 기회로 미루고 자기가 사는 아파트로 가서 '와인 한 잔 하면서 대화를 나누지 않겠느냐고' 제안했다. 그들은 밤새 사랑을 나눴다. 조셉은 다음 치료 세션에 와서 환호했다. "당신을 믿어요! 믿겠어요!"

자기노출은 수줍음이 아닌 수치심이야말로 진짜 적이라는 발상에 근거한다. 수치심이 담겨 있지 않은 수줍음은 사람을 감성적이고 매력적으로 보이게 한다. 하지만 수줍음을 타는 사람은 수줍음과 수치심이 의식 속에서 서로 얽힌 탓에 차마 이런 생각을 떠올리지 못한다.

물론 이를 위해서는 기술이 필요하다. 억지로 수줍은 느낌을 고백한다면 상대방을 불편하게 만들어 오히려 역효과가 날 수 있다. 상대가 나를 불쌍하게 생각하고 용기를 줘야겠다고 생각할 수 있다. 예컨대 이렇게 말하고 싶은 사람은 아무도 없을 것이다. "오, 나는 너무 수줍어서 사람들 사이에 있기가 힘들어요. 솔직히 말해서 나는 이 세상에서 친구가 한 명도 없는 왕따 같아요. 키우는 개가 유일한 친구죠. 내가 밥을 주니까 내 곁에 있는 거예요. 너무 외로워서 더 이상 참을 수 없어요. 내 친구가 되어주겠어요?"

이런 말은 과장 섞인 농담에 가깝지만, 뭔가 조급해하고 적대적인 분위기가 풍겨 상대방이 마음의 문을 닫기 쉽다.

자기노출은 더 이상 어색한 느낌을 숨길 필요가 없게 해줌으로써 강력한 효과를 발휘한다. 더 여유롭고 너그러운 마음으로 자신을 표현한다면 효과가 극대화된다.

데이비드 레터맨 기법 적용하기

수줍음에 시달린다면 '주목 오류'에 빠져 있을 가능성이 있다. 주목 오류란, 마치 스포트라이트 아래에서 연기하는 듯한 느낌에 휩싸여 사람들이 자신을 좋아하도록 깊은 인상을 남겨야 한다는 생각을 갖는 것을 말한다. 뭔가 재미있는 화젯거리를 떠올려야 한다는 부담이 스스로를 짓누르는 것이다. 이럴 경우 아무리 애를 써도 어색함만 커지고 순발력은 떨어진다.

대부분의 사람들은 자기와 관련된 대화에 더 큰 관심을 보인다. 상대방에게 강한 인상을 남기려면, 역설적으로 상대방이 주목받게 만들면 된다. 상대방이 대화를 주도하도록 유도하면서 부러운 듯 그 말에 귀를 기울이는 것이다. 그러면 자신은 연기자에서 청중으로 역할이 바뀌어 훨씬 편해진다.

나는 이 방식을 활용한 기법을 '데이비드 레터맨 기법'이라 부른다. 유능한 토크 쇼 진행자들이 게스트를 인터뷰할 때 쓰는 방법이기 때문이다. 그들은 항상 상대방이 주목받도록 유도하며 본인에 관한 이야기는 거의 하지 않는다. 그러면 게스트로부터 최상의 모습을 끌어내 활기차고 여유로운 대화를 할 수 있다.

어떻게 하면 될까? 억지로 재미있는 말을 찾아내 상대를 감동시키기보다 '효과적인 의사소통을 위한 5가지 기법'을 활용하는 것이 더 쉽다. 내가 처음 이 기법들을 개발한 목적은 사람들 사이의 갈등을 해결하기 위해서였다. 그러나 이를 통해 사회생활에서 요긴하게 쓰일 세련된 대화술을 연마할 수도 있다. 각 기법의 방법은 다음과 같다.

1. 무장해제 기법 상대의 말이 터무니없게 들리더라도 그의 말을 진리로 받아들여라. 사람들은 자신의 생각에 동의하는 사람에게 끌린다.

2. 사고 공감, 감정 공감 기법 상대의 말을 듣고 이해했다는 사실을 알 수 있도록 상대가 한 말을 되풀이해라. 예컨대 이렇게 말하는 것이다. "방금 이런저런 뜻으로 말한 거죠? 더 많은 걸 알고 싶어요." 상대는 자기 말을 경청하는 당신을 보고 기분이 들떠 이야기를 계속할 것이다.

감정 공감 기법을 활용하면, 상대가 한 말을 근거로 다른 사람에 대해 어떻게 생각하는지 짐작해볼 수 있다. 예컨대 친구가 회사의 새로운 방침이 불합리하다고 펄펄 뛴다면 이렇게 말할 수 있다. "그래, 네 말이 맞아. 얼마나 짜증이 날지 충분히 알 것 같아." 상대의 말이 일리가 있다고 동의한 셈이므로, 이 말에는 무장해제 기법이 숨어 있다. 사고 공감, 감정 공감은 대체로 무장해제 기법과 같이 쓰일 때 훨씬 효과적이다.

3. **질문 기법** 상대의 말을 끌어낼 수 있는 간단한 유도질문을 던져라. 예컨대 이렇게 말할 수 있다. "그 말은 처음 들어봐. 더 자세히 알고 싶은데, 말해줄 수 있겠니?"

4. **'느낀다' 진술 기법**(I feel statements) 당신의 생각과 감정을 표현하라. 대부분의 사람들은 자기 말만 하고 싶어 하기 때문에 이 기법은 별 효과가 없을 수도 있다.

5. **어루만지기 기법** 상대방을 칭찬하라. 상대에 대한 존경심을 표현하고, 상대가 듣고 싶어 하는 말을 찾아 해주면 된다.

EAR라는 말을 기억하면 이런 기법을 더 쉽게 활용할 수 있다. 다음 페이지의 표에 설명하는 것처럼, E는 공감, A는 자기주장, R은 존중을 의미한다. 이런 기법들을 노련하게 활용하면, 상대방이 거의 모든 대화를 이끌어가도록 만들 수 있다. 당신이 먼저 상대방에게 관심을 보이면, 역설적으로 상대방에게 당신에 대한 강한 인상을 심어줄 수 있다.

내가 의대생 시절, 모든 사람이 학부의 행정사무를 담당하는 클라리세라는 여성을 무서워했다. 그녀는 무척 통명스러웠고, 학교에서 무소불위의 권력을 휘둘렀기 때문에 그녀의 미움을 사면 인생이 괴로워졌다. 어느 날 나는 클라리세에게 임상실습 일정에 대해 질문했다. 그녀는 짜증이 난 것 같았다. 나는 뜬금없이 이렇게 말했다. "클라리세, 난 당신이 학부행정을 꾸려나가는 방식이 정말 존경스러워요. 믿기 어려울 정도로 체계적이고 효율적이에요. 난 항상 당신 칭찬을 하고 다녀요. 나도 그런 능력이 있으면 좋겠어요."

어느새 그녀는 더할 나위 없이 사근사근해졌고, 이후 나를 왕자님처럼 대했다. 그녀는 인생의 깊은 좌절감에 빠져 있었고, 오랫동안 친절한 말을 들어보지 못한 것 같았다. 나는 어루만지기 기법 단 하나로 클라리세와의 관계를 완전히 바꿀 수 있었다.

실생활에서 효과적인 의사소통을 위한 5가지 기법을 활용하려면 연습이 필요하다. 아는 것만으로는 부족하며, 역할극이나 쓰기 훈련이 뒤따라야 한다.

당신이 수줍음 때문에 상대방에게 무슨 말을 해야 할지 몰라 갈팡질팡하는 모습을 상상해보라. 당신이 대화하기 힘든 화제를 적은 다음, 효과적인 의사소통을 위한 5가지 기법 가운데 두세 가지를 활용해 답변을 적어보라. 예컨대, 파티에서 세상에 둘도 없이 따분한 자비스라는 친구를 만났다고 가정해보자. 대화거리를 떠올리려 애쓰다 보니 긴장감이 몰려온다. 자비스에게 직업이 뭐냐고 묻

효과적인 의사소통을 위한 5가지 기법

E=공감(Empathy)

1. **무장해제 기법**(DT) 불합리하거나 불공평해 보인다 해도 상대방의 말에서 옳은 부분을 찾아라.
2. **공감** 상대방의 입장에 서서 세상을 바라보라.
  사고 공감(TE) 상대방의 말의 뜻을 풀어서 말해보라.
  감정 공감(FE) 상대방의 말을 근거로 상대방의 감정을 인정하라.
3. **질문**(IN) 상대방의 생각과 감정을 점잖게 물어보라.

A=자기주장(Assertiveness)
4. **'느낀다' 진술**(IF) 내 생각과 느낌을 재치 있게 표현하라. "네가 틀렸어!", "네가 해야 해!"처럼 "너"를 주어로 하는 진술보다 "나는 그렇게 생각하지 않아", "나는 하기 싫어!"처럼 "나"를 주어로 하는 진술을 활용하라.

R=존중(Respect)
5. **어루만지기**(ST) 상대방에게 좌절하거나 화가 났어도 공손한 태도를 보여라. 한참 싸우다가도 상대에게 해줄 수 있는 좋은 말이 없는지 찾아보라.

자 그는 이렇게 대답한다. "분진 연구요. 먼지를 연구하는 일이 제 직업이에요."

당신이라면 어떤 반응을 보이겠는가? 다음 공란에 당신의 반응을 적어보라. 반응을 적은 문장 뒤에 괄호를 그리고, 어떤 기법을 활용했는지 위에 예시한 약자로 기입한다. 예컨대 무장해제 기법을 활용했다면 문장 끝에 [DT]라고 기입하면 된다. 반드시 반응을 적고 나서 해답으로 넘어가길 바란다.

....

....

....

....

해답

당신은 자비스의 말에 여러 가지 반응을 보일 수 있다. 예를 들면 다음과 같다.

> 먼지를 연구한다고요?(TE; IN) 정말 흥미롭네요.(ST) 분진을 연구하는 분은 처음 뵙지만, 아주 흥미로울 것 같아요.(ST) 사실 최근에 (나는) 디스커버리 채널에서 과학 프로그램을 시청했거든요. 그 프로그램을 보니 우주에는 다이아몬드 먼지 소나기가 빗발친다는 거예요.(IF) 어떤 종류의 분진을 연구하세요?(IN)

위 예시문에서는 효과적인 의사소통을 위한 5가지 기법 가운데 4가지를 활용했다. 그리고 각 문장 끝에 활용한 기법을 적어넣었다. 상대가 어떤 주제로 말하건, 이런 기법을 활용해 상대방에게 초점을 맞추면 대화를 흥미롭게 이끌어갈 요령이 보이기 시작할 것이다.

다시 한 번 시도해보라. 칵테일파티에 참석한 사람과 수줍게 대화하는 모습을 그려보고, 그가 당신에게 할 수 있는 말을 적어보라. 다만, 당신이 반응을 보이기 곤란한 말이어야 한다.

이제는 당신이 어떤 반응을 보일지 적어보라. 효과적인 의사소통법 5가지를 활용해야 한다. 문장 끝에 괄호를 넣고 거기에 활용한 기법을 적어보라.

이 같은 쓰기 훈련을 여러 번 반복해보면 언제 어디서든 사람들과 편안하게 어울리며 활기찬 대화를 시작하는 일이 어렵지 않다는 것을 알게 될 것이다. 그 다음으로 친구나 가족과 함께 역할극을 연습해볼 수 있다. 상대방에게 말을 붙이고 싶은 사람의 역할을 맡아달라고 부탁한 다음, 앞에서 하던 대로 하면 된다. 상대방에게 짧은 말을 시킨 다음, 5가지 비법을 활용해 답변하고 평가를 받아본다. A, B, C, D 가운데 어떤 평점을 받았는가? 마음에 든 부분과 마음에 들지 않은 부분을 말해달라고 부탁하라.

A를 받지 못했다면 역할을 바꿔 상대가 한 말을 똑같이 말해보라. 상대방의 답변을 듣고 평가를 내려보라. 이렇게 역할을 몇 번 바꿔 연습해보면, 훌륭한 답

변을 유도할 방법을 찾을 수 있을 것이다.

역할극을 할 때 염두에 둘 몇 가지 요령이 있다. 역할극은 서로 한 마디씩 주고받을 때 가장 효과적이다. 즉, 상대방에게 한 마디만 시킨 다음 답변과 평가를 주고받는다. 이런 방법을 통해 상대방은 내가 무엇을 잘했고 무엇을 잘못했는지 쉽게 파악할 수 있다. 다음에는 역할을 바꿔 상대방이 더 효과적인 반응을 떠올릴 수 있는지 알아본다. 그리고 효과적인 반응을 떠올릴 때까지 역할 바꾸기를 계속한다.

397페이지의 '효과적인 의사소통을 위한 5가지 기법'을 참조하면 도움이 될 것이다. 더 쉽게 답변을 떠올릴 수 있고 좀더 특화된 피드백을 주고받을 수 있을 것이다. 수차례 연습을 마쳤다면, '5가지 기법'을 실생활에서 활용해보라. 우선 아이들처럼 두렵지 않은 상대에게 시작해야 한다. 그리고 어려운 단계로 차근차근 밟고 올라가라. 상대방이 대화를 주도하게 만들면서 점차 교류의 물꼬가 트이는 것을 느끼게 될 것이다.

효과적인 의사소통을 위한 5가지 기법은 발표불안을 비롯해 불안을 유발하는 각종 상황에서 매우 유용하다. 발표불안장애에 시달리는 많은 사람들은 청중 가운데 누군가가 즉석에서 악의적이고 어려운 질문을 던지지 않을까 두려워한다. '5가지 기법'을 활용한다면, 악의적인 비판을 즉시 내게 유리한 방향으로 바꿀 수 있다. 아무리 상대가 대립구도를 만들려고 해도 전혀 두려워할 필요가 없다.

나는 휴스턴의 베일러 의과대학에서 뇌 속 세로토닌에 관한 강연을 한 적이 있다. 약 500명의 심리학자들이 참석했고, 강연에 대한 반응은 나쁘지 않았다. 하지만 질의응답 시간에 뒷줄에 있던 한 심리학자가 반론을 제기했다. 그는 자신의 연구에 따르면 특정 비타민이 우울증 치료에 효과가 있는데, 내가 그의 발견을 은폐하도록 제약회사와 모종의 음모를 꾸미고 있다고 주장했다. 그리고 그는 내 견해가 말도 안 된다고 고래고래 소리를 질렀다.

나는 기분이 묘했다! 청중 사이에 긴장감이 맴돌았고 500명의 시선이 나를 지켜보고 있었다. 나는 반박하고 싶은 충동을 간신히 억누르고 아주 좋은 지적이며 타당한 비판이라고 말했다. 나는 많은 학자들이 자신의 연구 영역을 보호하려 노력하고, 이를 위태롭게 만드는 새로운 이론을 꺼린다고 강조했다. 나는 의학의 역사상 중대한 분기점을 이루는 사건들은 창의력 넘치는 괴짜들의 좁다란 연구실에서 비롯되었다는 사실을 지적했다. 그리고 당신의 연구내용을 더 자세히 알고 싶으니, 강연이 끝나고 따로 만나지 않겠느냐고 하며 그의 기를 살려주었다.

그는 흡족한 기색으로 바로 반론을 거뒀다. 이후의 질의응답 시간은 원만히 흘러갔다. 청중들은 내가 그에게 친절하게 답변해줘서 고마워하는 것 같았다. 너도 나도 손을 들고 질문하는 바람에 주어진 시간에 모든 답변을 해줄 수 없을 정도였다. 모두들 내 강연을 높이 평가했다.

강연이 끝나고, 단상 위로 수많은 사람들이 몰려와 발언하고 질문했다. 나는 이의를 제기했던 그가 사람들을 헤치고 나오는 모습을 보고 더 큰 비난을 각오했다. 하지만 그는 연단 앞으로 나와서 내 손을 움켜잡고 악수를 한 다음 축하의 인사를 건넸다. 그는 큰 소리로 내 강연이 지금까지 들은 신경화학 강연 가운데 최고였다고 말하며, 자신의 강의에서 활용할 수 있도록 슬라이드 한 부를 얻어 갈 수 있겠느냐고 물었다.

내 반응이 왜 이토록 효과적이었을까? 나는 단지 효과적인 의사소통을 위한 5가지 기법 가운데 무장해제 기법과 어루만지기 기법을 활용했다. 나는 학문이 과학보다는 정치에 좌우되는 경우가 많으며, 줄을 잘 서지 못한 과학자들이 부당하게 배척당한다는 사실에 착안해 비판자를 무장해제시킬 수 있었다. 내가 그를 창의력과 용기를 갖춘 괴짜 과학자로 추켜세우자, 그는 인정받았다고 느껴 마음이 풀어졌고 나를 적이 아니라 동지의 눈으로 바라보게 된 것이다.

효과적인 의사소통을 위한 5가지 기법은 2가지 방식으로 발표불안증을 줄여줄 수 있다. 첫째, 프레젠테이션에서 사람들이 어떤 말을 하더라도 내가 그들을 노련하게 다룰 수 있다는 사실을 깨닫는다면 불안이 줄어들 것이다. 둘째, 누군 가가 불쾌하고 어려운 질문을 할 때 무장해제 기법과 어루만지기 기법을 활용한 다면, 청중들은 부담 없이 질문해도 된다고 생각해서 긍정적인 반응을 보일 것이다. 이로써 참석한 사람들 모두의 사기를 높일 수 있다.

제4부

숨겨진 감정 모델으로 극복하기

恐慌

panic disorder

21장

{ 숨겨진 감정 기법
—문제를 감추는 사람들 }

나는 일하는 중에 수시로 공황발작이 찾아와 괴로워하던 알리샤라는 젊은 여성을 치료한 적이 있다. 알리샤는 고등학교를 졸업하자마자 결혼을 하고, 소다수 도매상인 남자 사장의 비서로 일했다.

　알리샤의 공황발작은 사장이 책상 앞으로 걸어올 때마다 엄습했다. 그녀는 구역질이 나며 토하고 싶은 충동에 휩싸였다. 그녀는 때때로 라운지에 가서 누워 있어야 했고, 너무 아파서 집에 갈 수밖에 없는 상황도 종종 벌어졌다. 알리샤는 무엇이 문제인지 알고 싶어 여러 명의 의사를 찾아갔지만, 아픈 곳이 없다는 답변만 돌아왔다. 의학적으로는 그녀의 증상을 도저히 설명할 수가 없었다.

　알리샤는 남편이 출장을 가 있는 동안 혼자 집에 있을 때도 공황발작에 시달렸다. 그녀는 부들부들 떨며 남편에게 전화했다. 때로는 목소리가 너무 절박해 남편이 출장을 접고 집으로 달려와 그녀를 돌봐야 하는 경우도 있었다. 알리샤는 사랑하는 남편에게 폐를 끼치는 것 같아 죄책감을 느꼈다.

　공황발작만 아니라면 알리샤는 행복하고 모든 일에 잘 적응하는 여성이었다. 그녀는 공황발작 말고는 자신의 인생이 남부러울 것이 없다고 말했다. 일도 마음에 들고 사장도 존경한다고 했다. 사장은 알리샤를 자주 칭찬했고 회사에 꼭 필요한 인재라고 인정했다.

　알리샤의 공황발작은 갑자기 찾아왔다. 그녀 자신도 도무지 이해가 가지 않왔다. 왜 그랬던 걸까? 나는 알리샤에게 여러 가지 인지행동치료 기법을 시도했다. 이런 방법들은 효과가 있었지만 문제를 말끔히 해결해주지는 못했다. 알리샤의 불안증은 나아졌지만 완전히 사라지지는 않았다.

일곱 번째 치료 세션에서, 알리샤는 내게 흑백사고 같은 인지 왜곡을 가족들과의 문제에 적용할 수 있는지 물었다. 그녀는 성장과정에서 부모님이 자신을 '좋은 딸'로 점찍었다고 설명했다. 그녀는 부모님과 선생님을 기쁘게 해드리려고 온 힘을 쏟았다. A학점을 놓치지 않고, 모든 스포츠에서 두각을 나타냈고, 친구들과 잘 어울렸으며, 고등학교 3, 4학년 때는 반장을 맡았다. 그녀는 자립심과 책임감이 강해 무슨 일이건 믿고 맡길 수 있는 사람으로 평가받았다.

반면 알리샤의 부모는 여동생 조안니를 '나쁜 딸'로 낙인찍었다. 조안니는 거칠고 반항적이었다. 조안니는 귀가가 늦을 때가 많았고 항상 말썽을 일으켰다. 알리샤는 부모의 낙인이 합리적이지 않다고 생각했다. 그녀는 조안니가 결코 '나쁘지' 않다고 말했다. 조안니 역시 성적이 우수했고 친구가 많았다. 지금은 사랑하는 사람과 결혼해 예쁜 두 딸의 어머니로 살고 있다.

게다가 알리샤는 사람들의 생각과는 달리 자신이 그렇게 '착하지' 못하다고 고백했다. 그녀도 때로 반항심이 일고 조안니처럼 거칠게 행동하고 싶었다. 하지만 그녀는 좋은 딸의 역할에서 벗어나면 안 되므로 반항은 생각조차 하지 못했다. 알리샤는 자매가 여러 가지 면에서 닮았는데도 부모가 잘못된 낙인을 찍은 것이라고 설명했다.

나는 알리샤에게 좋은 딸, 나쁜 딸이라는 부모의 낙인이 자신의 공황발작과 관련이 있다고 생각하는지 물었다. 그녀는 잠시 말을 멈추고 사실 자신은 일하기 싫지만 사람들이 항상 책임감 있는 모습을 기대하기에 거기에 맞추려고 노력한다고 고백했다. 그녀는 인생을 소다수나 팔면서 보내기 싫고 당장이라도 회사를 그만 두고 싶지만, 남편과 사장, 부모님을 실망시킬까 봐 무섭다고 하소연했다.

나는 이렇게 물었다. "알리샤, 모든 소원을 들어주는 마술지팡이가 있다면, 무엇을 하고 싶나요?" 그녀는 어릴 적부터 여성복 디자이너가 되고 싶었지만 꿈을 이룰 용기를 단 한 번도 낸 적이 없었다고 했다. 그녀는 자신의 꿈이 실현 가능한지조차 몰라서 갈팡질팡했으나 여전히 해보고 싶은 마음이 간절하다고 했다.

알리샤는 한 번도 빈둥거리며 인생을 즐겼던 적이 없다고 고백했다. 그녀는 고교시절부터 여름방학 때 항상 아르바이트를 했고, 편하게 보내서는 안 된다고 생각해 항상 바쁘게 살아왔다.

알리샤는 남편과 사장에게 솔직한 감정을 털어놓기로 마음먹었다. 둘 다 전혀 화를 내지 않고 오히려 알리샤를 응원했다. 그녀는 직장을 그만두고 몇 달간 쉬기로 결정했다. 곧 그녀는 항상 꿈꿔오던 길을 걷기 시작했다.

알리샤의 공황발작은 순식간에 사라졌고, 곧 치료를 마칠 수 있었다. 그녀는 6개월이 지난 후 내게 너무나 고맙다는 편지를 보냈다. 그녀는 생애 첫 번째 휴가를 마음껏 즐겼다. 그러자 다시 일하고 싶은 마음이 샘솟았다. 약간의 수소문 끝에 알리샤는 여성 스포츠웨어 디자이너의 연습생으로 들어갈 수 있었다. 그녀는 평생의 꿈을 이룰 수 있었고, 하루하루가 너무 소중해졌다.

알리샤의 공황발작은 내면의 주장을 대신했던 것이다. 알리샤의 공황발작은 다음과 같은 생각에서 비롯되었다. "내 인생이 뭔가가 잘못되었어. 이 직업은 나한테 맞지 않아." 하지만 그녀는 자신의 생각을 인정하기가 두려워서 이른바 환자 역할을 담당함으로써 원하는 것을 간접적으로 얻으려 했다. 공황발작과 구역질이 찾아오면 일을 그만두고 집으로 갈 수 있었던 것이다. 알리샤는 환자였으므로 그 누구도 그녀에게 화를 내지 않았다.

나는 처음에 알리샤의 극적인 회복이 특별한 사건이라고 생각했다.

하지만 점점 많은 환자들에게서 유사한 패턴을 목격하기 시작했다. 이런 패턴은 공황발작 환자에 국한되지 않고 만성근심, 공포증, 강박장애, 심기증, 불안장애를 비롯해 모든 종류의 불안증 환자에게 나타났다. 결국 나는 불안증 환자

가운데 75% 정도가 자신의 문제나 속마음을 숨기고 있다는 사실을 깨달았다. 그 문제를 밖으로 드러내거나 표현한다면, 알리샤와 마찬가지로 불안증은 거의 사라지기 마련이다.

나는 이 방법에 '숨겨진 감정 기법'이라는 이름을 붙였다. 이 기법은 불안의 바탕에는 다른 사람을 화나게 하거나 마음 상하게 만들고 싶지 않아서 피하려는 문제나 감정이 있다는 점에 근거한다. 금세 화가 나고 불안한데도, 그 불안을 유발하는 문제는 인식하지 못할 수 있다. 어떤 문제가 분명히 자신을 괴롭히는데도 스스로는 눈치채지 못하는 것이다. 마치 바로 옆에 서 있는 코끼리를 못 보는 꼴이다.

숨겨진 감정 기법은 무척 간단해 보이지만, 말처럼 쉽지만은 않다. 불안할 때 진짜 자신을 괴롭히는 문제가 무엇인지 인식하지 못하기 때문이다. 내가 치료했던 불안증 환자들 대부분은 불안증 말고는 모든 것이 괜찮다고 주장했다. 시간을 들여 원인을 살펴야 무엇이 문제인지 알 수 있었다.

쉽게 불안해하는 사람들은 왜 자신의 문제를 부인하거나 '잊는' 걸까? 나는 그 이유가 불안증에 시달리는 사람들이 너무 착하기 때문이라고 생각한다. 나는 착한 성격이 거의 모든 불안증의 원인이라고 확신한다. 만일 당신이 불안증에 시달린다면, 당신도 매우 착한 사람일 것이다. '착한' 성격은 다음과 같은 자기패배 신념에서 비롯된다.

비위 맞추기 내 바람과 감정을 희생해서라도 주변 사람 모두를 기쁘게 해줘야 한다고 생각한다.

분노공포 화를 내서는 안 된다고 생각한다. 화를 내면 위험하므로 모든 희생을 치러서라도 피해야 한다고 생각한다. 누군가에게 짜증이나 신경질이 나더라도 감정을 숨기고 예의 바르게 처신하며, 느낌을 행동으로 옮기지 않으려고 자제한다.

갈등공포 모든 사람과 항상 잘 지내야 한다고 생각해 가능한 한 충돌을 피한다.

감정적 완벽주의 인생, 일, 사람과의 관계를 비롯해 모든 면에서 행복하고, 즐겁고, 희망찬 인생을 살아야 한다고 생각한다.

감정공포증 감정적 완벽주의의 또 다른 일면이다. 감정공포증은 내가 만든 용어로, '부정적 감정에 대한 두려움'을 의미한다. 불안하고, 초라하고, 외롭고, 질투 나고, 화나고, 부족한 느낌이 들지 않도록 감정을 통제해야 한다고 생각한다.

이런 여러 가지 자기패배 신념은 이름만 다를 뿐 결국 동일한 내용을 담고 있다. 즉, 필요 이상으로 착하게 보이려고 하고 자신의 솔직한 감정에 다가서지 못하는 것이다. 자기패배 신념에 빠질 경우 곧 자신을 괴롭히는 근본적인 문제는 모두 잊어버린 채 불안의 노예가 된다.

학자들은 불안해하는 사람들이 왜 문제를 회피하려는 성향을 보이는지 알지 못한다. 정신적으로 우유부단하다고 단순하게 생각할 문제가 아니다. 나 역시 스스로 꽤 상식적이라고 생각하지만, 때때로 나를 괴롭히는 문제나 명백한 분쟁들을 외면하곤 한다. 쉽게 불안해하는 사람들은 자기주장이 약한 경우가 많다. 하지만 그것이 문제의 핵심이 아니기 때문에 자기주장을 강화시키는 훈련을 한다 해도 별 효과가 없기 마련이다. 문제의 핵심은 그들 스스로 자신의 느낌을 모른다는 것이다.

불안해하는 사람들에게 신경 쓰이는 일이 있느냐고 물으면 대부분은 없다고 대답한다. 그들은 아내를 사랑하고, 친구와 직장 동료들과 잘 지내며, 일에도 만족한다고 나를 안심시킨다. 하지만 한편으로 끊임없는 걱정 또는 공황발작을 호소한다. 그들이 정직하지 못해서가 아니다. 자신의 문제가 뭔지 깨닫지 못해서 밝힐 수가 없는 것뿐이다.

몇 주가 지나, 문제의 핵심이 드러나면 그들은 보통 이렇게 말한다. "오, 정말 그러네요! 난 정말 괴로웠어요."

이 문제는 뇌의 설계구조에서 비롯될 수 있다. 뇌의 특정 부위는 문제를 정확히 알고 있지만, 의식을 지배하는 뇌의 다른 부위는 그런 정보를 인식하지 못한다.

이런 경우 불안증을 치료하기 위해 숨겨진 감정 기법을 시도해볼 만하다. 이 기법은 다음과 같은 두 단계로 구성된다.

1. **탐지 작업** 가장 어려운 고비다. 정신을 집중해서 자신을 괴롭히는 사람이나 일이 무엇인지 밝혀야 한다. 문제를 의식하기가 몹시 어려울 수도 있다. 불안을 느끼는 것 말고는 아무 문제가 없다고 느껴질 수도 있다. 하지만 머지않아 문제가 드러날 것이다. 그리고 그것은 과거에 지나간 일이 아니라, 지금, 바로 여기서 나를 괴롭히는 문제이다. 지금 하는 일이 마음에 안 들거나, 친구에게 화가 나거나, 다른 일을 찾고 싶다는 등의 누가 봐도 분명한 이유일 것이다. 오이디푸스 콤플렉스처럼 깊고 복잡한 정신의학적 문제가 아닐 수 있다.

2. **해결 방안** 자신을 괴롭히는 문제를 발견했다면, 그것에 대한 감정을 표현하고 문제를 해결하기 위해 뭐든 시도해야 한다. 문제를 해결하면 불안이 감소하거나 사라지기 마련이다.

시간이 지날수록 자신의 솔직한 감정을 드러내는 방법을 잘 조절할 수 있게 된다. 하지만 화가 날 때는 다시 감정을 숨기고 싶어질 수 있다. 그러면 또 불안감이 엄습할 것이다. 하지만 일단 그것이 작동하는 원리를 깨닫게 되면 당신의 불안증은 부채보다 자산이 될 것이다. 몸이 나에게 이렇게 말하는 것이다. "이봐, 기분이 엉망이면 무엇이 문제인지 한번 점검해봐."

다음에 3명의 불안증 환자를 소개할 것이다. 이제 당신 스스로 의사가 되어 이들을 도와보기 바란다. 숨겨진 감정 기법을 활용하면 당신이 불안증을 극복한 것처럼, 손쉽게 그들을 도울 수 있을 것이다.

숨겨진 감정 기법은 다음과 같은 2가지 단계가 필요하다.

1. 자신을 괴롭히는 문제나 느낌을 확인한다.
2. 감정을 표현하고 문제를 해결하는 단계를 밟는다.

죽기 직전이라고 생각한 여자

앞에서 소개한 테리의 사례를 다시 한 번 살펴보자. 테리는 내 사무실에서 공황발작이 찾아왔을 때 제자리 뛰기를 시작하자, 끊임없는 공황발작과 우울증에서 갑자기 회복할 수 있었다. 나는 그녀가 완전히 회복한 다음에도 왜 애당초 이런 문제가 생겼는지 궁금할 수밖에 없었다. 그래서 나는 10년 전 그녀를 처음 덮쳤던 공황발작에 대해 물어보았다. 당시 무슨 일이 있었던 걸까?

테리는 남편과 함께 자메이카로 휴가를 떠났던 일을 말했다. 그들은 학수고대하던 여행을 가기 위해 1년 가까이 돈을 모았다. 테리의 부모님은 두 사람만의 휴식시간을 갖도록 아이들을 맡아주겠다고 약속했다.

테리 부부는 한껏 들떠 다른 부부 한 쌍과 부부동반 여행을 계획했다. 그들은 자메이카에 도착해서 호텔로 가는 길에 택시를 탔다. 택시 안에서 대화를 나누던 중, 같이 온 여자는 테리 부부가 비행기표, 음식, 호텔, 택시, 심지어 팁까지 모든 비용을 부담해줘서 얼마나 고마운지 모른다고 말했다. 테리 부부는 부자가 아닌 데다, 같이 온 부부의 여행비용을 부담하겠다고 약속한 적이 없었기에 테리는 큰 충격에 빠졌다.

테리는 남달리 '착한' 여성이어서 그 누구의 비위도 거스르고 싶지 않았다. 그래서 한 마디도 반박할 수 없었지만, 곧 숨이 가빠지기 시작했다. 곧 그녀는 어지럽고, 숨이 막히고, 가슴이 쿡쿡 쑤시기 시작했다. 테리는 공황상태에 빠져 울부짖었다. "당장 죽을 것 같아요!"

택시 운전사는 병원 응급실로 방향을 틀었고, 병원에서는 테리에게 산소를 주입했다. 하지만 테리는 숨이 가빠져 이미 혈중 산소농도가 과다한 상태였기에 최악의 선택을 한 셈이었다. 증상은 더욱 나빠졌고, 의사는 테리에게 다음 비행기를 타고 미국으로 돌아가 큰 병원에서 치료를 받으라고 말했다.

택시 운전사가 즉시 공항으로 테리 부부를 태워다준 덕에, 그들은 모두 다음 비행기를 타고 미국으로 돌아올 수 있었다. 미국으로 돌아와 응급실에 갔을 때, 테리의 공황발작은 사라진 지 오래였다. 하지만 오래도록 꿈꿔온 휴가계획은 물거품으로 변했다. 테리는 거의 매주 공황발작이 재발해 치료를 받으러 이 의사, 저 의사를 찾아다녔다. 그녀는 끔찍한 공황발작이 점점 더 빈번하게 찾아오자 의기소침해지고 우울해졌다. 하지만 그 누구도 그녀를 도울 방법을 찾지 못했다.

자, 여기에서 숨겨진 감정 기법을 활용해보자. 테리의 첫 공황발작이 찾아온 순간 택시 안에서 무슨 일이 벌어졌는지 생각해보라. 그녀의 증상이 다른 여성에게 어떤 메시지를 전달했을까? 테리가 어떤 느낌을 받았을까? 아래 공란에 당신의 생각을 적은 다음 해답을 읽어보라.

테리는 같이 온 부부가 여행비용을 한 푼도 부담하지 않으려 한다는 사실을 알고 화가 머리끝까지 치밀어 올랐다. 하지만 그녀는 너무 착해서 이런 느낌을 차마 말하지 못할뿐더러 자신이 얼마나 화가 나는지조차 깨닫지 못했다. 그녀의 혀가 아니라 그녀 몸에 나타난 증상이 대신 말을 하는 꼴이었다. 몸에 나타난 증상을 통해 테리는 간접적으로 이렇게 시위하고 있었다. "난 한 푼도 못 내주겠어!", "너 정말 어이없는 애구나!", "내 휴가를 망치기로 작정한 거야? 그렇다면 나도 네 휴가를 망쳐주지!" 하지만 테리가 환자 역할을 맡으면 착한 사람으로 남을 수 있을 뿐만 아니라, 아무도 그녀에게 화를 내지 않게 만들 수 있었다. 결국 그녀는 스스로를 죽기 직전의 상태로 내몰았다.

사람의 불안이 얼마나 교묘한가! 테리의 증상은 그녀가 화내고 싶은 사람들에게 즉각적이고도 강력한 효과를 발휘했다. 수동공격적 성향을 띤 테리가 다른 사람들을 자신의 뜻대로 좌지우지했다는 뜻일까? 결코 그렇지 않다. 쉽사리 불안을 느끼는 사람은 자신의 감정이 어떤지 스스로도 모르는 경우가 대부분이다. 자신이 외면하려고 하는 감정이 불안이라는 가면을 쓰고 간접적으로 발현될 뿐이다. 발현의 양상은 사람마다 다르다. 화가 날 때 걱정을 하는 사람도 있고, 공포증을 느끼는 사람도 있고, 테리처럼 공황발작이 찾아오거나 강박장애가 찾아오는 사람도 있다. 과학자들은 왜 사람마다 불안이 다른 양상으로 나타나는지 알지 못한다. 하지만 일단 불안해지면 자신을 압도하는 괴상하고 끔찍한 증상에 사로잡혀 처음 자기를 괴롭혔던 문제의 실마리를 완전히 놓칠 수 있다.

테리는 내 분석에 100% 공감한다고 고백했다. 테리는 지난 10년간 공황발작을 유발했던 부정적인 느낌들을 돌이켜보았다. 공황발작은 아이들을 비롯해 누군가와 싸우고 논쟁을 벌인 직후에 찾아왔다. 그녀는 아이들을 몹시 사랑했다. 하지만 아이들이 말썽을 부리거나 엇나갈 때가 있었다. 테리는 엄히 대하기보다는 아이들을 말로 타이르려고 했다. 그러면 아이들은 더 말썽을 피웠고, 그럴 때마다 테리는 숨이 가빠지고 공황발작이 찾아왔다. 그녀는 아이들에게 몸으로 다음과 같은 메시지를 전달하는 셈이었다. "네가 말썽을 피워서 엄마가 죽을지도 몰라. 지금 당장 그만두는 게 좋을걸!"

대부분의 불안증은 예고 없이 찾아오지 않는다. 외면하려고 하는 문제나 갈등이 있지만, 의식이 부정적인 감정을 거의 반사적으로 밀어내기에 이를 깨닫지 못할 뿐이다.

끊임없이 걱정하는 여자

플로리다에 살고 있는 71세의 마르시는 50년 이상을 만성근심에 시달려왔다. 하지만 온갖 치료를 받아도 아무 소용이 없었다. 그녀는 몇 주에 걸친 집중치료 프로그램에 참가하기 위해 남편과 함께 필라델피아로 나를 찾아왔다.

마르시의 걱정거리는 수시로 변했지만 강박적으로 떠오르는 걱정의 양상은 변함이 없었다. 어떤 걱정이든 한번 시작되면 멈출 줄을 몰랐다. 최근 그녀는 두 아들, 팀과 프레디에 대해 걱정하기 시작했다. 이혼한 두 아들은 최근에 모두 재혼해서 캘리포니아로 이사했다. 두 아들 모두 자전거 타기를 좋아했다. 마르시는 캘리포니아에 진흙사태나 지진이 났다는 뉴스를 TV에서 볼 때마다 아들들에 대한 걱정이 고개를 들었다. 때로 그녀는 두 아들이 황무지에서 자전거를 타다가 끔찍한 사고를 당하거나, 갑작스런 지진 현장 한복판에 있는 모습을 상상했다. 마르시의 의식에는 부러진 다리가 바위 아래 낀 채, 고통스런 비명을 지르며 피투성이로 죽어가는 두 아들의 모습이 떠올랐다.

마르시는 남편 랄프에 대해서도 걱정했다. 78세의 랄프는 매일 테니스를 쳤고 건강검진 결과 아무런 문제가 없었지만, 마르시는 이유 없이 랄프에 대해 끊임없이 걱정했다. 예컨대 저녁식사를 준비하던 어느 날, 그녀는 남편이 급작스런 심장마비로 쓰러지는 장면을 상상했다. 자신이 남편 옆에 무릎을 꿇고 앉아, 의식을 잃어 숨이 멈춘 남편의 심장을 뛰게 만들려고 필사적으로 흉부를 압박하는 장면을 떠올렸다. 예고 없이 마르시의 의식에 파고든 환상은 하루 종일 지속되었다. 왜 이런 일이 일어난 걸까? 숨겨진 감정 기법을 활용하면 마르시가 꼭꼭 숨겨놓은 감정이나 갈등을 확인할 수 있을 것이다. 마르시의 걱정이 어디에서 비롯되었는지 알겠는가? 그녀는 왜 남편과 아들이 죽어간다는 환상에 사로잡혀 있는 걸까? 무엇이 이런 두려움을 유발했을까? 그녀의 환상 이면에는 무슨 일이 일어나고 있는 걸까?

'착한' 사람들이 불안증에 시달린다는 사실을 기억하라. 마르시의 증상은 어떤 내면의 감정을 말하고 있는가? 다시 한 번 추리력을 발휘해 실마리를 찾아보라. 여기 몇 가지 힌트가 있다.

- 숨겨진 문제나 감정은 과거에 묻어놓은 갈등이 아니다. 지금, 이 순간에 문제를 일으키고 있는 것이다.
- 숨겨진 문제는 너무도 명백하다. 옆에 있는 코끼리를 알아채지 못하는 것과 다름없다.
- 오이디푸스 콤플렉스나 삶의 의미에 대한 존재론적 문제와 같이 형이상학적인 것이 아니다. 우리 모두 확인할 수 있는 평범한 문제들이다.
- 불안증은 대개 나를 괴롭히는 갈등이나 문제가 상징적으로 드러난 결과다. 뇌가 억압된 감정과 간접적으로 소통하는 것이다.

사실 불안증은 꿈에서 깨어나는 것과 별반 다르지 않다. 불안해하는 사람들은 그림과 비유로 감정을 전달하는 화가나 시인과 닮았다. 사장이 책상 앞으로 지나갈 때마다 구역질이 나고 공황발작이 찾아왔던 알리샤가 기억나는가? 그녀는 몸에 나타난 증상을 통해 이렇게 웅변하고 있었다. "난 더 이상 여기 있기 싫어요." 하지만 그녀는 너무 '착해서' 회사를 그만두고 싶다는 사실을 스스로 받아들이지 못했다. 게다가 사장의 기분을 상하게 하고 싶지 않았다. 따라서 그녀는 몸이 나타내는 증상을 통해 사장에게 자신의 느낌을 '보여주었던' 것이다.

마르시의 두려움은 어디에서 비롯되었을까? 무엇이 그녀를 괴롭히는 걸까? 아래 공란에 당신의 생각을 적어보라. 생각이 나지 않으면 추측해서 적어도 된다. 최소한 한 가지라도 적고 나서 해답을 읽기 바란다.

_____

_____

_____

_____

해답

당신은 마르시가 남편과 아들이 모두 죽는 환상을 떠올리므로 홀로 남겨지거나 버림받을까 봐 두려운 것이라고 추측했을지도 모른다. 훌륭한 추측이지만, 핵심과는 거리가 있다. 처음에는 숨겨진 감정 기법을 활용하더라도 핵심을 잘못 짚는 경우가 허다하다. 하지만 상관없다. 나도 환자를 치료할 때 이렇게 묻는다. "이것일까요? 아니면 저것일까요?" 내 추측도 종종 틀린다. 하지만 환자들은 무엇이 그들을 괴롭혔는지 별안간 '기억'해낸다. 그러면 우리는 불안증을 완전히 다른 시각에서 바라보게 된다. 불안증을 유발하는 원인을 아무리 생각해보아도, 당장 꼭 집어내기 어려울 수 있다. 하지만 마음을 활짝 열고 계속 생각하면 숨겨진 문제나 감정이 떠오르기 마련이다.

마르시를 괴롭히는 문제가 무엇인지 알쏭달쏭하다면, 다음에 제시한 질문들에 답해보라.

- 마르시의 환상 속에서 남편과 아들에게 무슨 일이 일어났나?

- 누가 이런 환상을 만들었나?

- 이런 환상은 무엇을 말해주나? 이런 환상을 유발하는 느낌의 종류는 무엇인가?

환상 속에서 마르시의 두 아들은 천천히, 끔찍한 죽음을 맞았다. 의식 속에서 마르시는 두 아들을 몇 번이고 죽이고 있었다. 마르시는 어떤 감정을 품고 있는 걸까? 만일 당신이 마르시에게 두 아들에 대한 억압된 분노가 있다고 생각했다면, 지그문트 프로이드 상을 받을 만하다!

나는 마르시 부부가 필라델피아에 도착한 당일 오후에 마르시를 처음 만났다. 아들과 남편에 대해 끊임없이 걱정한다는 말을 듣고 나는 마르시에게 남편과 아들에게 품고 있는 말 못 할 부정적인 감정이 있는지 물어보았다. 나는 그녀가 매일 환상 속에서 남편과 아들을 죽이고 있다는 사실을 지적하면서 그들에게 혹시 짜증이나 화가 난 것이 아닌지 물었다.

마르시는 두 아들을 몹시 사랑하지만 재혼한 며느리들이 마음에 들지 않는다고 고백했다. 하지만 그녀는 못된 시어머니나 뺑덕어멈 같은 인상을 남기고 싶지 않아서 자신의 감정을 숨기고 모든 것이 완벽한 척 연기했다. 하지만 실제로는 며느리들에 대한 부정적인 감정으로 속이 썩고 있었다.

나는 남편에 대해서도 화가 나 있지 않은지, 최근에 싸우거나 언성을 높인 적이 있는지 물었다. 마르시는 최근에 남편과 싸운 적이 없다고 말했다. 사실 마르시 부부는 결혼생활 50년 동안 한 번도 싸운 적이 없다고 했다!

나는 도무지 믿을 수가 없어서 이렇게 되물었다. "남편에게 한 번도 화가 나거나 짜증이 난 적이 없다는 말이에요?"

그녀는 이렇게 대답했다. "선생님, 그런 뜻이 아니에요. 전 한 번도 싸우거나 말다툼한 적이 없다고 했지, 남편에게 화가 난 적이 없다고 하지는 않았어요!" 그녀는 자라면서 한 번도 부모님이 다투는 모습을 보지 못했고, 사랑하는 사람들은 서로 싸우거나 말다툼을 해서는 안 된다고 배웠다는 설명을 늘어놓았다. 마르시는 남편에게 종종 짜증이 났지만 그런 감정을 표현해서는 안 된다고 생각하고 마음 한편에 묻어놓았다.

그러나 분노란 항상 어떤 방식으로든 드러나는 감정이며, 아무리 외면하려고 해도 간접적으로 표출되기 마련이다. 마르시의 분노는 남편과 아들이 죽을까 봐 항상 걱정하는 마음의 탈을 쓰고 나타났다. 하지만 그녀의 환상 속에서 그들은 지진이나 심장마비와 같이 통제 불가능한 사건으로 죽음을 맞았다. 따라서 마르시는 그들을 저세상으로 보내면서도 아무 죄의식을 느끼지 않는 사랑스러운 아내이자 어머니로 남을 수 있었다. 그녀는 자신이 환상을 만들어 살인을 저지른다는 사실을 인식할 필요가 없었다!

불안증의 숨겨진 원인을 찾아내는 일은 매우 중요하다. 하지만 원인을 아는 것만으로는 치료에 이르지 못하는 경우가 대부분이다. 불안증을 없애려면 자신을 괴롭히는 문제를 해결하거나 감정을 솔직하게 표현해야 한다. 상대를 탓한다거나, 다투거나, 멀어지지 않으면서 아들과 남편을 솔직하고 열린 마음으로 대할 수 있도록 마르시와 나는 자신의 감정을 슬기롭고 다정다감하게 표현하는 방법에 대해 논의했다. 우리는 역할극을 통해 이런 요령을 연습했고, 그녀는 훌륭히 해냈다.

그녀는 치료 세션이 끝나고 호텔 룸으로 돌아가 두 아들을 불러서 묻어두었던 자신의 감정을 솔직하게 털어놓았다. 그녀는 지금까지 두 아들과 나눴던 대화 중 가장 훌륭한 대화를 했고, 두 아들에 대한 걱정도 눈 녹듯 사라졌다고 고백했다.

다음 날 아침, 마르시는 남편과 함께 나타나 남편 또한 세션에 참가할 수 있겠느냐고 물었다. 그녀는 남편과의 사이도 의사소통 훈련을 통해 나아질 수 있을 것 같다고 말했다. 나는 '1분 반복'이라는 부부 요법을 시도해보았다. 이 연습은 부부가 방어적인 태도에서 벗어나 다정다감한 태도로 서로의 부정적인 감정을 표현하도록 돕는다. 마르시 부부는 즐거운 마음으로 훈련에 임했다. 곧 그들은 난생처음으로 친밀한 감정을 교류할 수 있었다. 두 사람이 울음을 터트리며 서로를 포옹하자 다시없는 친밀감이 찾아들었다. 세션 말미에 가서 마르시는 모든 근심이 사라지는 동시에 50년 넘게 시달려왔던 불안증마저 깨끗이 사라졌다고 고백했다.

나는 마르시에게 만성근심이 깨끗이 치료되어 다행이라고 말하면서, 그보다 더 좋은 소식은 마르시의 근심이 평생에 걸쳐 다시 찾아올 수 있기 때문이라고 덧붙였다. 그것이 왜 더 좋은 소식일까? 마르시가 다시 불안해할 수 있다는 사실은 무엇을 의미할까? 해답으로 넘어가기 전에 당신의 생각을 적어보라.

해답

대부분의 사람들은 불안이 나쁜 것이라고 생각한다. 하지만 내 생각은 다르다. 그 누구도 항상 행복할 수는 없다. 우리 모두 때로는 가슴 아프고 실망스러운 일을 겪는다. 조만간 마르시는 다시 화가 날 테고, 자신의 감정을 숨기며 새로운 걱정을 시작할 것이다. 분노 같은 부정적인 느낌을 전보다 더 잘 인식하고 표현할 수 있게 되었지만, 실생활에서 항상 실패 없이 문제의 핵심을 찾기는 어려울 것이다. 사람에 따라서 부정적인 감정을 없애려는 성향이 몸에 배어 있을 수 있다. 보통은 원인을 채 알기도 전에 그런 습성이 발현된다.

하지만 마르시는 이를 더 이상 걱정할 필요가 없다. 왜일까? 불안증이 찾아오면 누군가에게 화가 나거나 짜증이 난다는 신호가 몸으로 나타난 것이고, 그 문제를 찾아내 감정을 표현하는 순간 불안증은 다시 사라질 게 분명하기 때문이다. 이런 관점에서 본다면 마르시의 불안은 장점에 가깝다. 불안증이 찾아오면 해결해야 할 문제가 있다는 신호로 볼 수 있기 때문이다.

숨겨진 감정 기법은 간단해 보이지만 어려운 기법에 속한다. 자기를 괴롭히는 문제나 감정에 동조하기가 항상 쉽지만은 않기 때문이다. 대개 숨겨둔 문제를 의식할 때까지 상당한 인내가 필요하다. 그 과정에서 이 기법이 자신에게는 별 효과가 없다고 생각할 수도 있다. 마음을 열고 자신이 아는 사람, 자신이 하고 있는 활동을 생각해보라. 그리고 스스로에게 질문해보라. "내가 외면하고 있는 어떤 것이 나를 괴롭히는 걸까? 내가 누군가에게 화가 나 있는 걸까? 내가 분노할 수밖에 없는 상황인 걸까?"

머지않아 숨겨진 감정이나 문제가 드러날 것이다. 그러면 비로소 불안증을 완전히 다른 시각에서 볼 수 있고, 이를 물리칠 강력하고 새로운 무기를 갖게 된다.

시체를 두려워한 병리학자

이제 조금 까다로운 사례를 소개하려고 한다. 나는 병리학 레지던트인 코리라는 청년을 치료한 적이 있다. 그는 어린 시절부터 시달려온 강박장애를 치료하기 위해 나를 찾아왔다. 그는 최근 증상이 재발해 일하기조차 힘든 상황이었다. 몇 주 전에 코리가 해부 실습을 하던 중 시체의 척추 조각이 튀어나와 눈에 들어간 일이 있었다. 그는 얼른 눈을 비벼 조각을 떼어냈고, 다행히 눈에 상처가 나지 않았다. 하지만 그는 자신이 끔찍한 감염성 질환인 크로이츠펠트 야콥병에 걸리지 않을까 걱정하기 시작했다. 이 병은 사람에게 나타나는 광우병에 해당하며, 걸린 지 6개월 안에 사망한다.

코리는 자신이 해부하던 남자가 크로이츠펠트 야콥병이 아닌 심장마비로 죽었다는 사실을 알고 있었다. 하지만 불안증이 그를 짓눌러 강박적 지연과 함께 감염공포증으로 발전했다. 그는 부검 때마다 가운을 두 겹씩 겹쳐 입고, 장갑 도 두 개를 끼며 피부가 전혀 노출되지 않도록 세심하게 신경을 썼다. 심지어 얼굴 을 보호하기 위해 나사의 우주인 헬멧까지 착용했다! 그는 부검을 시작하기 전 1시간 가까이 자신을 보호하기 위해 준비했다.

코리는 해부과정에서 '정확성을 기하기 위해' 점점 더 많은 시간을 쏟았다. 곧 거북이 수준으로 속도가 느려졌고 아무리 애를 써도 해부를 제 시간에 마칠 수 가 없었다. 해부하다 만 시신이 영안실에 쌓여가고, 동료 레지던트들은 공간이 부족해서 제대로 해부를 할 수가 없다고 불평하기 시작했다.

내가 코리에게 스스로를 괴롭히는 문제가 있느냐고 묻자, 그는 아무것도 없 다고 고집스레 대답했다. 그는 결혼생활이 행복하고 동료 레지던트들과도 잘 지 내고 있다고 말했다. 또한 자신은 어릴 때부터 병리학자가 되고 싶었다고 했다. 코리는 불안증 말고는 인생에서 남부러울 게 없다고 말하면서, 이를 고치지 못 하고 수련 프로그램을 떠나야 될지도 모른다는 생각에 근심하기 시작했다.

코리의 증상이 특별해 보일 수 있지만 이는 강박장애의 전형적인 사례에 속 한다. 이제 원인을 알아보자. 말 못 하는 무엇이 그를 괴롭히는 걸까? 인생에 아 무런 문제가 없다는 그의 말을 믿을 수 있을까? 아니면 말하고 싶은 뭔가를 숨기 고 있는 걸까? 코리를 괴롭히는 숨겨진 감정이나 문제는 무엇일까? 당신의 추측 을 적어보라.

물론 코리만이 정답을 말해줄 수 있다. 우리는 단지 배운 대로 추측할 뿐이다. 하지만 여전히 오리무중이라면, 다음과 같은 질문을 통해 실마리를 찾아보라.

- 코리가 자신의 일을 즐기고 있는가?
- 코리는 함께 해부학 실습 과정을 밟고 있는 다른 레지던트들에게 정말 긍정적인 감정을 갖고 있는 걸까? 그의 강박증이 동료들에게 어떤 영향을 미칠까?

코리와 나는 여러 가지 인지행동치료 기법을 시도해보았으나 성과는 미미했다. 5~6번째 세션을 마친 다음, 그의 불안증은 50% 가까이 개선되었다. 하지만 그는 여전히 불안증에 시달리고 있었다. 나는 그를 볼 때마다 말 못 한 다른 문제가 있는지 물어보았다. 달리 신경 쓰이는 문제가 있는 게 아닐까? 하지만 그는 항상 강박장애 말고는 아무런 문제가 없다고 주장했다.

8번째 세션을 시작하면서, 예고 없는 반전이 일어났다. 코리는 지역 의학 소식지에 실린 광고를 내게 보여주었다. 길 건너에 있는 대학 부속 병원에서 몇 달 내로 응급실 레지던트를 구한다는 구인광고였다. 코리는 매우 들떠 보였다.

나는 이렇게 물었다. "코리, 왜 그렇게 들떠 있나요? 당신은 내게 항상 병리학자가 되고 싶다고 말했잖아요."

그는 이렇게 대답했다. "아니에요. 그건 아버지의 바람이지, 제 꿈은 아니에요. 솔직히 말하면 저는 병리학을 싫어해요. 전 항상 응급실에서 일하고 싶었어요."

코리는 또 지금까지 숨겨온 사실을 고백했다. 그는 유태인인데 근본주의자 기독교 병원에서 근무하고 있었다. 그는 직원들 사이에서 미묘한 반유대주의를 감지했다. 예컨대 당직 순번 배치나 교대 일정에서 알게 모르게 불이익을 받고 있다는 느낌이 들었지만, 동료나 상관의 비위를 거스르지 않고 불평분자로 낙인찍히지 않기 위해 정중하게 행동했다.

나는 별안간 코리의 증상이 환히 보였다. 그는 감염공포증나 강박적 지연을 통해 다음과 같이 웅변하고 있었던 셈이다. "나는 시체 해부가 싫어. 인생을 이렇게 허비할 수 없어!" 이와 동시에 그는 강박장애의 희생자 역할을 맡아, 다른 동료 레지던트들을 불쾌하게 만듦으로써 간접적인 복수를 시도하고 있었다.

당연하게도 코리는 자신이 숨겨온 감정을 표현하고 그를 괴롭히던 문제를 해결해야 했다. 그는 치료 세션을 마친 다음, 광고를 게재한 병원을 찾아가 원서를 제출했다. 코리는 매우 훌륭한 경력을 가지고 있었기에 책임자는 그를 즉석에서 채용했다. 코리는 일하는 병원으로 돌아와 레지던트 과정 책임자를 만났다. 병리학이 자신에게 맞지 않아서 이달 말에 그만두겠다고 설명하면서, 그가 느낀 병원 내부의 종교적 편견 또한 솔직히 털어놓았다. 그들은 마음을 터놓고 대화를 나눴고 코리는 기분이 한결 나아졌다.

한 주가 지나 코리를 만났을 때, 코리는 환희에 차 있었다. 감염공포증이 깨끗이 사라졌고 밀린 해부를 모두 마쳤다고 말했다. 실제로 그는 동료 레지던트들에 비해 더 빨리 해부를 해냈다. 이로써 코리는 치료 세션을 성공적으로 끝낼 수 있었다.

나는 숨겨진 감정 기법에 대한 애정이 남다르다. 이 기법은 강력한 치료수단일 뿐 아니라, 불안증을 이해할 실마리를 제공함으로써 더 이상 불안증을 기이하고, 별나고, 신비로운 차원에 머물도록 허락하지 않는다. 불안증은 아무런 이유 없이 갑자기 나타나지 않는다. 사람들과 부대끼면서 점차 자라난다. 대부분의 불안증 이면에 놓인 진정한 공포는 솔직한 감정에 대한 두려움이다. 숨겨진 감정 기법을 성공적으로 활용한다면, 불안증을 극복할 뿐 아니라 내가 누구이고, 삶의 의미가 무엇인지 깊이 이해할 수 있다.

제5부

자신에게 맞는 기법 찾기

恐慌
panic disorder

회복 서클 활용하기
──최대한 빨리 실패하기

지금까지 여러 가지 인지 모델 기법, 노출 모델 기법, 숨겨진 감정 모델 기법을 설명했다. 이런 기법들은 불안증과 우울증을 유발하는 부정적인 생각을 물리치도록 도와준다. 429페이지의 '두려움을 물리칠 40가지 방법'에 이 기법들의 목록을 빠짐없이 망라했다. 쓸 만한 무기가 정말 많다는 사실을 알 수 있지만, 한편으로는 부담스럽고 혼란스러울 수도 있을 것이다. 어떤 기법이 효과가 있을지 어떻게 알 수 있을까?

　이 질문에 대한 해답은 명확하지 않다. 어떤 기법은 만성근심에 효과가 있고, 어떤 기법은 열등감이나 수줍음에, 또 어떤 기법은 공황발작이나 강박장애에 효과가 있을 것이라고 생각할 수 있다. 하지만 현실은 그렇게 간단하지 않다. 실제로 효과를 보이는 기법은 항상 별로 기대하지 않았던 기법이기 마련이다.

　11장에서 소개한 준의 사례를 예로 들어보자. 준은 실험 기법을 통해 53년간의 공황발작과 광장공포증을 극복할 수 있었다. 아무리 미쳐보려고 노력해도 미치지 않는다는 사실을 확인하자, 공황발작이 깨끗이 사라졌다. 준은 그에 앞서 10가지가 넘는 방법을 시도해보았지만 아무런 효과가 없었다.

　실험 기법이 효과가 있다는 사실을 미리 알았다면 처음부터 이 기법을 시도했을 것이다. 하지만 비슷한 불안에 시달리는 두 사람조차 완전히 다른 기법으로 효과를 보는 경우가 많기 때문에 효과 있는 기법을 제대로 예측하기가 몹시

두려움을 물리칠 40가지 방법

인지 모델	동기 기법
자기패배신념 밝히기 기법 1. 하방 화살표 기법 2. 만약에 기법	20. 비용편익분석 기법 21. 역설 비용편익분석 기법 22. 악마의 변호 기법
연민 기반 기법 3. 이중 기준 기법	**미루지 않기 기법** 23. 즐거움 예측 양식 24. 큰 성취를 향한 작은 발걸음 25. 미루지 않기 양식 26. 문제 해결 목록
진실 기반 기법 4. 증거조사 기법 5. 실험 기법 6. 설문조사 기법 7. 원인 다시 찾기 기법	**노출 모델**
	고전적 노출 27. 점진적 노출 기법 28. 홍수법 29. 반응 금지 기법 30. 주의력 분산 기법
의미론 기법 8. 의미론 기법 9. 용어 재정의 기법 10. 구체화하기 기법	
논리 기반 기법 11. 중용적 사고 기법 12. 과정 대 결과 기법	**인지 노출** 31. 인지 홍수법 32. 이미지 대체 기법 33. 기억 조정 기법 34. 두려운 환상 기법
양적 기법 13. 자기 모니터링 기법 14. 근심 중지 기법	
유머 기반 기법 15. 수치심 공격 훈련 기법 * 16. 역설과장 기법 17. 우스운 상상 기법	**대인관계 노출** 35. 미소와 인사 훈련 기법 36. 추파 던지기 훈련 기법 37. 거절 훈련 기법 38. 자기노출 기법 39. 데이비드 레터맨 기법
역할극 기법 * 18. 목소리 외재화 기법	**숨겨진 감정 모델**
정신 기법 19. 수용 역설 기법	40. 숨겨진 감정 기법

* 이 기법은 대인관계 노출 기법으로 분류할 수도 있다.
** 이중 기준, 수용 역설, 악마의 변호, 두려운 환상, 추파 던지기 훈련, 데이비드 레터맨 기법 또한 역할극을 통해 효과를 볼 수 있다.

힘들다. 이 장에서는 자신에게 맞는 효과적인 기법을 어떻게 골라낼 수 있는지 설명한다. '오늘의 기분 일지'를 채우는 것부터 시작해야 한다. 일지를 쓰는 5단계를 기억하는가? 해답을 보기에 앞서 다음 공란에 적어보기 바란다.

1단계 _____

2단계 _____

3단계 _____

4단계 _____

5단계 _____

해답

'오늘의 기분 일지'를 쓰는 5단계는 다음과 같다.

1단계 문제적 사안을 간략히 기재한다. 속상했던 순간이라면 뭐든 상관없다.

2단계 부정적인 감정에 동그라미를 치고 0에서 100%까지 점수를 매긴다.

3단계 부정적인 생각을 적고, 이런 생각에 얼마나 치우쳐 있는지 0%에서 100%까지 점수를 매긴다.

4단계 부정적인 생각에 어떤 왜곡이 포함되어 있는지 확인한다.

5단계 부정적인 생각을 더 긍정적이고 현실적인 생각으로 바꾼다.

이 중에서 제5단계가 가장 중요하다. 두려움을 물리치는 단계이기 때문이다. 하지만 부정적인 생각에 사로잡힌 이들은 대개 부정적인 생각이 절대적으로 맞다고 확신하므로 가장 어려운 단계이기도 하다. 다른 사람의 부정적인 생각을 알아채기는 쉬워도 자기가 속고 있다는 것을 알기는 훨씬 어렵다.

제1단계부터 제4단계까지를 마친 다음, 당신이 가장 먼저 해결하고 싶은 부정적인 생각을 골라 435페이지에 소개한 '회복 서클' 중앙에 기입하라. 원은 당신이 갇힌 덫을 의미한다.

원 안에 기입한 생각을 믿는 한, 당신은 계속 불안하고 우울할 것이다. 원 주위로 화살표 16개가 뻗어 있다. 각 화살표는 덫에서 빠져나와 불편한 기분을 물리칠 수 있는 기법들을 가리킨다. '두려움을 물리칠 40가지 방법'을 참조해 여러 가지 기법을 선택한 다음 회복 서클을 둘러싼 박스에 기입하라. 어떤 방법이 효과적일지 알 수 없기 때문에 최소한 15가지 기법을 적는 것이 좋다. 더 많은 기법을 나열할수록 원 안에 적은 부정적인 생각을 물리치기가 훨씬 쉬워진다.

그럼, 박스에 어떤 기법을 기입할지 어떻게 알 수 있을까? 452페이지에 소개한 '두려움을 물리칠 40가지 방법'을 통독해보라. 이 목록에는 각 기법이 어떻게 효과를 발휘하는지 간략한 설명이 나와 있어 선택하기가 한결 쉽다. 특정 기법이 효과가 있어 보인다면 박스 안에 적어라.

이 주제는 나중에 더 자세히 설명할 것이다. 지금은 어떤 기법을 선택할지, 어떤 기법이 효과가 있을지 너무 깊이 고민할 필요가 없다. 다만 반드시 여러 가지 기법을 선택해야 한다. 인지 모델 기법, 노출 모델 기법, 숨겨진 감정 모델 기법의 범주에 속한 기법들이 모두 포함되도록 해야 한다. 회복 서클에 15가지 이상을 적었다면, 자신에게 맞는 방법을 한 번에 한 가지씩 시도해볼 차례다. 하나를 시도했는데 별 효과가 없다면 다른 방법으로 넘어가라. 또 다른 기법이 별 효과가 없다면 다시 다른 방법으로 넘어가라. 자신에게 맞는 방법을 최대한 빨리 찾을 수 있도록 잘 맞지 않는 방법은 빨리 실패하는 것이 좋다.

이토록 많은 기법을 시도해야 하는 이유는 무엇일까? 시도하는 기법 중 대부분이 효과가 없기 때문이다. 하지만 효과적인 기법도 많기 때문에 걱정할 필요는 없다. 기법을 시도해보기에 앞서 이런 사실을 받아들인다면, 특정 기법이 효과가 없어도 좌절하거나 화를 낼 이유가 없다. 평균적으로 부정적인 생각을 물리칠 기법을 찾으려면 최소한 15번의 실패를 거쳐야 한다. 그래서 회복 서클이 중요한 것이다. 우울증, 불안증, 분노를 비롯한 여러 가지 부정적인 생각을 극복할 방법을 거의 모두 갖게 된 셈이기 때문이다.

모든 사람의 모든 부정적 감정을 치유할 수 있는 단 하나의 마법의 기술이 있다면 얼마나 좋을까? 그러면 인생이 아주 간편해질 것이다. 실제로 많은 사람들이 간편한 기법 하나로 어떤 문제든 치료할 수 있다는 발상을 주입시키려 한다. 어느 날에는 에어로빅이나 조깅이 스트레스를 극복하는 최고의 방법이라고 하고, 다른 날에는 마음챙김 명상법이 스트레스의 특효약이라고 말한다. 세인트존스워트에게 왕좌를 넘겨주기 전까지 수십 년 동안 정신분석이 해답이라는 견해가 주류를 이루었다. 하지만 만병통치약은 어디에도 없고, 앞으로도 없을 것이다. 회복 서클은 근본적으로 다른 접근 방식을 취한다. 자기만의 문제에 특화된 강력한 치료 프로그램을 만드는 것이다.

그럼, 회복 서클이 어떤 원리로 작동하는지 알아보자. 슈퍼마켓 계산대 줄에 서 있는 동안 매력적인 여성 계산원을 생각하며 수줍음을 느꼈던 제이슨의 사례를 기억할 것이다. 계산원이 자신을 향해 미소 짓는 것 같았지만, 제이슨은 너무 수줍어 그녀에게 미소로 화답하거나 쳐다볼 수조차 없었다. 그는 끊임없이 '나는 개성이 없는 인간이다'라는 부정적인 생각을 했다. 이런 생각을 하는 한, 제이슨은 그녀에게 다가가기도 전에 거절당한 것과 다름없었다. 그가 스스로 '개성이 없다고' 믿는다면, 그녀에게 말을 붙일 때 어색해할 것이고 실제로 그녀가 떠나버리면 자신은 정말 개성이 없다고 결론 내리게 될 것이다.

제이슨의 부정적인 생각은 전혀 현실적이지 않았다. 오히려 그는 매력적이고, 밝고, 기운이 넘치고, 창의력이 풍부했다. 게다가 유머감각도 뛰어났다. '나는 개성이 없다'라는 제이슨의 생각 속에 포함된 왜곡은 무엇일까?

제이슨과 나는 '나는 개성이 없다'라는 생각에서 10가지 왜곡이 있음을 찾아냈다.

왜곡	(√)	설명
1. 흑백사고	√	제이슨은 자신의 인간성이 매우 좋거나 아예 개성이 없거나 둘 중 하나라고 생각한다. 누구도 한쪽에 완전히 치우치지 않으므로 이는 현실적이지 못한 생각이다. 편안하고 매력적인 순간도 있고 긴장되고 어색한 순간도 있다. 누구도 항상 극단으로 치우치지는 않는다.
2. 성급한 일반화	√	제이슨은 한 가지 상황으로 자신의 자아 전체를 규정한다. 슈퍼마켓의 계산대 줄에 서 있을 때 어색하고 남의 시선이 신경 쓰인다는 이유로 자신을 개성이 없는 인간으로 결론 내린다.
3. 생각 거르기	√	자신이 불안하고 남을 의식하는 순간에만 집중하고, 편안하고 매력적인 순간은 무시한다.
4. 장점 폄하	√	제이슨은 자신의 장점을 폄하한다. 그는 주변 사람들에 비해 상대적으로 매력적이고 총명하므로 매력적인 상대에게 접근했을 때 거절당할 것이라 생각할 이유가 없다. 제이슨은 그녀가 자신을 향해 미소 지었던 사실을 깎아내린다.
5. 결론 도약 -넘겨짚기 -주술적 주문	√	제이슨은 아무런 증거도 없이 계산원이 자신에 대해 개성 없는 인간이라고 생각할 것이라 추정한다. (넘겨짚기와 주술적 주문)
6. 과장 및 축소	√	제이슨은 자신이 편안하고 여유로울 때 매력적으로 보일 것이라는 사실을 축소한다.
7. 감정추론	√	제이슨은 스스로 개성이 없다고 느끼므로 자신이 정말 지루하고 서투르다고 결론 내린다.
8. 당위진술	√	제이슨은 자신이 항상 명랑하고 활달해야 한다고 생각한다. 그는 끊임없이 자신을 다른 사람들과 비교하며 이상적인 모습이어야 한다고 생각한다.
9. 낙인찍기	√	제이슨은 자신이 수줍어하고 어색해한다고 인정하기보다, 개성이 없다고 규정한다. 파괴적인 방식으로 자신을 낙인찍는다.
10. 비난 -자기비난 -타인비난	√	제이슨은 자신이 수줍어하고 불안해한다고 자책한다.

나는 제이슨에게 스스로에게 더 긍정적이고 현실적인 메시지를 줄 수는 없는지 물어보았다. 그는 "나는 매우 개성적이다"라고 생각을 바꿔보겠다고 말했다. 나는 '오늘의 기분 일지'의 '긍정적인 생각'란에 그렇게 적은 다음, 그 생각을 얼마나 신뢰하는지 기입하라고 말했다. '믿음' 항목에서 볼 수 있듯이, 그는 20%라는 낮은 점수를 기입했다. 그는 여자들 사이에 있을 때 불편함을 느꼈고, 여자들

과 대화한 적이 많지 않았기 때문이다. 그 자신의 긍정적인 생각 자체가 100% 진실이 아니었기에 감정 변화의 필요조건을 충족시킬 수 없었다. '이후' 항목에서 확인할 수 있는 것처럼, 그는 여전히 부정적인 생각을 100% 믿고 있었다.

부정적인 생각	이전 (%)	이후 (%)	왜곡	긍정적인 생각	믿음 (%)
7. 나는 개성이 없다.	100%	100%	흑백, 성급, 생거, 장폄, 짚기, 주문, 과축, 감추, 당진, 낙인, 자비	7. 나는 매우 개성적이다.	20%

이 시점에 회복 서클을 활용해야 한다. 제이슨은 스스로 부정적인 생각을 물리칠 수 없다. 따라서 지금까지 소개한 기법을 동원해야 한다. 435페이지의 회복 서클 중앙에 부정적인 생각을 기입하라. 그리고 이런 생각을 물리칠 수 있는 기법을 최소 15가지 이상 적어보라. 429페이지에 나온 '두려움을 물리칠 40가지 방법'을 참조하거나 452~457페이지에서 언급한 각 기법에 대한 자세한 설명을 참조할 수 있다. 원 주변의 박스에 각 기법을 기입하라. 전부 기입한 다음, 앞에서 제이슨과 내가 선택한 기법에 대한 설명을 참조하라.

해답

제이슨과 내가 완성한 회복 서클이 437페이지에 나와 있다. 당신이 작성한 내용과 다르다고 해도 걱정할 필요가 없다. 15가지 이상을 골랐다면 잘하고 있는 것이다.

우리는 가장 먼저 '증거조사 기법'을 시도했다. 나는 제이슨에게 그가 인간성

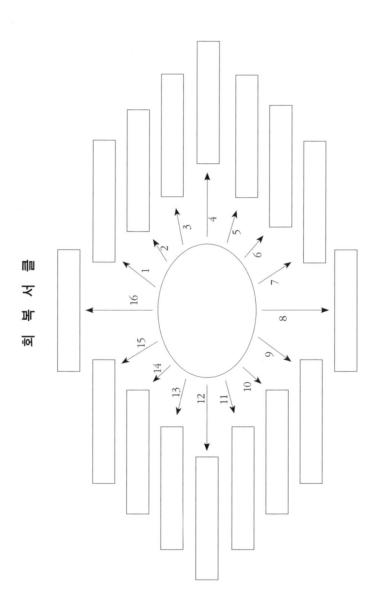

회복시킬

이 좋다는 증거가 있는지 물었다. 그는 이렇게 말했다. "나는 가족들과 잘 어울리고 집에 있을 때 즐겁고 마음이 편해요." 나는 그의 '오늘의 기분 일지'의 긍정적인 생각란에 그 내용을 적으라고 지시했다. '믿음' 항목에서 볼 수 있는 것처럼, 그는 이런 생각을 100% 믿었다.

하지만 '이후' 항목에 나온 것처럼, 부정적인 생각은 겨우 95%까지밖에 내려가지 않았다. 이처럼 효과가 미미한 것을 보면 아직까지도 그가 부정적인 생각에 의지하고 있다는 사실을 알 수 있다. 얼핏 보기에, 긍정적인 생각이 자신을 칭찬하는 듯하지만 사실은 비난하는 성질을 띠기 때문이다. 제이슨은 또래의 여성들에게 둘러싸여 있을 때 어색하고 긴장되므로 어머니와 형제간의 경험은 중요하지 않다고 설명했다. 이 사례에서 긍정적인 생각은 감정 변화를 위한 필요조건을 충족했다. 부정적인 생각에 대한 제이슨의 믿음을 일부라도 감소시켰기 때문이다.

부정적인 생각	이전 (%)	이후 (%)	왜곡	긍정적인 생각	믿음 (%)
7. 나는 개성이 없다.	100%	100%	흑백, 성급, 생거, 장평, 짚기, 주문, 과축, 감추, 당진, 낙인, 자비	7. 나는 매우 개성적이다.	20%
		95%		나는 가족들과 잘 어울리고 집에 있을 때 즐겁고 마음이 편하다.	100%

이 생각은 변화를 위한 필요조건을 갖추지 못했다. 제이슨이 20%밖에 믿지 않았기 때문이다.

이 생각은 변화를 위한 충분조건을 갖추지 못했다. 100% 진실이었지만 부정적인 생각을 물리칠 수 없었기 때문이다.

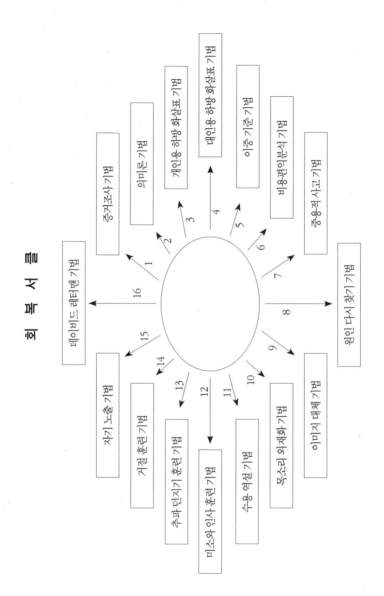

회 복 서 를

- 증거조사 기법
- 의미론 기법
- 개인용 하방 화살표 기법
- 대인용 하방 화살표 기법
- 이중 기준 기법
- 비용편익분석 기법
- 중용적 사고 기법
- 원인 다시 찾기 기법
- 이미지 대체 기법
- 목소리 외재화 기법
- 수용 역설법 기법
- 미소와 인사 훈련 기법
- 주파 단지기 훈련 기법
- 거절 훈련 기법
- 자기 노출 기법
- 데이비드 레터맨 기법

22장   437

하지만 풀어야 할 문제가 있었다. 내가 제이슨에게 부정적인 생각에 도전해보겠느냐고 물었을 때 그가 떠올린 긍정적인 생각은 별 효과가 없었다. 이후 우리는 증거조사 기법을 시도해보았다. 하지만 이 역시 부정적인 생각을 물리칠수 없었다. 그는 여전히 자신이 개성이 없다고 믿었다. 다음에 할 일은 무엇일까? 해답을 읽기 전에 당신의 생각을 적어보라.

해답

한 기법이 효과가 없으면, 회복 서클의 다음 기법으로 시선을 돌려라. 부정적인 생각을 물리치기가 쉽다면 애당초 사람들이 우울증과 불안증에 시달릴 필요가 없을 것이다. 다행히 아직 시도할 수 있는 기법들은 많다.

부정적인 생각에 포함된 왜곡들에 착안해 어떤 기법을 시도할지 아이디어를 얻을 수 있다. 특정 왜곡에 특히 효과를 보이는 기법이 있기 때문이다. '나는 개성이 없어' 같은 제이슨의 생각은 숨겨진 당위진술에 속한다. 그는 자신이 명랑하고 활달해야 한다고 생각하기 때문이다. 이는 스스로에게 과도한 부담감을 줄뿐만 아니라, 현실에서 동떨어진 생각이기도 하다. 누구나 데이트를 시작할 때는 긴장되고 어색하기 마련이다. 나 또한 그랬다! 상대에게 어떻게 대해야 할지 몰라서 처음에는 재미나 자유분방한 기분을 전혀 느끼지 못할 수도 있다. 이는 자신이 무능하거나 개성이 없다기보다 경험이 없다는 사실을 의미한다.

의미론 기법은 회복 서클에서 차순위 기법으로, 숨겨진 당위진술에 종종 효과를 발휘한다. 나는 제이슨에게 불안할 때 자학하는 것을 조금이라도 줄여보라고 말했다. 자신의 어색한 느낌을 좀더 편안하고 너그럽게 받아들이는 것이다. 제이슨은 이런 긍정적인 생각을 떠올렸다. "나는 편안한 기분일 때 개성을 잘 드

제이슨이 실제로 믿지 않았기 때문에 긍정적인 생각을 떠올리는 첫 번째 시도는 효과적이지 않았다.

부정적인 생각	이전 (%)	이후 (%)	왜곡	긍정적인 생각	믿음 (%)
7. 나는 개성이 없다.	100%	100%	흑백, 성급, 생거, 장편, 짚기, 주문, 과축, 감추, 당진, 낙인, 자비	7. 나는 매우 개성적이다.	20%
		95%		나는 가족들과 어울리고 집에 있을 때 즐겁고 마음이 편하다.	100%
		25%		나는 편안한 기분일 때 개성을 잘 드러낸다. 내 진짜 문제는 개성이 없는 것이 아니라 수줍음을 타는 것이다.	

우리가 증거조사 기법을 사용했을 때 제이슨은 긍정적인 생각을 해냈다. 그는 증거조사 기법을 신뢰했지만 부정적인 생각에 대한 믿음이 줄어들지 않았기 때문에 효과가 적었다.

의미론 기법을 시도했을 때 제이슨은 이 생각을 떠올렸다. 이 생각에 대한 믿음이 100%였으므로, 부정적인 생각을 25%까지 낮출 수 있었다.

러낸다. 내 진짜 문제는 개성이 없는 것이 아니라 수줍음을 타는 것이다."

나는 제이슨에게 '오늘의 기분 일지'에 자신의 긍정적인 생각을 적은 다음, 얼마나 강하게 믿고 있는지 기입하라고 말했다. 제이슨은 '믿음' 항목에 100%를 기입했다. 그러자 부정적인 생각에 대한 믿음은 25%로 줄어들었다. 이는 긍정적인 생각이 감정 변화를 위한 필요충분조건을 만족시켰다는 사실을 의미했다.

부정적인 생각에 대한 믿음을 줄이려면 얼마나 노력해야 할까? 이는 자신이 해결하려 애쓰고 있는 부정적인 생각이 무엇인지에 따라 달라진다. 부정적인 생각에 대한 믿음을 0%까지 낮출 수 있는 경우도 있다. 나는 제이슨의 경우라면 25%로 충분하다고 생각했다. 그는 실제로 사회생활에서 어색함을 느끼고 있으므로 그의 부정적인 생각이 아예 틀린 것은 아니었기 때문이다. 물론 다시 바뀔 수도 있겠지만, 일단 나중을 위한 큰 발걸음을 내디딘 셈이었다.

제이슨은 부정적인 생각을 물리치는 데 성공하자 기분이 좋아졌고 금세 모든 부정적인 생각을 물리칠 수 있었다. 441~442페이지에 제이슨이 완성한 '오늘의 기분 일지'를 실었다. 표를 보면 알 수 있듯이, 제이슨의 부정적인 생각은 하나도 빠짐없이 20% 이하로 떨어졌다. 오직 불안만 50%에 머물렀다.

왜 불안만 50%에 머물렀을까? 50%면 양호한 수치이지만, 누구나 그 이상의 성과를 기대하기 마련이다. 나는 제이슨의 수줍음과 불안이 완전히 사라지기를 바랐다. 이를 위해서는 뭔가 다른 기법을 시도해야만 한다. 다음으로 어떤 기법을 시도해야 할까? 아래 공란에 당신의 생각을 적어보라.

오늘의 기분 일지—제이슨

문제적 사안: 슈퍼마켓 줄에 서 있기

감정	이전 (%)	이후 (%)	감정	이전 (%)	이후 (%)
슬픈, 침울한, 우울한, 울적한, 불행한	80%	0%	당황스러운, 바보 같은, 창피한, 수줍은	100%	20%
불안한, 걱정되는, 공황상태에 빠진, 긴장되는, 끔찍한	100%	50%	희망이 없는, 의욕이 없는, 비관적인, 절망적인	90%	10%
죄스러운, 후회되는, 미안한, 수치스러운	95%	0%	좌절한, 꺾인, 실패한, 패배한	90%	15%
열등한, 무가치한, 뒤떨어진, 모자란, 무능한	95%	15%	화난, 미칠 것 같은, 원통한, 짜증나는, 예민한, 속상한, 분한	90%	15%
외로운, 사랑받지 못하는, 거절당한, 소외된, 쓸쓸한, 버려진	75%	20%	기타:		

부정적인 생각	이전 (%)	이후 (%)	왜곡	긍정적인 생각	믿음 (%)
1. 나는 재미있는 화젯거리가 없다.	100%	25%	흑백, 성급, 생각, 장편, 짚기, 축소, 감추, 당진, 자비	1. 아주 기발하고 재미있는 화젯거리에 집착할 필요가 없다. 미소와 인사도 상대방의 마음을 여는 훌륭한 첫걸음이다.	100%
2. 예쁜 여자들의 마음을 얻은 적이 없다.	100%	35%	흑백, 성급, 감추, 당진	2. 내 스스로 기회를 차버리기 때문이다.	100%
3. 그녀와의 대화가 무리 없이 끝나도, 지금은 사람을 사귈 여유가 없다.	100%	0%	장편, 당진	3. 말도 안 된다. 내가 정말 좋아하는 여성과 사귀고 싶다!	
4. 바보 같은 소리만 하고 상대를 화나게 할 것이 분명하므로 입을 다무는 편이 낫다.	100%	20%	짚기, 감추, 당진	4. 아무런 증거도 없다. 살면서 어리석은 말을 많이 하겠지만, 그렇다고 세상이 끝나는 것은 아니다.	100%
5. 그녀에게 추파를 던지면 사람들이 나를 자기만 아는 얼간이로 생각할 것이다.	100%	25%	흑백, 짚기, 주문, 과장, 감추, 당진, 낙인, 자비	5. 가능성이 희박하다. 가게 안에 있는 대부분의 사람들은 내가 무엇을 하는지 별 관심이 없을 것이다. 내가 추파를 던지는 모습이 마음에 안 들어도 그들이 나에게 무엇을 할 수 있을까? 돌이라도 던질까? 나를 경멸할까? 나를 신고할까?	100%

6. 시끄럽게 하거나 폐를 끼쳐서는 곤란하다. 사람들은 겸손하고 조용한 사람을 더 좋아한다.	100%	10%	짚기, 주문, 감추, 당진, 낙인, 자비	6. 시끄럽게 만들거나 폐를 끼치지 않고도 추파를 던질 수 있다. 하지만 거절당하거나 웃음거리가 된다 해서 세상이 끝나는 것은 아니다!	100%
7. 나는 개성이 없다.	100%	25%	흑백, 성급, 생거, 장폄, 짚기, 축소, 감추, 당진, 낙인, 축소	7. 나는 편안한 기분일 때 개성을 잘 드러낸다. 내 진짜 문제는 개성이 없는 것이 아니라 수줍음을 타는 것이다.	100%
8. 성공이나 외모와 같은 피상적인 것들에 관심이 많은 나는 형편없는 인간임에 틀림없다.	100%	10%	흑백, 성급, 당진, 낙인, 자비	8. 젊은 남자들 대부분은 섹시하고 예쁜 여성에게 끌린다. 나는 수도승이 아니다!	100%
9. 그녀에게 추파를 던지자마자 거절당할 것이다.	100%	25%	장폄, 짚기, 주문, 감추, 당진, 자비	9. 친근하고 차분하게 미소 짓고 인사한다면 거절당하지 않을 것이다. 몇 번 거절당하더라도 나쁜 것은 아니다. 왜냐하면 내 두려움에 맞선다는 뜻이기 때문이다. 영원히 거절당하지는 않을 것이며, 조만간 데이트를 할 수 있을 것이다.	100%
10. 인생의 패배자로 보일 것이다.	100%	0%	흑백, 성급, 생거, 장폄, 과장, 감추, 다우이, 낙인, 자비	10. 여성에게 접근할 때 거절당하는 이유는 많다. 경험이 부족할 수도 있고, 이미 남자친구가 있을 수도 있고, 내가 그녀 취향이 아닐 수도 있다. 그렇다 한들 내가 인생의 '패배자'인 것은 아니다.	100%

1. 흑백사고—흑백 2. 성급한 일반화—성급 3. 생각 거르기—생거 4. 장점 폄하—장폄
5. 넘겨짚기—짚기 / 주술적 주문—주문 6. 과장 및 축소—과축 7. 감정추론—감추
8. 당위진술—당진 9. 낙인찍기—낙인 10. 자기비난—자비 / 타인비난—타비

불안을 극복하려면 혼자 하는 훈련만으로는 한계가 있다. 제이슨은 다음 단계로 넘어가기 위해 미소와 인사 훈련, 추파 던지기 훈련, 거절 훈련, 자기노출, 데이비드 레터맨 기법 같은 회복 서클에 쓴 대인관계 노출 기법을 활용해야 한다. 그는 다른 이들과 마찬가지로 하나하나 과정을 밟으며 성공과 실패를 거듭했고, 두려움과 맞서나가면서 수줍음의 고통은 조금씩 기억 저편으로 사라졌다.

이제 당신이 해볼 차례다. 444페이지의 '오늘의 기분 일지' 공란을 채워넣어라. 상단에 문제적 사안을 간략히 적어보라. 감정을 반영하는 단어에 동그라미를 치고 0%(전혀 없음)에서 100%(최고 수준)까지 감정의 강도를 측정해보라. 그 다음 부정적인 생각을 나열하고 믿음의 정도를 0%(전혀 믿지 않음)에서 100%(전적으로 믿음)까지 기입하라. '인지 왜곡 체크리스트'를 활용해 부정적인 생각에 포함된 왜곡을 확인하고 난 다음 회복 서클을 시도하면 된다.

먼저, 해결하고 싶은 생각 하나를 선택해 448페이지의 회복 서클 중앙에 적어라. 그리고 그 생각을 물리칠 기법 15가지를 기입하라. 기법을 선택할 때 408페이지에 나온 '두려움을 물리칠 40가지 방법' 또는 452~457페이지의 목록을 활용할 수 있다. 원 주변의 박스에 각 기법의 이름을 적어라. 16가지 이상의 기법이 떠오른다면, 449페이지의 두 번째 회복 서클을 활용하라.

어떤 기법을 선택할지 참고할 만한 가이드라인이 있을까? 나는 당신이 이런 생각을 가능한 한 하지 못하도록 유도해왔다. 정해진 공식을 따르면 오히려 정답을 찾기 어려울 수 있기 때문이다. 어떤 기법이 어떤 사람, 어떤 문제에 가장 효과적인지 예측하기란 항상 어렵다. 하지만 450~451페이지에 나온 표는 참조할 가치가 있다. 이 표는 다음 사항들에 근거해 가장 효과적인 기법을 선택할 수 있도록 도와준다.

부정적인 생각에 포함된 왜곡(450페이지) 왜곡의 유형에 따라 효과를 볼 수 있는 기법이 다

오늘의 기분 일지

감정	이전 (%)	이후 (%)	감정	이전 (%)	이후 (%)
슬픈, 침울한, 우울한, 울적한, 불행한			**당황스러운**, 바보 같은, 창피한, 수줍은		
불안한, 걱정되는, 공황상태에 빠진, 긴장되는, 끔찍한			**희망이 없는**, 의욕이 없는, 비관적인, 절망적인		
죄스러운, 후회되는, 미안한, 수치스러운			**좌절한**, 꺾인, 실패한, 패배한		
열등한, 무가치한, 뒤떨어진, 모자란, 무능한			**화난**, 미칠 것 같은, 원통한, 짜증나는, 예민한, 속상한, 분한		
외로운, 사랑받지 못하는, 소외된, 거절당한, 쓸쓸한, 버려진			기타:		

부정적인 생각	이전 (%)	이후 (%)	왜곡	긍정적인 생각	믿음 (%)

1. 흑백사고—흑백 2. 성급한 일반화—성급 3. 생각 거르기—생거 4. 장점 폄하—장폄
5. 넘겨짚기—짚기 / 주술적 주문—주문 6. 과장 및 축소—과축 7. 감정추론—감추
8. 당위진술—당진 9. 낙인찍기—낙인 10.자기비난—자비 / 타인비난—타비

인지 왜곡 체크리스트

1. 흑백사고 매사를 극단적인 흑백논리로 바라본다.	**6. 과장 및 축소** 매사를 과장하거나 축소한다.
2. 성급한 일반화 하나의 부정적인 사건을 계속되는 패배의 양상으로 바라본다. 예를 들면 다음과 같다. "항상 이렇지 뭐!"	**7. 감정추론** 감정으로부터 일정한 결론을 추론한다. 예를 들면 다음과 같다. "난 바보 같다는 느낌이 들어. 따라서 나는 바보가 분명해."
3. 생각 거르기 부정적인 생각에 빠져 긍정적인 면을 무시한다.	**8. 당위진술** '해야 한다', '해서는 안 된다'와 같이 생각하고 말한다.
4. 장점 폄하 자신이 이룬 성취나 긍정적인 자질을 깎아내린다.	**9. 낙인찍기** "실수를 저질렀어"라고 말하지 않고 "난 얼간이야", "난 패배자야"와 같은 방식으로 말한다.
5. 결론 도약 사실에 근거하지 않은 채 성급히 결론 내린다. **-넘겨짚기** 사람들이 자신을 제멋대로 재단하고 깔본다고 넘겨짚는다. **-주술적 주문** 매사를 망칠 것이라 스스로에게 주문을 건다.	**10. 비난** 문제를 해결하기보다는 누군가를 비난한다. **-자기비난** 자신이 책임이 아닌 일에 대해 자기 자신을 비난한다. **-타인비난** 자신의 실수는 제쳐놓고 다른 사람을 비난한다.

르다. 예컨대 일부 기법은 흑백사고에 효과를 보이는 반면, 다른 기법은 주술적 주문, 넘겨짚기, 당위진술, 자기비난에 더 효과적이다.

해결하려는 문제의 유형(451페이지) 수줍음, 공황발작, 외상후스트레스장애, 강박장애와 같이 서로 다른 불안증은 효과적인 기법 또한 서로 다르다. 또한 불안증에 효과적인 기법은 우울증, 인간관계, 중독에 효과적인 기법과도 다르다.

표의 체크 표시는 항목 상단에 나열된 카테고리를 시도해보면 좋다는 사실을 의미한다. 회색 표시가 된 박스는 해당 카테고리가 탁월한 선택이라는 사실을 의미한다. 예컨대 450페이지의 표를 보면 의미론 기법이 당위진술에 특히 효과적이라는 사실을 알 수 있다. 451페이지의 표를 보면 수줍음에 시달리는 경우 대인관계 노출 기법이 중요하다는 사실을 알 수 있다. 또한 만약에 기법이나 하방 화살표 기법 같은 자기패배 신념 밝히기 기법, 비용편익분석 같은 동기 기법, 수용 역설 같은 정신 기법, 두려운 환상 같은 인지 노출 기법을 시도해볼 수 있다.

하지만 특정 기법을 선택할 때 이런 가이드라인을 너무 곧이곧대로 따를 필요는 없다. 어떤 기법이 효과가 있을지 예측하기는 무척 어렵기 때문이다. 이런 특성 때문에 회복 서클을 활용하는 접근방식이 더욱 매력적이고, 유연하고, 강력해질 수 있다.

한 가지 유념할 것이 있다. 회복 서클의 중앙에는 '수줍다'거나 '우울하다' 같은 보편적인 감정을 쓰면 안 된다.

수줍음, 공포, 우울 같은 감정을 해결하기 위해 활용할 수 있는 방법은 없다. 대신, 당신이 화가 난 특정 순간에 집중해 '오늘의 기분 일지'의 '감정'란에 그때의 기분을 적어라. 그리고 부정적인 생각 몇 가지를 기록한 다음 회복 서클의 한가운데에 그중 하나를 골라 기입하라.

회복 서클이 왜 '오늘의 기분 일지'와 관련이 있는 것일까? 회복 서클은 '오늘의 기분 일지'의 원동력이다. 회복 서클에 적은 여러 기법들은 부정적인 생각을 물리치고 긍정적인 생각을 북돋아줄 수 있다. 이때 감정 변화를 위한 필요충분 조건을 충족하는 긍정적인 생각이 떠올라야 한다.

- **필요조건:** 긍정적 사고는 반드시 100% 진실이어야 한다.
- **충분조건:** 긍정적 사고가 부정적인 생각을 반드시 물리쳐야 한다.

변화는 보통 2가지 패턴으로 일어난다. 첫 번째 패턴에서는, 도움이 되는 여러 가지 기법을 시도하지만 어떤 기법도 부정적인 생각에 큰 변화를 일으키지는 못한다. 대신 여러 가지 기법을 시도하는 동안 증상이 점차 나아지며, 부정적인 생각에 대한 믿음이 조금씩 감소한다.

두 번째 패턴에서는, 어떤 기법을 시도해도 소용이 없고, 여전히 부정적인 생각을 믿으며, 불안하고, 걱정되고, 공포에 휩싸이고, 우울한 기분을 느낀다. 그러다가 갑자기 부정적인 생각에 대한 믿음을 0%로 떨어뜨릴 강력한 기법을 찾아내고 모든 증상이 금세 회복된다.

나는 많은 환자들에게서 이런 패턴을 목격했다. 미치기 일보 직전이었던 준에게 믿음의 강도를 시험하려 실험 기법을 활용했을 때도 마찬가지였다. 아무리 애를 써도 미치지 않는다는 사실을 발견했을 때 그녀는 오랜 고통에서 마법처럼 벗어날 수 있었다.

회복 서클에 적은 모든 방법을 시도해도 나아지지 않는다면 어떻게 해야 할까? 흔히 있는 일이지만, 그렇다고 희망이 사라진 건 아니다! 다른 회복 서클에 의지해 몇 가지 기법을 추가적으로 선택하면 된다. 효과가 있는 방법을 발견할 때까지 하나씩 시도해보는 것이다. 새로운 세상을 향해 놓인 길은 사람마다 다르므로 끈기와 인내로 버텨야 한다.

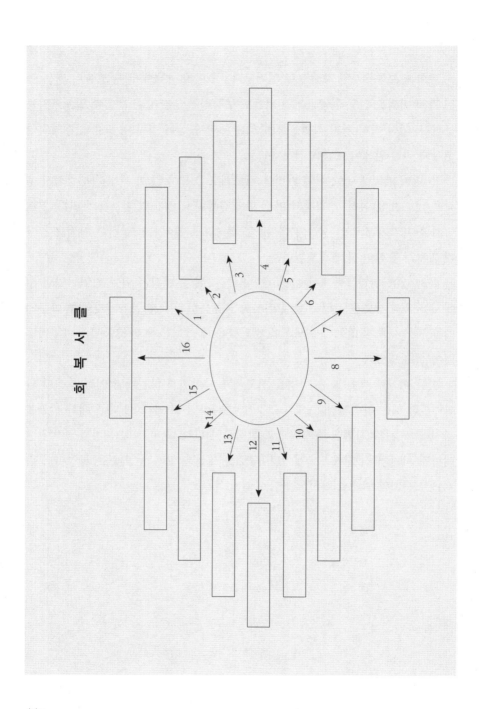

흥부 서울

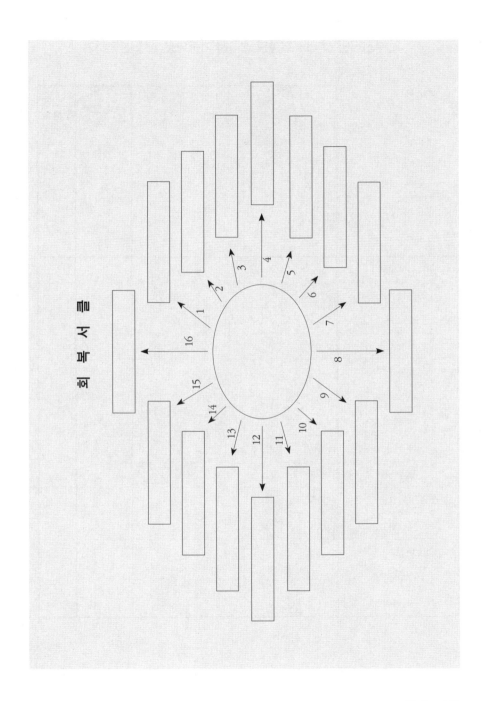

호남 시를

부정적인 생각에 포함된 왜곡을 기준으로 기법 선택하기

		인지 모델 기법											노출 모델 기법			숨겨진 감정 모델 기법
		자기패배 신념 밝히기	연민 기반	진실 기반	의미론	논리 기반	양적	유머 기반	역할극	정신	동기	미루지 않기	고전적 노출	인지 노출	대인관계 노출	숨겨진 감정
왜곡	1. 흑백사고	√	√	√	√	√			√	√	√					
	2. 성급한 일반화	√	√	√	√				√	√	√					
	3. 생각 거르기	√	√	√	√	√	√		√	√	√					
	4. 장점 폄하	√	√	√	√	√	√		√	√	√					
	5. 결론 도약															
	-넘겨짚기	√	√	√	√		√	√	√	√	√	√	√	√	√	√
	-주술적 주문	√	√	√	√		√	√	√	√	√	√	√	√	√	√
	6. 과장 및 축소	√	√	√			√	√	√	√	√		√	√		
	7. 감정추론	√	√	√				√		√	√					
	8. 당위진술	√	√	√	√	√			√	√	√					
	9. 낙인찍기	√	√	√	√	√	√		√	√	√					
	10. 비난															
	-자기비난	√	√	√	√	√	√	√	√	√	√					
	-타인비난	√		√				√	√	√	√					

450

해결하려는 문제의 유형을 기준으로 기법 선택하기

		인지 모델 기법											노출 모델 기법			숨겨진 감정 모델 기법
		자기패배 신념 밝히기	연민 기반	진실 기반	의미론	논리 기반	양적	유머 기반	역할극	정신	동기	미루지 않기	고전적 노출	인지 노출	대인관계 노출	숨겨진 감정
문제	만성근심	√	√	√			√		√		√		√	√		√
	공황발작	√	√	√					√	√	√		√	√		√
	광장공포증	√	√	√					√		√					√
	두려움과 공포증	√	√	√					√	√	√		√	√		√
	수줍음	√	√	√	√	√		√	√	√	√		√	√	√	√
	수행불안과 발표불안	√	√		√	√	√	√	√	√			√	√		√
	강박장애	√	√	√			√		√		√		√	√		√
	외상후스트레스장애	√	√						√	√	√			√		√
	심기증	√	√	√					√		√		√			√
	신체이형장애증후군	√	√	√	√	√	√	√	√	√	√		√	√		√
	우울증	√	√	√	√	√	√		√	√	√	√		√		
	습관과 중독	√							√		√	√				

두려움을 물리칠 40가지 방법

인지 모델 기법

자기패배 신념 밝히기 기법	
1. 하방 화살표 기법 (139페이지)	이 기법은 우울증, 불안증으로 이어지는 자기패배 신념을 확인하도록 도와준다. 부정적인 생각 하단에 하방 화살표를 그린 다음 이렇게 자문해본다. "이런 생각이 사실이라면, 왜 내 기분이 엉망이고, 그것이 나에게 어떤 의미일까?" 그러면 새로운 부정적인 생각이 머릿속에 떠오를 것이다. 화살표 밑에 이를 적고 그 밑에 또 화살표를 그린다. 이 과정을 몇 번이고 반복한다. 이렇게 부정적인 생각에 주목해 일반적 자기패배 신념 목록을 검토하면 자신을 괴롭히는 신념이 무엇인지 알게 된다.
2. 만약에 기법 (168페이지)	이 기법은 두려움의 뿌리에 어떤 환상이 있는지 확인하도록 도와준다. 부정적인 생각을 적고 그 밑에 하방 화살표를 그린 다음 이렇게 자문해본다. "이 생각이 진실이라면, 일어날 수 있는 최악의 상황은 무엇인가?" 새로운 부정적인 생각이나 환상이 머릿속에 떠오를 것이다. 화살표 밑에 이를 적고 이 과정을 몇 번이고 반복한다. 그리고 이렇게 자문해본다. "이런 일이 발생할 확률이 얼마나 될까? 그 일이 일어나도 살 수 있을까?"

연민 기반 기법	
3. 이중 기준 기법 (178페이지)	자기를 비하하는 대신 속상해하는 친한 친구를 위로할 때처럼 스스로를 대한다. 이렇게 자문해본다. "친구에게 비슷한 문제가 있다면 이렇게 심하게 말했을까? 그에게 무슨 말을 해줄 수 있을까?"

진실 기반 기법	
4. 증거조사 (193페이지)	부정적인 생각이 진실이라고 추정하지 말고, 이렇게 자문해본다. "그렇게 생각하는 증거가 뭔데?"
5. 실험 기법 (195페이지)	이렇게 자문해본다. "이 생각이 맞는지 확인하려면 어떻게 실험하지?" 예컨대 공황발작이 찾아와 미치기 직전이라면, 고래고래 소리를 지르고, 바닥을 구르고, 미치광이처럼 행동함으로써 진짜 미치는지 실험해볼 수 있다. 이런 방법을 통해 자신의 두려움이 현실적인지 확인할 수 있다.
6. 설문조사 기법 (215페이지)	이 기법은 부정적인 생각이 넘겨짚기라는 왜곡에서 비롯될 때 특히 도움이 된다. 예컨대 자신의 수줍어하는 성격이 수치스럽게 느껴진다면, 친구들에게 그들도 수줍음을 느낀 적이 있는지 물어본다. 대부분의 사람들이 때로는 수줍음을 느낀다는 사실을 알게 될 것이다.
7. 원인 다시 찾기 기법 (220페이지)	우울하거나 불안하면 자기 탓이 아닌 문제를 자기 탓으로 생각하게 된다. 이 기법은 문제를 촉발한 모든 원인을 찾아봄으로써 자신을 비난하는 대신 현실적인 시각을 갖고 해결방법을 찾는 데 집중하게 해준다.

의미론 기법	
8. 의미론 기법 (235페이지)	이 기법은 당위진술이나 낙인찍기에 특히 효과적이다. 속상할 때 나오는 감정적인 언어를 부드럽고 중립적인 언어로 대체하면 된다.
9. 용어 재정의 기법 (239페이지)	스스로를 '바보' 또는 '신경병자'라고 생각한다면, 그것이 어떤 의미인지 자문해본다. '바보'나 '신경병자'는 실체가 없다는 사실을 알게 될 것이다. 바보스럽고 신경증적인 행동은 있을지 몰라도, 바보와 신경병자는 존재하지 않는다.
10. 구체화하기 기법 (243페이지)	이 기법은 상황을 현실적으로 바라보게 함으로써 성급한 일반화에 빠지지 않게 도와준다. 스스로를 모호하게 '실패자'라고 정의하는 대신, 구체적인 강점과 약점을 지적하는 것이다.
논리 기반 기법	
11. 중용적 사고 기법 (226페이지)	문제를 극단적인 흑백논리로 생각하기보다, 중간 지점에서 더 현실적으로 생각해본다.
12. 과정 대 결과 기법 (232페이지)	결과보다는 과정(투입하는 노력)에 근거해 성과를 측정한다. 준비와 노력은 언제든 조절할 수 있으나, 결과는 그렇지 못하기 때문이다.
양적 기법	
13. 자기 모니터링 기법 (252페이지)	명함 크기의 카드나 골프 선수들이 점수를 기록하기 위해 사용하는 스코어카운터에 부정적인 생각이나 환상이 떠오르는 횟수를 기록한다. 하루가 지나면 달력에 떠오른 생각의 총 횟수를 기록하고 스코어카운터를 0으로 되돌린다. 이런 작업을 7주간 계속하면 부정적인 생각이 감소하거나 완전히 사라진다.
14. 근심 중지 기법 (260페이지)	역설 기법의 일종으로, 특정 시간을 정해 우울, 불안, 죄의식을 느껴본다. 예컨대, 하루 종일 불안해 공부가 잘되지 않는다면 1시간마다 2분씩 근심 시간을 배정한다. 2분 동안 자신이 낙제할 것이 너무나 뻔하다고 말하며 불안감을 최고조로 끌어올린다. 불안감에 대항하지 않고 굴복한다. 그리고 나머지 시간 동안은 시험준비에 매진한다. 불안이 다시 시작되면 다음 근심 시간 때까지 불안해하지 않아도 된다는 사실을 떠올린다.
유머 기반 기법	
15. 수치심 공격 훈련 기법 (268페이지)	이 기법은 수줍음에 시달리는 사람들에게 효과적이다. '정상적으로' 보이려 애쓰는 대신 일부러 바보 같은 행동을 해본다. 예를 들어, 혼잡한 백화점에서 지금 몇 시라고 크게 소리치거나, 버스가 정류장에 설 때마다 큰 소리로 정류장 이름을 외치는 것이다. 그래도 세상이 끝나지 않는다는 사실을 알게 될 것이다. 이 기법을 시도하려면 큰 용기가 필요하지만, 스스로를 해방시키고 새로운 세상에 눈뜰 수 있게 된다. 이 기법은 대인관계 노출 기법의 일종이기도 하다.
16. 역설 과장 기법 (272페이지)	부정적인 생각과 싸우지 말고 오히려 극단적으로 과장해서 생각해본다. 그러면 부정적인 생각이 불합리해 보이면서 객관성을 찾게 된다.

17. 우스운 상상 기법 (273페이지)	불안이나 분노에 시달릴 때 유머러스한 상상을 해본다. 이혼 조정 절차를 앞둔 여성이 끊임없는 불안과 걱정에 사로잡혀 있다고 가정해보자. 그녀는 원하는 협상을 끌어내기 힘들었고, 남편이 젊은 여자와 함께 요트 여행을 떠나고 즐거운 시간을 보내는 상상을 할 때마다 속이 부글부글 끓었다. 끊임없는 분노와 원한이 그녀를 비참하게 만들었다. 그런데 그녀는 남편이 속옷 바람으로 회의하는 모습을 상상하자 킥킥 웃음이 터져 나왔다. 이 상상은 그녀를 갉아먹던 분노와 원한에 특효약으로 작용했다.
역할극 기법	
18. 목소리 외재화 기법 (278페이지)	두 사람이 부정적인 생각과 긍정적인 생각을 맡아 연기해본다. 부정적인 생각을 맡은 사람은 '너'를 주어로 공격하고, 긍정적인 생각을 맡은 사람은 '나'를 주어로 방어한다. 잘 안 되면 역할을 바꿔본다. 역할극 방식으로 효과를 볼 수 있는 다른 기법으로는 이중 기준, 수용 역설, 악마의 변호, 두려운 환상, 추파 던지기 훈련, 데이비드 레터맨 기법이 있다.
정신 기법	
19. 수용 역설 기법 (284페이지)	부정적인 생각과 싸우는 대신, 그것을 인정하고 자연스럽게 받아들인다. 이 기법은 방어하는 순간 또 다른 공격이 생긴다는 불교의 교리에 근거한다. 자신에 대한 비난에 방어하려고 하면 결국 싸움으로 귀결되지만, 반대로 비난을 받아들이고 그 안에서 진리를 찾는다면, 상대를 허탈하게 만들 수 있다. 물론, 이때 비난을 하는 이는 자신의 머릿속에 있는 부정적인 생각이다.. 이 기법은 모든 기법을 통틀어 가장 중요하고 강력하지만 처음에는 혼란스러울 수 있다. 이 기법은 목소리 외재화나 두려운 환상 기법과 같은 역할극 기법과 병용할 때 더 큰 효과를 발휘한다.
동기 기법	
20. 비용편익분석 기법 (292페이지)	부정적인 생각('나는 패배자야'), 자기패배 신념('난 항상 완벽해야 해'), 감정(분노, 죄의식, 불안), 습관(음주, 약물 남용, 과식, 미루기)의 이익과 손해를 나열해본다. 또한 인간관계에서 생기는 문제를 상대방의 탓으로 돌릴 때의 이익과 손해를 나열한다. 이렇게 자문해본다. "이런 생각, 믿음, 감정, 습관의 이익과 손해는 무엇일까? 어떤 점이 이익이고, 어떤 점이 손해일까?" 생각할 수 있는 모든 이익과 손해를 나열한 다음, 100점을 만점으로 점수를 배분한다. 이익이 손해보다 큰지 알아보고 비용편익분석 양식 하단의 두 원에 각각의 점수를 적어본다.
21. 역설 비용편익분석 기법 (298페이지)	부정적인 생각이나 부정적 감정의 장점을 적어본다. 이 방법을 통해 어떤 강력한 힘이 자신을 불안하게 만드는지 알 수 있다. 이렇게 자문해본다. "이런 태도나 감정에서 비롯되는 이익이 이렇게 많은데, 왜 나를 바꿔야 하는 거지?" 숨겨진 보상을 모두 확인하면, 더 이상 그것을 영향력을 발휘하지 못하게 된다.

22. 악마의 변호 기법 (302페이지)	마시고, 먹고, 미루고, 바람피우고 싶은 충동에 굴복하기에 앞서 자신을 유혹하는 생각이 무엇인지 빠짐없이 나열해본다. 리스트를 친구에게 주고 자신을 유혹하는 악마의 역할을 맡겨본다. 친구는 온갖 방법을 동원해 나를 유혹해야 한다. 마치 이런 식이다. "왜 당장 가서 초콜릿을 먹지 않니? 맛이 기가 막히다고!" 나는 유혹의 속삭임에 대꾸하고, 악마를 물리쳐야 한다.
	**미루지 않기 기법**
23. 즐거움 예측 양식 (311페이지)	즐거움, 배움, 자기성장에 도움이 되는 활동을 적어본다. 이런 활동들이 얼마나 만족스럽고 보람 있을지 예측해 0%에서 100%까지 점수를 매겨본다. 각 활동을 마친 다음에 실제로 얼마나 만족스러웠는지 같은 방법으로 점수를 매겨본다. 여러 활동이 예상보다 훨씬 만족스러웠다는 사실을 발견하게 될 것이다. "행복하고 소중한 존재라는 느낌을 받으려면 모든 사람에게 사랑받아야 해. 홀로 남겨진다면 비참할 거야"와 같은 특정한 자기패배 신념을 시험하는 용도로 이 기법을 활용할 수 있다.
24. 큰 성취를 향한 작은 발걸음 (315페이지)	자신을 짓누르는 어려운 과제를 잘게 나눠 한 번에 하나씩 정복해나간다.
25. 미루지 않기 양식 (319페이지)	어려운 과제를 잘게 나눠 각 단계가 얼마나 어렵고 얼마나 만족스러울지 예측해 0%에서 100%까지 점수를 매겨본다. 각 단계를 마친 다음, 실제로 얼마나 어렵고 만족스러웠는지 같은 방식으로 점수를 매겨본다. 각 단계가 예상과는 달리 훨씬 쉽고 보람 있다는 사실을 발견할 것이다.
26. 문제 해결 목록 (322페이지)	미루어왔던 일을 시작할 특정 시간을 선택해본다. 종이 한가운데 세로선을 긋고 좌측에 '문제'를 우측에 '해답'을 적는다. 문제 항목에 시작을 방해하는 장애물을 모두 나열한다. 해답 항목에는 해당 문제를 풀 수 있는 방법을 적어넣는다.

노출 모델 기법

	**고전적 노출 기법**
27. 점진적 노출 기법 (333페이지)	두려워하는 대상에 조금씩 단계적으로 스스로를 노출시킨다. 예컨대 엘리베이터공포증이 있다면 엘리베이터를 타고 한 층만 올라가본다. 불편한 느낌이 사라지면 한 층 더 올라가보고, 차츰 엘리베이터 안에 머무는 시간을 늘려간다. 이 기법은 고소공포증이나 바늘공포증, 수줍음이나 강박장애와 같은 여러 형태의 불안증에 활용할 수 있다. 가장 두렵지 않은 상황을 1로, 가장 두려운 상황을 10으로, 두려움의 단계 목록을 만들어볼 수도 있다. 얼마나 불안한지, 매일 어떤 유형의 노출에 어떤 강도로 노출되는지 기록할 수도 있다.

28. 홍수법 (338페이지)	두려워하는 대상에 한 번에 스스로를 노출시킨다. 예컨대 엘리베이터공포증이 있다면, 아무리 불안해도 엘리베이터를 타고 오르락내리락하며 두려움이 사라질 때까지 꾹 참는다. 홍수법은 점진적 노출 기법에 비해 훨씬 두려운 방법이나 효과는 더 빠르다. 두 기법 모두 불안증 치료에 효과적이라는 사실이 검증되었다. 따라서 자신에게 잘 맞는 방법을 선택해 활용하면 된다.
29. 반응 금지 기법 (344페이지)	강박적 의식에 굴복하지 않고 저항해본다. 예컨대 우체통에 편지를 넣은 다음 실제로 우체통에 잘 들어갔는지 확인하고 싶은 충동이 일더라도, 충동을 자제하고 집으로 돌아간다. 일시적으로는 불안증이 심해지겠지만 충동에 굴복하기를 거부하면 결국 불안증은 사라질 것이다. 이는 중독 증상을 치료하는 것과 유사하다.
30. 주의력 분산 기법 (348페이지)	불안에 휩싸일 때 부정적인 생각으로부터 주의를 돌려본다. 예컨대 비행기를 타기가 두렵다면 비행기 안에서 낱말 맞추기 게임을 하거나 옆 사람과 대화를 나눠본다. 이 기법은 홍수법과 같은 노출 기법과 짝을 이룰 때 가장 큰 효과를 발휘한다.
인지 노출 기법	
31. 인지 홍수법 (353페이지)	두려워하는 대상에 스스로를 노출시킬 수 없는 경우가 있다. 예컨대 비행공포증을 극복하려 비행기를 추락시킬 수는 없다! 하지만 인지 홍수법을 이용해 유사한 효과를 볼 수 있다. 비행기가 추락하는 상황을 상상한다. 불안감을 최고조로 끌어올린 다음, 최대한 오래 버틴다. 불안감과 싸우지 말고 최악의 상황을 만든다. 불안감에 굴복하면 결국 불안감은 사라질 것이다.
32. 이미지 대체 기법 (357페이지)	무서운 생각을 긍정적이고 평화로운 이미지로 대체한다. 비행기를 타기가 두렵다면, 화염에 휩싸여 추락하는 비행기를 상상하고 있기 마련이다. 이런 이미지는 극심한 불안을 유발한다. 그 대신 무사히 착륙해 가족들과 환상적인 휴가를 즐기는 모습을 상상하면 된다.
33. 기억 조정 기법 (360페이지)	끔찍하고 충격적인 사건을 경험했다면, 고통스러운 기억이나 생생한 영상이 의식에 출몰하기 마련이다. 영화감독이 영화 장면을 편집하는 것과 마찬가지로 이런 영상을 편집할 수 있다. 예컨대 어릴 적에 강간이나 학대를 당한 수치스러운 기억이 있다면, 극도로 불안해질 때까지 해당 사건을 떠올려본다. 그리고 그 장면에 강력한 성인으로 재등장해 자신을 괴롭힌 자를 벌주는 것이다. 어릴 적 자신에게 위로를 해줄 수도 있다.
34. 두려운 환상 기법 (366페이지)	최악의 두려움이 현실로 이루어지는 악몽의 세상으로 들어가본다. 그곳에서 자신의 모든 단점, 약점을 무자비하게 공격하는 악의에 찬 가상의 비판자를 만난다. 자기방어 패러다임을 활용해 비판자와 논쟁하거나 수용 역설 기법으로 비판가를 허탈하게 만들 수 있다. 또한 이 둘을 병용할 수도 있다. 적대적인 비판가는 자신 머릿속의 최악의 자기비난을 대변하는 것에 불과하다. 치료 전문가나 친구의 도움으로 역할극 기법을 활용해 두려운 환상 기법을 시도하거나 두려운 환상 대화를 적어볼 수도 있다.

대인관계 노출 기법(수줍음 극복 기법)	
35. 미소와 인사 훈련 기법 (378페이지)	매일 모르는 사람 10명 이상에게 억지로라도 미소를 지으며 인사해본다. 예상과 달리 사람들이 훨씬 친근하다는 사실을 알게 될 것이다.
36. 추파 던지기 훈련 기법 (382페이지)	심각하고, 진지하게 행동하기보다 가볍고 다정다감한 태도로 사람들에게 접근한다. 훨씬 유쾌하고, 신비롭고, 흥미진진한 사람으로 보일 것이다.
37. 거절 훈련 기법 (390페이지)	거절당하기가 두렵다면, 거절당해도 세상이 끝나지 않는다는 사실을 깨닫기 위해 되도록 많은 거절을 당해본다. 예컨대 이성에게 데이트 신청을 해서 일주일에 10번 거절당하는 목표를 세운다. 내가 의대생일 때 친구와 같이 이 방법을 시도해보았다. 처음에는 끔찍했지만 결국에는 해방감이 찾아왔다. 물론 이 과정에서 실제로 데이트에 성공할 수도 있다. 하지만 당장의 목표는 최대한 여러 번 거절당하는 것이다.
38. 자기노출 기법 (391페이지)	수줍음이나 긴장감을 수치스러워하고 숨기지 않고, 오히려 대놓고 드러내본다. 문제는 수줍음이 아니라 수치심이라는 발상이 이 기법의 바탕을 이룬다. 수치심이 결부되지 않은 수줍음은 사람을 더 매력적이고 유연하게 보이도록 만들어 장점으로 작용할 수 있다.
39. 데이비드 레터맨 기법 (394페이지)	데이비드 레터맨이나 제이 레노 같은 유명 토크쇼 진행자들의 기술을 활용해 어디서나 누구와도 가볍고 일상적인 대화를 나눈다. 무장해제 기법, 사고/감정 공감 기법, 질문 기법, 어루만지기 기법 등을 활용해 상대방이 주목받도록 유도한다. 자신에 대해 이야기를 하기보다 상대가 스포트라이트를 받게 하는 것이 비법이다. 친근하고 존중하는 태도로 이런 방식을 시도한다면, 상대방은 나에 대해 긍정적인 느낌을 갖게 된다.
숨겨진 감정 모델 기법	
40. 숨겨진 감정 기법 (406페이지)	이 기법은 착한 사람들이 불안증에 시달린다는 발상에 근거한다. 실제로 착한 성격이 불안의 원인이다. 이들은 다른 사람을 화나게 하거나 마음 상하게 만들고 싶지 않아서 자신의 부정적인 감정을 재빨리 숨기기 때문에 문제가 무엇인지조차 인식하지 못한다. 불안하다면 이렇게 자문해보라. "다른 화나는 일이 있는데, 그것을 피하기 위해 불안한 느낌에 신경 쓰고 있는 것은 아닐까? 나를 괴롭히는 진짜 문제는 무엇일까? 스스로도 의식하지 못한 채 아내, 친구, 동료에게 원한을 품고 있는 걸까? 내 직업이 마음에 들지 않는 걸까? 내 인생에서 벌어지는 일들을 두고 내가 느끼는 진실한 감정은 무엇일까?" 이런 질문을 통해 자신을 괴롭히는 문제를 풀 실마리를 얻을 수 있다. 이 과정에서 종종 불안증이 감소하거나 완전히 사라지기도 한다. 숨겨진 감정 기법은 심기증, 만성근심, 어지럼증, 피로를 비롯해 의학적으로 문제가 없는데도 특정 증상에 시달리는 사람들에게 특히 유용하다.

23장

종합하기
─ 코에 흉터가 있는 여성

신체이형장애증후군이라는 말을 들어본 적이 있는가? 신체이형장애증후군에 시달리는 사람들은 자신의 외모 중 일부가 극도로 못생기거나 괴상하다는 믿음을 품고 있다. 그들은 끊임없이 외모에 대해 걱정하고 외모의 흠을 바로잡기 위해서라면 무슨 짓이든 가리지 않는다. 가족이나 친구들을 비롯한 주변 사람들은 그에게 이상한 점을 느끼지 못하며 외모에 아무런 문제가 없다고 안심시키려 한다. 하지만 신체이형장애증후군에 시달리는 이들은 그 말을 믿지 않기 때문에 주변 사람들을 답답하게 만든다. 이는 몹시 치료하기 어려운 중증 불안증에 속한다.

요즘 세상은 아름다운 외모와 완벽한 신체를 가꾸기 위해 혈안이 되어 있다. 〈코스모폴리탄〉이나 〈GQ〉의 모델들이 보여주는 불가능한 기준을 따라잡는다는 것은 매우 어려운 일이다. 누구나 각자의 부족한 부분을 알고 있고 받아들인 채로 살아간다. 하지만 신체이형장애증후군에 시달리는 사람들은 외모에 대해 극단적인 근심과 불안을 갖는다.

이 장에서는 어느 날 갑자기 신체이형장애증후군의 포로가 된 헬렌의 사례를 소개한다. 헬렌은 누가 봐도 남부러울 것이 없는 매력적인 여성이고 상당한 미인이었으므로 그녀가 신체이형장애증후군에 시달린다는 것은 참으로 놀라운 일이었다. 그녀는 사랑하는 남편 그리고 두 아들과 함께 베벌리힐스의 호화로운 주택에 살고 있었다.

헬렌은 MIT에서 전자공학박사 학위를 취득했다. 졸업과 동시에 그녀는 유명 전자회사의 컴퓨터 칩 디자이너로 직장생활을 시작했다. 그녀는 대중화에 성공한 컴퓨터 칩 개발에서 핵심적인 역할을 담당했고 그 공로에 대한 충분한 보상을 받았다. 이 무렵, 헬렌은 커뮤니티 칼리지에서 생물학을 가르치는 돈을 만났다. 그들은 사랑에 빠졌고, 얼마 안 가 결혼에 골인했다. 몇 달이 지나 헬렌에게 아기가 생겼다. 아기가 태어나기 직전, 그녀는 육아를 위해 장기 휴가를 신청했다.

6년 후 헬렌과 돈은 3살, 6살짜리 귀여운 두 아들의 부모가 되어 있었다. 어느 날 저녁 식사를 마치고 돈은 헬렌에게 회사에 다시 나갈 생각이 있느냐고 물었다. 돈은 집을 넓히고 싶었지만 자신의 수입으로는 어림없는 일이었다. 헬렌은 다시 일을 할 생각에 들뜬 기분이었다.

며칠 후, 헬렌이 부엌에서 접시를 씻고 있을 때 작은 지진이 일어나 집이 흔들렸고, 부엌 천장의 마감재가 떨어져 헬렌이 코를 베었다. 피가 났고 돈은 헬렌을 응급실로 급히 데리고 갔다. 다행히 상처가 경미해 헬렌의 코는 몇 주 만에 흉터 없이 깨끗이 나았다. 하지만 헬렌은 자신의 코에 흉터가 있다고 믿었다. 돈이 몇 번이고 아무 흉터가 없다고 말했지만 헬렌은 남편을 믿지 않았다. 헬렌은 부모님에게도 물어보았지만, 같은 대답이 돌아올 뿐이었다.

주위 사람들이 아무리 안심시켜도 헬렌은 코의 흉터에 대한 생각을 멈추지 못했고, 혐오스러워 보일 것이라는 생각 때문에 극심한 불안에 시달렸다. 그녀는 매일 거울을 쳐다보며 있지도 않은 흉터를 가리기 위해 화장하는 데 많은 시간을 소비했다. 헬렌은 사람들이 자신의 코의 흉터를 보고 역겨워할까 봐 낮에는 집 밖으로 나가는 것을 두려워했다. 심지어 장을 보러 가지도 못했다. 돈은 뭔가 크게 잘못되었다는 생각이 들어 헬렌을 스탠퍼드 정신의학 클리닉에 데려갔고, 레지던트들은 그녀를 신체이형장애증후군으로 진단했다.

지금까지 배운 기법들을 이용해 헬렌을 도울 수 있는지 살펴보자. 헬렌의 '오

1. 흑백사고		6. 과장 및 축소	
2. 성급한 일반화		7. 감정추론	
3. 생각 거르기		8. 당위진술	
4. 장점 폄하		9. 낙인찍기	
5. 결론 도약 　-넘겨짚기 　-주술적 주문		10. 비난 　-자기비난 　-타인비난	

늘의 기분 일지'를 보라. 헬렌의 문제적 사안은 화장으로 상처를 가리기 위해 매일 아침 거울을 보는 일이었다.

　헬렌은 슬프고, 불안하고, 수치스럽고, 모자라고, 외롭고, 창피하고, 좌절하고, 화난 기분이 들었다. '이전' 항목의 높은 숫자를 보면 이런 감정이 얼마나 강한지를 알 수 있다. 헬렌은 3가지 부정적인 생각을 100% 신뢰했다. 위의 표에 헬렌의 첫 번째 부정적인 생각 "코의 흉터가 내 외모를 망치고 있다"에 포함된 왜곡에 체크 표시를 하라. 체크를 하고 나서 해답을 읽어보라.

해답

　헬렌과 나는 '코의 흉터가 내 외모를 망치고 있다'라는 생각에 깃든 10가지 왜곡을 발견했다. 나는 465페이지의 회복 서클 중앙에 헬렌의 첫 번째 부정적인 생각을 기입했다. 이 생각은 헬렌이 갇힌 덫으로 볼 수 있다. 그녀가 자신의 코에 보기 싫은 흉터가 있다고 믿는 한 극도의 불안감에 시달릴 것이고, 이 생각을 끊어내는 순간 안도감이 찾아올 것이다.

　헬렌은 총명한 여성이었다. 하지만 주위의 많은 사람들이 그녀의 코에 흉터가 없다는 사실을 납득시키려고 해도 아무런 소용이 없었다. 우리는 뭔가 더 강력하고 획기적인 기법이 필요했다.

오늘의 기분 일지—헬렌

문제적 사안: 아침에 거울 보기

감정	이전 (%)	이후 (%)	감정	이전 (%)	이후 (%)
(슬픈), 침울한, (우울한), 울적한, 불행한	75%		(당황스러운), 바보 같은, (창피한), (수줍은)	100%	
(불안한), 걱정되는, 공황상태에 빠진, 긴장되는, 끔찍한	100%		(희망이 없는), 의욕이 없는, 비관적인, 절망적인	100%	
(죄스러운), 후회되는, 미안한, (수치스러운)	100%		(좌절한), 꺾인, 실패한, 패배한	85%	
(열등한), 무가치한, 뒤떨어진, (모자란), 무능한	100%		(화난), 미칠 것 같은, 원통한, 짜증나는, 예민한, (속상한), 분한	60%	
(외로운), 사랑받지 못하는, 소외된, 거절당한, 쓸쓸한, (버려진)	80%		기타:		

부정적인 생각	이전 (%)	이후 (%)	왜곡	긍정적인 생각	믿음 (%)
1. 코의 흉터가 내 외모를 망치고 있다.	100%			1.	
2. 다시는 일할 수 없을 것이다.	100%			2.	
3. 사람들이 날 쳐다볼 것이다.	100%			3.	

　헬렌의 부정적인 생각을 물리칠 수 있는 기법을 골라보자. 최소 15가지 이상을 고른 다음, 헬렌의 회복 서클 주변에 하나씩 적어넣어라. 429페이지의 '두려움을 물리칠 40가지 방법'이나 452~457페이지의 리스트를 참조하라. 반드시 12~15개의 인지 모델 기법, 2~3개의 노출 모델 기법, 숨겨진 감정 모델 기법을 포함해야 한다. 3가지 카테고리의 기법이 모두 포함되어 있어야 헬렌의 회복을 이끌어낼 수 있을 것이다. 당신을 불안하게 만드는 생각을 물리치기 위해 회복

왜곡	(√)	설명
1. 흑백사고	√	헬렌은 외모를 극단적인 흑백논리로 생각한다. 코에 흉터가 있어도 외모를 망치는 건 아니다.
2. 성급한 일반화	√	헬렌은 코의 가상의 흉터를 외모 전체에 대한 평가로 일반화한다.
3. 생각 거르기	√	헬렌은 코에만 신경 쓰느라 아름다운 부위는 전혀 생각지 않는다. 실제로 그녀는 매우 매력적이다.
4. 장점 폄하	√	많은 사람들이 헬렌에게 몹시 매력적이고 흉터는 아예 보이지도 않는다고 말했다. 그녀는 이런 증거를 평가절하고 사람들이 자신의 비위를 맞추려 마음에 없는 말을 한다고 주장한다.
5. 결론 도약 -넘겨짚기 -주술적 주문	√	헬렌은 사람들이 자신의 외모를 보고 놀랄 거라고 추정하지만, 이에 대한 증거는 전혀 없다.(넘겨짚기) 그녀는 또한 사람들이 자신을 쳐다보고 역겨워할 것이라 스스로에게 주문을 건다.(주술적 주문)
6. 과장 및 축소	√	헬렌은 상처의 중요성을 과장한다. 하지만 실제로 상처는 사람들에게 보이지도 않는다.
7. 감정추론	√	헬렌은 사람들이 자신의 코를 보고 역겨워할 것이라고 느끼기 때문에 실제로 사람들이 자신의 코를 역겨워할 것이라고 생각한다.
8. 당위진술	√	헬렌은 자신이 항상 완벽하고 어떠한 결함도 없어야 한다고 믿는다.
9. 낙인찍기	√	헬렌은 자신의 얼굴을 '망쳤다고' 생각한다.
10. 비난 -자기비난 -타인비난	√	헬렌은 좌절하고, 화가 나고, 당황스러운 기분이며, 모든 문제를 코의 흉터 탓으로 돌린다.

서클을 활용할 때에도 같은 원리가 적용된다.

어떻게 헬렌에게 적합한 기법을 찾을 수 있을까? 부정적인 생각에 깃든 왜곡이나 극복하고자 하는 문제에 착안해 해결 기법을 선택할 수 있다는 사실을 기억하라. 450~451페이지의 표를 참조할 수도 있다. 헬렌의 부정적인 생각에는 10가지 왜곡을 포함하고 있고, 헬렌이 신체이형장애증후군에 시달리고 있다는 사실이 드러났기 때문에 어떤 기법을 선택할지의 범주는 넓어진 셈이다. 앞에서

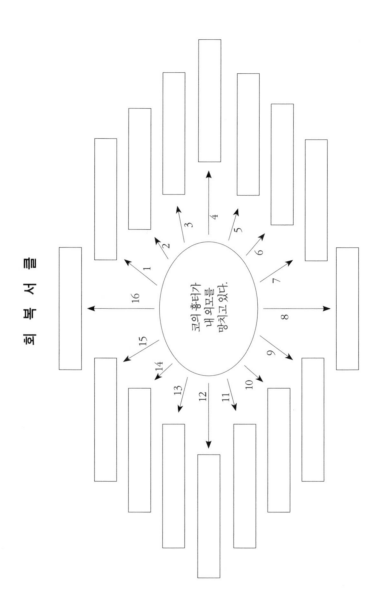

힘북 서클

교의 홍타기가
내 외모를
망치고 있다.

언급했듯이 많은 경우 스스로 숨기고 드러내지 않는 감정이나 문제가 있기 때문에 숨겨진 감정 기법을 반드시 포함시켜야 한다. 헬렌의 코에 대한 집착이 갑자기 생겨난 걸까? 아니면 표현하지 못한 문제가 있는 걸까?

헬렌의 회복 서클을 채워보라. '정확한' 기법을 선택하지 못할까 봐 걱정할 필요가 없다. 시도해볼 만하다고 생각하면, 일단 적으면 된다. 영감이 넘쳐 16가지 이상의 기법이 떠오른다면 더욱 바람직하다. 무기가 많을수록, 회복 가능성은 더 높아진다.

내가 작성한 헬렌의 회복 서클을 467페이지에 실었다. 당신이 작성한 회복 서클은 이와는 다를 것이다. 하지만 많은 기법을 선택한 이상 문제 될 것은 없다. 한 기법이 효과가 없다면 이를 버리고 다음 기법으로 넘어가면 된다. 더 빨리 실

이 생각이 헬렌의 고통을 유발한다. '이전' 항목의 점수는 그녀가 이 생각을 전적으로 믿고 있다는 사실을 보여준다.

이 생각이 헬렌이 처음 시도한 긍정적인 생각이다. '믿음' 항목의 수치는 헬렌이 이 생각을 전적으로 믿고 있다는 사실을 보여준다.

부정적인 생각	이전 (%)	이후 (%)	왜곡	긍정적인 생각	믿음 (%)
1. 코의 흉터가 내 외모를 망치고 있다.	100%	100%	흑백, 성급, 생거, 장편, 짚기, 주문, 과장, 감추, 당진, 낙인, 타비	1. 내 얼굴이 썩어가는 시체보다는 낫다고 생각한다. 하지만 그다지 다를 것도 없다.	100%

헬렌은 긍정적인 생각을 100% 믿었지만 부정적인 생각에 대한 믿음은 그대로였다. 긍정적인 생각이 부정적인 생각을 물리치지 못했기 때문이다. 그 결과 그녀의 불안증은 개선되지 않았다.

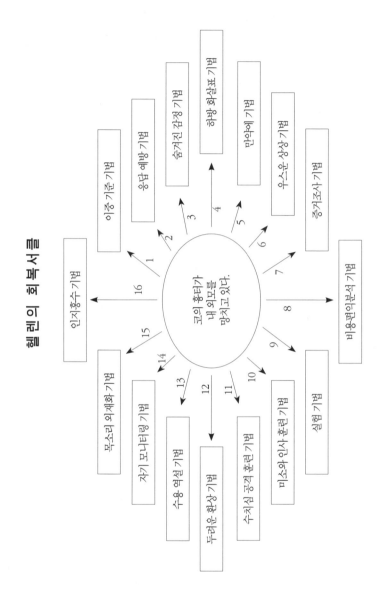

헬렌의 회복서클

코의 흉터가 내 외모를 망치고 있다.

1 인지중추 기법
2 이중 기준 기법
3 응답 예방 기법
4 하방 화살표 기법
5 숨겨진 감정 기법
6 만약에 기법
7 우호은 상상 기법
8 증거조사 기법
9 비용편익분석 기법
10 실험 기법
11 미소와 인사 훈련 기법
12 수치심 공격 훈련 기법
13 두려운 환상 기법
14 수용 역설 기법
15 자기 모니터링 기법
16 목소리 외재화 기법

패할수록 그만큼 빨리 효과적인 방법을 찾을 수 있다.

헬렌의 부정적인 생각은 극심한 감정적 고통을 유발했다. 하지만 헬렌은 10가지 왜곡에 대해 알고 나서 자신의 부정적인 생각에 왜곡이 포함되어 있다는 사실을 깨닫게 되었다. 나는 헬렌에게 그녀의 생각을 더 긍정적이고 현실적으로 바꿀 수 없겠느냐고 물었다. '코의 흉터가 내 외모를 망치고 있다'라는 생각을 어떻게 바꿀 수 있을까?

처음 시도하는 이들은 부정적인 생각을 어떻게 바꾸어야 할지 잘 알지 못한다. 헬렌은 다음과 같은 생각이 떠올랐다. "내 얼굴이 썩어가는 시체보다는 낫다고 생각한다. 하지만 그다지 다를 것도 없다." 다음 표에서 설명한 것처럼, 이런 생각은 별 도움이 안 된다! 헬렌은 자신이 떠올린 긍정적인 생각을 100% 확신했지만, 부정적인 생각을 물리칠 수 없었다.

감정 변화를 위한 2가지 요건은 다음과 같다.

- **필요조건:** 긍정적인 생각은 100% 진실이어야 한다.
- **충분조건:** 긍정적인 생각은 부정적인 생각을 물리칠 수 있어야 한다.

헬렌의 긍정적인 생각은 필요조건만을 만족시켰을 뿐이다. 그럼, 헬렌의 회복 서클이 어떻게 작용하는지 알아보자.

이중 기준 기법 적용하기

나는 헬렌에게 지진이 나서 자신의 코를 벤 친한 친구가 있다고 상상해보라고 말했다. 헬렌이라면 친구에게 무슨 말을 해줄 수 있을까? 친구에게 코에 생긴 혐오스러운 흉터가 외모를 망치고 있다고 말할 수 있을까? 헬렌은 자신은 친구에게 결코 그런 말을 할 수 없을 거라고 대답했다. 나는 그럼 어떤 말을 해주겠느냐고 물었다. 헬렌은 성형수술을 권해보겠다고 대답했다! '이중 기준 기법'은 확실히 그녀에게 별 효과가 없었다. 그녀는 이중 기준을 갖고 있지 않았다.

반응 금지 기법 적용하기

헬렌은 매일 거울을 보며 화장으로 코를 가리는 데 엄청나게 많은 시간을 소비했다. 화장하는 데 쓰는 시간과 에너지가 오히려 코가 혐오스럽다는 그녀의 믿음을 부채질했기 때문에 문제가 갈수록 악화되었다. 일부 전문가들은 신체이형장애증후군을 강박장애의 일종이라고 생각한다. 헬렌의 코에 대한 집착은 강박적 사고이며, 거울을 쳐다보며 화장을 하는 행위는 강박적 행동이다.

'반응 금지 기법'은 강박에 효과적인 기법이다. 나는 헬렌에게 집에 있는 모든 거울을 치우고 벽을 향해 뒤집어 두거나 창고에 넣으라고 말했다. 벽에 부착된 화장실 거울은 치울 수가 없어 매일 아침 머리를 손질할 때 딱 1분씩만 보기로 약속했다. 그녀는 아무리 불안하더라도 거울을 보며 외모를 확인하지 않겠다고 했다. 반응 금지 기법을 실시한 초반에 헬렌은 훨씬 더 불안해했으나, 며칠 지나자 거울을 보며 화장으로 코를 가리고 싶은 충동이 한결 줄어들었다.

반응 금지 기법은 강박에 시달리는 사람들의 필수 처방책이나, 간혹 완벽한 치료 효과를 거두지 못하는 경우가 있다. 헬렌의 경우도 거울 속의 외모를 확인하고 싶은 충동은 줄어들었으나, 강박적 사고와 불안한 기분은 사라지지 않았다. 그녀가 여전히 자신의 코에 외모를 망치는 흉한 상처가 있다고 믿었기 때문이다.

숨겨진 감정 기법 적용하기

헬렌은 화목한 가정과 탁월한 경력을 갖춘 매력만점의 다재다능한 여성이었다. 하지만 갑자기 코에 흉측한 상처가 있다는 이상한 믿음을 갖게 되었다. 왜 그렇게 된 걸까? 어떤 것에 화가 났지만 겉으로 표현하지 못하는 것은 아닐까? 진정한 문제가 무엇일까? 잠시 생각해보라. 정답을 맞추지 못해도 상관없으니 떠오르는 생각을 적어보라.

1.
....

....

2.
....

....

3.
....

....

해답

헬렌은 일을 다시 시작하기가 불안한 건 아닐까? 눈이 획획 돌아갈 정도로 빠르게 변하는 세상에서 그녀는 6년 동안이나 일을 쉬었다. 아마도 그녀는 '한물간 여성이 되면 어쩌지' 하는 생각을 떨칠 수 없었는지도 모른다. 하지만 차마 남들에게 보여줄 수 없는 흉측한 흉터가 있다면 다시 일을 하러 가지 않아도 되고, 한물갔다는 사실을 들키지 않아도 된다.

그녀가 이런 느낌을 갖고 있다면, 왜 코에 대한 망상에 집착한 채 남편에게 솔직히 털어놓지 않는 걸까? 헬렌이 이미 많은 것을 성취한 자신감 넘치는 여성이기 때문일 수도 있다. 인기 많은 우등생으로 자라온 탓에 불안하고 긴장되는 느낌이 익숙하지 않을 수도 있다. 그녀는 자신이 그런 느낌에 시달린다는 사실을 남편이 알면 무시할까 봐 두려울 수도 있다.

아니면 헬렌은 남편 돈에게 화가 난 건 아닐까? 돈은 집을 넓힐 수 있도록 헬렌이 다시 일을 시작하면 좋겠다는 의견을 제시했다. 헬렌은 돈의 제안이 부담스럽고 원망스럽지만, 너무 '착해서' 자신의 감정을 표현하기 싫었던 것은 아닐까? 불안이 극심하다는 것을 핑계로 집에 있으려고 하는 것은 아닐까? 그녀는 자신의 증상으로 이렇게 말하고 있는 것은 아닐까? "돈, 나는 지금 너무 불안해서 정상이 아니에요. 정말 일을 다시 하고 싶지만, 그럴 수가 없어요."

아니면 헬렌은 아이들과 함께 집에 있고 싶은 것은 아닐까? 헬렌은 아이들을 키우며 몇 년 더 전업주부로 일하고 싶은지도 모른다. 그런데 헬렌은 자신이 훌륭한 경력과 화목한 가족을 모두 가진 성공한 여성이어야 한다고 생각하므로 이를 인정하기 힘들 수도 있다.

하지만 지금까지 추측한 것 중에 헬렌에게 해당하는 사항이 전혀 없었다. 나는 이 사실을 알고 무척 놀랐다. 그녀는 진심으로 일을 하고 싶어 했고, 아이들이 걸림돌이 되지도 않았다. 또한 다시 일하라는 남편의 제안을 부담스러워하거나 원망하지 않았고, 스스로 한물간 여성이 되지 않을까 두려워하지도 않았다.

숨겨진 감정 기법은 기막힌 영감을 제공하며 신속한 효과를 나타내는 경우가 많다. 하지만 헬렌에게는 별 효과가 없었다. 어쩔 수 없이 우리는 다음 기법을 시도해보았다.

하방 화살표 기법 적용하기

하방 화살표 기법을 활용하려면, 가장 먼저 부정적인 생각을 적어야 한다. 그리고 그 하단에 화살표를 그리고 다음과 같이 질문해보라. "이런 생각이 사실이라면, 나에게 어떤 의미가 있을까? 왜 이토록 화가 나는 걸까?" 곧 새로운 생각이 떠오를 것이다. 떠오르는 생각을 화살표 아래에 적고 그 밑으로 또 화살표를 그려라. 몇 번 반복해보면 두려움을 유발하는 자기패배 신념을 확인할 수 있다.

헬렌의 입장이 되어 하방 화살표 기법 양식을 채워보라. 화살표 옆에 예상 질문을 적어놓았다. 하지만 다음 단계로 내려가면서 떠오르는 생각에 따라 얼마든지 수정해도 좋다. 만일 떠오르는 생각이 6가지 미만이거나 그 이상이어도 좋다.

각 단계에서 질문한 내용과 함께 474페이지에 나오는 헬렌의 부정적인 생각의 순환고리를 참고하기 바란다. 헬렌의 생각을 검토한 다음 헬렌의 자기패배 신념 몇 가지를 찾아내라. 32페이지의 '일반적 자기패배 신념'을 참조하기 바란다.

1. ....
2. ....
3. ....
4. ....
5. ....

나와 헬렌이 확인한 자기패배 신념은 다음과 같다.

- **완벽주의:** 헬렌은 반드시 완벽해 보여야 하고, 조그마한 흠이라도 있으면 외모를 완전히 망칠 것이라 생각한다.

- **지각한 완벽주의:** 헬렌은 사람들이 극도로 비판적이며, 완벽한 외모가 아니면 자신을 거부할 것이라 생각한다.

하방 화살표 기법—헬렌

1. 코의 흉터가 내 외모를 망치고 있다.

   ↓ 만일 그렇다면, 나에게 어떤 의미가 있을까? 왜 그 사실 때문에 화가 나는 걸까?

2. _____

   _____

   ↓ 만일 그렇다면, 나에게 어떤 의미가 있을까? 왜 그 사실 때문에 화가 나는 걸까?

3. _____

   _____

   ↓ 만일 그렇다면, 나에게 어떤 의미가 있을까? 왜 그 사실 때문에 화가 나는 걸까?

4. _____

   _____

   ↓ 만일 그렇다면, 나에게 어떤 의미가 있을까? 왜 그 사실 때문에 화가 나는 걸까?

5. _____

   _____

   ↓ 만일 그렇다면, 나에게 어떤 의미가 있을까? 왜 그 사실 때문에 화가 나는 걸까?

6. _____

   _____

하방 화살표 기법—헬렌

부정적인 생각

1. 코의 흉터가 내 외모를 망치고 있다.

> 만일 그렇다면, 나에게 어떤 의미가 있을까? 왜 그 사실 때문에 화가 나는 걸까?

2. 사람들이 내 코의 흉터를 보고 역겹다고 생각할 수도 있다.

> 정말 그렇다고 가정해보자. 그 사실이 무엇을 의미할까? 왜 그토록 화가 나는 걸까?

3. 그러면 사람들이 나를 무시할 것이다.

> 그런 일이 벌어진다면 뭐가 문제일까? 왜 그토록 화가 나는 걸까?

4. 그들은 나를 거부하고, 나와 어울리려 하지 않을 것이다.

> 더 이상 나와 어울리려 하지 않는 것이 나에게 어떤 의미가 있을까? 왜 그토록 화가 나는 걸까?

5. 나는 홀로 남겨질 것이다.

> 홀로 남겨지는 것이 나에게 어떤 의미일까? 가장 두려운 바는 무엇인가?

6. 내가 쓸모없는 인간이라는 뜻이다.

- **인정 중독:** 헬렌은 가치 있는 인간이 되려면 모든 사람의 인정을 받아야 한다고 생각한다.
- **거절공포:** 헬렌은 만일 다른 사람이 자신을 거부하면 쓸모없고 비참한 기분이 들 것이라 생각한다.
- **주목 오류:** 헬렌은 모든 사람들이 무대 위에 선 자신을 쳐다보고 평가한다는 느낌에 시달린다.
- **들불 오류:** 헬렌은 누군가 자신을 험담하면 그 말이 순식간에 퍼져 모든 사람들이 자신을 깔보고 험담할 것이라 생각한다.

이런 자기패배 신념이 어떻게 헬렌의 두려움을 강화시키는지 쉽게 알 수 있다. 헬렌은 극도로 비판적이고, 피상적이고, 까다로운 사람들로 가득 찬 세상을 상상한다. 또한 한 사람이라도 자신을 무시하고 험담하면 모든 사람들이 그럴 것이라고 확신한다. 그녀의 불안증은 현실이나 상상 속의 흉터가 아닌, 자신과 세상에 대한 생각에서 비롯되었다. 따라서 흉터에 대한 부정적인 생각을 물리칠 뿐만 아니라, 애당초 그녀의 불안을 유발한 자기패배 신념을 바꾸어야 한다. 그렇게 하면 이후에는 고통스러운 감정의 기복에 쉽게 휘말리지 않게 될 것이다.

7장과 8장에서 자기패배 신념을 바꾸는 방법을 소개했다. 이 장 뒷부분에서는 두려운 환상 기법과 수용 역설 기법을 활용해 헬렌이 자기패배 신념을 어떻게 극복했는지 보여줄 것이다.

만약에 기법/역설 과장 기법 적용하기

만약에 기법이 하방 화살표 기법과 유사하다는 사실을 기억할 것이다. 먼저, 이런 질문을 던져보라. "이런 일이 정말 일어난다면 무엇이 가장 두려울까? 일어날 수 있는 최악의 상황은 무엇일까?" 만약에 기법은 두려움을 강화시키는 환상을 겉으로 드러내도록 도와준다. 이 환상을 극단으로 몰아가다보면 그것이 이치에 맞지 않다는 사실을 알게 된다. 나와 헬렌은 다음의 방법으로 이 기법을 시도했다.

번즈 박사: 헬렌, 당신이 화장을 하지 않고 스탠퍼드 쇼핑센터에 갔다고 가정해봅시다. 사람들이 당신 코를 보고 못생기고 혐오스럽다고 생각한다면, 끔찍할까요?

헬렌: 네, 너무 끔찍할 것 같아요!

번즈 박사: 좋아요. 상상에 계속 집중해보세요. 얼마나 많은 사람들이 당신의 코를 보고 혐오스러워할 거라고 생각하나요?

헬렌: 잘 모르겠어요. 100명 가까이 되지 않을까요?

번즈 박사: 그래서 두려운가요?

헬렌: 너무 끔찍해요!

번즈 박사: 왜 끔찍하죠? 100명이 당신 코를 보고 몹시 혐오감을 느껴요. 그 다음에는요? 어떤 게 가장 두렵나요?

헬렌: 그들이 친구들에게 험담을 퍼뜨릴지도 몰라요.

번즈 박사: 좋아요. 1,000명의 사람이 친구 10명에게 당신 코 이야기를 한다고 가정해봅시다. 그럼 LA에서 1만 명이 당신 코 이야기를 하게 되겠죠. 그 사실에 화가 나나요? 그 다음에는 무슨 일이 일어날까요?

헬렌: 그 사람들도 더 많은 사람들에게 이야기를 하겠죠!

번즈 박사: 최악의 결과를 가정해봅시다. 1만 명의 사람이 친구 10명에게 당신 코 이야기를 하고, 그 친구들도 최소 10명에게 그 이야기를 하면 샌프란시스코까지 들불처럼 당신 코 이야기가 퍼지고 100만 명 이상이 당신 코에 대해 수군거리고 역겨워하겠죠. 사실 파파라치가 망원렌즈로 몰래 찍은 당신의 사진과 함께, 당신 코에 대한 기사가 〈LA 타임즈〉의 1면을 장식할 수도 있을 거예요. 다음과 같은 헤드라인이 나오겠죠. "쇼핑센터에 등장한 코에 흉터가 난 여성. 사람들은 공포에 떨며 도망치다. 부모들은 낮 시간에 아이들의 외출을 금지시킬 것"

대화의 후반 부분은 역설 과장의 실례다. 목표는 헬렌을 놀리는 것이 아니라, 그녀 스스로 상황을 얼마나 과장하고 있는지 깨닫게 만드는 것이다. 사람들이 정말로 그처럼 비판적이고, 헬렌의 코에 있는 작은 흉터에 집착할까?

가장 끔찍한 환상을 확인하고 나서 이렇게 자문해보라. "이런 일이 일어날 확률은 얼마일까? 내 공포가 얼마나 현실적일까?" 이렇게도 자문해볼 수 있다. "만일 정말 이런 일이 일어난다면, 그래도 꿋꿋이 살 수 있을까? 아니면 생을 끝내야 할까?" 헬렌의 코가 실제로 많은 사람을 충격에 빠뜨린다면 분명 불안을 느낄 만한 일이다. 하지만 실제 그런 일이 일어날까?

안타깝게도 만약에 기법 또한 헬렌을 전혀 안정시키지 못했다. 최악의 공포가 현실에서 나타날 가능성이 매우 희박하다는 사실을 알았지만, 그녀는 여전히 자신의 코의 흉터가 사람들에게 혐오감을 줄 것이라 확신했다.

증거조사 기법 적용하기

증거조사 기법을 쓴다면 스스로 이렇게 자문해보라. "내 부정적인 생각을 뒷받침할 확실한 증거가 있는가? 처음부터 어떻게 이런 결론에 도달한 걸까?" 때로 우리는 두려움이 상황에 대한 현실적인 평가가 아닌, 감정적 추론에서 비롯된다는 사실을 알게 된다. 다음은 내가 헬렌에게 이런 질문을 던지고 나서 우리가 나눈 대화이다.

번즈 박사: 헬렌, 당신 코에 난 흉터를 보고 사람들이 고개를 돌릴 거라고 결론 내리게 된 이유가 궁금해요. 그 믿음을 뒷받침할 확실한 증거가 있나요?

헬렌: 거울을 보면 흉측한 얼굴 때문에 마음이 불안해져요. 그게 핵심이죠.

번즈 박사: 스스로를 지나치게 비판적으로 보고 있네요. 거울을 볼 때 자신에게 화가 나 있는

것 같고요. 하지만 다른 사람들이 당신을 보고 고개를 돌린다는 증거가 있는지 의문이에요. 당신 코의 흉터에 대해 질문하거나, 외모가 변했다고 알아챈 사람이 있나요?

헬렌: 아니요. 아무도 그런 말을 한 적 없어요. 하지만 밖에 나갈 생각만 하면 모든 사람들이 내 코를 보고 역겨워할 것이라는 느낌이 들어요.

번즈 박사: 스트레스가 심하겠네요. 사람들이 자신을 쳐다보고 역겨워하는 것을 좋아할 사람은 아무도 없을 거예요. 하지만 사람들이 당신 코를 보고 정말 혐오감을 느낀다고 생각할 증거가 있나요? 사람들이 당신을 두려워하는 눈으로 쳐다본 기억이 있나요? 아이를 데리고 나온 엄마들 앞을 지나칠 때 엄마들이 놀라서 아이의 눈을 가린 적이 있나요?

헬렌: 그렇지는 않아요. 내 코가 광대 코 같다는 생각 때문에 거의 집에만 있으니까요.

번즈 박사: 가끔 강한 확신이 들 수도 있겠지만 느낌이 항상 맞는 건 아니죠. 당신 코가 광대 코처럼 보인다는 결론을 어떻게 내리게 되었나요? 최근에 화나는 일이 있었나요? 바깥에 있을 때 무엇을 본 건가요?

헬렌: 아니요. 사람들은 항상 예의 바르게 행동해요. 그래서 내 코를 보고도 못 본 척한다고 생각해요.

헬렌은 자신이 집 밖에 안 나가고 불안에 시달린다는 사실 말고는 코에 흉터가 있다는 믿음을 뒷받침할 증거를 도무지 찾을 수가 없었다. 하지만 헬렌은 코의 흉터가 혐오스럽다고 강하게 확신하고 있었기 때문에, 아무도 자신의 코에 신경 쓰지 않는다는 사실을 평가 절하했다.

증거조사 기법 또한 별 효과가 없었다. 그래서 다음 단계로 넘어갔다.

비용편익분석 기법 적용하기

대부분의 사람은 증거가 없는 사실을 믿지 않는다. 왜 헬렌은 코에 흉터가 있다는 믿음에 집착할까? 나는 그녀의 불안을 부채질하는 숨은 이익이 있는지 궁금했다. 만일 그렇다면, 왜 그녀가 여전히 불안에서 헤어나오지 못하고 있는지 설명할 수 있을 것이다. 그리고 헬렌이 자신의 외모를 현실적으로 생각할 수 있도록 도울 수 있을 것이다.

나는 비용편익분석 기법을 시도해보기로 마음먹었다. 나는 헬렌에게 코에 난 흉터가 자신의 외모를 망치고 있다고 생각하면 어떤 이익과 손해가 있는지 나열해보라고 말했다. 어떤 점이 이익이고, 어떤 점이 손해일까?

헬렌은 여러 가지 손해와 이익을 떠올렸다. 그녀는 이익과 손해를 비교해보고, 손해가 이익보다 훨씬 크다는 결론에 도달했다. 비용편익분석을 통해 자신의 부정적인 생각이 별 이득이 없다는 사실을 깨달았지만, 헬렌의 불안증은 여전히 나아지지 않았다. 따라서 우리는 더 강력한 기법을 시도했다.

비용편익분석—헬렌

바꾸고 싶은 태도, 감정, 습관을 적으세요: 이 흉터가 내 외모를 망치고 있다.

이 익	손 해
1. 일하러 나가지 않아도 된다. 2. 집에서 아이들과 있을 수 있다. 3. 장보기처럼 긴장되는 일을 하지 않아도 된다. 4. 스스로를 연민할 수 있다. 5. 남편과 부모로부터 많은 관심을 받을 수 있다. 6. 코에 정말 흉터가 있는 것 같다. 따라서 스스로 정직하다는 느낌이 든다.	1. 일하러 갈 수가 없다. 2. 불안하고 수치스럽다. 3. 남편과 부모가 코에 흉터가 없다고 말할 때마다 다툼이 생긴다. 4. 열등한 느낌이 든다. 5. 사람들과 소통하기가 두렵다. 6. 외롭고 고립된 느낌이 든다. 7. 집에서 한 발짝도 나가지 못한다.
30	70

실험 기법/미소와 인사 훈련 기법 적용하기

실험 기법은 부정적인 생각이나 자기패배 신념이 실제로 맞는지 실험을 통해 확인해보는 기법이다. 우리는 헬렌의 코에 아무런 흉터가 없다는 사실을 알고 있다. 또한 코에 흉터가 있다 하더라도 대부분의 사람들이 그것에 아무런 관심도 보이지 않을 것이라는 사실을 알고 있다. 사람들은 헬렌이 자신을 어떻게 대하고, 어떻게 의사소통하는지에 따라 헬렌을 평가한다. 하지만 헬렌은 이 사실을 의식하지 못한다.

나는 헬렌에게 대담한 실험을 통해 그녀의 부정적인 생각을 시험해보도록 주문했다. 나는 그녀에게 대낮에 휘황찬란한 비벌리힐스의 쇼핑몰에 들어가 모르는 사람 20명에게 미소를 지으며 인사해보라고 주문했다. 그리고 미소 짓고 인사할 때마다 상대방의 반응을 긍정적, 중립적, 부정적으로 분류해 카드에 기재하라고 했다. 이 방법으로 사람들이 자신의 코를 혐오스러워할 것이라는 헬렌의 믿음을 확인해볼 수 있었다.

헬렌은 이 실험을 몹시 꺼렸다. 그녀는 사고가 있은 지 몇 주가 지나도록 집에서 숨어 지냈고, 사람들이 자신의 외모를 보고 충격받을 것이라 확신하고 있었다. 하지만 그녀는 회복에 대한 강한 의지가 있었기에 두렵지만 실험에 응하기로 동의했다. 나는 실험을 마친 다음 만나서 결과를 논의해보자고 제안했다.

다음 날 아침, 헬렌은 쇼핑센터에 가서 미소와 인사 훈련을 했다. 놀랍게도 인사를 건넨 20명 가운데 15명이 친근하게 화답했다. 5명은 헬렌이 인사한 사실을 알아채지 못하고 무심코 지나쳤다. 헬렌은 그들을 중립적이라고 평가했다. 충격을 받거나 거부감을 느끼는 사람은 아무도 없었다.

이런 결과는 코의 흉터를 보고 사람들이 고개를 돌릴 것이라는 헬렌의 믿음과 양립하기 어려웠고, 헬렌의 부정적인 생각에 대한 신념은 70%까지 떨어졌다. 헬렌이 처음으로 코에 대한 부정적인 생각을 타파하기 시작한 순간이었다.

하지만 그녀는 짙은 화장을 하고 있었기 때문에 실험결과를 폄하했다. 그녀는 사람들이 화장으로 가린 흉터를 제대로 보지 못했고, 맨얼굴을 보았다면 고개를 돌렸을 것이라고 결론 내렸다. 당신이 헬렌의 의사라면, 그 다음으로 어떤 방법을 제안하겠는가? 당신의 생각을 적은 다음 해답을 읽기 바란다.

_____

_____

_____

_____

해답

　나는 헬렌에게 다음 날 화장을 하지 말고 똑같은 실험을 해보라고 주문했다. 헬렌은 생각만 해도 끔찍한 듯 보였다. 사람들이 충격에 휩싸인 채 자신의 코를 바라볼 것이라 확신했기 때문이다. 나는 헬렌에게 결과를 논의할 수 있도록 실험을 마치고 병원에 들르라고 말했다.

　헬렌은 실험결과에 큰 충격을 받았다. 대부분의 사람들이 우호적이었고 코를 혐오스러워하는 사람은 아무도 없었다. 심지어 헬렌은 아이들과 함께 쇼핑하고 있는 여성들과 대화까지 나눴다. 이런 경험은 그녀의 코에 대한 부정적인 생각과는 완전히 모순되었다. 바로 이 순간, 그녀의 부정적인 생각에 대한 신념이 10%까지 떨어졌고 안도감이 밀려왔다.

수치심 공격 훈련 기법 적용하기

헬렌은 사람들이 자신의 코를 혐오스러워하지 않는다는 사실을 알고 훨씬 기분이 좋아졌다. 하지만 실제로 사람들이 자신을 깔보거나 바보같이 생각한다면 어떤 일이 일어날까? 세상이 끝날까? 이를 알기 위해 헬렌은 용기를 내어 쇼핑센터를 찾아가 한층 과감한 실험을 해보기로 마음먹었다. 앞에서 설명한 수치심 공격 훈련 기법을 기억할 것이다. 사람들 앞에 나서 어떤 바보 같은 일을 해보고, 세상이 정말 끝나는지 확인해보는 것이다. 수치심 공격 훈련은 대단한 용기가 필요하다.

헬렌은 우스꽝스러워 보이도록 아주 도발적인 의상을 차려입었다. 몇 년 전, 뉴올리언스 마르디 그라스 퍼레이드에서 받은 깃털 달린 큰 자주색 모자를 쓰고, 하이힐을 신은 다음 밝은 색상의 마르디 그라스 목걸이를 목에 대롱대롱 매단 채 야한 빨간색 드레스를 입었다. 헬렌은 이번에는 분명 자신이 미소 지으며 인사할 때 사람들이 자신을 경계하는 눈으로 바라볼 것이라 확신했다.

하지만 놀랍게도 사람들은 부정적인 반응을 보이지 않았다. 오히려 사람들은 더욱 활기차고 친근하게 대했고, 쇼핑센터를 지나는 몇 명은 심지어 헬렌보다도 훨씬 도발적인 차림이었다. 이곳은 다름 아닌 캘리포니아였다!

쇼핑센터에 간 헬렌은 컴퓨터 칩 개발팀에서 같이 일하던 동료와 우연히 마주쳤다. 그는 그동안 헬렌이 보고 싶었다고 말하면서 며칠 전 회사에서 헬렌에 대한 이야기를 나눴다고 알려주었다. 그는 업계 간 경쟁이 치열해 주도권을 확보하려면 획기적인 칩이 필요하다며, 헬렌에게 회사에 복귀해 팀에 합류할 생각이 없느냐고 물었다. 헬렌은 기쁨에 겨워 자신은 이미 초고속 신제품의 디자인을 구상하고 있었다고 대답했다. 그는 헬렌에게 얼른 회사에 와서 아이디어를 제공해달라고 부탁했다.

다음 주에 헬렌을 만났을 때, 그녀는 한껏 들뜬 채로 치료를 끝낼 준비가 되어 있었다. 그녀의 두려움은 완전히 사라졌고, 사장으로부터 아주 좋은 조건으로 재입사를 제안 받았다.

두려운 환상 기법/수용 역설 기법 적용하기

헬렌은 자신의 부정적인 생각이 거짓이라는 사실을 확인하고 나서 기분이 좋아졌고 불안감도 말끔히 사라졌다. 하지만 기분이 좋아지는 것과 증상이 호전되는 것에는 근본적인 차이가 있다.

나는 치료를 마치기 전에, 헬렌이 나중에 동일한 문제에 시달리지 않도록 재발 방지 훈련을 해보기로 했다. 헬렌이 아무리 매력적이라고 해도 영원히 젊고 멋진 모습을 유지할 수는 없다. 몇 년 후 주름이 생기고 머리가 새기 시작하면 똑같은 증상이 찾아오지 않을까?

헬렌은 아직 최악의 공포를 경험하지 못했다. 쇼핑센터에서 만난 사람들은 그녀에게 적대감이나 무시하는 태도를 보이지 않았다. 하지만 사람들이 정말 그런 반응을 보였다면? 그래도 헬렌은 꿋꿋이 살 수 있을까?

헬렌은 실제로 이런 두려움과 마주치지 못했지만, 환상 속에서는 마주칠 수 있었다. 두려운 환상 기법을 활용하면 최악의 공포가 현실로 이루어지는 악몽의 세상에 들어갈 수 있다. 상상 속의 세상에서는 자신을 깔본다고 생각한 사람들이 정말로 자신을 깔보며, 어떤 가혹한 말도 서슴지 않는다.

다음에 소개한 두려운 환상 대화에서 헬렌은 지옥에서 온 여인 역할을, 나는 헬렌의 역할을 맡았다. 지옥에서 온 여인은 어린 두 딸을 데리고 쇼핑센터를 방문한다. 나는 헬렌에게 지옥에서 온 여인 역할을 맡아 차마 입에 담기조차 어려운, 상상할 수 있는 모든 심한 말을 동원해 나를 난도질하고 모욕하라고 주문했다. 우리 두 사람은 다음과 같이 대화했다.

지옥에서 온 여인(헬렌이 연기): 이런, 코가 왜 그래요?

헬렌(번즈 박사가 연기): 얼마 전에 지진이 나서 천장 마감재가 코 위로 떨어졌어요. 흉터가 약간 남았나 봐요.

지옥에서 온 여인: 약간 정도가 아닌데요. 그랜드캐니언만한 흉터예요! 밖에 나갈 때 마스크를 쓰지 그래요?

헬렌: 음, 그런 생각은 미처 못 했는데, 지금은 마스크가 없네요. 흉터를 보기가 불편한가요?

지옥에서 온 여인: 불편한 정도가 아니에요! 아주 역겨워요. 도무지 쳐다보고 있을 수가 없어요.

헬렌: 사람들이 내 코에 난 흉터를 그처럼 신경 쓰는지는 몰랐어요. 쇼핑백 하나 더 없나요? 눈과 입 부위에 구멍을 뚫은 다음 쇼핑백을 뒤집어쓰고 대화하면 괜찮겠어요?

지옥에서 온 여인: 솔직히 말하면 집에 틀어박혀 밖으로 안 나오는 게 맞다고 생각해요. 코가 정말 끔찍할 정도예요! 쇼핑몰에 어린아이들이 있는 거 모르나요? 만일 아이들이 당신의 코를 보면 무슨 생각을 하겠어요? 나라면 이렇게 말할 거예요. 얘들아, 고개를 돌려! 이 아줌마 코는 정말 끔찍해. 쳐다보지 마!

헬렌: 이런, 그 생각을 미처 못 했네요. 아이들이 제 코를 보면 당황할 거라고 생각하세요? 아이들이 그렇게 연약한가요? 아이들은 한 번도 장애가 있거나 외모가 흉한 사람을 본 적이 없을까요?

지옥에서 온 여인: 난 아이들을 최대한 보호하고 싶어요. 내 아이들은 최고의 학교에서 훌륭한 친구들과 어울리죠. 그들이 끔찍한 당신 코를 보게 된다면 충격을 받고 악몽에 시달릴 거예요.

헬렌: 심각한 문제네요. 우리가 대화할 때 아이들 눈을 가려야겠어요.

지옥에서 온 여인: 빈정대지 말아요! 난 당신 행동이 지나치다고 생각해요. 당신이 코를 내놓고 밖에 다니는 행위 자체가 공중도덕을 어기는 일이에요. 당신을 신고할 거예요.

헬렌: 그렇게 하세요. 좋은 생각이에요. 그럼 사람들에게 수요일에 쇼핑센터에 가지 말라고 경고해야겠네요. 난 수요일마다 쇼핑하러 가거든요. 좋아요. 그럼 난 혼자 쇼핑을 마음껏 즐길 수 있겠어요. 계산하러 줄을 길게 설 필요도 없고요.

이 대화에서 누가 더 어리석은 소리를 하고 있을까? 헬렌일까, 지옥에서 온 여인일까? 헬렌은 정작 문제가 있는 사람은 지옥에서 온 여인이라는 사실을 깨달았다. 지금껏 두려운 괴물을 피하기만 했던 헬렌으로서는 하나의 계시나 다름없었다. 그녀는 항상 스스로에게 이렇게 말했다. "그런 생각은 절대 할 수 없어. 너무 끔찍해!" 헬렌은 직접 수용 역설 기법을 해보면서 내가 얼마나 쉽게 그녀를 이기는지 깨닫고 애당초 아무것도 두려워할 필요가 없다는 사실에 눈을 떴다.

두려운 환상은 적극성 훈련이 아니라는 사실을 기억해야 한다. 현실에서는 누구도 두려운 환상 속의 등장인물처럼 행동하지 않는다. 두려운 환상의 세계에서 마주치는 괴물은 자기비판의 투영일 뿐이다. 실제로 나 자신과 싸움을 벌이고 있는 것이다.

사람들이 자신의 코를 보고도 외면하지 않는다는 사실을 깨달은 순간 헬렌의 첫 번째 승리가 찾아왔다. 두 번째 승리는 자신을 거부하는 사람이 오히려 이상한 사람이며, 자신은 비정상이 아니라는 사실을 깨달은 순간 찾아왔다. 그러자 곧 완벽주의와 인정 중독같이 헬렌의 두려움을 처음 유발했던 자기패배 신념은 변화를 겪기 시작했다. 이 시점에서 그녀는 치료를 끝낼 수 있었다. 487페이지에 헬렌의 '오늘의 기분 일지'를 실었다.

헬렌의 치료는 6단계에서 끝났고, 회복 서클에 나온 기법을 모두 쓸 필요가 없었다. 신체이형장애증후군의 예후가 밝다는 것은 고무적인 일이다. 신체이형장애증후군은 한때 치료가 거의 불가능하다고 간주되었기 때문이다. 헬렌의 사례에서는 2가지 마법이 작동했다. 첫째, 헬렌은 두려움을 물리치는 데 필요한 목표와 의지를 갖고 있었다. 그녀는 용기를 냈고 자신이 두려워하는 기법을 기꺼이 시도했다. 둘째, 우리는 효과적인 기법을 발견할 때까지 최대한 빨리 실패했다.

헬렌의 사례를 들은 사람들은 때로 이렇게 질문한다. "음, 헬렌이 정말 코에 흉한 흉터가 있고, 사람들이 그녀를 보고 충격을 받았다면 어떡하나요?" 헬렌은 매력적이고 야무진 여성이었다. 그리고 나는 그녀의 상황에 적합한 기법을 시도했다. 만일 그녀가 다른 문제에 시달리고 있었거나 주변 환경이 달랐다면, 완전히 다른 방법을 시도했을 것이다.

이것이 이 책이 전달하는 가장 중요한 메시지 중 하나이다. 모든 유형의 문제나 불안에 공통적으로 적용할 공식이나 기법은 없다. 나는 당신을 괴롭히는 문제를 비롯해 여러 가지 감정적인 문제를 극복하기 위해 활용할 수 있는 유연하고, 강력하고, 특화된 접근법을 제시해주고자 한다.

오늘의 기분 일지—헬렌

문제적 사안: 아침에 거울 보기

감정	이전(%)	이후(%)	감정	이전(%)	이후(%)
(슬픈), 침울한, (우울한), 울적한, 불행한	75%		(당황스러운), 바보 같은, (창피한), (수줍은)	100%	
(불안한), 걱정되는, 공황상태에 빠진, 긴장되는, 끔찍한	100%		희망이 없는, 의욕이 없는, 비관적인, 절망적인	100%	
죄스러운, 후회되는, 미안한, (수치스러운)	100%		(좌절한), 꺾인, 실패한, 패배한	85%	
(열등한), 무가치한, 뒤떨어진, (모자란), 무능한	100%		(화난), 미칠 것 같은, 원통한, 짜증나는, 예민한, (속상한), 분한	60%	
(외로운), 사랑받지 못하는, 소외된, 거절당한, 쓸쓸한, 버려진	80%		기타:		

부정적인 생각	이전(%)	이후(%)	왜곡	긍정적인 생각	믿음(%)
1. 코의 흉터가 내 외모를 망치고 있다.	100%	0%	흑백, 성급, 생거, 장편, 짚기, 주문, 과장, 감추, 당진, 낙인, 타비	1. 사람들이 내 코에 흉터가 있다고 느낄지도 모른다. 하지만 아무도 나를 쳐다보는 것 같지도, 충격받은 것 같지도 않다. 사실 거의 모든 사람들이 내 맨얼굴을 보고도 따뜻하고 친근하게 대했다. 만일 누군가 정말 내 코를 보고 경악했다 하더라도 나는 꿋꿋이 살 수 있다. 누구든 흠을 갖고 있고, 사람들은 내 코의 흉터보다는 내가 그들을 대하는 방식에 더 관심을 갖는다.	100%
2. 다시는 직업을 얻지 못할 것이다.	100%	0%	흑백, 장편, 짚기, 주문, 축소, 짚기	2. 그들은 내 능력을 필요로 하며, 내 코에 별 관심을 두지 않을 것이다.	100%
3. 사람들이 날 쳐다볼 것이다.	100%	0%	장편, 짚기, 주문, 감추	3. 사실과 다르다. 아무도 날 쳐다보지 않았다.	100%

24장

기분이 나아지는 것
대(對)
증상이 호전되는 것
─재발 방지 훈련

'오늘의 기분 일지'와 '회복 서클' 훈련을 통해 부정적인 생각을 물리칠 수 있는 효과적인 기법 몇 가지를 발견했다고 가정해보자. 부정적인 생각을 물리치면 기분이 나아진다. 공황발작이 있었다면 말끔히 사라질 것이다. 수줍음에 시달렸다면, 다른 사람의 시선을 의식하거나 어색해하지 않고 자연스럽게 사람들과 교류할 수 있게 될 것이다. 열등감이나 우울증에 시달렸다면, 자존감이 샘솟을 것이다. 창조적이고 생산적인 사람으로 거듭났다는 느낌과 함께 다른 사람들을 즐겁게 사귈 수 있게 된다. 이제 아침에 일어나면 하루가 기대되고 삶이 즐겁다고 느낄 수 있다.

　기분이 나아진 것은 커다란 성취다. 하지만 기분이 나아지는 것과 증상이 호전되는 것에는 중대한 차이점이 있다. 기분이 나아진다는 것은 불안증이나 우울증이 사라지고 행복과 자신감을 되찾게 된다는 의미다. 한편, 증상이 호전된다는 것은 남은 인생 동안 또다시 찾아올 수 있는 불안증과 우울증을 치료하는 데 필요한 기술을 갖추게 된다는 의미다.

　처음 부정적인 생각을 물리치고 나면 너무 기분이 좋아서 다시 기분이 나빠질 것이라는 생각을 못 하게 된다. 모든 문제가 영원히 해결되었고 기쁨과 자신감이 영원히 지속될 것이라 생각하게 된다. 하지만 이후에 증상이 재발할 가능성은 얼마나 될까? 나는 '재발'을 최소 1분 이상 불안하고, 우울하고, 당황스럽고, 좌절하고, 화가 나는 기분이 몰려오는 상태로 정의한다. 이 기준에 따르면 증상이 재발할 가능성이 얼마라고 생각하는가? 가장 그럴듯한 답을 골라보라.

	(√)		(√)		(√)
0%		25%		75%	
10%		50%		100%	

해답

상황에 따라 달라질 수 있지만, 내가 생각하는 정답은 100%이다. 지금껏 불안증과 우울증에 시달려왔다면, 조만간 다시 불안증과 우울증에 시달릴 것이라고 장담한다. 사실 모든 인간은 재발에서 결코 자유로울 수 없다! 부처님은 인간은 피할 수 없는 고통을 타고난다고 말했다. 그 누구도 항상 행복할 수는 없다. 그리고 항상 행복한 것이 좋기만 한 것도 아니다. 항상 행복하다는 것은 인생에 갈등과 도전이 사라지고 항상 같은 기분을 느끼는 것을 의미한다. 그러면 인생이 이내 지루해질 것이다.

인생에서 나쁜 일은 항상 일어나기 마련이며, 누구나 각자의 고통을 안고 살아간다. 문제가 생길 때 불평하고 예민해지는 사람도 있고, 불안해하거나 공포에 떠는 사람도 있고, 무가치한 인간이라는 느낌을 갖거나 우울증에 시달리는 사람도 있다. 불안증과 우울증에 시달리는 사람들이 그렇지 않은 사람들과 가장 다른 점은 좋지 않은 기분에 매여 있기 쉽다는 것이다. 속상한 상태의 1분이 금세 1시간으로, 1시간이 하루로, 하루가 한 주, 한 달, 몇 년으로 늘어나 비참한 인생으로 확대된다. 불안증과 우울증에 시달리지 않는 사람들도 자주 상처받지만, 이들은 속상한 기분에서 빨리 벗어날 줄 안다. 이런 비결을 배워야 한다.

1시간, 하루, 한두 주 정도는 충분히 우울할 수 있다. 하지만 몇 달, 몇 년을 절망과 괴로움에 사로잡혀 있는 것은 시간낭비일 뿐이다. 그래서 재발 방지 훈련이 필요하다. 나는 항상 행복할 수 있는 방법을 가르쳐줄 수는 없지만, 부정적인 기분을 다스려 더 이상 기분의 노예가 되지 않는 방법을 가르쳐줄 수는 있다.

현재 심각한 불안증이나 우울증에서 벗어나 날아갈 것 같은 기분이라고 가정해보자. 얼마나 시간이 흐르면 증상이 재발할 것 같은가? 물론, 사람마다 다를 것이다. 자신의 경우를 잘 생각해보라. 아래 표를 보고 첫 재발이 발생할 것 같은 기간에 표시해보기 바란다.

	(√)		(√)
1. 몇 시간 이내		4. 몇 달 이내	
2. 며칠 이내		5. 몇 년 이내	
3. 몇 주 이내		6. 재발 없음	

해답

내가 환자를 치료했던 경험에 따르면 심각한 불안증과 우울증에서 회복한 대부분의 사람들은 첫 회복 이후 몇 주 이내에 재발한다. 며칠 만에 재발하는 사람들도 있고, 한 달 이상이 걸리는 사람들도 있다. 하지만 재발하지 않는 사람은 단한 명도 없다.

일단 재발하면, 그 전보다도 더 불안하고 우울하기 마련이다. 왜 그럴까? 이들은 회복하기 전까지 오랜 시간 불안증과 우울증에 시달려왔기에, 자포자기하는 심정으로 자신은 영원히 불행 속에서 살 운명이라는 '사실'을 받아들여 왔다. 그러다 이런 상태에서 벗어나 회복하고 나면 갑자기 찾아오는 행복에 도취되어 이렇게 생각하게 된다. '와우, 내 문제가 영원히 사라졌어! 이 기분이 영원할 거

야. 정말 환상적이야!'

물론 이런 생각은 흑백사고의 '백'에 해당한다. 이는 결과적으로 엄청난 실망감을 초래하게 만들기 때문에 '흑'에서 비롯되는 절망감만큼이나 비논리적이다. 그래서 몇 주 후에 갑자기 불안증이나 우울증이 재발하면 황홀했던 기분과 대조되는 기분을 받아들일 수가 없게 된다. 잔뜩 부풀어 오른 희망이 물거품으로 변한 느낌이 드는 것이다. 마치 따귀를 맞거나 발가벗겨진 느낌이 들며, 극심한 고통이 엄습할 수 있다.

회복한 다음에는 반드시 재발한다는 사실을 유념해야 한다. 이는 마치 중력의 법칙만큼이나 확실한 진리다. 대부분의 사람들은 발생 가능한 최악의 상황이 바로 재발이라고 생각하지만, 알고 보면 이것은 최선의 상황이다. 재발을 통해 오히려 증상을 극복할 방법을 배울 수 있고 긍정적인 기분과 자존감을 재빨리 회복할 수 있기 때문이다. 그러면 증상의 호전이 단지 눈속임이 아니라 자신이 배운 기법의 직접적인 결과라는 사실을 깨닫게 될 것이다. 이제 고통스러운 감정이 찾아올 때마다 그것을 다스릴 수 있는 방법을 알고 있으므로 남은 인생 동안 불안증과 우울증이 다시 찾아올까 봐 두려워할 필요가 없게 된다. 이것이 바로 증상이 호전된다는 것과 기분이 나아진다는 것을 구분하는 이유다. 이것이야말로 인생에서 가장 흥분되는 발견 가운데 하나일 것이다.

1장에서 불안증과 우울증을 극복하도록 도와줄 3가지 기법(인지 기법, 노출 기법, 숨겨진 감정 기법)을 배웠다. 이 3가지 기법은 재발을 방지하는 비결이기도 하다.

인지 모델 기법 적용하기

몇 주간 우울증과 불안증을 모두 잊고 살았다고 상상해보라. 그런데 어느 날 아침 일어났더니 불안하고 우울한 기분이 다시 찾아왔다. 어떤 느낌이고, 어떤 생각이 들까? 내가 치료해온 많은 환자들과 크게 다르지 않다면, 슬프고, 걱정되고, 좌절하고, 화나고, 실망스럽고, 무가치한 느낌이 들 것이다. 그리고 이렇게 혼잣말을 할 것이다.

- 나는 결코 좋아질 수 없을 거야. 난 희망이 없어.
- 증상이 재발한 것을 보니 치료가 효과가 없나봐.
- 좋아진 줄 알았더니 눈속임에 불과했어.
- 좋아졌다는 건 혼자만의 생각이었어. 알고 보면 난 계속 우울했었어.
- 이 치료법은 나한테 효과가 없어. 내 문제는 너무나 뿌리가 깊어.
- 난 쓸모없는 인간이야.
- 몇 주 좋아져봤자 뭐해? 앞으로 수십 년간 계속 우울하고 불안할 텐데.
- 이건 불공평해. 다른 사람들은 행복하기 위해 이렇게 애쓰지 않아도 되는데.
- 난 분명 뭔가 문제가 있어.

증상이 재발하면 이런 생각들이 전적으로 옳게 느껴지며, 이런 믿음은 가혹한 결과를 초래할 수 있다. 연구결과에 따르면 재발을 겪은 많은 사람들이 자살을 선택한다. 이런 부정적인 생각들이 너무나 확고해 고통스럽기 때문이다. 하지만 이런 생각들은 옳지 않고, 왜곡되어 있으며, 비논리적이다. 이에 굴복하면 불안증이나 우울증의 구렁텅이로 다시 빠져들게 된다. 하지만 이를 물리치면 다시 일어설 수 있다.

부정적인 감정이 일시적인 것이며 곧 좋은 기분을 되찾을 수 있다는 사실을 아는 것이 가장 중요하다. 기분이 나아지기를 참고 기다리거나, 아니면 좀더 적극적으로 문제에 대처할 계획을 세우면 된다. 그러면 문제는 곧 해결된다. 하지만 불안증과 우울증을 겪는 대부분의 사람들은 무엇을 하더라도 자신은 결코 나아질 수 없다고 확신한다. 이런 믿음은 자성예언으로 작용해 믿음을 현실로 만들어버린다. 포기하면 아무 것도 바꿀 수 없다. 포기하는 순간 절망만 남게 된다.

그럼, 좋은 해결책이 없을까? 기분이 좋을 때 미리 재발에 대비하면 된다. 재발하기 전에 부정적인 생각에 대응하는 연습을 미리 해놓으면, 재발했을 때 그런 생각을 물리치기가 훨씬 쉽다.

어떻게 하면 될까? 현재 불안증이나 우울증에서 회복해 날아갈 것 같은 기분이라고 가정해보자. 언젠가는 다시 우울하거나 불안해질 것이라는 사실을 알고 있으므로 지금부터 재발에 대비할 것이다. '오늘의 기분 일지'를 집어 들고 상단에 "증상이 재발한다"라고 문제적 사안을 적어라. 아직 재발하지 않았다는 사실을 유념하라. 단지 재발하면 어떨지를 상상하는 것뿐이다.

'오늘의 기분 일지' 사례를 496페이지에 실었다. 이제 재발할 때 떠오를 법한 부정적인 생각에 동그라미를 치고 믿음의 정도를 점수로 매긴다. 첫 번째 부정적인 생각은 '나는 결코 좋아질 수 없을 거야. 난 희망이 없어'이다. 이런 생각이 지금 당장은 비현실적으로 보이겠지만, 증상이 재발한다면 철저히 옳은 생각처럼 느껴질 것이므로 100%라는 점수를 기입한다.

이 생각에 포함된 왜곡은 무엇일까? 다음의 왜곡에 대한 정의를 참조해 521페이지의 '오늘의 기분 일지'를 작성해보라.

해답

나는 첫 번째 생각인 '나는 결코 좋아질 수 없을 거야. 난 희망이 없어'에서 10

오늘의 기분 일지—재발한 경우

문제적 사안: 우울증이 재발한다

감정	이전 (%)	이후 (%)	감정	이전 (%)	이후 (%)
(슬픈) 침울한, 우울한, 울적한, 불행한	100%		(당황스러운), 바보 같은, (창피한), 수줍은	100%	
(불안한), 걱정되는, 공황상태에 빠진, 긴장되는, 끔찍한	100%		(희망이 없는), 의욕이 없는, 비관적인, 절망적인	100%	
죄스러운, 후회되는, 미안한, (수치스러운)	100%		(좌절한), 꺾인, 실패한, 패배한	100%	
열등한, (무가치한), 뒤떨어진, 모자란, 무능한	100%		(화난), 미칠 것 같은, 원통한, 짜증나는, 예민한, 속상한, 분한	100%	
외로운, 사랑받지 못하는, 소외된, 거절당한, (쓸쓸한), 버려진	100%		기타 (실망스러운)	100%	

부정적인 생각	이전 (%)	이후 (%)	왜곡	긍정적인 생각	믿음 (%)
1. 나는 결코 좋아질 수 없을 거야. 난 희망이 없어.	100%				
2. 증상이 재발한 것을 보니 치료가 효과가 없나봐.	100%				
3. 좋아진 줄 알았더니 눈속임에 불과했어.	100%				
4. 좋아졌다는 건 혼자만의 생각이었어. 알고 보면 난 계속 우울했어.	100%				
5. 이 치료법은 나한테 효과가 없어. 내 문제는 너무나 뿌리가 깊어.	100%				
6. 난 쓸모없는 인간이야.	100%				
7. 몇 주 좋아져봤자 뭐해? 앞으로 수십 년간 계속 우울하고 불안할 텐데.	100%				
8. 이건 불공평해. 다른 사람들은 행복하기 위해 이렇게 애쓰지 않아도 되는데.	100%				
9. 난 분명 뭔가 문제가 있어.	100%				

왜곡	(√)	설명
1. 흑백사고	√	흑백사고의 전형적인 사례다. 치료효과가 완벽하거나, 전무할 것이라 생각한다. 중간지점은 존재하지 않는다고 생각한다.
2. 성급한 일반화	√	재발을 과장하고 결코 나아질 수 없을 것이라 결론 내린다. 지금 느낌이 끝없는 패배와 고통으로 변할 것이라 생각한다.
3. 생각 거르기	√	지금 얼마나 기분이 나쁜지에만 집중해 기분이 좋았던 지난 3주간을 깡그리 무시한다.
4. 장점 폄하	√	치료가 크게 도움이 되었고 많이 나아졌다는 사실을 폄하한다.
5. 결론 도약 -넘겨짚기 -주술적 주문	√	영원히 우울할 것이라 예언한다.(주술적 주문)
6. 과장 및 축소	√	재발은 분명 탐탁지 않은 현상이지만, 지나치게 그 의미를 과장한다.
7. 감정추론	√	느낌을 통해 추론한다. 희망이 없다고 느끼기에 정말 희망이 없다고 확신한다.
8. 당위진술	√	숨겨진 당위진술이 여기에서도 작용한다. 엉망인 기분을 다시 경험하거나 재발해서는 안 된다고 생각한다.
9. 낙인찍기	√	스스로를 '희망 없는 인간'이라고 낙인찍는다.
10. 비난 -자기비난 -타인비난	√	재발에 대하여 그 누구도 비난하지 않는다. 하지만 재발이 자신의 책임이라는 생각에 스스로를 탓하고 있을 수 있다.

가지 왜곡을 찾아냈다.

10가지나 되는 왜곡이 포함된 생각이 옳을 리가 없다. "나는 결코 좋아질 수 없을 거야. 난 희망이 없어"라는 말 대신 어떤 말을 할 수 있을까? 이렇게 자문해보는 건 어떨까? "지금 당장 기분이 엉망이라면, 치료가 별 도움이 안 된다는 의미일까? 지금 기분이 나쁜 건 사실이지만, 다시 기분이 좋아질 수 없는 걸까?"

498페이지 위쪽에 '오늘의 기분 일지'에 부정적인 생각과 그 속에 담긴 왜곡의 유형을 기록했다. 이제 긍정적인 생각을 떠올려보라. 긍정적인 생각 항목에 이를 적고 0%에서 100%까지 믿음의 정도를 적어넣어라. 감정 변화를 위한 필

부정적인 생각	이전 (%)	이후 (%)	왜곡	긍정적인 생각	믿음 (%)
1. 나는 결코 좋아질 수 없을 거야. 난 희망이 없어.	100%		흑백, 성급, 생거, 장폄, 주문, 과장, 감추, 당진, 낙인, 자비		

요충분조건이 기억나는가? 긍정적인 생각은 100% 진실이어야 하고, 긍정적인 생각이 부정적인 생각을 물리쳐야 한다.

부정적인 생각을 다시 한 번 떠올려보라. 당신은 이 생각을 얼마나 강하게 믿고 있는가? 0%에서 100%까지 점수를 매겨 '이후' 항목에 적어넣어라. 그리고 당신이 떠올린 긍정적인 생각을 적어라.

해답

긍정적인 생각에는 어떤 것이 있는지 직접 적어보았는가? 해답을 읽기 전에 먼저 당신이 떠올린 긍정적인 생각을 적어보기 바란다. 이는 재발 방지 훈련의 가장 중요한 부분에 속한다. 펜을 들고 적어넣기만 하면 된다.

아래 표처럼, 나는 긍정적인 생각에 대한 믿음을 100%로 평가했다. 부정적인 생각에 대한 믿음은 25%까지 줄어들었다. 나는 100%에 줄을 긋고, '이후' 항목에 25%를 적어넣었다.

아주 훌륭한 성과였다. 하지만 더 큰 효과를 보려면 긍정적인 생각을 더 많이 떠올려야 한다. 450페이지의 '부정적인 생각에 포함된 왜곡을 기준으로 기법 선택하기'는 시도할 만한 기법을 선택하는 데 많은 아이디어를 제공해줄 것이다.

부정적인 생각	이전 (%)	이후 (%)	왜곡	긍정적인 생각	믿음 (%)
1. 나는 결코 좋아질 수 없을 거야. 난 희망이 없어.	100%	25%	흑백, 성급, 생거, 장펼, 주문, 과장, 감추, 당진, 낙인, 자비	1. 결코 좋아질 수 없다고? 하지만 몇 주 전까지만 해도 훨씬 나아졌는걸. 조금 빠르거나 늦거나 했지만 한 번도 회복하지 못한 적은 없어.	100%

예컨대 부정적인 생각은 흑백사고의 전형적인 사례이므로 이중 기준 기법 같은 연민 기반 기법, 중용적 사고 기법 같은 논리 기반 기법, 비용편익분석 같은 동기 기법을 시도해볼 수 있다. 낙인찍기 또한 부정적인 생각의 전형적인 사례이므로 의미론 기법을 시도해볼 수 있다.

496페이지의 '오늘의 기분 일지—재발한 경우'에 나온 나머지 부정적인 생각을 확인해보기 바란다. 아마도 5~10분가량 걸릴 것이다. 그 다음 각각의 부정적인 생각을 긍정적인 생각으로 물리칠 수 있는지 알아볼 것이다. 우측 항목에 긍정적인 생각을 기재하고 얼마나 이 생각을 믿는지 0%에서 100%까지 점수를 매겨보라. 그리고 나서 부정적인 생각을 얼마나 믿는지 '이후' 항목에 점수를 기입하라.

지금 현재는 재발이 안 된 상황이라서 긍정적인 생각을 떠올리기가 한결 쉬울 것이다. 하지만 재발이 된다면 부정적인 생각이 완전히 진실처럼 느껴져 긍정적인 생각을 떠올리기가 매우 어려울 것이다. 이 사실을 알고 미리 재발에 대해 대비한다면, 나중에 증상이 재발할 때 찾아오는 부정적인 생각을 물리치기가 훨씬 쉬울 것이다.

다 마쳤으면 501~502페이지의 '오늘의 기분 일지—재발한 경우' 완성본에 나온 긍정적인 생각과 비교해보라. 정답이 있는 것이 아니므로 당신이 생각한 긍정적인 생각과는 분명 다를 것이다. 핵심은 자신에게 효과적인 긍정적인 생각을 떠올리는 것이다.

대부분의 부정적인 생각은 믿음의 수치가 내려갔다는 사실을 알 수 있다. 가장 힘든 항목은 8번, "이건 불공평해. 다른 사람들은 행복하기 위해 이렇게 애쓰지 않아도 되는데"이다. 이처럼 타인비난이 결부된 생각은 분노, 도덕적 우월감, 자기 연민을 유발하므로 논박하기가 매우 어렵다. 게다가 이런 감정은 중독성이 있다.

이런 생각을 믿는 정도를 50% 이하로 낮추려면 450페이지의 '부정적인 생각에 포함된 왜곡을 기준으로 기법 선택하기' 표를 참조해 도움이 될 만한 추가적인 정보를 얻어도 좋다. 예컨대 비용편익분석 같은 동기 기법은 충분히 시도할 만하다. "이건 불공평해. 다른 사람들은 행복하기 위해 이렇게 애쓰지 않아도 되는데" 같은 생각을 물리치려면 어떤 기법을 써야 할까?

이 기법의 작동원리가 알쏭달쏭하다면 454페이지(20번)에 나온 비용편익분석의 정의를 참조해도 좋다. 당신의 생각을 다음 공란에 적어보기 바란다.

....

....

....

....

해답

재발 자체가 '불공평해'라고 생각하는 것의 이익과 손해를 적어보자. 이렇게 자문해보라. "이러한 사고방식은 내게 어떤 점에서 도움이 되고, 어떤 점에서 해

오늘의 기분 일지—재발한 경우

문제적 사안: 우울증이 재발한다

감정	이전 (%)	이후 (%)	감정	이전 (%)	이후 (%)
슬픈, 침울한, 우울한, 울적한, 불행한	100%	50%	**당황스러운**, 바보 같은, 창피한, 수줍은	100%	10%
불안한, 걱정되는, 공황상태에 빠진, 긴장되는, 끔찍한	100%	20%	**희망이 없는**, 의욕이 없는, 비관적인, 절망적인	100%	25%
죄스러운, 후회되는, 미안한, 수치스러운	100%	10%	**좌절한**, 꺾인, 실패한, 패배한	100%	35%
열등한, 무가치한, 뒤떨어진, 모자란, 무능한	100%	15%	**화난**, 미칠 것 같은, 원통한, 짜증나는, 예민한, 속상한, 분한	100%	35%
외로운, 사랑받지 못하는, 소외된, 거절당한, 쓸쓸한, 버려진	100%	10%	기타: 실망스러운	100%	25%

부정적인 생각	이전 (%)	이후 (%)	왜곡	긍정적인 생각	믿음 (%)
1. 나는 결코 좋아질 수 없을 거야. 난 희망이 없어.	100%	25%	흑백, 성급, 생거, 장폄, 주문, 과장, 감추, 당진, 낙인, 자비	1. 결코 좋아질 수 없다고? 하지만 몇 주 전까지만 해도 훨씬 나아졌는걸. 조금 빠르거나 늦거나 했지만 한 번도 회복하지 못한 적은 없어.	100%
2. 재발한 것을 보니 치료가 효과가 없나봐.	100%	10%	흑백, 성급, 생거, 장폄, 축소, 감추, 당진, 타비	2. 완벽하지는 않더라도, 치료가 효과가 있었어. 그 누구도 항상 행복할 수는 없어. 처음에 효과가 있었던 기법을 다시 한 번 해봐야겠어.	100%
3. 좋아진 줄 알았더니 눈속임에 불과했어.	100%	10%	장폄, 감추	3. 말도 안 되는 소리야. 내가 열심히 노력한 결과 좋아진 거야. '눈속임'일 리 없어.	100%
4. 좋아졌다는 건 혼자만의 생각이었어. 알고 보면 난 계속 우울했어.	100%	10%	장폄, 감추	4. 난 정말 기분이 좋아졌어. 하지만 지금은 다시 불안하고 우울하니까 노력해서 왜곡된 사고에 도전하면 돼.	100%
5. 이 치료법은 효과가 없어. 내 문제는 너무나 뿌리가 깊어.	100%	20%	흑백, 성급, 장폄, 주문, 과장, 감추	5. 치료는 효과만점이었어. 재발은 흔히 있는 일이야. 누구나 마찬가지야.	100%
6. 난 쓸모없는 인간이야.	100%	35%	흑백성급,생거, 장폄, 과장, 감추, 당진낙인자비	6. 내 기분이 우울한 건 사실이지만, 그렇다고 내가 쓸모없는 인간은 아니야! 아마도 이런 느낌을 유발하는 문제를 생각해볼 필요가 있어.	100%

7. 몇 주 좋아져봤자 뭐해? 앞으로 수십 년간 계속 우울하고 불안할 텐데.	100%	25%	장편, 주문, 감추, 당진	7. 지난 3주간 얼마나 호전되었는지 몰라! 멋진 돌파구였고, 크나큰 안도감이 찾아왔지. 지금 다시 시도해봐야겠어. 이번에 나아지면 더 오래갈 거야. 한 번에 하나씩 해보면 되지 않겠어?	100%
8. 이건 불공평해. 다른 사람들은 행복하기 위해 이렇게 애쓰지 않아도 되는데.	100%	50%	짚기, 감추, 당진, 낙인, 타비	8. 내가 생각해도 내가 안쓰러워. 하지만 이게 내가 정말 원하는 일일까? 쉽게 우울증에 빠진다는 것은 안타까운 일이지만, 그렇다고 '불공평한' 일은 아니야.	100%
9. 난 뭔가 문제가 있어.	100%	25%	흑백, 성급, 생거, 장편, 과장, 감추, 당진, 낙인, 자비	9. 난 결점이 많지만 그건 다른 사람들도 마찬가지야. 그래서 내 단점과 결함을 인정하기로 결심했어. 내 진짜 문제는 부정적인 생각으로 나를 자학하는 것이지, 내 '결점'이 아니야.	100%

로울까?" 아마도 몇 가지 이익이 떠오를 것이다.

- 희생자라는 기분에 젖어 스스로를 가엾게 여길 수 있다.
- 도덕적으로 우월하다는 느낌이 든다.
- 기구한 팔자를 두고 신을 원망하며 재발 자체가 자신의 잘못이 아니라는 느낌을 가질 수 있다.
- 화를 낼 수 있다.
- 화를 내면 에너지가 샘솟는 느낌이 든다.

이것 말고도 더 있기 마련이다. 재발이 '불합리'하다고 생각하는 것의 이익과 손해를 기술한 다음에는 각 항목의 비중을 비교해보라. 이런 사고방식의 이익이 큰지, 손해가 큰지 자문해보라. 목록 하단에 원 두 개를 그리고 각 원 안에 숫자를 적어넣어라. 숫자의 합은 100이 되어야 한다.

부정적인 생각의 이익이 더 크다면, 부정적인 생각과 굳이 싸울 필요가 없다. 재발이 불합리하다는 생각은 나름 이유가 있는 것이다. 손해가 더 크다면 '오늘의 기분 일지'에 기재한 부정적인 생각과 싸워야 한다.

'오늘의 기분 일지'에 적은 재발에 대한 부정적인 생각에 어떤 반응이 효과적일지 적었다면, 목소리 외재화 기법을 활용해 그 생각과 싸워볼 수 있다. 목소리 외재화는 역할극 기법에 해당하므로 친구의 도움이 필요하다. 친구가 부정적인 생각을 맡아 '너'를 주어로 하여 '오늘의 기분 일지'의 부정적인 생각을 말해본다. 예컨대 친구는 다음과 같이 말할 수 있다.

> 부정적인 생각(친구가 연기): 넌 결코 좋아질 수 없을 거야. 넌 희망이 없어.

당신은 긍정적인 생각을 맡아 '나'를 주어로 부정적인 생각과 싸워볼 수 있다. 예컨대 다음과 같이 말하면 된다.

> 긍정적인 생각(자신이 직접 연기): 말도 안 되는 소리야. 조금 전 증상이 다시 찾아왔어. 그래서 오늘 기분이 엉망이야. 하지만 누구한테나 있는 일이야. 무엇이 날 괴롭히는지 알아내서 부정적인 생각에 다시 맞서야겠어.

부정적인 생각 역할을 맡은 친구가 나를 공격하는 제3자가 아니라는 사실을 상기하라. 친구는 내 의식 속의 부정적 메시지를 대변할 뿐이다. 나는 나 자신과의 싸움을 하고 있는 것이다. 자신의 반응이 영 시원찮다면, 역할을 바꿔보라. 친구가 더 효과적인 반응을 보여줄 수도 있다. 역할을 자주 바꿔보면, 효과적인 긍정적인 생각을 한결 빨리 찾아낼 수 있다.

역할극을 혼동 없이 하기 위해 백지 한 장을 준비해 이렇게 적으면 좋다. "내가 곧 부정적인 생각이다. 나는 '너'를 맡는다." 그리고 다른 백지에는 이렇게 적는다. "내가 곧 긍정적인 생각이다. 나는 '나'를 맡는다." 이 종이를 들고 연습하면 다음 사항을 혼동하지 않을 수 있다.

- 나는 내 부정적인 생각을 연기하고 상대방은 내 긍정적인 생각을 연기한다.
- 이는 내 의식 속의 양면이다. 나는 제3자가 아닌 나 자신과 싸우고 있다.
- 부정적인 생각 역할을 맡는 사람은 '너'를 주어로 삼아야 한다.
- 긍정적인 생각 역할을 맡는 사람은 '나'를 주어로 삼아야 한다.

훈련에 성공하려면 이런 세부사항을 반드시 준수해야 한다. 목소리 외재화의 실례를 소개한다.

부정적인 생각('너'를 연기): 인정해. 재발한 걸 보니 여러 방법이 별 도움이 안 된다는 사실이 분명해. 넌 너무 우울하고 불안해서 치료해도 별 효과가 없을 거야.

긍정적인 생각('나'를 연기): 하지만 지금까지 썼던 방법들은 너무나 유용했어. 내 우울증과 불안증은 증상이 재발했다는 증거일 뿐이야. 그 방법들을 다시 시도하면 곧 사라질 거야. 네 헛소리를 계속 들으면 울적하고 포기하고 싶은 생각이 들 것 같아. 그래서 네 말을 한 귀로 듣고 한 귀로 흘려버릴 거야.

부정적인 생각: 내 말을 무시할 수는 있겠지. 하지만 네가 희망이 없고 쓸모없는 인간이라는 사실을 벗어나기는 힘들걸. 게다가 치료는 아무런 효과가 없었어. 넌 지금 너 자신을 속이고 있어. 넌 좋아졌다고 생각했지만, 실제로 그렇지 않다고!

긍정적인 생각: 난 정말 좋아졌어. 다시 좋은 기분을 되찾을 수 있도록 재발한 증상에서 벗어나고 싶어. 나는 '희망이 없거나' '쓸모없지' 않아. 하지만 지금은 우울하고 불안해. 나를 괴롭히는 것이 무엇인지 찾아낼 거야.

부정적인 생각 역할을 맡은 사람이 포기할 때까지 대화를 계속해야 한다. 얼마든지 역할을 바꿔보아도 좋다. 부정적인 생각이 확실히 패배할 때까지 멈추지 말아야 한다.

이런 훈련은 매우 어렵지만 효과는 강력하다. 다른 사람이 내 부정적인 생각을 말하며 나를 공격할 때 이를 반박하기란 쉽지 않다. 왜 그럴까? 증상이 재발할 경우 부정적인 생각대로 상황이 돌아가기 때문이다. 무방비 상태에서 증상이 재발한다면, 부정적인 생각이 철저히 진실처럼 느껴지고 극복하고자 하는 동기는 바닥나 싸우기가 훨씬 어려워진다. 반면 재발하기 전 기분이 좋을 때 부정적인 생각과 싸우는 법을 터득해두면, 재발했을 때 부정적인 생각을 물리치기가 훨씬 쉽다. 지금 당장은 어리석고, 복잡하고, 불필요해 보인다 해도 진짜 전쟁을 치러야 할 때 괴물을 물리칠 수 있는 무기를 갖추게 되는 셈이다.

누구든 회복한 이후에도 지속적으로 우울증이나 불안증과 싸워야 한다. 이를 예방할 방법은 없다. 하지만 미리 무기를 갖추고 대항한다면, 증상이 재발해도 금세 회복할 수 있다.

회복 서클 또한 중요한 재발 방지책에 속한다. 나는 효과적인 기법을 찾을 때까지 10~15가지 기법을 시도하고 여러 번 실패해 봐야 한다고 강조했다. 그러려면 인내와 노력이 필요하다. 하지만 희소식이 있다. 자신에게 맞는 기법을 찾아내기만 하면, 그 기법은 항상 효과를 발휘하기 마련이다.

테리의 사례를 떠올려 보자. 테리는 치료 세션 중 공황발작을 겪고 난 다음 내 눈앞에서 완전히 회복했다. 그녀가 제자리 뛰기를 시작하면서 자신의 생각처럼 죽거나 질식하지 않는다는 사실을 깨닫자 공황발작은 눈 녹듯 사라졌다. 실험 기법은 테리가 10년 가까이 시달렸던 고통을 사라지게 했다. 나중에 공황발작이 다시 찾아온다면 제자리 뛰기를 다시 하면 된다. 테리는 어떤 기법이 효과가 있다는 것을 알기 때문에 회복 서클을 다시 거칠 필요가 없다.

재발할 때 찾아오는 부정적인 생각에 대비하는 것 말고도, 처음 회복한 당시에 가장 효과적이었던 기법을 다시 적용해보는 것도 도움이 된다. 물론 이런 기법은 사람마다 다르다. 하방 화살표 기법일 수도 있고, 이중 기준 기법일 수도 있고, 숨겨진 감정 기법일 수도 있고, 인지 홍수법일 수도 있고, 두려운 환상 기법일 수도 있고, 수용 역설일 수도 있고, 이런 기법 2~3가지를 섞은 방법일 수도 있다.

자신을 포함해 모든 사람이 행복, 내면의 평화, 자존감, 자부심이 있다고 상상해보는 것도 이를 발견하는 좋은 방법이다. 하지만 때로는 상자 속에 갇힌 것처럼 도무지 방법을 알기 어려운 경우가 있다. 그 결과 고통은 더욱 심해진다.

상자를 열기 위해 함께 노력해야 한다. 한 가지 조합을 시도해도 효과가 없다면, 다른 조합을 시도하고, 이마저 효과가 없다면 또 다른 조합을 시도하면 된다. 실패를 반복하더라도 포기하지 않는다면 결국에는 안성맞춤인 조합을 찾을 수 있다. 그러면 어느새 상자 문이 활짝 열리고 자신감과 행복감을 되찾을 수 있을 것이다.

하지만 어떤 조합이 효과가 있었는지 반드시 기억해야 한다. 상자는 언제든 닫힐 수 있으므로 잊지 않도록 메모해두어야 한다.

노출 모델 기법 적용하기

모든 불안을 극복하고 싶다면 가장 두려운 대상과 한 번은 반드시 마주쳐야 한다. 괴물을 물리치고 두려움이 사라졌다면, 기분이 매우 좋을 것이다. 하지만 현실에 안주하면 안 된다. 자신감을 키우려면 스스로를 여러 번 두려워하는 대상에 노출시켜야 한다. 두려워하는 대상을 다시 피하기 시작한다면, 괴물이 생명력을 되찾아 불안감이 재발할 것이다.

내가 고교시절, 연극을 지도한 선생님이 사다리 위에 선 나를 꾹 참고 버틸 수 있도록 격려해준 덕분에 고소공포증을 극복할 수 있었다. 그 후로 나는 사다리 오르기를 즐겼고, 애리조나의 집 근처 사막에 있는 가파른 절벽 위를 자전거를 타고 누빌 수도 있었다. 나는 걷잡을 수 없는 희열을 느꼈고 고소공포증은 완전히 사라졌다.

의과대학에 입학하고 나서, 나는 높은 곳에 더 이상 가지 않았다. 일부러 그런 것은 아니었고, 단지 새로운 인생을 시작하면서 높은 곳에 갈 일이 없었기 때문이다. 20년이 지나 애리조나의 하바수파이 캐년에 아이들과 함께 놀러갔을 때 다시 두려움이 찾아왔다. 물론 얼마든지 노출 기법을 다시 활용해 두려움을 극복할 수 있지만, 두려움이 다시 찾아오기 전에 미리 대비하면 훨씬 수월하다.

앞서 나는 발표불안으로 옥스퍼드대학의 첫 강의를 망쳤고, 나중에 이미지 대체 기법을 활용해 이를 극복할 수 있었다고 설명했다. 이미지 대체 기법은 마치 마법처럼 효력을 발휘했다. 요즘에 나는 수시로 연설과 프레젠테이션 일정을 잡는다. 스탠퍼드대학에서 매주 심리치료 세미나를 열고 매년 미국 전역의 정신건강 전문가들과 이틀 일정의 워크숍을 스무 번도 넘게 갖는다. 나는 항상 원고 없이 즉석에서 말하고, 모든 프레젠테이션을 물 흐르듯 매끄럽게 진행한다. 대부분 시작 전에 아무런 불안감도 느끼지 않는다. 사실 빨리 시작하고 싶어 안달이 나는 경우가 더 많다.

미소와 인사 훈련과 데이비드 레터맨 기법 같은 대인관계 노출 기법을 활용해 수줍음을 극복하기 시작했다고 가정해보자. 당신은 여유롭게, 더 자연스럽고 효과적으로 사람들과 교류할 수 있게 되었다. 하지만 다시 움츠러들면 부정적인 생각과 감정이 되살아나 사람들을 대할 때 불안의 홍수에 휩싸이게 될 것이다. 여러 번 노출 기법에 도전해 스스로의 한계를 극복함으로써 새로운 요령이 몸에 배게 만들어야 한다.

숨겨진 감정 모델 기법 적용하기

불안증은 어떤 것이 자신을 괴롭히고 있다고 몸이 말하는 신호라는 사실을 유념해야 한다. 근심, 공포, 어지럼증 같은 증상을 두고 고민하는 대신, 내가 화가 나거나 속상한 사건이 생긴 것은 아닌지 자문해보라. 문제가 무엇인지 밝혀보라. 감정을 드러내고 문제를 푸는 순간 불안은 사라지기 마련이다. 매사를 이같이 바라본다면, 불안하거나 두려운 느낌이 드는 것이 나쁜 일만은 아니며, 해결해야 할 문제가 있다는 중대한 신호라는 사실을 깨닫게 될 것이다.

나는 뉴욕에서 주식 브로커로 일하는 윌슨을 치료한 적이 있다. 우울증이 있었던 그는 가벼운 만성 불안증과 공황발작에 시달렸다. 공황발작이 엄습하는 순간, 그는 심장이 급히 뛰며 죽을 것 같다는 생각에 휩싸였다. 그는 바로 가장 가까운 병원 응급실로 달려갔다. 의사는 매번 간단한 검사를 마친 다음 괜찮다는 말과 함께 그를 집으로 돌려보냈다. 더 복잡한 문제는 윌슨이 불규칙한 심장박동 때문에 치료를 받고 있다는 사실이었다. 하지만 생명이 위험할 정도는 아니었고 공황발작과 관련이 있는 것도 아니었다.

공황발작 말고도 윌슨은 가벼운 우울증에 시달렸고, 자신이 별 볼 일 없다는 사실에 지나치게 집착했다. 그는 나름 성공했고, 좋은 이웃들에 둘러싸여 괜찮은 집에 살고 있었지만 동료 몇 명이 스톡옵션을 팔아 수백만 달러를 챙긴 다음부터 끊임없이 자신을 그들과 비교했다. 열등감에 찬 그는 돈방석에 앉은 '멋진' 사람들만이 느낄 수 있는 강력하고도 끝내주는 감정이 있을 것이라 믿었다. 이런 믿음은 우리 사회에 흔히 퍼져 있다. 많은 사람들이 행복감과 자존감은 도로를 달리는 최신형 렉서스와 동일한 것이라 철석같이 믿는다.

윌슨이 자신의 존재 가치를 성공에 의지한다는 사실을 알 수 있었다. 이는 다름 아닌 성취 중독으로, 가장 흔한 자기패배 신념에 속한다. 그는 이 때문에 끊임없이 자학하게 되므로 자신의 신념이 별 이득이 안 된다는 사실을 알고 있었다.

508

하지만 억만장자가 된 성공한 사람들이야말로 더 행복하고 더 가치 있는 존재라고 확신했다. 물론 이렇게 생각할 만한 몇 가지 '증거'는 있었다. 그는 자신이 눈에 보이는 성공을 한 번도 거두지 못했다고 생각했고, 한 번도 행복하거나 가치 있다고 느낀 적이 없었다. 따라서 그 느낌에 따라 실제로 자신은 성공하지 못했다고 확신했다.

윌슨은 그것을 과거 탓으로 돌리고, 자신이 자존감이 낮은 이유가 아버지와의 관계 때문이라고 생각했다. 그는 학교에서 줄곧 A학점을 받아야 아버지로부터 사랑받을 수 있다고 느꼈고, 무조건적인 사랑을 한 번도 경험한 적이 없었다. 그는 자신의 성공에 대한 집착이 여기에서 비롯되었다고 추측했다. 그는 자신의 신념이 더 큰 자존감을 얻게 해줄 것이라 기대했으나, 실제로 나타난 결과는 그 반대였다. 매주 윌슨의 '기분 점검표' 점수를 보면 우울증과 불안증이 전혀 나아지지 않았다는 사실을 알 수 있었다.

나는 윌슨이 '난 나보다 많은 것을 성취한 사람들에 비해 열등한 인간이야'라는 생각에 도전하도록 여러 가지 인지행동치료법을 활용했다. 우리는 하방 화살표 기법, 증거조사 기법, 비용편익분석 기법, 목소리 외재화 기법, 두려운 환상 기법, 수용 역설 기법을 시도해보았다. 윌슨은 이런 기법을 거부감 없이 받아들였고 윌슨과의 세션은 매번 아주 흥미롭고 보람 있었다. 하지만 윌슨은 자신의 인생을 그토록 비참하게 만드는 부정적인 생각을 물리칠 수가 없었다. 그는 불안증과 우울증에 계속 시달렸다.

어느 날 윌슨은 상사에게 경기침체로 회사의 재무상황이 어렵다는 말을 들었다. 상사는 윌슨이 회사를 구해줄 것이라고 믿는다고 하며 회사가 적자를 면하려면 직원들에게 20% 임금 삭감에 동의해줄 것을 요구할 수밖에 없는 상황이라고 설명했다. 그는 회사 상황이 나아지면 윌슨의 봉급을 다시 올려줄 것이라 약속했다. 윌슨은 상사를 존경하고 회사를 돕고 싶었기에 상사의 제안에 동의했다.

6주가 지나, 윌슨은 업무를 마치고 직장동료 딘과 함께 맥주를 마시러 나갔다. 윌슨은 딘에게 임금이 삭감되고 나서 어떤 느낌이 드는지 물어보았다. 딘은 임금 삭감을 단호히 거절했다고 말하면서, 자기가 아는 한 다른 모든 브로커들도 임금 삭감을 거부했다고 알려주었다. 윌슨은 곧 임금 삭감에 동의한 사람이 자기뿐이라는 사실을 깨달았고, 갑자기 인생의 패배자라는 느낌에 휩싸였다. 어느새 공포가 엄습하고, 심장이 요동치기 시작했다. 그는 딘에게 몸이 안 좋아서 병원에 가야겠다고 말하고 자리에서 일어났다. 물론 윌슨의 몸에는 아무런 문제가 없었지만, 불안하고 우울한 느낌은 계속되었다.

이 이야기를 듣자 윌슨의 문제가 전혀 다른 시각에서 보이기 시작했다. 나는 순간 그의 증상이 항상 아내, 친구, 상사 등 누군가와 마찰이 있은 다음에 심해졌다는 사실을 깨달았다. 하지만 그는 항상 착하게 행동했고 자신의 감정을 숨겼다. 그러자 불안감과 열등감이 갑자기 살아나 그를 갉아먹기 시작했다.

나는 윌슨에게 임금이 삭감되고 나서 받은 느낌과 갑작스런 불안과 우울증 사이에 연관이 있다고 생각한 적이 있느냐고 물었다. 그는 연관이 있을 것이라는 생각을 전혀 해본 적이 없다고 고백했다! 나는 상사를 만나 이용당했다는 느낌이 든다고 따질 생각이 없는지 물어보았다. 그는 그래 봤자 별 소용이 없고, 좋은 생각이 아닌 것 같다는 변명을 장황하게 늘어놓았다. 그는 갈등을 일으키기 싫고, 상사를 존경하며, 회사가 잘 돌아가도록 최선을 다하고 있다고 말했다. 그는 동료들이 더 경력이 많고, 회사가 곧 위기에서 벗어날 테고, 상사가 자기 급여를 최대한 빨리 원상회복시켜줄 것이라며 물러났다.

나는 윌슨에게 그것은 말도 안 되는 소리이며, 그의 변명에 장단을 맞춰줄 수 없다고 잘라 말했다. 나는 그가 상사에게 문제를 제기하는 것은 언젠가는 해야 할 일이며, 그 역시 그렇게 생각하고 있지만 갈등공포증 때문에 못 하고 있는 것이라 설득했다. 나는 윌슨이 사람들에게 느끼는 바를 솔직히 밝히고 자신을 변호하기 전까지, 열등감과 불안증에서 벗어나지 못할까 봐 걱정되었다. 나는 마음을 열고 윌슨이 두려운 괴물과 맞서는 것이 얼마나 힘들지 충분히 이해한다고 그를 달랬다. 윌슨은 마지못해 인정하고 두렵지만 시도해보겠다고 약속했다.

다음 세션에서 윌슨은 상사와의 면담결과가 예상보다 훨씬 좋았다고 말했다. 윌슨의 상사는 당황한 듯 보였으나 미루고 있던 급여를 모두 지급하겠다고 약속했다. 상사는 윌슨이 얼마나 회사에 필요한 인재인지 강조하며 계속 같이 일하고 싶다고 했다. 윌슨은 자신감이 샘솟았고 우울증과 불안증 수치는 처음으로 0까지 하락했다. 함께 6개월간 씨름했는데도 별 소득이 없었던 문제들이 갑자기 해결된 것이다. 윌슨은 최근 몇 년간 이보다 기분이 좋은 적이 없었다고 고백했다.

윌슨은 마침내 회복했다는 사실에 황홀해했지만, 해답이 이토록 간단하다는 사실에 허탈해했다. 그는 치료 세션 중에 어린 시절의 이야기를 나누고 심오한 철학적 주제를 탐구하기 좋아했다. 나는 윌슨이 아주 마음에 들었고, 치료 세션을 진행하는 동안 몹시 즐거웠다. 하지만 세션을 아무리 진행해도 치료는커녕 아무런 개선의 조짐이 없었다. 하지만 숨겨진 감정 기법을 활용하자 불안증이 하루 만에 사라졌다. 펜이나 연필을 들고 공란에 답을 적어보기 바란다.

1. 윌슨은 마침내 회복했다. 그의 불안증, 공포, 열등감은 모조리 사라졌다. 나중에 재발할 가능성은 얼마일까? 밑줄 위에 예측한 수치를 적어보라. 0%(전혀 재발하지 않을 것 같음)에서 100%(분명히 재발할 것임)까지 숫자를 적어보라.

   나는 윌슨이 재발할 가능성이 _____ %라고 생각한다.

2. 윌슨의 증상이 재발해 다시 불안증과 우울증이 찾아온다면, 그 원인은 무엇일까?

3. 윌슨의 증상이 다시 재발한다면, 치료할 수 있는 방법은 무엇일까?

해답

1. 답은 100%다. 조만간 윌슨에게 우울증과 불안증이 다시 찾아올 것이다. 진짜 문제는 재발하느냐 하지 않느냐가 아니라, 재발했을 때 그에 대한 대비책을 갖추고 있느냐이다.

2. 윌슨의 불안증과 우울증은 다른 사람과 불화를 겪고 감정을 숨기려 할 때마다 다시 찾아올 것이다. 윌슨은 착한 사람이 되고 싶어서 마찰을 피하려 하기 때문이다. 물론 윌슨의 의식은 다시 부정적인 생각으로 넘쳐날 것이며, 불안증과 우울증이 그런 생각에서 비롯된다고 말할 수 있다. 하지만 정말 궁금한 질문은 다음과 같다. 그에게 부정적인 생각과 감정을 일으키는 진짜 원인은 무엇일까? 그것은 윌슨이 갈등을 두려워하고 피하려고 하기 때문이다.

3. 윌슨의 문제를 풀 비결은 다름 아닌 숨겨진 감정 기법이었다. 이 기법은 윌슨이 남은 인생을 살면서 우울증과 불안증을 치료할 유일한 수단이다. 윌슨이 불안해한다는 사실은 무엇을 의미할까? 누군가에게 화가 나지만 속으로 삭이고 있다는 뜻이다. 문제를 터놓고 말하는 순간 부정적인 감정은 다시 사라질 것이다.

이제 마지막 과제를 할 차례다! 메모지를 준비하고 '나의 회복 청사진'이라는 제목을 써라. 이 메모는 다음 사항들을 포함해야 한다.

- 우울증이나 불안증을 유발하는 전형적인 사건. 예컨대 실패, 비난, 거절에 특히 민감할 수 있다.
- 화가 날 때 일반적으로 느끼는 감정. 예컨대 열등하고, 불안하고, 공포에 휩싸이고, 상처 받고, 화나고, 무가치하고, 무력한 느낌일 수 있다.
- 평소에 품고 있는 부정적인 생각. 예컨대 모든 사람이 나같이 쓸모없는 인간을 무시할 것 이라 생각한다.
- 부정적인 생각을 효과적으로 물리쳤던 기법. 기분이 엉망일 때마다 망설이지 않고 시도 하고 싶은 기법이다. 하방 화살표 기법, 실험 기법, 이중기준 기법, 비용편익분석 기법, 두 려운 환상 기법, 수용 역설 기법, 자기노출 기법을 비롯해 두려움을 물리칠 40가지 기법 모두가 해당될 수 있다.

증상이 재발할 때 참조할 수 있도록 항상 이 메모를 휴대하고 다니길 바란다. 501페이지의 '오늘의 기분 일지—재발한 경우' 양식, 그리고 항상 자신을 괴롭히는 부정적인 생각의 목록과 그것에 맞설 긍정적인 생각의 목록도 함께 휴대하길 바란다. 다시 불안증의 나락으로 추락하는 순간 이 메모를 꼭 참조하라. 밖으로 올라갈 수 있는 휴대용 사다리를 지니는 것과 다름없다!

REFERENCES

Introduction

1. F. Scogin, D. Hamblin, and L. Beutler, "Bibliotherapy for Depressed Older Adults: A Self-Help Alternative," *The Gerontologist* 27(1987): 383–387.

   F. Scogin, C. Jamison, and K. Gochneaut, "The Comparative Efficacy of Cognitive and Behavioral Bibliotherapy for Mildly and Moderately Depressed Older Adults," *Journal of Consulting and Clinical Psychology* 57(1989): 403–407.

   F. Scogin, C. Jamison, and N. Davis, "A Two-Year Follow-up of the Effects of Bibliotherapy for Depressed Older Adults," *Journal of Consulting and Clinical Psychology* 58(1990): 665–667.

   F. Scogin, C. Jamison, M. Floyd, and W. Chaplin, "Measuring Learning in Depression Treatment: A Cognitive Bibliotherapy Test," *Cognitive Therapy and Research* 22(1998): 475–482.

   N. M. Smith, M. R. Floyd, C. Jamison, and F. Scogin, "Three-Year Follow-up of Bibliotherapy for Depression," *Journal of Consulting and Clinical Psychology* 65(1997): 324–327.

2. R. J. DeRubeis, S. D. Hollon, J. D. Amsterdam, R. C. Shelton, P. R. Young, R. M. Salomon, J. P. O'Reardon, M. L. Lovett, M. M. Gladis, L. L. Brown, and R. Gallop, "Cognitive Therapy vs. Medications in the Treatment of Moderate to Severe Depression," *Archives of General Psychiatry* 62 (2005): 409–416.
   Web abstract: http://archpsych.ama-assn.org/cgi/content/abstract/62/4/409.

   S. D. Hollon, R. J. DeRubeis, R. C. Shelton, J. D. Amsterdam, R. M. Salomon, J. P. O'Reardon, M. L. Lovett, P. R. Young, K. L. Haman, B. B. Freeman, and R. Gallop, "Prevention of Relapse Following Cognitive Therapy vs. Medications in Moderate to Severe Depression," *Archives of General Psychiatry* 62(2005): 417–422.
   Web abstract: http://archpsych.ama-assn.org/cgi/content/abstract/62/4/417.

3. As quoted in *Medical News Today*, July 8, 2005, "Cognitive Therapy as Good asAntidepressants, Effects Last Longer."
   Web link: http://medicalnewstoday.com/medicalnews.php?newsid=22319#.

4. H. A. Westra and S. H. Stewart, "Cognitive Behavioral Therapy and Pharmacotherapy: Complementary or Contradictory Approaches to the Treatment of Anxiety?" *Clinical Psychology Review* 18, no. 3(1998): 307–340.

Chapter 1

1. H. A. Westra and S. H. Stewart, "Cognitive Behavioral Therapy and Pharmacotherapy: Complementary or Contradictory Approaches to the Treatment of Anxiety?" *Clinical Psychology Review* 18, no.3(1998): 307–340.

Chapter 4

1. J. Mendels, J. L. Stinnett, D. D. Burns, and A. Frazer, "Amine Precursors and Depression," *Archives of General Psychiatry* 32(1975): 22–30.

2. Hypericum Depression Trial Study Group, "Effect of Hypericum perforatum(St. John's Wort) in Major Depressive Disorder: A Randomized, Controlled Trial," *Journal of the American Medical Association* 287(2002): 1807–1814.

   Online summary: http://www.nih.gov/news/pr/apr2002/nccam-09.htm.

3. I. Kirsch and G. Sapirstein, "Listening to Prozac but Hearing Placebo: A MetaAnalysis of Antidepressant Medication," *Prevention and Treatment* 1(1998), article 0002a. Online article: http://journals.apa.org/prevention/volume1/pre0010002a.html.

   I. Kirsch, T. J. Moore, A. Scoboria, and S. S. Nicholls, "The Emperor's New Drugs: An Analysis of Antidepressant Medication Data Submitted to the U.S. Food and Drug Administration," *Prevention and Treatment* 5(2002), article 23.

   Online article: http://journals.apa.org/prevention/volume5/pre0050023a.html.

4. S. H. Preskorn, "Clinically Relevant Pharmacology of Selective Serotonin Reuptake Inhibitors: An Overview with Emphasis on Pharmacokinetics and Effects on Oxidative Drug Metabolism," *Clinical Pharmacokinetics* 32, suppl. 1(1997): 1–21.

   I. Kirsch and G. Sapirstein, "Listening to Prozac but Hearing Placebo: A MetaAnalysis of Antidepressant Medication," *Prevention and Treatment* 1 (1998), article 0002a. Online article: http://journals.apa.org/prevention/volume1/pre0010002a.html.

   I. Kirsch, T. J. Moore, A. Scoboria, and S. S. Nicholls, "The Emperor's New Drugs: An Analysis of Antidepressant Medication Data Submitted to the U.S. Food and Drug Administration," *Prevention and Treatment* 5 (2002), article 23.

   Online article: http://journals.apa.org/prevention/volume5/pre0050023a.html.

5. D. O. Antonuccio, W. G. Danton, and G. Y. DeNelsky, "Psychotherapy versus Medication for Depression: Challenging the Conventional Wisdom with Data," *Professional Psychology: Research and Practice* 26 (1995): 574–585.

   D. O. Antonuccio, W. G. Danton, G. Y. DeNelsky, R. Greenberg, and J. S. Gordon, "Raising Questions about Antidepressants," *Psychotherapy and Psychosomatics* 68(1999): 3–14.

   D. O. Antonuccio, D. Burns, and W. G. Danton, "Antidepressants: A Triumph of Marketing over Science?" *Prevention and Treatment* 5 (2002), article 25.

Online article: http://journals.apa.org/prevention/volume5/toc-jul15-02.htm.

6. E. J. Garland, "Facing the Evidence: Antidepressant Treatment in Children and Adolescents," *Canadian Medical Association Journal* 170 (2004): 489–491.

    N. Jureidini, C. J. Doecke, P. R. Mansfield, M. M. Haby, D. B. Menkes, and A. L. Tonkin, "Efficacy and Safety of Antidepressants in Children and Adolescents," *British Medical Journal* 328 (2004): 879–883.

    C. J. Whittington, T. Kendall, P. Fonagy, D. Cottrell, A. Colgrove, and E. Boddington, "Selective Serotonin Reuptake Inhibitors in Childhood Depression: Systematic Review of Published versus Unpublished Data," *Lancet* 363 (2004): 1341–1345.

7. D. Healy, "Lines of Evidence on the Risk of Suicide with Selective Serotonin Reuptake Inhibitors," *Psychotherapy and Psychosomatics* 72 (2003): 71–79.

8. H. A. Westra and S. H. Stewart, "Cognitive Behavioral Therapy and Pharmacotherapy: Complementary or Contradictory Approaches to the Treatment of Anxiety?" *Clinical Psychology Review* 18, no.3 (1998): 307–340.

9. D. O. Antonuccio, W. G. Danton, and G. Y. DeNelsky, "Psychotherapy versus Medication for Depression: Challenging the Conventional Wisdom with Data," *Professional Psychology: Research and Practice* 26 (1995): 574–585.

10. R. J. DeRubeis, S. D. Hollon, J. D. Amsterdam, R. C. Shelton, P. R. Young, R. M. Salomon, J. P. O'Reardon, M. L. Lovett, M. M. Gladis, L. L. Brown, and R. Gallop, "Cognitive Therapy vs. Medications in the Treatment of Moderate to Severe Depression," *Archives of General Psychiatry* 62 (2005): 409–416. Web abstract: http://archpsych.ama-assn.org/cgi/content/abstract/62/4/409.

    S. D. Hollon, R. J. DeRubeis, R. C. Shelton, J. D. Amsterdam, R. M. Salomon, J. P. O'Reardon, M. L. Lovett, P. R. Young, K. L. Haman, B. B. Freeman, and R. Gallop, "Prevention of Relapse Following Cognitive Therapy vs. Medications in Moderate to Severe Depression," *Archives of General Psychiatry* 62 (2005): 417–422. Web abstract: http://archpsych.ama-assn.org/cgi/content/abstract/62/4/417.

11. F. Scogin, D. Hamblin, and L. Beutler, "Bibliotherapy for Depressed Older Adults: A Self-Help Alternative," *The Gerontologist* 27 (1987): 383–387.

    F. Scogin, C. Jamison, and K. Gochneaut, "The Comparative Efficacy of Cognitive and Behavioral Bibliotherapy for Mildly and Moderately Depressed Older Adults," *Journal of Consulting and Clinical Psychology* 57 (1989): 403–407.

    F. Scogin, C. Jamison, and N. Davis, "A Two-Year Follow-up of the Effects of Bibliotherapy for Depressed Older Adults," *Journal of Consulting and Clinical Psychology* 58(1990): 665–667.

    F. Scogin, C. Jamison, M. Floyd, and W. Chaplin, "Measuring Learning in Depression Treatment: A Cognitive Bibliotherapy Test," Cognitive Therapy and Research 22(1998): 475–482.

    N. M. Smith, M. R. Floyd, C. Jamison, and F. Scogin, "Three-Year Follow-up of Bibliotherapy for Depression," *Journal of Consulting and Clinical Psychology* 65 (1997): 324–327.

불안과 공포를
물리쳐줄 도구

恐慌
panic disorder

기분 점검표

날짜를 반드시 적으세요. 그날 기분에 따라 각 항목별 점수를 아래의 박스에 적고, 합산한 점수를 맨 아래 박스에 적으세요. 모든 항목을 빠짐없이 기입해야 합니다.	날짜							
아래 각 항목에 다음과 같이 점수를 매기세요. 0=전혀 아님 1=약간 2=보통 3=많음 4=매우 많음								

불안증

1. 불안								
2. 긴장								
3. 걱정								
4. 두려움 또는 초조함								
5. 안절부절 못하는 느낌								
오늘의 합계→								

불안증 신체 증상

1. 심장박동이 불규칙하고, 빨리 뛰고, 쿵쾅거린다.								
2. 땀이 나고, 오한이 들고, 얼굴이 빨개진다.								
3. 떨린다.								
4. 숨이 가쁘고, 숨쉬기가 힘들다.								
5. 질식할 것 같다.								
6. 가슴이 아프고, 답답하다.								
7. 복부에 경련이 있고, 구역질이 난다.								
8. 어지럽고, 현기증이 나고, 몸의 균형을 잃는다.								
9. 현실에서 벗어난 것 같은 느낌이 든다.								
10. 감각이 없거나 얼얼한 느낌이 든다.								
오늘의 합계→								

우울증

1. 슬프고 기분이 가라앉는다.								
2. 의욕이 없고, 절망감에 시달린다.								
3. 자존감이 떨어진다.								
4. 무가치하고, 뒤떨어진 사람이라는 생각이 든다.								
5. 인생이 즐겁거나 만족스럽지 않다.								
오늘의 합계→								

자살충동

1. 자살하고 싶다는 생각이 든 적이 있습니까?								
2. 인생이 끝났으면 좋겠습니까?								
오늘의 합계→								

518

〈오늘의 기분 일지〉 작성하는 방법

오늘의 기분 일지는 모든 기법에서 가장 기본이자 가장 중요한 부분이다. 이는 5단계로 이루어진다.

1단계 문제적 사안 '오늘의 기분 일지' 맨 위에 문제 사안을 간략히 기재한다. 불안하거나 속상한 기분을 느꼈던 순간을 선택해 적는다. 문제와 관련된 사람, 장소, 시간을 구체적으로 적어야 한다. 우울하고, 걱정되고, 두려웠던 모든 순간을 적으면 된다. 다음과 같이 자문해보라.

- 언제 일어났지?
- 어디에서 일어났지?
- 무슨 일이 있었지?

2단계 감정 당시 어떤 기분을 느꼈는지 묘사하는 단어에 동그라미를 치고 각 기분에 0%에서 100%까지 점수를 매긴다. 이 점수를 '이전' 항목에 적는다.

3단계 부정적인 생각 각 감정에 연관된 부정적인 생각을 선별한다. 스스로 이런 질문을 해본다. "내가 슬프고 우울하다면, 무슨 생각을 하고 있을까? 내 의식에는 어떤 생각이 떠오를까?" 또는 "불안하고 걱정에 사로잡혀 있다면, 나 스스로에게 무슨 말을 하고 있을까?" 예컨대 우울하다면, 자신은 쓸모없는 존재라거나 결코 사랑받을 수 없을 거라고 생각하고 있을지 모른다. 이런 생각에 얼마나 치우쳐 있는지 0%에서 100%까지 점수를 배분한다. '이전' 항목에 점수를 기입하면 된다.

불안, 긴장, 근심 위험에 처해 있고 어떤 끔찍한 일이 일어날 것 같다.
공황 죽을 것 같고, 숨이 막히고, 이성과 통제력을 잃고, 미쳐버릴 것 같다.

당황 다른 사람들에게 바보처럼 보일 것 같다.

수줍음 다른 사람들이 내가 긴장하고 불안해하는 모습을 보고 나를 깔볼 것이다.

외로움 나는 사랑받을 수 없고 영원히 혼자일 수밖에 없다.

우울 나는 인생을 실패했고 자존감에 상처를 입었다.

무력감 나는 결코 문제를 풀 수 없고 고통이 영원할 것이다.

죄의식 나는 나쁜 사람이며, 스스로 내 가치체계를 무너뜨렸다.

수치심 다른 사람들이 내가 얼마나 나쁘고, 모자라고, 결점투성인지 알고 나를 깔볼 것이다.

열등감 나는 다른 사람들에 비해 무능하며, 평균 이하다.

좌절 다른 사람들의 행동이나 일어나는 일들이 내 기대에 어긋나서는 안 된다.

분노 이기적인 사람들이 나를 푸대접하고 나를 이용하고 있다.

구속감 배우자, 애인, 친구, 가족에게 휘둘리고 있다.

4단계 왜곡 인지 왜곡 체크리스트를 이용해 부정적인 생각들에 어떤 왜곡이 포함되어 있는지 확인한다.

5단계 긍정적인 생각 더 긍정적이고 현실적인 새로운 생각으로 부정적인 생각을 바꾸는 데 도전한다. 긍정적인 생각을 얼마나 믿고 있는지 0%(전혀 믿지 않음)에서 100%(전적으로 믿음)까지 점수를 매긴 다음 이 점수를 '믿음' 항목에 기입한다. 다음으로 부정적인 생각을 얼마나 믿고 있는지 재차 점수를 매기고 '이후' 항목에 새로운 점수를 기입한다.

필요조건 긍정적인 생각이 100% 진실이거나 100% 진실에 가까워야 한다. 그렇지 않으면 효과가 없다. 자기 합리화나 반쪽짜리 진실은 생각하고 느끼는 방식을 바꾸지 못한다.

충분조건 긍정적인 생각이 부정적인 생각을 물리쳐야 한다. 생각하는 방식을 바꾸면 느끼는 방식을 바꿀 수 있다는 사실을 명심하라.

오늘의 기분 일지

문제적 사안: _____

감정	이전 (%)	이후 (%)	감정	이전 (%)	이후 (%)
슬픈, 침울한, 우울한, 울적한, 불행한			**당황스러운**, 바보 같은, 창피한, 수줍은		
불안한, 걱정되는, 공황상태에 빠진, 긴장되는, 끔찍한			**희망이 없는**, 의욕이 없는, 비관 적인, 절망적인		
죄스러운, 후회되는, 미안한, 수치스 러운			**좌절한**, 꺾인, 실패한, 패배한		
열등한, 무가치한, 뒤떨어진, 모자란, 무능한			**화난**, 미칠 것 같은, 원통한, 짜 증나는, 예민한, 속상한, 분한		
외로운, 사랑받지 못하는, 소외된, 거 절당한, 쓸쓸한, 버려진			기타:		

부정적인 생각	이전 (%)	이후 (%)	왜곡	긍정적인 생각	믿음 (%)
1.				1.	
2.				2.	
3.				3.	
4.				4.	
5.				5.	
6.				6.	
7.				7.	
8.				8.	

인지 왜곡 체크리스트

1. 흑백사고 매사를 극단적인 흑백논리로 바라본다.	**6. 과장 및 축소** 매사를 과장하거나 축소한다.
2. 성급한 일반화 하나의 부정적인 사건을 계속되는 패배의 양상으로 바라본다. 예를 들면 다음과 같다. "항상 이렇지 뭐!"	**7. 감정추론** 감정으로부터 일정한 결론을 추론한다. 예를 들면 다음과 같다. "난 바보 같다는 느낌이 들어. 따라서 나는 바보가 분명해."
3. 생각 거르기 부정적인 생각에 빠져 긍정적인 면을 무시한다.	**8. 당위진술** '해야 한다', '해서는 안 된다'와 같이 생각하고 말한다.
4. 장점 폄하 자신이 이룬 성취나 긍정적인 자질을 깎아내린다.	**9. 낙인찍기** "실수를 저질렀어"라고 말하지 않고 "난 얼간이야", "난 패배자야"와 같은 방식으로 말한다.
5. 결론 도약 사실에 근거하지 않은 채 성급히 결론 내린다. **-넘겨짚기** 사람들이 자신을 제멋대로 재단하고 깔본다고 넘겨짚는다. **-주술적 주문** 매사를 망칠 것이라 스스로에게 주문을 건다.	**10. 비난** 문제를 해결하기보다는 누군가를 비난한다. **-자기비난** 자신이 책임이 아닌 일에 대해 자기 자신을 비난한다. **-타인비난** 자신의 실수는 제쳐놓고 다른 사람을 비난한다.

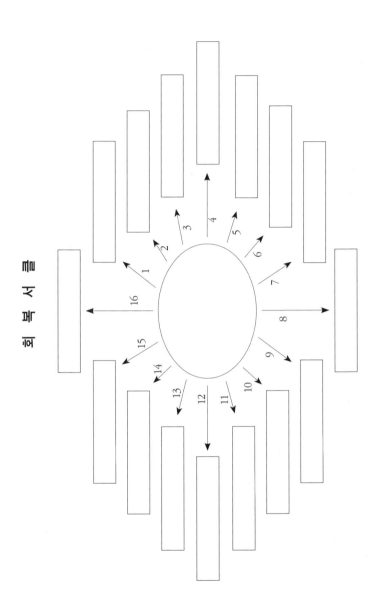

두려움을 물리칠 40가지 방법

인지 모델	동기 기법
자기패배신념 밝히기 기법	20. 비용편익분석 기법
	21. 역설 비용편익분석 기법
1. 하방 화살표 기법	22. 악마의 변호 기법
2. 만약에 기법	**미루지 않기 기법**
연민 기반 기법	23. 즐거움 예측 양식
	24. 큰 성취를 향한 작은 발걸음
3. 이중 기준 기법	25. 미루지 않기 양식
진실 기반 기법	26. 문제 해결 목록
	노출 모델
4. 증거조사 기법	**고전적 노출**
5. 실험 기법	
6. 설문조사 기법	27. 점진적 노출 기법
7. 원인 다시 찾기 기법	28. 홍수법
의미론 기법	29. 반응 금지 기법
	30. 주의력 분산 기법
8. 의미론 기법	**인지 노출**
9. 용어 재정의 기법	
10. 구체화하기 기법	31. 인지 홍수법
논리 기반 기법	32. 이미지 대체 기법
	33. 기억 조정 기법
11. 중용적 사고 기법	34. 두려운 환상 기법
12. 과정 대 결과 기법	**대인관계 노출**
양적 기법	
	35. 미소와 인사 훈련 기법
13. 자기 모니터링 기법	36. 추파 던지기 훈련 기법
14. 근심 중지 기법	37. 거절 훈련 기법
유머 기반 기법	38. 자기노출 기법
	39. 데이비드 레터맨 기법
15. 수치심 공격 훈련 기법 *	
16. 역설과장 기법	
17. 우스운 상상 기법	
**역할극 기법 ** **	**숨겨진 감정 모델**
18. 목소리 외재화 기법	40. 숨겨진 감정 기법
정신 기법	
19. 수용 역설 기법	

* 이 기법은 대인관계 노출 기법으로 분류할 수도 있다.
** 이중 기준, 수용 역설, 악마의 변호, 두려운 환상, 추파 던지기 훈련, 데이비드 레터맨 기법 또한 역할극을 통해 효과를 볼 수 있다.

부정적인 생각에 포함된 왜곡을 기준으로 기법 선택하기

왜곡	인지 모델 기법											노출 모델 기법			숨겨진 감정 모델 기법
	자기패배 신념 밝히기	연민 기반	진실 기반	의미론	논리 기반	양적	유머 기반	역할극	정신	동기	미루지 않기	고전적 노출	인지 노출	대인관계 노출	숨겨진 감정
1. 흑백사고	√	√	√	√	√			√	√	√					
2. 성급한 일반화	√	√	√	√				√	√	√					
3. 생각 거르기	√	√	√	√	√	√			√						
4. 장점 폄하	√	√	√	√	√	√		√	√						
5. 결론 도약															
-넘겨짚기	√	√	√	√		√	√	√	√	√	√	√	√	√	√
-주술적 주문	√	√	√	√		√	√	√	√	√	√	√	√	√	√
6. 과장 및 축소	√	√	√			√	√	√	√		√	√			
7. 감정추론	√	√	√	√			√					√			
8. 당위진술	√	√	√				√		√	√					
9. 낙인찍기	√	√	√	√			√		√	√					
10. 비난															
-자기비난	√	√	√	√	√	√	√	√	√	√					
-타인비난	√		√				√	√	√	√					

해결하려는 문제의 유형을 기준으로 기법 선택하기

		인지 모델 기법											노출 모델 기법			숨겨진 감정 모델 기법
		자기패배 신념 밝히기	연민 기반	진실 기반	의미론	논리 기반	양적	유머 기반	역할극	정신	동기	미루지 않기	고전적 노출	인지 노출	대인관계 노출	숨겨진 감정
문제	만성근심	√	√	√			√		√		√		√	√		√
	공황발작	√	√	√					√	√	√		√			√
	광장공포증	√	√	√							√		√			√
	두려움과 공포증	√	√	√					√	√	√		√	√		√
	수줍음	√	√	√	√			√	√	√	√		√	√	√	√
	수행불안과 발표불안				√	√	√	√	√		√		√			√
	강박장애	√	√	√			√				√					√
	외상후스트레스장애	√	√						√	√	√					
	심기증	√	√	√					√		√		√	√		√
	신체이형장애증후군	√	√	√	√	√	√	√	√	√	√		√	√		√
	우울증	√	√	√	√	√	√	√	√	√	√	√		√		
	습관과 중독	√							√		√	√				

인지 왜곡 체크리스트

1. **흑백사고:** 매사를 극단적인 흑백논리로 바라본다. 완벽하게 성공하지 못하면 완벽하게 실패했다고 생각한다.

2. **성급한 일반화:** 하나의 부정적인 사건을 계속되는 패배의 양상으로 바라본다. 스스로에게 이렇게 말한다. "매일 일어나는 일이야." "내 힘으로는 어찌해볼 수 없을 거야."

3. **생각 거르기:** 잉크가 한 방울만 떨어져도 비커에 가득 담긴 물의 색깔이 변화는 것과 같은 원리이다. 단 한 번의 실수에 집착한 채 자신이 한 옳은 일은 모두 무시한다.

4. **장점 폄하:** 자신이 이룬 성취나 긍정적인 자질을 깎아내린다.

5. **결론 도약:** 사실에 근거하지 않은 채 성급히 결론 내린다. 2가지 유형이 있다.
   - **넘겨짚기:** 사람들이 자기를 제멋대로 재단하고, 깔본다고 생각한다.
   - **주술적 주문:** "다음 주에 보는 시험을 망칠 게 뻔해"처럼 뭔가 끔찍한 일이 일어날 것이라고 스스로에게 주문을 건다.

6. **과장과 축소:** 매사를 과장하거나 축소한다. 이것은 두 눈을 뜨고도 속아 넘어가는 트릭 같아서 망원경 속임수(binocular trick)라고도 부른다. 망원경을 바로 보면 모든 단점이 태산만해지고 거꾸로 보면 모든 장점이 좁쌀만해진다.

7. **감정추론:** "이렇게 걱정되는 걸로 보아 위험한 상황인 것이 분명해", "패배자 같은 느낌이 드니까 나는 분명 패배자야"처럼 자신의 감정을 통해 결론을 추론한다.

8. **당위진술:** "해야 한다"거나 "하지 말아야 한다"는 말로 자기 자신이나 다른 사람들을 비난한다. 예를 들면 이렇다. "수줍어 하거나 긴장하지 말아야 하는데, 도대체 뭐가 잘못된 걸까?"

9. **낙인찍기:** 사소한 단점 하나로 자신의 정체성을 단정한다. "실수했네"라고 하기보다는 '패배자'라고 단정한다. 성급한 일반화의 극단적 형태다.

10. **비난:** 문제를 해결하기보다는 누군가를 비난한다. 2가지 유형이 있다.
    - **자기비난:** 자신의 책임이 아닌데도 자책하거나 실수를 저지를 때마다 스스로를 책망한다.
    - **타인비난:** 자신의 실수는 제쳐놓고 다른 사람을 탓한다.

527

일반적인 자기패배 신념

성취	우울
1. **수행 완벽주의** 나는 결코 실패하거나 실수를 저질러서는 안 된다. 2. **지각(知覺)한 완벽주의** 내가 결점이 있거나 나약하다면 사람들이 나를 싫어하고 받아들이지 않을 것이다. 3. **성취 중독** 나의 인간으로서의 가치는 성취, 지력, 재능, 지위, 수입, 외모에 달려 있다.	13. **절망** 내 문제는 결코 해결할 수 없다. 내 인생은 결코 행복할 수도, 만족스러울 수도 없다. 14. **무가치함/열등감** 나는 기본적으로 무가치하고, 결점투성이고, 다른 사람에 비해 열등하다.

사랑	불안
4. **인정 중독** 나는 가치 있는 사람이 되기 위해 모든 사람으로부터 인정받아야 한다. 5. **애정 중독** 사랑받지 않으면 성취감이나 행복을 느낄 수 없다. 사랑받지 못하는 인생은 살 가치가 없다. 6. **거절공포** 상대가 나를 거절하면 나에게 문제가 있다는 뜻이다. 홀로 남겨진다면 비참하고 가치 없는 인간이라는 느낌이 들 것이다.	15. **감정적 완벽주의** 나는 항상 행복하고 자신감 넘치고 자제력을 갖춰야 한다. 16. **분노공포증** 분노는 위험하며 어떤 희생을 치러서라도 피해야 한다. 17. **감정공포증** 슬프고, 불안하고, 무능하고, 부끄럽고, 나약한 느낌이 들어서는 안 된다. 내 감정을 숨겨야 하며, 다른 사람에게 화를 내서는 안 된다. 18. **지각(知覺)한 자기애** 내가 신경을 쓰는 사람들은 바라는 게 많고, 영악하고, 영향력이 있다.

굴종	(불안 계속)
7. **비위 맞추기** 설사 내가 비참해지더라도, 항상 다른 사람의 마음에 들어야 한다. 8. **갈등공포** 서로 사랑하는 사람들은 결코 싸우거나 말다툼해서는 안 된다. 9. **자기비난** 인간관계에서 발생하는 문제들은 모두 내 탓이다.	19. **들불 오류** 사람들은 똑같이 생각하고 행동한다. 누군가 나를 깔본다면, 말이 들불처럼 퍼져 모든 사람이 나를 깔보게 될 것이다. 20. **주목 오류** 사람들 앞에서 말하는 것은 밝은 스포트라이트 밑에서 행동하는 것과 같다. 능수능란하고 위트 있고 즐거운 인상을 주지 못하면, 그들은 나를 싫어할 것이다. 21. **마술적 사고** 충분히 고민한다면, 모든 일이 잘 풀릴 것이다.

부담	기타
10. **타인비난** 인간관계에서 발생하는 문제들은 모두 상대방 탓이다. 11. **특권의식** 상대는 항상 내가 바라는 대로 나를 대해야 한다. 12. **진실** 나는 옳고 너는 틀렸다.	22. **좌절에 대한 인내 결여** 결코 좌절해서는 안 된다. 인생은 항상 쉽게 흘러가야 한다. 23. **슈퍼맨/슈퍼우먼** 나는 항상 강해야 하고, 약해져서는 안 된다.

비용편익분석

바꾸고 싶은 태도, 감정, 습관을 적으세요:

이 익	손 해

나의 두려움의 단계

두려움을 적으세요:
가장 두렵지 않은 상황을 1단계, 가장 두려운 상황을 10단계에 적으세요.

단계	두려움의 대상
1	
2	
3	
4	
5	
6	
7	
8	
9	
10	

번역 / 박지훈

서울대학교 법과대학 사법학과를 졸업하고 동 대학교 대학원에서 회사법 석사과정을 수료하였다. KAIST 금융전문가 과정을 수료한 후 현재 증권사에서 금융전문가로 있으며, 번역 에이전시 엔터스코리아에서 출판 및 번역 전문가로 활동하고 있다. 주요 역서로 『최고의 팀은 무엇이 다른가』, 『블록체인 혁명』, 『숫자의 배신』, 『세상의 과학은 어떻게 시작되었는가』, 『인간이 만든 빛의 세계사』, 『사이코지오그래피 1, 2』, 『50인의 인물로 보는 고대 그리스의 역사』 등이 있으며, 다큐멘터리 〈에이즈 가설의 저편 너머〉, 〈하우스 오브 넘버스〉의 번역을 담당했다.

패닉에서 벗어나기

초판 1쇄 인쇄 2013년 11월 1일
개정판 1쇄 발행 2022년 6월 1일

지은이 데이비드 번즈
옮긴이 박지훈

발행인 양수빈
펴낸곳 끌레마
등록번호 제313-2008-31호
주소 서울시 종로구 대학로 14길 21 민재빌딩 4층
전화 02-3142-2887   팩스 02-3142-4006
이메일 yhtak@clema.co.kr

ⓒ 끌레마 2013

ISBN 979-11-89497-56-9 (03180)